Wilfried Datler, Helmı
Johannes Gstach

Die Wiederentdeckung der

CW00747540

Reihe: **Psychoanalytische Pädagogik** Band 5
Herausgegeben von Christian Büttner, Wilfried Datler,
Annelinde Eggert-Schmid Noerr und Urte Finger-Trescher.

Wilfried Datler, Helmuth Figdor,
Johannes Gstach (Hg.)

Die Wiederentdeckung
der Freude am Kind

Psychoanalytisch-pädagogische
Erziehungsberatung heute

Psychosozial-Verlag

Die Deutsche Bibliothek - CIP-Einheitsaufnahme

Die **Wiederentdeckung der Freude am Kind:** psychoanalytisch-
pädagogische Erziehungsberatung heute / Wilfried Datler ... (Hg.). -
Gießen : Psychosozial-Verl., 1999
(Psychoanalytische Pädagogik ; Bd. 5)
ISBN 3-932133-52-8

© 1999 Psychosozial-Verlag
Friedrichstraße 35, 35392 Gießen
Alle Rechte, insbesondere das des auszugsweisen Abdrucks und das der
photomechanischen Wiedergabe, vorbehalten
Umschlagabbildung: Dirk Richter, Leipzig
Umschlaggestaltung: Atelier Warminski, Büdingen
Printed in Germany
ISBN 3-932133-52-8

Inhalt

Spezielle Praxisprobleme psychoanalytisch-pädagogischer Erziehungsberatung

Institutionelle Verankerung von Erziehungsberatung

Vorwort

„Man hat in letzter Zeit vielfach Wien als die Stadt der Psychologie bezeichnet. Wenn das auch für die wissenschaftliche Forschung etwas übertrieben ist, so darf es hingegen für die praktisch ange-wandte Psychologie in großem Ausmaß Geltung haben. Speziell auf dem Gebiet der seelischen Be-ratung für Erziehung und Lebensgestaltung sind alle Erkenntnisse wissenschaftlich exakter psy-chologischer Untersuchungen in den Dienst der täglichen Praxis gestellt und der Allgemeinheit zugänglich gemacht worden."

Mit dieser Bemerkung machte Sophie Lazarsfeld (1930) darauf aufmerksam, daß es neben der tiefenpsychologisch orientierten *Psychotherapie* vor allem die tiefenpsychologisch fun-dierte *Erziehungsberatung* war, die in den ersten Jahrzehnten unseres Jahrhunderts in Wien entwickelt wurde und weltweites Interesse auf sich gezogen hat. Über weite Strecken waren es zwei Gruppen von Tiefenpsychologen, die in diesem Bereich Pionierarbeit leisteten: die eine Gruppe sammelte sich um *August Aichhorn* in der *Wiener Psychoanalytischen Verei-nigung;* die andere Gruppe scharte sich um *Alfred Adler* im *Verein für Individualpsycholo-gie.*

Beide Gruppen hatten unterschiedliche theoretische Ausrichtungen; doch waren es zumin-dest zwei Momente, die sie miteinander verbanden:

- Zum einen teilten beide Gruppen die Überzeugung, daß Erziehungsschwierigkeiten und Entwicklungsprobleme zwar nicht ausschließlich, so aber doch über weite Strecken in unbewußten psychischen Prozessen gründen, die es sowohl auf Seiten der Kinder und Jugendlichen als auch auf Seiten der Erziehungsverantwortlichen anzunehmen gilt. Er-ziehungsberatung muß sich daher der schwierigen Aufgabe stellen, unbewußte Gefühle und darin wurzelnde Beziehungen - in ihrer Komplexität und Differenziertheit - zu ver-stehen und zu bearbeiten. Und eben deshalb bedarf es zur Durchführung von Erzie-hungsberatung nicht nur vieler praktischer Erfahrungen, sondern überdies der wissen-schaftlichen Entwicklung und Diskussion von Konzepten, an denen man sich in der praktischen Arbeit zu orientieren vermag.

- Zum anderen war beiden Gruppen klar, daß sie mit ihren Ambitionen wissenschaftli-ches Neuland betraten und deshalb bestimmter institutioneller Rahmen bedurften, die es ihnen erlaubten, ihre Entwicklungsarbeit über Jahre hinweg kontinuierlich zu verfolgen.

Das Wissen um die sozialen Nöte der Zeit, die sozialen Reformen im sozialdemokratisch regierten Wien der Zwischenkriegszeit und der Enthusiasmus der damaligen Tiefenpsy-chologen machten es möglich, daß solche institutionelle Rahmen tatsächlich gefunden wer-den konnten:

- August Aichhorn gelang es zunächst, vierzehn Erziehungsberatungsstellen an Wiener Bezirksjugendämtern einzurichten, um dann im Jahre 1931 die Leitung einer psycho-analytischen Erziehungsberatungsstelle der Wiener Psychoanalytischen Vereinigung zu übernehmen, wo er auch bald Erziehungsberatungsseminare zur Fortbildung einschlägig Interessierter anbot (vgl. Th. Aichhorn 1981, 27; Mühlleitner 1992, 21).

- Zugleich bemühten sich Individualpsychologen von etwa 1920 an, ein weitverzweigtes Netz von Erziehungsberatungsstellen in Schulen, Volkshochschulen, Arbeiterheimen und anderen Einrichtungen zu etablieren, das 1929 insgesamt 28 Beratungsstellen umfaßte (Handlbauer 1984, 170; Schiferer 1995).

Es ist allgemein bekannt, daß Initiativen im Bereich der tiefenpsychologisch orientierten Erziehungsberatung bald auch außerhalb Wiens verfolgt wurden, um dann von Austrofaschismus und Nationalsozialismus jäh unterbrochen zu werden. Umso bemerkenswerter ist es, daß nach 1945 an manche dieser Ansätze wieder angeknüpft werden konnte.

Wenngleich es nach dem zweiten Weltkrieg mitunter schwierig wurde, klare Grenzen zwischen psychoanalytischen und individualpsychologischen Erziehungsberatungskonzepten zu ziehen, kann mit Bernhard Natschläger (1997, 150) festhalten werden, daß über *individualpsychologisch* orientierte Erziehungsberatung nach 1945 kontinuierlich publiziert wurde. Die Auseinandersetzung mit *psychoanalytischen* Beratungskonzepten scheint hingegen in bestimmten Zeitabschnitten besonders intensiv gewesen sein:

- *in der Zeit des deutschen Wiederaufbaues* (exemplarisch sei hier auf Zulligers „Zwölf Kapitel über Erziehung, Erziehungsberatung und Erziehungshilfe" aus dem Jahre 1951 sowie auf die seinerzeit oft zitierte Arbeit von Laiblin aus dem Jahr 1955 verwiesen);
- *in den Jahren vor und nach 1968* (man denke hier an die Publikationen von Bittner 1963, Brocher 1969 oder Ertle 1971);
- *sowie in den 90er Jahren unseres Jahrhunderts* (man denke hier an die Veröffentlichungen von Datler, Bogyi u.a. 1991, Krebs 1991, Figdor 1995 oder Göppel 1998).

Jüngeren Entwicklungen Rechnung tragend widmete sich die Frühjahrstagung der Kommission für Psychoanalytische Pädagogik der „Deutschen Gesellschaft für Erziehungswissenschaft" 1997 ausschließlich gegenwärtigen Fragen der psychoanalytisch-pädagogischen Erziehungsberatung. Diese Tagung fand in Wien statt; zumal hier seit 1991 eine postgraduale Ausbildung zum psychoanalytisch-pädagogischen Erziehungsberater angeboten wird, die ihre institutionelle Verankerung zunächst in der „Sigmund Freud Gesellschaft" und seit 1996 in der neu gegründeten „Arbeitsgemeinschaft Psychoanalytische Pädagogik (APP)" gefunden hat (vgl. Figdor 1998).

Der Umstand, daß zur Zeit kein Buch existiert, in dem verschiedene aktuelle Konzepte, Methoden und Diskussionen psychoanalytisch-pädagogischer Erziehungsberatung konzentriert nachgelesen werden können, veranlaßte uns, einige Tagungsbeiträge im vorliegenden Band zu versammeln. Die Beiträge von Christian Büttner, Dilys Daws und Wilfried Datler wurden für das Buch neu verfaßt oder übersetzt.

Insgesamt ist der vorliegende Band in vier Abschnitte gegliedert:
- In einem *ersten* Abschnitt geht es um die Frage, was denn unter psychoanalytisch-pädagogischer Erziehungsberatung zu verstehen ist und wie sie theoretisch fundiert werden kann.
- In einem *zweiten* Abschnitt werden drei Konzepte und Fallbeispiele psychoanalytisch-pädagogischer Erziehungsberatung unter besonderer Berücksichtigung der Erstkontaktphase vorgestellt und diskutiert.
- Der *dritte* Abschnitt thematisiert besondere Praxisbereiche psychoanalytisch-pädagogischer Erziehungsberatung, wobei beispielhaft auf spezielle Probleme eingegangen wird,

welche die Bearbeitung von Todeserlebnissen, von kindlichen Schlafproblemen sowie die Beratungsarbeit in Gruppensettings betreffen.

- Im Zentrum des *vierten* Abschnittes stehen schließlich Fragen der institutionellen Verankerung von psychoanalytisch-pädagogischer Erziehungsberatung.

Differenziertere Ausblicke auf die einzelnen Buchbeiträge finden sich im nachfolgenden Artikel von Wilfried Datler, in dem zugleich einige zentrale Charakteristika von psychoanalytisch-pädagogischer Erziehungsberatung umrissen werden. Alle Autorinnen und Autoren dieser Artikel verbindet – neben ihrer psychoanalytischen Grundorientierung - zweierlei:

- das Wissen darum, daß die gezielte Weiterentwicklung von psychoanalytisch-pädagogischer Erziehungsberatung an die differenzierte Darstellung und Diskussion von Beratungskonzepten, Institutionalisierungstendenzen und Praxisbeispielen gebunden ist;

- sowie die Überzeugung, daß viele Beratungsprozesse nicht zuletzt auf die Linderung von Sorge, Angst oder Wut und somit darauf abzuzielen haben, daß Eltern oder Erzieher wiederum ein Stück mehr „Freude am Kind" empfinden können.

Die Herausgeber

Literatur

Aichhorn, Th. (1981): Bausteine zu einer Biographie August Aichhorns. In: Adam, E. (Hrsg.): Die österreichische Reformpädagogik 1918-1938. Böhlau: Wien u.a., 69-87

Bittner, G. (1963): Erziehungsberatung. In: Bittner, G.: Psychoanalyse und soziale Erziehung. Juventa: München, 1967, 90-107

Brocher, T. (1969): Die Elternschule. In: Biermann, G.: Handbuch der Kinderpsychotherapie, Bd. 2. Ernst Reinhardt: München, 684-692

Datler, W., Bogyi, G. e.a. (1989):

Ertle, Ch. (1971): Erziehungsberatung – Aufbau, Mitarbeiter, Beratungsgeschehen. Klett: Stuttgart

Figdor, H. (1995): Psychoanalytisch-pädagogische Erziehungsberatung. Die Renaissance einer „klassischen" Idee. In: Sigmund Freud House Bulletin Vol. 19/2/B, 21-87. Zugleich Band 2 der Schriftenreihe der Arbeitsgemeinschaft Psychoanalytische Pädagogik Wien (APP). (Diese Schriftenreihe kann über die APP, Mariahilferstraße 53/15, A-1060 Wien bezogen werden.)

Figdor, H. (1998): Der Ausbildungslehrgang zum psychoanalytisch-pädagogischen Erziehungsberater. Das Curriculum. Band 3 der Schriftenreihe der Arbeitsgemeinschaft Psychoanalytische Pädagogik Wien (APP). (Diese Schriftenreihe kann über die APP, Mariahilferstraße 53/15, A-1060 Wien bezogen werden.)

Göppel, R. (1998): Paradoxien der Erziehungsberatung oder: warum ist es einerseits so leicht, andererseits so schwer, pädagogischen Rat zu geben? In: Göppel, R.: Eltern, Kinder und Konflikte. Kohlhammer: Stuttgart u.a., 236-258

Handlbauer, B. (1984): Die Entstehungsgeschichte der Individualpsychologie Alfred Adlers. Geyer Edition: Salzburg

Krebs, H. (1991): Zur Zusammenarbeit von Erziehungsberatungsstelle und Schule. In: Büttner, Ch., Finger-Trescher, U. (Hrsg.): Psychoanalyse und schulische Konflikte. Grünewald: Mainz, 155-171

Laiblin, W. (1955): Zum Berufsbild des Psychagogen. In: Psyche 9, 124-138

Lazarsfeld, S. (1930): Zehn Jahre Wiener Beratungsarbeit. Zit. nach Schiferer R. 1995, 130

Mühlleitner, E. (1992): Biographisches Lexikon der Psychoanalyse. Die Mitglieder der Psychologischen Mittwoch-Gesellschaft und der Wiener Psychoanalytischen Vereinigung 1902-1938. edition diskord: Tübingen

Natschläger, B. (1997): Erziehungsberatung als Gegenstand psychoanalytisch-pädagogischer Veröffentlichungen. In: Datler, W. e.a.: Jahrbuch für psychoanalytische Pädagogik 8. Psychosozial: Gießen, 143-177

Schiferer, R. e.a. (1995): Alfred Adler. Eine Bildbiographie. Ernst Reinhardt: München

Zulliger, H. (1951): Schwierige Kinder. Zwölf Kapitel über Erziehung, Erziehungsberatung und Erziehungshilfe. Huber: Bern

Was ist psychoanalytisch-pädagogische Erziehungsberatung?

Wilfried Datler

Erziehungsberatung und die Annahme eines dynamischen Unbewußten

Über zentrale Charakteristika psychoanalytisch-pädagogischer Erziehungsberatung

Vorbemerkung

Seit einigen Jahren wird das Thema „Erziehungsberatung" in öffentlichen sowie fachwissenschaftlichen Diskussionen wiederum verstärkt aufgegriffen. Dies hängt nicht zuletzt mit verschiedenen Reformbewegungen zusammen, die zur Zeit in Österreich und Deutschland in diversen Bereichen der Kinder- und Jugendhilfe verfolgt werden und auch die Situation der Erziehungsberatung (als einen speziellen Bereich der Kinder- und Jugendhilfe) alles andere als unberührt gelassen haben.

Diesem Interesse an Fragen der Erziehungsberatung entspricht zugleich eine wachsende Zahl an einschlägigen Veröffentlichungen – man denke in diesem Zusammenhang etwa an einen kürzlich erschienenen Literaturumschauartikel von Bernhard Natschläger (1997) sowie daran,

- daß 1994 im Juventa-Verlag ein Jahrbuch für Erziehungsberatung neu gegründet wurde (Cremer u.a. 1994);
- daß 1996 bereits der dritte Band der „Materialien zur Beratung" erschien, der von der deutschen „Bundeskonferenz für Erziehungsberatung" herausgegeben wird (Bundeskonferenz 1996);
- oder daß Wilhelm Körner und Georg Hörmann 1998 den ersten Band eines neu konzipierten „Handbuchs der Erziehungsberatung" auf den Buchmarkt bringen konnten.

In diesen Veröffentlichungen wird unter anderem deutlich, daß in der gegenwärtigen Erziehungsberatungs-Praxis äußerst unterschiedliche methodische Ansätze zum Tragen kommen, die verschiedenen psychotherapeutischen Schulen und Traditionen zumindest nahestehen (vgl. Hundsalz 1991). Oft bleibt aber unklar, durch welche Charakteristika sich diese Beratungsansätze auszeichnen.

Ich möchte daher im Folgenden versuchen, einige zentrale Charakteristika psychoanalytisch-pädagogischer Erziehungsberatung zu umreißen. Dabei werde ich sowohl auf einige „klassische" als auch auf einige jüngere Konzepte psychoanalytisch-pädagogischer Erziehungsberatung verweisen. Manche Passagen werden überdies Ausblicke auf die folgenden Buchbeiträge eröffnen. In meinen Ausführungen werde ich über weite Strecken dem Fallbeispiel eines „Klassikers" psychoanalytisch-pädagogischer Erziehungsberatung folgen: dem Beispiel „Hans", das August Aichhorn 1925 in seinem Buch „Verwahrloste Jugend" publizierte.

1. Es beginnt mit Sorge, Ratlosigkeit - und häufig auch mit Ärger

Der Wiener Psychoanalytiker August Aichhorn (1925, 84f), der zugleich zu den Begründern psychoanalytisch-pädagogischer Erziehungsberatung zählt, berichtet von folgender Situation:

„In der Erziehungsberatung erscheint der leitende Beamte eines Fabriksbetriebes mit seinem siebzehnjährigen Sohne, einem Schuhmachergehilfen, und ersucht, diesen in einer Anstalt unterzubringen, weil er ihn infolge seiner Aufführung nicht mehr in Freiheit belassen könne. Aus dem Gespräche mit dem Vater ergeben sich folgende wesentliche Einzelheiten. Sein Sohn Hans war bis zum Sommer des Vorjahres ein sehr braver Junge gewesen, der weder zu Hause noch auf dem Arbeitsplatze Anlaß zu Klagen gegeben hatte. Eines Tages bat er den Vater um 70.000 Kronen, da er bei seinem Meister ein Stück Leder auf Schuhe und das nötige Zubehör billiger bekommen könne, um davon in der Werkstätte für sich ein paar Schuhe anzufertigen. (Der Junge war um diese Zeit noch Lehrling.) Er erhielt den Betrag, kam abends nicht nach Hause und eine Anfrage am nächsten Tage beim Meister ergab, daß er der Arbeitsstätte ferne geblieben war. Da er sich noch nie so aufgeführt hatte, wurde die Familie außerordentlich besorgt, befürchtete einen Unfall und hielt auch ein Verbrechen an ihm nicht für ausgeschlossen. Die Abgängigkeitsanzeige wurde erstattet und täglich bei der Polizei Erkundigungen eingezogen. Am sechsten Tage erhielt die Mutter die Auskunft, daß er mittellos in Graz aufgegriffen worden und schon auf dem Wege nach Wien sei. Die Wiedersehensfreude war groß, aber infolge seines sehr veränderten Benehmens rasch vorüber. Der Junge blieb wortkarg und als der Vater wissen wollte, warum er nicht in der Arbeit gewesen war und wo er die Woche über sich aufgehalten habe, nahmen Verstocktheit und Trotz zu, mehr als daß er in Graz gewesen sei, war aus ihm überhaupt nicht herauszubekommen. Der Vater wurde darob so erregt, daß es zu einer heftigen Szene kam, an deren Ende Hans körperlich schwer gezüchtigt wurde. Von diesem Tage an ging es mit ihm rasch weiter abwärts. Er war schwieriger zur Arbeit zu bringen, blieb zunehmend weniger zu Hause, trieb sich tagelang auf der Gasse herum oder saß in Kaffeehäusern, so man schließlich halbe Nächte lang auf ihn warten mußte. Nicht genug daran; er lockte auch noch dem Vater und dem Meister Geld heraus. Der Vater versuchte zuerst mit stetig steigender Strenge den Jungen wieder auf den rechten Weg zu bringen. Da er es daraufhin weit ärger trieb und die Familie noch mehr ablehnte, nahm sich die Mutter seiner an und brachte auch den Vater dazu, recht gütig mit ihm zu sein. Die milde Behandlung bewirkte eine Besserung nur auf einige Tage, dann war wieder nichts mehr mit ihm anzufangen. Er wollte nicht anständig werden, so daß die Mutter die Vergeblichkeit ihres Bemühens einsah und der Vater mit erhöhter Strenge vorging. Die Anwendung von äußerster Strenge und Nachgeben wechselte einigemal und dabei sank Hans immer tiefer. Der Vater schloß seinen Bericht mit den Worten: ‚Sie können sich keine Vorstellung machen, wie arg es ist, und was wir alles versucht haben, mit guten Worten und mit Nachgeben, mit Strenge und ausgiebigen Schlägen, aber alles ganz ohne Erfolg. Wir wissen uns nun nicht mehr anders zu helfen, als ihn in eine Anstalt zu geben. Vielleicht wird dort noch etwas aus ihm.'"

Es mag überraschen, daß wir es in diesem Fallbeispiel aus dem Jahre 1925 nicht mit einer Mutter, sondern mit einem Vater zu tun haben, der die Erziehungsberatungsstelle aufsucht; und es mag verwundern, wie ausführlich Aichhorn die ersten Minuten dieser Begegnung mit diesem Vater darstellt. Darüber hinaus ist an diesem Beispiel aber nicht viel auszumachen, das unsere besondere Aufmerksamkeit verdient, wenn wir nach zentralen Charakteristika psychoanalytisch-pädagogischer Erziehungsberatung fragen; denn wir haben es hier mit einer Eröffnungssituation zu tun, die für Erziehungsberatung konventionellen Zuschnitts schlechthin bezeichnend ist:

- Solche Erziehungsberatungsprozesse beginnen zumeist damit, daß Erzieher – in der Regel handelt es sich um Eltern, manchmal aber auch um Lehrer, Kindergärtner oder Sozialpädagogen; aus Gründen der Einfachheit spreche ich im Folgenden zumeist von Erziehern –; daß also *Erzieher über Schwierigkeiten klagen*, die sich im tagtäglichen Zusammensein mit Kindern oder Jugendlichen immer wieder zeigen. Oft wird darüber berichtet, daß diese Schwierigkeiten innerhalb des familiären Zusammenlebens spürbar werden; doch erzählen Erzieher mitunter auch davon, daß andere Personen, die nicht zum engsten Familienkreis gehören, mit dem Verhalten von Kindern und Jugendlichen unzufrieden sind und deshalb Veränderungen verlangen – man denke etwa an Nachbarn, an Verwandte, an Lehrherrn oder an Vertreter von Institutionen wie Kindergarten, Schule oder Jugendamt.

- Den ersten Erzählungen der Erzieher ist zumeist zu entnehmen, daß sie sich *für die Verringerung oder „Beseitigung" dieser Schwierigkeiten verantwortlich* fühlen; und sie berichten im Regelfall auch davon, daß sie schon alles in ihrer Macht Stehende unternommen haben, um eine „Wendung zum Besseren" herbeizuführen. Sie sehen sich nun aber genötigt, Erziehungsberatung in Anspruch zu nehmen, weil sie den Eindruck haben, mit all ihren Erziehungsversuchen *bislang gescheitert* zu sein. Deshalb ist in den ersten Beratungsgesprächen oft unüberhörbar, wie ratlos und hilflos sie sich fühlen und wie sehr ihnen die weitere Entwicklung ihrer Kinder und Jugendlichen Sorge macht.

- Der Umstand, daß sie keine beruhigende „Wendung zum Besseren" zustande gebracht haben, läßt Erzieher *häufig zwischen Gefühlen der Resignation und Gefühlen der Wut* hin- und herschwanken. Diese Wut ist dann häufig auf die Kinder und Jugendlichen gerichtet, die mit ihren Schwierigkeiten ja den Grund für so viele Ärgernisse abgeben. Ähnlich dem Vater aus dem Beispiel Aichhorns berichten auch viele andere Erzieher, daß sie eine Veränderung des Verhaltens ihrer Kinder und Jugendlichen nicht nur „mit Güte", sondern auch „mit Strenge" herbeizuführen versucht haben: mit Drohungen, mit verschiedenen Formen der Bestrafung, mit körperlicher Züchtigung – freilich ohne wirklichen Erfolg.

- Schließlich ist so manchen Anfangsphasen von Beratungsgesprächen zu entnehmen, daß Erzieher mit *Schuldgefühlen* zu kämpfen haben, weil sie meinen, in ihrer Rolle als Erzieher versagt zu haben. Manche erleben die Inanspruchnahme von Beratung überdies wie ein öffentliches Eingeständnis dieses Versagens und lassen – in diesem Punkt freilich anders als der Vater aus dem Beispiel Aichhorns – gleich zu Beginn des Erstkontaktes erkennen, wie sehr sie auch mit Gefühlen der *Scham* zu ringen haben.

Ein erstes zentrales Charakteristikum – vielleicht sogar *das* zentrale Charakteristikum – psychoanalytisch-pädagogischer Erziehungsberatung wird allerdings bereits dann deutlich, wenn man nicht bloß fragt, was Aichhorn im Anschluß an diesen ersten Bericht des Vaters konkret tat, sondern wenn man sich dafür interessiert, von welchem Standpunkt aus Aichhorn über Erziehungsschwierigkeiten dieser und ähnlicher Art nachzudenken pflegte.

2. Die psychoanalytische Annahme eines dynamischen Unbewußten

Diesen – psychoanalytischen – Standpunkt legt Aichhorn (1925, 9) bereits auf der ersten Seite seines Buches offen. Er macht deutlich, daß seiner Kategorie der „dissozialen" oder „verwahrlosten Jugendlichen" letztlich „alle Typen" von auffälligen Kindern und Jugendlichen zuzurechnen sind, mit denen es ein Sozialpädagoge[1] zu tun hat, und hält in diesem Zusammenhang fest, daß die Psychoanalyse dem Sozialpädagogen „neue psychologische Einsichten (eröffnet), die für die Erfüllung seiner Aufgaben unschätzbar sind". Im nächsten Satz präzisiert Aichhorn:

Die Psychoanalyse lehrt den Sozialpädagogen „das Kräftespiel erkennen, das im dissozialen Benehmen seine Äußerung findet, öffnet seine Augen für die unbewußten Motive der Verwahrlosung und läßt ihn die Wege finden, auf denen der Dissoziale dazu gebracht werden kann, sich selbst wieder in die Gesellschaft einzureihen."

Betrachtet man diesen Satz genauer, so fällt auf, daß Aichhorn zunächst zwei miteinander eng verwandte Leistungen nennt, welche die Psychoanalyse für den Sozialpädagogen zu erbringen vermag; denn aus Aichhorns Sicht schärft die Psychoanalyse den Blick des Sozialpädagogen dafür, daß das manifeste Erleben und Verhalten von „auffälligen" Heranwachsenden in einem Spiel von latenten Kräften sowie in unbewußten Motiven gründet. Mit diesem Hinweis knüpft Aichhorn an eine ebenso fundamentale wie weitreichende Annahme von Psychoanalyse an: an die *Annahme eines dynamischen Unbewußten.*
Folgt man Autoren und Herausgebern wie Ellenberger (1985) oder Lütkehaus (1989), so wurde bereits in früheren Jahrhunderten die Annahme diskutiert, daß bestimmte Erlebnis- und Verhaltensweisen von Menschen in psychischen Prozessen gründen könnten, die den betreffenden Menschen selbst gar nicht bewußt sind. Und vor 1900 war auch schon wiederholt gefragt worden, ob Menschen nicht dazu neigen, unangenehme Gefühle oder Vorstellungen „aktiv" zu leugnen und zu verdrängen, um sie in bewußter Weise nicht spüren oder wahrnehmen zu müssen. Bekanntlich war es aber Sigmund Freud, der sich in seiner Arbeit mit psychisch Kranken sowie in seiner Auseinandersetzung mit einer Vielzahl von alltäglichen psychischen Phänomenen veranlaßt sah, solche Theorieansätze weiterzuführen und zu

---

[1] Der Terminologie seiner Zeit folgend spricht Aichhorn (1925, 1932, 1936) bloß von „Fürsorgeerziehern". Diese Berufsgruppe zählt allerdings zu jenen Berufsgruppen, aus denen sich im Zuge verschiedener Prozesse der Professionalisierung und Binnendifferenzierung von Pädagogik die Berufsgruppe der Sozialpädagogen entwickelt hat. Deshalb scheint es mir zulässig zu sein, in meiner Nachzeichnung der Gedanken August Aichhorns von „Sozialpädagogen" zu sprechen.

verdichten, um in der Folge die Annahme eines dynamischen Unbewußten ins Zentrum seiner Arbeit zu rücken.

Zentrale Aspekte dieser Annahme, die zu *den* zentralen Annahmen der modernen Tiefenpsychologie zählt (Datler und Stephenson 1996, 89ff), können im Anschluß an Freud (1900a) sowie in Anknüpfung an Sandler und Joffe (1969) folgendermaßen zusammengefaßt werden (vgl. auch Datler 1996):

1. Menschen fühlen sich *beständig* mit Erlebnisinhalten konfrontiert, die sie als äußerst unangenehm und bedrohlich erleben. Deshalb versuchen sie bereits in unbewußter Weise, sich vor dem bewußten Gewahrwerden dieser Erlebnisinhalte durch den Einsatz von unbewußten Abwehraktivitäten zu schützen.

2. Versuche, solche unangenehmen und bedrohlichen Erlebnisinhalte abzuwehren und somit latent zu halten, haben allerdings einige Folgen für das manifeste (also auch bewußt wahrnehmbare) Erleben und Verhalten von Menschen. Dies hängt nicht zuletzt damit zusammen, daß unangenehme und bedrohliche Erlebnisinhalte zumeist intensiver Natur sind und daß es deshalb oft kaum möglich ist, sie zur Gänze unbewußt zu halten. Deshalb müssen Menschen beständig Wege finden, die es ihnen erlauben, intensiv „drängende", bedrohliche Erlebnisinhalte unbewußt so zu entstellen und zu bearbeiten, daß sie dem Individuum weniger bedrohlich erscheinen und folglich auch Eingang in das bewußt wahrnehmbare Erleben und Verhalten finden können.

3. Erlebnisinhalte – also Gefühle, Impulse, Phantasien, Gedanken –, die Menschen als besonders bedrohlich erleben, kommen demnach beständig in verkleideter, zensierter, verdichteter, verschobener oder symbolischer Form im Bereich des manifesten Erlebens und Verhaltens zum Ausdruck; und in diesem Sinne stellt das manifeste Erleben und Verhalten von Menschen stets (auch) den Ausdruck und die Folge von unbewußter Abwehr dar.

Konsequenterweise ist demnach festzuhalten, daß alltäglich-unauffälliges Erleben und Verhalten ebenso den Ausdruck und die Folge von unbewußter Abwehr darstellt wie jenes Erleben und Verhalten von Heranwachsenden, das Erwachsene dazu drängt, Erziehungsberatung in Anspruch zu nehmen. Folgt man der Annahme eines dynamischen Unbewußten, so sind unbewußte Prozesse aber auch am Entstehen jener Beziehungsprobleme mitbeteiligt, mit denen Erwachsene, Kinder und Jugendliche in unverstandener Weise zu kämpfen haben und aus denen oft jene Schwierigkeiten erwachsen, die zum Zustandekommen von Erziehungsberatung führen. Unbewußte Bedeutung hat in diesem Sinn aber auch jenes Erleben und Verhalten, das in Erziehungsberatungssituationen selbst manifest verspürt und gezeigt wird.

3. Über fünf Charakteristika psychoanalytisch-pädagogischer Erziehungsberatung

Diese zuletzt gemachten Bemerkungen deuten bereits an, daß die psychoanalytische Annahme eines dynamischen Unbewußten einige Konsequenzen für das Nachdenken über Erziehungsberatung zeitigt, und lenkt den Blick wiederum zurück auf August Aichhorns Beratungsbeispiel.

3.1 Die Förderung von positiver Übertragung und das Ringen um eine tragfähige Arbeitsbeziehung

Vergegenwärtigen wir uns die nächsten beiden Schritte, die Aichhorn setzte, nachdem der Vater des siebzehnjährigen Hans darüber geklagt hatte, daß sein Sohn, ein Schuhmachergehilfe, unter Vortäuschung falscher Tatsachen 70.000 Kronen erhalten hatte, nach Graz gefahren war, dort aufgegriffen wurde und seither die Arbeit verweigerte.

In einem *ersten* Schritt bittet Aichhorn (1925, 85) den Vater, „nähere Angaben über sich selbst, die Familienangehörigen und sonstigen Verhältnisse" zu machen. Dabei erfährt Aichhorn, daß im Haushalt fünf Personen leben: „Hans, der Vater, die Stiefmutter, ein um zwei Jahre älterer Bruder, der in der nächsten Zeit maturieren wird, und eine fünfjährige Schwester." Überdies erfährt Aichhorn, daß sich Hans der Schuhmacherei „gegen den väterlichen Willen zugewandt (hatte). Er war in der dritten Realschulklasse durchgefallen und wollte nicht weiter in die Schule gehen, war nicht zu einer Wiederholung der Klasse zu bewegen. Alles Zureden und Drängen blieb vergeblich; er setzte es durch, Schuhmacher zu werden, wie der Vater der Stiefmutter." Während der Vater dies erzählt, erhält er von Aichhorn ausreichend Raum, um auch seine Gefühle zum Ausdruck bringen zu können: Der Vater erzählt daher auch davon, daß sich in letzter Zeit die „Kluft" zwischen Vater und Sohn merklich vertieft hat und wie verbittert er darüber ist, „daß die Veränderung des Jungen ihr schönes, einträgliches Familienleben vollständig zerstört habe" (Aichhorn 1925, 86). Und als Aichhorn fragt, ob der Vater „schon eine Erklärung für das so plötzlich veränderte Verhalten seines Jungen" habe, kann dieser seine Ratlosigkeit zum Ausdruck bringen und Aichhorn zu verstehen geben, daß auch der Gedanke, Hans in eine „Besserungsanstalt" geben zu wollen, dem elterlichen Gefühl der Hilflosigkeit entspringt: „Sie dürfen das (mit der Besserungsanstalt; Anm.) nicht so wörtlich nehmen, aber alles ist so plötzlich gekommen."

In einem *zweiten* Schritt versucht Aichhorn ohne Beisein des Vaters mit Hans ins Gespräch zu kommen.

Hans zeigt sich zunächst zurückgezogen und ablehnend; doch führt Aichhorn den Dialog dann folgendermaßen weiter:

„‚Ich muß Sie um Verschiedenes fragen und mache Ihnen dazu einen Vorschlag!' – ‚Welchen?' (Der Tonfall zeigt sehr zuwartende Haltung.)

‚Mir auf jede Frage, die Ihnen unangenehm ist, die Antwort zu verweigern.' – ‚Wie meinen Sie das?' (Das wird erstaunt und ungläubig gefragt.)

‚Auf jede Frage, die Sie nicht beantworten wollen, dürfen Sie schweigen, wenn Sie wollen, mir darauf auch sagen, daß mich das nichts angeht.' – ‚Warum erlauben Sie mir das?'

‚Weil ich weder Untersuchungsrichter noch Polizeiagent bin, daher nicht alles wissen muß, und weil Sie mir auf unangenehme Fragen ohnehin nicht die Wahrheit sagen würden.' – ‚Woher wissen Sie das?'

‚Weil das alle Leute so machen, und Sie auch keine Ausnahme sind. Ich selbst würde einem Menschen, dem ich zum erstenmal gegenüber sitze, auch nicht alles sagen.' – ‚Wenn ich aber doch rede und Sie anlüge, kennen Sie das?'

‚Nein! Es wäre aber schade. Und Sie haben es nicht notwendig, weil ich Sie nicht zwingen werde, mir zu antworten.' – ‚Zu Hause haben Sie mir auch immer gesagt, es geschieht mir nichts, und wenn ich dann geredet habe, war es noch ärger. Ich habe mir das Reden abgewöhnt.'

‚Hier ist's doch ein bissl anders. Mir genügt, was Sie wirklich sagen wollen. Allerdings muß ich sicher sein, daß ich nichts Unwahres zu hören bekomme.' – ‚Nun gut.' ‚Sie sind also einverstanden?' (Ich halte ihm die Hand hin, in die er kräftig einschlägt.) – ‚Einverstanden.'"

Aichhorns Kommentar zu dieser Szene, aber auch andere Bemerkungen, die Aichhorn zur Eröffnung von Beratungsprozessen macht, geben den Zusammenhang zu erkennen, der zwischen diesen ersten beiden Schritten des Beraters und der Annahme eines dynamischen Unbewußten besteht. Folgt man dieser Annahme, so ist nämlich grundsätzlich davon auszugehen, daß Erzieher den Beratern gegenüber nicht bloß jene Gefühle und Einstellungen empfinden, die sie manifest zeigen und bewußt verspüren. Denn so zwiespältig diese manifesten Gefühle und Einstellungen auch sein mögen – aus psychoanalytischer Sicht ist damit zu rechnen, daß den Beratern auch unbewußte Gefühle und Einstellungen entgegengebracht werden, welche die Eröffnung und Fortführung der Beratungsarbeit nochmals erschweren. In diesem Zusammenhang berichtet Aichhorn (1936, 59) etwa von Eltern, die vordergründig beteuern, ihrem Kind bloß helfen zu wollen, während sie unbewußt den Wunsch verspüren, der Berater möge sie einzig bei ihren Versuchen unterstützen, das Kind gefügig zu machen. In ähnlicher Weise erinnert sich Aichhorn (1936, 78) an Väter, welche den Überlegungen und Ratschlägen des Beraters aufmerksam folgen möchten und sich bewußt vornehmen, diesen zu entsprechen, während sie unbewußt an ihren Kindern weitgehend desinteressiert sind und es vermeiden, an der Umsetzung dieser Überlegungen und Ratschläge auch tatsächlich arbeiten zu wollen. Und schließlich kann in diesem Kontext auch an Alfred Adler (1912, 212) gedacht werden, der betonte, daß sich Ratsuchende oft so stark als Versager erleben und so sehr das schmerzliche Gefühl empfinden, dem Berater massiv unterlegen zu sein, daß sie im Dienste der Regulation ihres Selbstwertempfindens die unbewußte Tendenz verfolgen, Empfehlungen des Beraters mißzuverstehen oder denkbar ungeschickt zu befolgen, um Erfolg vereiteln und folglich auch den Berater als inkompetent erleben zu können.

Unbewußte Gefühle, Verlangen und Einstellungen dieser Art sind nach Aichhorn (1936, 60) als *Widerstände* zu begreifen, die dem Berater und dem Beratungsprozeß entgegengebracht werden; und diese drohen in vielen Fällen auch überaus mächtig zu werden, wenn es dem Erziehungsberater nicht gelingt, einer anderen unbewußten Neigung von Menschen zu entsprechen: der Neigung nämlich, andere Personen zumindest in bestimmten Situationen als so entlastend, hilfreich und Sicherheit gebend erleben zu wollen, wie man in früheren Zeiten die eigenen Eltern mitunter erlebt hat (oder zumindest erleben wollte). Aichhorn (1936, 56f) spricht deshalb davon, daß sich der Erziehungsberater darum zu bemühen hat, zu Erziehern eine *positive Übertragungsbeziehung* herzustellen. Und er ergänzt an anderen Stellen, daß man sich um die vergleichbare Herstellung einer solchen positiven Übertragungsbeziehung auch dann zu bemühen hat, wenn man mit einem Kind oder Jugendlichen unmittelbar in Kontakt kommt; zumal diese Kinder und Jugendlichen im Regelfall nicht freiwillig Beratung in Anspruch nehmen, sondern – oft gegen ihren Willen – von ihren Erziehern vorgestellt oder mitgebracht werden (Aichhorn 1925, 107; 1936, 91ff). Im Anschluß an diese Hinweise Aichhorns kann somit ein *erstes Charakteristikum* psychoanalytisch-pädagogischer Erziehungsberatung benannt werden:

Psychoanalytisch orientierte Erziehungsberater gehen davon aus, daß Erzieher, Kinder und Jugendliche dem Berater sowie dem Beratungsprozeß nicht nur bewußt wahrnehmbare, sondern auch unbewußte Ambivalenzen und Widerstände entgegenbringen. Erziehungsberater bemühen sich deshalb von Beginn an um die Entfaltung von gegenläufigen, positiven Übertragungsgefühlen, um damit die Ausbildung einer tragfähigen Arbeitsbeziehung zu unterstützen.

Von daher ist es zu verstehen, daß Aichhorn dem Vater des siebzehnjährigen Schuhmachergehilfen zunächst viel Raum gibt, sodaß dieser von seinen Sorgen und Gefühlen erzählen kann; denn Aichhorn (1936, 61ff) hält unmißverständlich fest, daß sich der Erziehungsberater vom ersten Moment der Begegnung an um die Entfaltung einer positiven Übertragungsbeziehung zu bemühen hat und daß er dabei vor allem vor der Aufgabe steht, den Erziehern durch sein Zuhören den begründeten Eindruck zu vermitteln, an ihnen und ihren Problemen besonders interessiert zu sein. In ähnlicher Weise hofft Aichhorn, die Ausbildung einer positiven Übertragungsbeziehung zu Hans durch die Art und Weise zu fördern, in der er dem Jugendlichen ebenso ernsthaft wie freundlich gegenübertritt und ihm den Vorschlag macht, er möge Antworten auf unangenehme Fragen einfach verweigern (vgl. Aichhorn 1925, 110ff; 1936, 91ff).

Aichhorn wäre freilich mißverstanden, wenn man ihm die Auffassung unterstellte, positive Übertragungsgefühle und tragfähige Arbeitsbeziehungen könnten durch den Einsatz billiger Tricks schnell und einfach hergestellt werden. Seinen Ausführungen aus dem Jahr 1936 ist vielmehr zu entnehmen, welch differenziertes Denken und welch empathischer Kompetenzen Berater bedürfen, wenn sie versuchen, den jeweils gegebenen bewußten und unbewußten Neigungen von Erziehern, Kindern und Jugendlichen in angemessener Weise zu begegnen. Und jüngere Autoren bestätigen über weite Strecken diese Position, indem sie aus ihrer Sicht unterstreichen, welche zentrale Bedeutung dem Zuhören und diesem Bemühen um Verstehen für die Entfaltung einer förderlichen Arbeitsbeziehung zukommt. Ich denke dabei an jüngst publizierte Ergebnisse eines „Pilotprojektes", in dem narrative Interviews mit ehemaligen Klienten einer Erziehungsberatungsstelle durchgeführt wurden (Göppel 1998)[2], aber auch an die Ausführungen jener Autorinnen und Autoren dieses Bandes, die in ihren Beiträgen Fallbeispiele referieren. Manche von ihnen lassen allerdings erkennen, inwiefern sie in ihrem Ringen um eine hilfreiche Arbeitsbeziehung andere Akzente setzen als Aichhorn. Dabei fällt vor allem auf, daß *Helmuth Figdor*[3] und *Gertraud Diem-Wille ausdrück-*

---

[2] Am Beispiel eines interviewten Elternpaares zeigt Göppel (1998, 251), daß es in vielen gelingenden Beratungsprozessen zu einer „Übertragungsbeziehung" zwischen Eltern und Beratern in dem Sinn kommen dürfte, „daß ein Stück Autoritätsgläubigkeit, ein Stück grundlegendes Vertrauen in die umfassende Problembemeisterungskompetenz" der Berater aktiviert wird. Entscheidend dürfte dafür aber zunächst die Tatsache sein, daß den Eltern „ein Vertreter einer pädagogischen Institution wohlwollend, d.h. ohne Klagen und Vorwürfe über die Missetaten und Verfehlungen" ihres Kindes gegenübertritt. Weiters dürfte für Eltern bedeutsam sein, daß sich der Berater „für *ihre* Sicht" der Probleme interessiert und ihnen dadurch nicht den Eindruck vermittelt, sie müßten an Eltern durch die Erhöhung des innerfamiliären Drucks oder durch andere Maßnahmen unverzüglich dafür sorgen, daß sich ihr Kind den Erwartungen von Schule oder Kindergarten anpaßt. Dies hatte im vorgestellten Fall zur Folge, daß die innerfamiliären Konflikte, die aufgrund der „dauernden Vorwürfe von außen" angewachsen waren, ebenso geringer wurde wie der Haß, den die Eltern ihrem Kind gegenüber bereits empfanden. „Eben, das Gefährlichste ist ja", so sagt der Vater im Interview, „man fängt langsam an und haßt seine eigenen Kinder."

[3] Auf andere Beiträge des vorliegenden Buches verweise ich hier sowie auf den folgenden Seiten, indem ich die Namen der Autorinnen und Autoren dieser Beiträge *kursiv* wiedergebe.

lich darum bemüht sind, Erzieher bereits im Erstkontakt dafür zu gewinnen, sich gemeinsam mit ihnen auf einen längeren Prozeß des Nachdenkens einzulassen, um allmählich das Kind und die Schwierigkeiten verstehen zu lernen, die den Anlaß für die Beratung abgeben. Sie machen dabei den Eltern deutlich, daß sie keine allwissenden und alles durchschauenden Experten sind, sondern ihre Kompetenzen nur dann „ausspielen" können, wenn die ratsuchenden Erzieher bereit sind, mit ihnen ein „Bündnis" einzugehen, das *Helmuth Figdor* ein „diagnostisches Arbeitsbündnis" nennt. Was er darunter im Detail versteht, wie er die Entwicklung eines solchen Bündnisses „technisch" fördert und wie er dies im Rückgriff auf Theorie begründet, ist in seinem ersten Beitrag zu diesem Buch ausführlich nachzulesen. - Damit aber zurück zu Aichhorns Beispiel.

3.2 Das Bemühen um tiefenpsychologisches Verstehen (I)

Nach der Darstellung des kurzen, oben zitierten Dialogs, in dem es im Sinne der Anbahnung einer tragfähigen Arbeitsbeziehung um den Vorschlag ging, Antworten auf unangenehme Fragen einfach zu verweigern, beschreibt Aichhorn (1925, 87ff) den weiteren Verlauf des Gesprächs mit dem siebzehnjährigen Hans.

In diesem Gespräch erfährt Aichhorn zunächst Genaueres darüber, was Hansens Fahrt nach Graz unmittelbar vorausgegangen war: Kurz zuvor hatte die Stiefmutter gemeinsam mit Hansens Bruder, der Student war, Wien verlassen, um in der Tschechoslowakei Verwandte zu besuchen. Hans, der Schuhmacherlehrling, mußte in Wien bleiben. Darüber war er so gekränkt und verzweifelt, daß er bald der Arbeit fernblieb. Die Verzweiflung stieg, als die Gewißheit wuchs, der Vater würde von seinem Fernbleiben von der Arbeit erfahren. In seiner Not faßte Hans zunächst den Entschluß, sich umzubringen, entschied sich dann aber dafür, wegzugehen und nie wieder nach Hause zu kommen. Zuvor allerdings ließ er sich vom Vater unter Vorspielung falscher Tatsachen noch die besagten 70.000 Kronen aushändigen in der Überzeugung, diesbezüglich im Recht zu sein, da ja auch sein Bruder für die Reise in die Tschechoslowakei Geld erhalten hatte.

Während dieses Gespräches mit Hans erhält Aichhorn überdies weitere Einblicke in die familiäre Situation des Burschen: Die leibliche Mutter war gestorben, als Hans vier Jahre alt war. Allem Anschein nach hatte Hans die „zärtliche Zuneigung" zur leiblichen Mutter bald auf seine Stiefmutter, aber auch auf deren Vater (also auf Hansens neuen Großvater) übertragen, der der Schuhmachermeister ist; denn beiden ist er sehr zugeneigt. Nachdem Hans in der dritten Klasse der Realschule durchgefallen war, wollte er „nicht mehr weiter lernen", um statt dessen – den Beruf seines Großvaters zu ergreifen. Sein Vater war entschieden dagegen. Dessen ungeachtet macht Hans aber dem Vater, zu dem er bis vor kurzem eine ausgesprochen gute Beziehung hatte und von dem er nach wie vor über weite Strecken gut spricht, Vorwürfe: „Der Vater hätte gescheiter sein müssen als ich. Ich war ein dummer Bub. Als Vierzehnjähriger weiß man noch nicht, was man werden will. Der Vater hätte darauf bestehen müssen, mich zwingen sollen; dann hätte ich schon die dritte Realschulklasse wiederholt. Wäre er nur energisch darauf bestanden, dann hätte ich ihm schon gefolgt und wäre heute auch der Student" (Aichhorn 1925, 88).

Aichhorn (1925, 89) beginnt nun eine Verständigung zwischen Vater und Sohn anzubahnen: „Nach seinen Mitteilungen frage ich ihn, ob er es für möglich halte, daß es zwischen ihm und dem Vater zu einer Verständigung kommen könnte. Ich erkläre mich auch bereit, dabei mitzuwirken. Er wehrt sich nicht mehr, wie am Anfange unseres Zusammenseins, ist aber sehr skeptisch. ... Ich setze ihm nun auseinander, daß ihn der Vater solange nicht verstehen kann, als er nicht wisse, was in ihm vorgeht. Er müsse mir daher erlauben, diesem von dem mir Gesagten Mitteilung zu machen." Und nachdem Aichhorn davon berichtet, daß Hans ihn der Schweigepflicht entbindet, fährt Aichhorn (1925, 89) fort: „Der Junge geht ins Nebenzimmer und schickt mir nochmals den Vater, mit dem ich sehr lange beisammensitze, bis ich ihm begreiflich machen konnte, daß er, ohne es zu wissen und zu wollen, bisher neben und nicht mit seinem Sohne gelebt, und was der arme Junge gelitten hat."

Mit diesem Bericht verweist Aichhorn ausdrücklich auf ein weiteres Charakteristikum psychoanalytisch-pädagogischer Erziehungsberatung: auf das Bemühen um Verstehen, das hier in den letzten Textpassagen als Versuch in Erscheinung tritt, dem Vater zu helfen, zweierlei zu begreifen: (a) die inneren Nöte seines Sohnes und (b) den Umstand, daß der Vater dadurch, daß er in letzter Zeit „neben und nicht mit seinem Sohn" gelebt hat, am Entstehen dieser Nöte selbst Anteil hat.

Unklar bleibt dabei freilich, inwiefern Aichhorn damit ein Beispiel für *psychoanalytisch*-pädagogisches Verstehen abgibt; denn Aichhorn scheint in diesem Abschnitt seiner Beratungsarbeit ja bloß darauf abzuzielen, dem Vater Einblicke in jene inneren Nöte seines Sohnes zu geben, die diesem bewußt sind. In meiner Annäherung an eine präzisere Bestimmung eines zweiten Charakteristikums psychoanalytisch-pädagogischer Erziehungsberatung möchte ich dazu allerdings zweierlei festhalten:

(a) Zum einen wäre es auch aus psychoanalytisch-pädagogischer Sicht unangemessen, Beratungsprozesse bloß deshalb geringzuschätzen, weil sie Einblicke in solche Bereiche des Erlebens eröffnen, welche den jeweiligen Heranwachsenden oder Erziehern *bewußt* sind. Denn mitunter sind es bereits solche Barrieren des Verstehens, welche im tagtäglichen Zusammenleben zu erheblichen Problemen führen, aus denen sich mitunter gravierende „Erziehungsschwierigkeiten" ergeben; zumal es ja oft auch unbewußte Widerstände sind, die es Erziehern oder Heranwachsenden schwer machen, solche Barrieren des Verstehens beizeiten zu erkennen oder gar zu überwinden. (Letzteres ist beispielsweise den Fallbeispielen von *Gertrude Bogyi* in diesem Band zu entnehmen.)

(b) Zum andern ist festzuhalten, daß Aichhorn keineswegs darauf verzichtet, das, was er von Vater und Sohn mitgeteilt erhalten hat, auch tiefenpsychologisch zu verstehen. Dies ist vor allem einer längeren, exkursartigen Passage zu entnehmen, in der Aichhorn (1925, 98ff) - gleichsam für sich - der Frage nachgeht, in welchen unbewußten Prozessen Hansens manifestes Erleben und Verhalten gründen beziehungsweise gegründet haben mögen:

In diesem Zusammenhang nimmt Aichhorn – mit aller gebotenen Vorsicht – an, daß ödipale Konflikte seinerzeit wesentlich daran mitbeteiligt waren, daß Hans die Realschule verließ und eine Schuhmacherlehre begann: Wissend, daß sich der Vater den Verbleib an der Realschule wünschte, konnte er mit seinem Abgang von der Schule am ödipalen Rivalen Vater „unbewußt Rache" nehmen (ohne sich seiner ödipalen Aggressionen bewußt werden zu müssen); und indem er den Beruf des Großvaters stiefmütterlicherseits zu erlernen begann, konnte er seine ödipal-libidinösen Wünsche unbewußt halten und sich dennoch unbewußt der Hoffnung hingeben, die Stiefmutter würde den angehenden Schuhmacher Hans ähnlich lieben wie ihren Großvater und ihn vielleicht sogar „über den Vater ... stellen" (Aichhorn 1925, 100).
In der Folge mußte Hans – aus Aichhorns Sicht – allerdings zahlreiche Unlusterlebnisse in Kauf nehmen, denen unter anderem auch der Umstand zuzurechnen ist, daß sich Hans dem studierenden Bruder gegenüber zurückgesetzt fühlte und wiederholt erfahren mußte, daß auch die Stiefmutter den jungen Studenten bevorzugte. Hans schien sich nun unbewußt nach einer Annäherung an den Vater zu sehnen sowie dessen Anerkennung und Unterstützung zu wünschen – was unter anderem

darin zum Ausdruck kommt, daß Hans es nun bereut, mit dem Verlassen der Realschule gegen die Wünsche des Vaters gehandelt zu haben; daß er sich rückblickend wünscht, der Vater hätte massiver gegen das Verlassen der Schule auftreten sollen; und daß er dem Vater denselben Geldbetrag herauslockt, den der Vater dem studierenden Bruder gegeben hat. – Hansens Sehnsucht nach mehr Nähe zum Vater bleibt allerdings ebenfalls unerfüllt; und mit dem Herauslocken des Geldes sowie mit dem Fernbleiben von der Arbeit gerät Hans in immer größere Schwierigkeiten, die ihm den „Rückweg zum Vater" zusehends versperren.

Vor dem Hintergrund dieser Vermutungen ist es für Aichhorn (1925, 101) naheliegend, daß ein massiver „Kampf ... im Unbewußten und im Bewußtsein des Jungen tobt", dem auch der Gedanke an Selbstmord entsprungen ist. Zugleich ist Aichhorn – offensichtlich – der Auffassung, daß Hansens Schwierigkeiten weiterbestehen werden, wenn es nicht gelingt, mehr Nähe zwischen Vater und Sohn anzubahnen. Und da Aichhorn den Eindruck hat, daß sich auch der Vater nach einer Überwindung der augenblicklich gegebenen Schwierigkeiten sehnt und ein harmonischeres Zusammenleben mit seinem Sohn wünscht, scheint es für Aichhorn naheliegend zu sein, eine Verständigung und damit eine neuerliche Annäherung zwischen Vater und Sohn unmittelbar zu unterstützen.

Hält man sich diese vielfältigen Bemühungen um Verstehen vor Augen, so kann ein *zweites Charakteristikum* psychoanalytisch-pädagogischer Erziehungsberatung folgendermaßen umrissen werden:

Psychoanalytisch-pädagogisch orientierte Erziehungsberater versuchen zu verstehen,
- *in welchen bewußten und unbewußten Prozessen die Schwierigkeiten gründen, welche den Anlaß für die Inanspruchnahme von Erziehungsberatung abgeben;*
- *was diese Schwierigkeiten zumindest für die Erzieher, welche Erziehungsberatung in Anspruch nehmen, und jene Heranwachsenden, mit denen diese Erzieher Schwierigkeiten haben, in bewußter und unbewußter Weise bedeuten;*
- *und welche Zusammenhänge zwischen der Entstehung und Aufrechterhaltung der besagten Schwierigeiten einerseits und zumindest jenen Beziehungen andererseits bestehen, die zwischen diesen Erziehern und diesen Heranwachsenden auszumachen sind.*

Dieser knappen Skizze eines zweiten Charakteristikums psychoanalytisch-pädagogischer Erziehungsberatung möchte ich – auch in Hinblick auf die folgenden Buchbeiträge – drei Erläuterungen hinzufügen:
(1.) So zentral das Bemühen um tiefenpsychologisches Verstehen für psychoanalytisch-pädagogische Erziehungsberatung ist, so sehr streuen die methodischen Zugänge, die diesem Verstehen dienlich sind. Dies gibt in Ansätzen auch der vorliegende Band zu erkennen: Aichhorn stützt sich in dem Beispiel, das ich hier nachzeichne, bloß auf jene Mitteilungen, die ihm von jenen Personen *erzählt* werden, die in der Beratungssituation unmittelbar anwesend sind; dabei tritt er zugleich als ein Experte auf, der Informationen sammelt, aus denen er seine Schlüsse zieht, um dann in der Folge darüber zu entscheiden, welche Interpretationen er den Ratsuchenden weiterzuvermitteln versucht. – Davon unterscheidet sich einerseits das von *Heinz Krebs* angesprochene Bemühen, zumindest in bestimmten Fällen Informationen von weiteren „beteiligten Instanzen und Personen wie z.B. LehrerInnen oder SozialarbeiterInnen" einzuholen, sowie andererseits *Helmuth Figdor*s Versuch, Erzieher als „Experten für ihr Kind" möglichst früh dafür zu gewinnen, sich mit dem Berater auf einen Prozeß des gemeinsamen Ringens um Verstehen einzulassen, in dem Interpretationen und Deutungen im Dialog verfolgt und gegeneinander abgewogen werden. Diese letztgenannte

Position ist auch jener von *Gertraud Diem-Wille* und *Dilys Daws* nahe; doch streichen beide – gleichsam in Ergänzung dazu sowie in Anlehnung an Selma Fraiberg (1980) - heraus, welche Möglichkeiten des Verstehens sich ergeben, wenn Berater Interaktionen zwischen Kindern und Eltern in der Beratungssituation unmittelbar beobachten und thematisieren können. Letzteres verdeutlichen auch die Fallberichte von *Gertrude Bogyi* und *Heinz Krebs*. Ein weiterer Aspekt, der auch in diesem Buch angerissen wird, bezieht sich auf die Frage, ob sich psychoanalytisch-pädagogische Erziehungsberater über die erwähnten Möglichkeiten hinaus auf spezielle Methoden stützen können, die ihnen in ihrem Ringen um tiefenpsychologisches Verstehen hilfreich sein könnten. *Helmuth Figdor* erwähnt in diesem Zusammenhang den Einsatz von (projektiven und anderen) Tests und steht damit in einer Tradition, die über Ertle (1971) und Bittner (1963) bis zu Zulliger (1951, 1960) zurückverfolgt werden kann. Deutlich jünger ist hingegen die Wertschätzung bestimmter Gruppensituationen, in denen Berichte über Erziehungsprobleme (oder aber auch über Erziehungs*beratungs*probleme) referiert und die daraus entstehenden Gruppenprozesse im Dienste des Verstehens der Beratungsprobleme analysiert werden können; Einblicke in diese Art des Arbeitens eröffnen die Beiträge von *Christian Büttner* und *Urte Finger-Trescher*.

(2.) In psychoanalytisch-pädagogischen Veröffentlichungen über Erziehungsberatung kann man immer wieder nachlesen, daß sich Berater in der Auseinandersetzung mit Erziehungsproblemen darum bemühen, vor dem Hintergrund bestimmter „Klassifikationsschemata" zu „diagnostischen Einschätzungen" zu gelangen: Solchen ausgewiesenen diagnostischen Einschätzungen begegnet man in diesem Band etwa in *Helmuth Figdor*s Beitrag „Toni ist wie verwandelt", wenn sich *Figdor* die Frage stellt, inwiefern „Tonis Verhalten" ein „neurotisches Symptom" oder aber eine Erlebnisreaktion im Sinne Walter Spiels (1967, 3ff) darstellt. Vergleichbare Klassifikationsschemata findet man bei Selma Fraiberg (1980), Anna Freud (1965, 2328ff) oder auch August Aichhorn (1925, 105), der zwischen „neurotischen Formen" der Dissozialität (dieser diagnostischen Kategorie wären wohl Hansens Schwierigkeiten zuzuordnen) und anderen Formen der „Verwahrlosung" unterscheidet, die im Sinne Spiels in einer Persönlichkeitsentwicklungsstörung gründen. Der Lektüre der eben genannten Autoren ist allerdings zu entnehmen, daß solche diagnostischen Einschätzungen an differenziert geführte Versuche des Verstehens der bewußten und unbewußten Bedeutung einzelner Erziehungsschwierigkeiten durchwegs anzuknüpfen haben und solche Prozesse des Verstehens keineswegs zu ersetzen vermögen.

(3.) Die Verwendung solcher diagnostischer Schemata ersetzt im Regelfall auch nicht die Klärung der Frage, wie die Beziehungen zu verstehen sind, die zwischen den ratsuchenden Erziehern und den „schwierigen" Heranwachsenden bestehen; und im Regelfall macht die Verwendung solcher Schemata auch keineswegs die Arbeit an der Frage hinfällig, inwiefern diese Beziehungen an der Entstehung sowie an der Aufrechterhaltung jener Erziehungsschwierigkeiten Anteil haben, die den Anlaß für die Inanspruchnahme von Erziehungsberatung abgeben. Im Sinne des zweiten Charakteristikums psychoanalytisch-pädagogischer Erziehungsberatung ist aber auf die Klärung dieser Fragen nicht zu verzichten; denn von dieser Klärung hängt es ja ab, inwiefern sich die weitere Beratungsarbeit auf die Beziehung zwischen den ratsuchenden Erziehern und den „schwierigen" Heranwachsenden zu konzentrieren hat, oder inwiefern es andere Beziehungen sind (etwa Beziehungen zu Geschwistern, Freunden, anderen Verwandten, geschiedenen Partnern oder Elternteilen, Lehrern oder Kindergärtnerinnen etc.), der sich die weitere Beratungsarbeit zum Teil oder zur Gänze zu widmen hat.

In diesem Sinn ist jedenfalls Aichhorns Beispiel „Hans" sowie den weiteren Fallberichten dieses Buches zu entnehmen, daß es im Regelfall *Beziehungen* sind (bzw. das Erleben und Gestalten von Beziehungen), worauf sich psychoanalytisch-pädagogische Beratungsarbeit konzentriert. Dies führt wiederum zu Aichhorns Beispiel zurück und lenkt die Aufmerksamkeit zugleich auf ein drittes Charakteristikum psychoanalytisch-pädagogischer Erziehungsberatung.

3.3 Die Arbeit an der Veränderung von Beziehungen im Dienst der Verbesserung von Entwicklungsbedingungen

Nachdem Aichhorn (1925, 89) Hansens Vater erzählt hat, was in Hans während der letzten Wochen und Monate vorging, wie daher sein Verhalten verstanden werden kann und welchen Anteil daran Hansens Vater selbst hat, ist der Vater zunächst entrüstet, dann gerührt und schließlich von Schuldgefühlen bewegt. Aichhorn führt Vater und Sohn zusammen, es kommt zu einer Aussprache sowie zu einer berührenden Versöhnung zwischen beiden, die in das Vorhaben einmündet, von der Beratung weg gleich zum Lehrherrn zu gehen, damit Hans seine Arbeit unverzüglich wiederaufnehmen kann. Anschließend stellt Aichhorn (1925, 90) nochmals eine Situation her, in der er mit dem Vater alleine ist: Er teilt dem Vater mit, „daß solche erste Versöhnungen noch lange nicht das Ende des Konflikts bedeuten. Er müsse sich gefaßt machen, daß es Hans in der nächsten Zeit noch weit ärger treiben werde." Und Aichhorn fährt fort: „Da ich mich auf eine lange Besprechung nicht einlassen konnte, forderte ich ihn nur noch auf, sofort zu mir zu kommen, wenn Hans etwas anstelle, um sich mit mir zu beraten, was zu unternehmen sei."

Dem Vater erläutert Aichhorn mit keinem Wort, weshalb er meine, daß es Hans in der nächsten Zeit vielleicht „noch ärger treiben werde". Allerdings erfahren die Leser, daß Aichhorn (1925, 91f) dies mit der Annahme in Verbindung bringt, Hans würde nun mit unbewußten Schuldgefühle sowie mit Gefühlen des Mißtrauens zu kämpfen haben: Wegen unbewußten Schuldgefühlen (und damit verbundenen Selbstbestrafungstendenzen) könnte Hans durch das verstärkte Fernbleiben von der Arbeit weitere Bestrafungen provozieren; und wenn Hans, der so lange streng behandelt worden sei, nun einen versöhnlichen und nachsichtigen Vater erlebe, so *müsse* er dieser „Gesinnungsänderung" des Vaters geradezu Mißtrauen entgegenbringen und in nächster Zeit erproben, ob Strafen auch bei einem neuerlichen Fernbleiben von der Arbeit aussetzen werden.

Daß Aichhorn seine Leser, nicht aber Hansens Vater in seine Überlegungen einweiht, lasse ich zunächst unberücksichtigt. Denn wenn man Aichhorns Haltung und sein Auftreten als Berater insgesamt überschaut, so läßt sich festhalten: Aichhorn versucht durchwegs Aktivitäten zu setzen, die – Aichhorns Hoffnung zufolge - vom anwesenden Erzieher, aber auch vom anwesenden Jugendlichen in bewußter oder unbewußter Weise als Anstoß wahrgenommen werden, bestimmte Beziehungen, die für den Jugendlichen bedeutsam sind, sowie deren Wahrnehmung so zu verändern, daß die Schwierigkeiten, die den Anlaß für die Inanspruchnahme von Erziehungsberatung abgegeben haben, geringer und die Lebens- und Entwicklungsbedingungen des Jugendlichen (zumindest punktuell) verbessert werden.

Dies markiert zugleich ein *drittes Charakteristikum* psychoanalytisch-pädagogischer Erziehungsberatung, das ich folgendermaßen umreißen möchte:

Psychoanalytisch-pädagogisch orientierte Erziehungsberater versuchen mit ihren Aktivitäten die ratsuchenden Erzieher und eventuell auch jene Heranwachsenden, mit denen diese Erzieher Schwierigkeiten haben, so zu beeinflussen, daß sich diese in bewußter oder unbewußter Weise veranlaßt fühlen, bestimmte Beziehungen, die für die Ausbildung und Beibehaltung der vorgebrachten Schwierigkeiten sowie für die Entwicklung dieser Heranwachsenden bedeutsam sind, so zu verändern, daß diese Schwierigkeiten geringer und die Entwicklungsbedingungen für diese Heranwachsenden – zumindest punktuell - verbessert werden.

Diesem dritten Charakteristikum psychoanalytisch-pädagogischer Erziehungsberatung möchte ich wiederum einige Erläuterungen hinzufügen – in diesem Fall sind es sechs:

(1.) Ein Blick in die psychoanalytisch-pädagogische Erziehungsberatungsliteratur zeigt, daß die „Interventionsformen" von Beratern, die diesem dritten Charakteristikum von Beratung entsprechen, äußerst vielgestaltig ausfallen. Vor allem in älteren Publikationen wird häufig von Beratern berichtet, die den ratsuchenden Erziehern konkrete Prognosen, Empfehlungen, Anweisungen und Tips geben, ohne auch nur ansatzweise zu versuchen, den Eltern den tiefenpsychologischen Sinn dieser ihrer Äußerungen zu erschließen (Göppel 1998). Diese Haltung des wissenden Experten findet man besonders häufig bei Zulliger (1951, 1957) beschrieben; eine solche Haltung nimmt im erwähnten Beispiel allerdings auch Aichhorn ein, wenn er Hansens Vater ohne nähere Begründung „Rückfälle" des Jugendlichen voraussagt und dem Vater empfiehlt, er möge ihn dann unverzüglich aufsuchen. Allerdings zielen auch diese „Interventionen" darauf ab, den Heranwachsenden in familiären, schulischen oder anderen Lebensbereichen Beziehungserfahrungen zu ermöglichen, die es ihnen erlauben, sich und bestimmte Ausschnitte von Welt so zu erleben, daß sie das (oft unbewußt determinierte) Festhalten an problematischen Erlebens- und Verhaltensweisen aufgeben und günstigere weitere Entwicklungsschritte setzen können (Datler 1985).

(2.) Ob Interventionen dieser Art Erfolg bringen oder nicht, hängt nicht zuletzt vom Einfallsreichtum des Beraters, seinem tiefenpsychologischen Verstehen sowie davon ab, was diese Interventionen für die Ratsuchenden in bewußter und unbewußter Weise bedeuten. Ähnliches gilt für allgemein gehaltene Informationen darüber, wie Heranwachsende bestimmte Situationen oder Entwicklungsprobleme häufig erleben. Wenn solche Informationen sachlich angemessen sind, wenn Bezüge zum Anliegen der Erzieher hergestellt werden können und wenn sich diese Erzieher – etwa aus Gründen der unbewußten Abwehr – gegen solche Informationen auch nicht sträuben müssen, dann können solche Informationen Erzieher durchaus berühren und ihnen helfen, sich in „ihr" Kind und „ihren" Jugendlichen (wiederum) besser einzufühlen. Beispiele dafür finden sich im vorliegenden Band etwa in den Beiträgen von *Helmuth Figdor, Dilys Daws* oder *Gertrude Bogyi.*

(3.) Freilich zeigt gerade der weitere Verlauf von Aichhorns (1925, 90ff) Beratungsbeispiel, mit welchen Schwierigkeiten Berater zu rechnen haben, wenn sie über weite Strecken davon absehen, Erzieher für differenziertere Prozesse des tiefenpsychologischen Verstehens zu gewinnen:

Aichhorn hatte ja darauf verzichtet, mit Hansens Vater – im ersten oder in einem nachfolgenden Beratungsgespräch – darüber nachzudenken, wie Hans die Beziehung zu den Angehörigen seiner Familie nun erleben mag und wie wichtig es für Hans sein dürfte, in nächster Zukunft zu erleben, daß der Vater die vorwurfsvoll-ablehnende Haltung Hans gegenüber tatsächlich aufgegeben hat. Deshalb braucht es auch nicht zu überraschen, daß der Vater gleich nach dem Ende des Beratungsgesprächs damit begann, heftig und vorwurfsvoll auf Hans einzureden, und daß Aichhorn (1925, 91) bereits am nächsten Tag erfahren muß, daß Hans – trotz gegenläufiger Vereinbarung – die Arbeit nicht aufnahm, sondern sich „bis spät nachts im Kaffeehaus herum(trieb)".

Es bleibt natürlich dahingestellt, ob Aichhorn zurecht annimmt, daß der vorwurfsvolle Ton des Vaters das neuerliche Fernbleiben des Jugendlichen von der Arbeit provoziert hat; und es ist auch keineswegs gesagt, daß der Vater diesen Ton nicht angeschlagen hätte, wenn es Aichhorn gelungen wäre, mit dem Vater intensiver über dessen Gefühle sowie über Hansens Erleben nachzudenken. Dennoch könnten Beispiele dieser Art psychoanalytisch-pädagogische Erziehungsberater heute veranlassen, Erzieher verstärkt dafür zu gewinnen,

-   über die Erlebniswelt „ihrer" Kinder und Jugendlichen,
-   über ihre eigenen (unbewußten) Gefühle und Gedanken,
-   über deren Bedeutung für ihr Handeln als Erzieher
-   sowie über den Zusammenhang nachzudenken, der zwischen diesem Handeln, dem Erleben „ihrer" Kinder und Jugendlichen und den Schwierigkeiten besteht, die zur Inanspruchnahme von Erziehungsberatung geführt haben.

Bemühungen, auf diese Weise zu einer Verbesserung der Lebenssituation und somit zu einer Verbesserung der Entwicklungsbedingungen von Heranwachsenden beizutragen, entsprechen jedenfalls jüngeren psychoanalytischen Forschungsarbeiten, in denen die Bedeutung des Verstehens und des Verstanden-Werdens für die Entwicklung Heranwachsender untersucht und herausgestrichen wird (vgl. Finger-Trescher 1987; Fonagy 1998; Dornes 1998). Methodische Zugänge zur Förderung und Unterstützung solcher Verstehensprozesse werden daher auch in den folgenden Artikeln dieses Buches vorgestellt, auf ihre Gemeinsamkeiten und Verschiedenheiten hin diskutiert und zum Teil auch theoretisch fundiert (vgl. dazu die Beiträge von *Helmuth Figdor, Gertraud Diem-Wille, Heinz Krebs* und *Dilys Daws*).

(4.) Charakteristisch für jüngere Ansätze psychoanalytisch-pädagogischer Erziehungsberatung ist überdies das Bemühen, gegebenenfalls auch Überlegungen zur Frage, ob und inwiefern mit dem weiteren „Bezugssystem" von Kindern oder Jugendlichen gezielt gearbeitet werden soll (also z.B. mit Lehrern, Kindergärtnerinnen, in der Beratungssituation nicht anwesenden oder geschiedenen Elternteilen), mit solchen Prozessen des Verstehens zu verschränken. Den Beiträgen von *Heinz Krebs* und *Gertrude Bogyi* ist ansatzweise zu entnehmen, daß und inwiefern manche ratsuchende Erzieher diese Arbeit mit dem weiteren „Bezugssystem" ihrer Heranwachsenden selbst leisten können, wenn sie dabei nur entsprechend ermutigt und begleitet werden. Zugleich zeigen diese Beiträge, daß auch diese Art von Arbeit letztlich darauf abzielt, bestimmte Beziehungen und Entwicklungsbedingungen, die für die jeweiligen Heranwachsenden bedeutsam sind, zumindest punktuell zu verbessern.

(5.) Diese Rede von der „Verbesserung von Beziehungen und Entwicklungsbedingungen" Heranwachsender mag ungerechtfertigterweise den Eindruck erwecken, daß sowohl grundsätzlich als auch in der jeweiligen Beratungssituation Klarheit darüber herrscht, was unter einer „*Verbesserung* von Beziehungen und Entwicklungsbedingungen" und somit unter *wünschenswerter Entwicklung* zu verstehen ist. Eine solche Vorstellung wäre natürlich ähnlich naiv wie jene oben zitierte Äußerung Aichhorns affirmativ klingt, in der es heißt, die Psychoanalyse könne dem Sozialpädagogen helfen, „Wege (zu) finden, auf denen der Dissoziale dazu gebracht werden kann, sich selbst wieder in die Gesellschaft einzureihen"

(Aichhorn 1925, 9). Aichhorns Beratungsbeispiel, aber auch die Fallbeispiele dieses Bandes lassen vielmehr erkennen, daß zumindest zu Beginn der Beratungsprozesse die Vorstellungen zwischen den Beratern und den ratsuchenden Erziehern darüber, welchem „eigentlichen" Problem sich die Beratungsarbeit widmen soll und welche Veränderungen folglich angestrebt werden sollten, voneinander erheblich abweichen; und diesen Berichten ist überdies zu entnehmen, daß es oft einiger Bemühungen bedarf, ehe sich diese Vorstellungen einander anzunähern beginnen. Solche „Einigungsprozesse" dürfen freilich nicht darüber hinwegtäuschen, daß es letztlich immer die expliziten und impliziten Vorstellungen des Beraters über „wünschenswerte Entwicklung" sind, die seine Praxis leiten - und zwar unbeschadet dessen, daß sich diese Vorstellungen während des Beratungsprozesses mitunter ändern mögen, daß die Realisierung dieser seiner Vorstellungen oft nur bedingt möglich ist, und daß der Stellenwert, der diesen „Vorstellungen über wünschenswerte Entwicklung" für die Gestaltung von Beratungspraxis zukommt, im Detail noch kaum untersucht wurde (vgl. Datler 1997, 234).

(6.) *Daß* psychoanalytisch-pädagogische Erziehungsberatung jedenfalls darauf abzielt, primär über die Arbeit mit Erziehern den „Entwicklungsinteressen" (*Figdor*) von Heranwachsenden zu dienen und dergestalt Beiträge zur „Verbesserung" ihrer Lebens- und Entwicklungsbedingungen zu leisten, wird auch in *Kornelia Steinhardt*s Beitrag deutlich, in dem Unterschiede zwischen psychoanalytisch-pädagogischer Erziehungsberatung und psychoanalytisch orientierter Supervision markiert werden. In Ergänzung dazu ist festzuhalten: Je weniger der Fokus der Beratungsarbeit darin besteht, daß über die Arbeit mit Erziehern versucht wird, bestimmte Beziehungen, die für die Ausbildung und Beibehaltung bestehender Schwierigkeiten sowie für die Entwicklung dieser Heranwachsenden bedeutsam sind, so zu verändern, daß diese Schwierigkeiten geringer und die Entwicklungsbedingungen für diese Heranwachsenden – zumindest punktuell - verbessert werden, *desto weiter entfernt sich diese Beratungsarbeit von Erziehungsberatung im engeren Sinn.* Weitet sich dieser Fokus oder wird dieser Fokus verlassen (was gegebenenfalls durchaus angebracht oder sogar nötig sein kann), so nähert sich diese Beratungsarbeit verschiedenen Formen

- der Psychotherapie,
- der psychosozialen Arbeit im weiteren Sinn, wie man es in diesem Band etwa bei *Urte Finger-Trescher* oder *Renate Doppel* nachlesen kann,
- oder der Erziehungshilfe im Sinne von Aichhorn (1936, 57) und Redl (1932, 92f)[4].

Erziehungshilfe gilt es nach Aichhorn und Redl dann zu leisten, wenn Beratung – allem Anschein nach - nicht dazu ausreicht, um Erzieher in die Lage zu versetzen, bestimmte pädagogische Aufgaben zu erfüllen, und wenn Berater daher den Entschluß fassen, diese Aufgaben partiell zu übernehmen, indem sie z.B. versuchen, mit den entsprechenden Kindern und Jugendlichen selbst zu arbeiten. Einen solchen Entschluß faßt übrigens auch Aichhorn (1925, 92) im erwähnten Fallbeispiel:

Er kommt – aus heutiger Sicht etwas rasch – zu der Einschätzung, „daß der Vater infolge seiner eigenen Gefühlskonstellation nicht in der Lage ist, erzieherisch erfolgreiche Arbeit zu leisten", und

---

[4] Allerdings ist es oft schwierig, auch diese Arbeitsformen klar voneinander abzugrenzen. Dies verdeutlicht beispielsweise die Lektüre der Veröffentlichungen von Fraiberg (1980), Rauchfleisch (1996), Natschläger (1997, 164ff), Szypkowski (1998), Bernhofer (1998) oder Madzar (1998).

beschließt, in der Folge „ohne ihn auszukommen" und mit dem Jugendlichen selbst zu arbeiten (was ich hier aber nicht weiter nachzeichnen werde; vgl. dazu Aichhorn 1925, 92ff).

3.4 Das Bemühen um tiefenpsychologisches Verstehen (II)

Als sich Aichhorn (1925, 89f) erstmals mit dem Umstand konfrontiert sah, daß Hansens Vater die Empfehlungen Aichhorns nicht so aufgreift, wie Aichhorn sich das wünscht, hält er fest:

„Mich packte Wut gegen den Vater; nahezu zwei Stunden hatte ich mich mit ihm abgeplagt, ihm eingehendst auseinandergesetzt, worauf es ankomme, ihm gezeigt, wie er es machen müsse, damit der arme Bursche wieder ins Gleichgewicht kommen könne, und nun dieses ungeschickte Verhalten."

Sich für diesen Affekt gleichsam entschuldigend setzt Aichhorn hinzu:

„Ich weiß, daß der Erzieher sich nicht ärgern darf und daß auch ich die Affektsituation des Vaters hätte begreifen müssen."

Diese Bemerkung Aichhorns entspricht dem Umstand, daß sich psychoanalytisch orientierte Pädagogen der Zwischenkriegszeit zwar intensiv mit den Gefühlsregungen ihrer „Klienten" befaßt haben, zugleich aber über weite Strecken davon ausgingen, daß sie selbst – dank ihrer psychoanalytischen Qualifikation - kaum Affekte zu verspüren hätten (Fröhlich 1997). So heißt es denn auch an anderer Stelle, es sei wohl „selbstverständlich", daß der psychoanalytisch-pädagogische orientierte Erziehungsberater „jeden eigenen Affekt vermeidet" (Aichhorn 1936, 72).

Verständlich wird diese Haltung, wenn man bedenkt, daß in diesen Jahrzehnten Gefühle von psychoanalytisch geschulten Therapeuten oder Beratern primär als potentielle Behinderung des Bemühens begriffen wurden, Patienten, Klienten, Kinder oder Jugendliche in sachlich-angemessener Weise zu verstehen und ihnen hilfreich zu begegnen (Datler 1997, 189ff). Diese Gefahr ist nach wie vor als groß einzuschätzen; doch wurde im Zuge der weiteren Entwicklung der Psychoanalyse zusehends betont,

- daß vielschichtige Gefühle *stets*, d.h. auch auf Seiten von psychoanalytisch qualifizierten Personen als gegeben anzunehmen sind,

- und daß das Verstehen dieser Gefühle einen unverzichtbaren Zugang zum tiefenpsychologischen Verstehen von Beziehungen und somit zum tiefenpsychologischen Verstehen von Patienten, Klienten, Kindern und Jugendlichen eröffnen kann.

Diese Erlebnisinhalte, mit denen sich Pädagogen in ihrer Arbeit mit anderen Menschen konfrontiert sehen, werden heute zusehends als „Gegenübertragungsreaktionen" begriffen; und die eben erwähnte Art des Reflektierens solcher „Gegenübertragungsreaktionen" fand in die jüngere psychoanalytisch-pädagogische Diskussion vor allem über die Entwicklung des Konzepts des „szenischen Verstehens" Eingang (vgl. etwa Trescher 1985, 1993). Beiträgen wie jenen von *Helmuth Figdor, Heinz Krebs* oder *Urte Finger-Trescher* ist zu entnehmen, daß sich heute auch psychoanalytisch-pädagogisch orientierte Erziehungsberater zusehends um das bewußte Gewahrwerden und tiefenpsychologische Reflektieren von solchen „Gegenübertragungsreaktionen" bemühen, um sich auf diese Weise vor unbedachtunreflektiertem Handeln möglichst zu schützen und sich zugleich differenzierte Zugänge zum Verstehen der jeweils gegebenen Beratungsaufgaben und Beratungssituationen zu eröffnen.

Ich möchte daher ein *viertes Charakteristikum* von psychoanalytisch-pädagogischer Erziehungsberatung folgendermaßen umreißen:

Psychoanalytisch-pädagogisch orientierte Erziehungsberater bemühen sich (zusehends) darum, ihr manifestes Erleben und Verhalten, das sie in der Beratungsarbeit verspüren und zeigen, differenziert wahrzunehmen und tiefenpsychologisch zu verstehen. Denn dieses Verstehen schützt sie einerseits davor, in unbedachter Weise eigenen, unbewußten Neigungen zu folgen, und eröffnet ihnen andererseits die Möglichkeit, über das tiefenpsychologische Verstehen des eigenen Erlebens und Verhaltens Zugang zum tiefenpsychologischen Verstehen jener Schwierigkeiten zu finden, mit denen Erzieher bzw. Heranwachsende in bewußter und vor allem auch unbewußter Weise zu kämpfen haben.

3.5 Die Auseinandersetzung mit den Rahmenbedingungen von Erziehungsberatung

Aichhorns Beispiel „Hans", aber auch andere Veröffentlichungen aus der Zwischenkriegszeit erwecken mitunter den Eindruck, „Klassiker" der tiefenpsychologisch orientierten Erziehungsberatung hätten sich kaum mit den Rahmenbedingungen ihrer Beratungsarbeit auseinandergesetzt: Es hat dann den Anschein, als hätten sie in recht unreflektierter Weise in den jeweils gegebenen Beratungssettings gearbeitet, die den Settingbedingungen von Ambulanzen oder therapeutischen Privatpraxen entsprachen, ohne sich um andere Formen der Beratungsarbeit zu bemühen oder zu bedenken, in welche institutionellen Gegebenheiten oder gesamtgesellschaftlichen Prozesse diese ihre Beratungsarbeit eingebettet war.

Dieses Bild täuscht: Bereits in der Zwischenkriegszeit bemühten sich tiefenpsychologisch orientierte Erziehungsberater, unter Settingbedingungen wie jenen von Schule oder öffentlich praktizierter Beratung[5] zu arbeiten (vgl. Redl 1931, Spiel 1947, Bruder-Bezzel 1999, 122ff). Vor allem individualpsychologisch orientierte Erziehungsberater dürften sich während der Zwischenkriegszeit in denkbar hohem Ausmaß darüber klar gewesen sein, in welche weitreichenden Reformbewegungen des sozialdemokratisch regierten „roten Wiens" ihr Engagement eingebettet war. Und bei Aichhorn (1932, 10) findet sich der Hinweis, daß sich auch die „psychoanalytische Erziehungsberatung" als Teil einer „umfassende(n) Organisation der privaten oder öffentlichen Jugendfürsorge" begreifen müsse.

Dennoch zeigt ein Blick in jüngere psychoanalytisch-pädagogische Veröffentlichungen, daß vor allem in letzter Zeit differenzierter über settingspezifische, institutionelle sowie gesamtgesellschaftliche Rahmenbedingungen von Erziehungsberatung sowie über die Bedeutung dieser Rahmenbedingungen für konkrete Beratungspraxis nachgedacht wird. Dieser Tendenz entsprechen auch einige Beiträge des vorliegenden Bandes:

- *Heinz Krebs* thematisiert – mit Verweis auf Krebs und Müller (1998) - die Bedeutung des „Rahmens" für die Beratungsarbeit; während sich etwa *Helmuth Figdor, Gertraud Diem-Wille, Dilys Daws, Christian Büttner, Urte Finger-Trescher* und *Renate Doppel*

---

[5] Diese Form von Erziehungsberatung gewinnt auch im deutschsprachigen Raum wiederum an Aktualität; vgl. dazu Tymister (1990).

der Frage stellen, welche Möglichkeiten von Erziehungsberatungsarbeit an die Wahl bestimmter Beratungssettings gebunden sind.

- An anderen Stellen wird das Augenmerk darauf gelenkt, in welcher Weise psychoanalytisch-pädagogische Erziehungsberatung innerhalb des Gesamtsystems „psychosozialer Angebote und Versorgungseinrichtungen" positioniert ist bzw. positioniert sein soll. In diesem Zusammenhang wird dann etwa die Frage aufgegriffen, welche „Adressaten" psychoanalytisch-pädagogische Erziehungsberatung konventioneller Weise erreicht bzw. künftig vermehrt erreichen sollte; und inwieweit das Angebot von psychoanalytisch-pädagogischer Erziehungsberatung jenen Vorgaben genügen kann, die zum Beispiel im deutschen Kinder- und Jugendhilfegesetz festgeschrieben sind (vgl. dazu die Beiträge von *Burkhard Müller, Urte Finger-Trescher* und *Renate Doppel*).

- Überdies wird mehrfach herausgestrichen, inwiefern es nicht nur bestimmter Methoden und Settings, sondern auch bestimmter Formen der Institutionalisierung bedarf, damit psychoanalytisch-pädagogische Erziehungsberater jene Aufgaben zu erfüllen vermögen, die sie sich im Wissen um verschiedene psychosoziale Not- und Bedürfnislagen selbst setzen oder die verschiedenen psychosozialen Einrichtungen (etwa auf gesetzlichem Weg) in durchaus nachvollziehbarer Weise übertragen werden (vgl. dazu die Beiträge von *Christian Büttner, Burkhard Müller, Urte Finger-Trescher* und *Renate Doppel*).

Abschließend möchte ich daher folgendes *fünftes Charakteristikum* psychoanalytisch-pädagogischer Erziehungsberatung benennen:

Psychoanalytisch-pädagogisch orientierte Erziehungsberater bedenken (in wachsendem Ausmaß), welche Bedeutung bestimmte settingspezifischen, institutionellen und gesamtgesellschaftlichen Rahmenbedingungen für das Angebot und für die Durchführung von psychoanalytisch-pädagogischer Erziehungsberatung haben; und sie bemühen sich (zusehends) um die Schaffung entsprechender Rahmenbedingungen, die es ihnen erlauben, jene Aufgaben zu erfüllen, die sie sich selbst setzen oder die (etwa auf gesetzlichem Weg) in nachvollziehbarer Weise an psychosoziale Einrichtungen herangetragen werden.

Literatur:

Adler, A. (1912): Über den nervösen Charakter: Grundzüge einer vergleichenden Individual-Psychologie und Psychotherapie. Kommentierte, textkritische Ausgabe, hrsg. von K.H. Witte, A. Bruder-Bezzel und R. Kühn. Vandenhoeck und Ruprecht: Göttingen, 1997

Aichhorn, A. (1925): Verwahrloste Jugend. Huber: Bern, 1972, 7. Aufl.

Aichhorn, A. (1932): Erziehungsberatung. In: Aichhorn, A.: Psychoanalyse und Erziehungsberatung. Fischer: Frankfurt a.M., 1974, 9-54

Aichhorn, A. (1936): Die Übertragung in der Erziehungsberatung. In: Aichhorn, A.: Psychoanalyse und Erziehungsberatung. Fischer: Frankfurt a.M., 1974, 55-120

Bernhofer, R. (1998): Spielräume der Wahrnehmung. Die Eltern-Kind-Interaktion als Schlüssel zum Verständnis und zur Behandlung von Wahrnehmungsstörungen. In: Zeitschrift für Individualpsychologie 23, 13-22

Bittner, G. (1963): Erziehungsberatung. In: Bittner, G.: Psychoanalyse und soziale Erziehung. Juventa: München, 1967, 90-107

Bruder-Bezzel, A. (1999): Geschichte der Individualpsychologie. Vandenhoeck und Ruprecht: Göttingen

Bundeskonferenz (Hrsg.) (1996): Produkt Beratung. Materialien zur outputorientierten Steuerung in der Jugendhilfe, hrsg. von der Bundeskonferenz für Erziehungsberatung e.V. Fürth

Cremer, H., Hundsalz, A., Menne, K. (Hrsg.) (1994): Jahrbuch für Erziehungsberatung, Band 1. Juventa: Weinheim und München

Datler, W. (1985): Psychoanalytische Repräsentanzenlehre und pädagogisches Handeln. Eine Anmerkung zu Zulligers Methode der „deutungsfreien Kinderpsychotherapie" und deren möglichen Relevanz für Pädagogik. In: Bittner, G. & Ertle, Ch. (Hrsg.): Pädagogik und Psychoanalyse. Beiträge zur Geschichte, Theorie und Praxis einer interdisziplinären Kooperation. Königshausen und Neumann: Würzburg, 67-80 (in überarbeiteter Form auch in Datler 1997, 173-184)

Datler, W. (1996): Ist der Begriff der Fiktion ein analytischer Begriff? Einige Bemerkungen zur Mehrgliedrigkeit unbewußter Abwehr- und Sicherungsaktivitäten. - In: Lehmkuhl, U. (Hrsg.): Heilen und Bilden, Behandeln und Beraten. Individualpsychologische Leitlinien heute (Beiträge zur Individualpsychologie 22). Reinhardt: München u.a., 145 – 156

Datler, W. (1997): Bilden und Heilen. Auf dem Weg zu einer pädagogischen Theorie psychoanalytischer Praxis. Zugleich ein Beitrag zur Diskussion um das Verhältnis zwischen Psychotherapie und Pädagogik. Matthias Grünewald Verlag: Mainz

Datler, W., Stephenson, Th. (1996): Tiefenpsychologische Ansätze in der Psychotherapie: Eine Einführung. In: Ahlers, C. u.a.: Einführung in die Psychotherapie (Band 1 der "Bibliothek Psychotherapie", hrsg. von G. Sonneck). Facultas: Wien, 80 – 144

Dornes, M. (1998): Bindungstheorie und Psychoanalyse. In: Psyche 52, 299 -348

Ellenberger, H. (1985): Die Entdeckung des Unbewußten. Diogenes: Zürich

Ertle, Ch (1971): Erziehungsberatung. Klett: Stuttgart

Finger-Trescher, U. (1987): Trauma, Wiederholungszwang und projektive Identifizierung. Was wirkt heilend in der Psychoanalytischen Pädagogik? In: Reiser, H., Trescher, H.-G. (Hrsg.): Wer braucht Erziehung? Impulse der Psychoanalytischen Pädagogik. Grünewald: Mainz, 130-145

Fonagy, P. (1998): Die Bedeutung der Entwicklung metakognitiver Kontrolle der mentalen Repräsentanzen für die Betreuung und das Wachstum des Kindes. In: Psyche 52, 249-368

Fraiberg, S. (Hrsg.) (1980): Clinical Studies in Infant Mental Health: The First Year of Life. Tavistock Publications: London

Freud, A. (1965): Wege und Irrwege in der Kinderentwicklung. Die Schriften der Anna Freud, Bd.VIII. Kindler: München, 1980

Freud, S. (1900a): Die Traumdeutung. In: Sigmund Freud: Gesammelte Werke (GW), Bd. II/III. Fischer: Frankfurt/M., 1961, 1-642. Hier zit. nach: Sigmund Freud Studienausgabe, Bd.2. Fischer: Frankfurt a.M., 1975

Fröhlich, V. (1997): Liebe und Haß in der Geschichte der psychoanalytischen Pädagogik. In: Krumenacker, F.-J. (Hrsg.): Liebe und Haß in der Pädagogik. Zur Aktualität Bruno Bettelheims. Lambertus: Freiburg i.Br., 44-55

Göppel, R. (1998): Paradoxien der Erziehungsberatung oder: warum ist es einerseits so leicht, andererseits so schwer, pädagogischen Rat zu geben? In: Göppel, R.: Eltern, Kinder und Konflikte. Kohlhammer: Stuttgart, 236-258

Hundsalz, A. (1991): Methoden- und Konzeptentwicklung in den Psychologischen Beratungsstellen. In: Praxis der Kinderpsychologie und Kinderpsychiatrie 40, 55-61

Körner, W. und Hörmann, G. (Hrsg.) (1998): Handbuch der Erziehungsberatung, Band 1. Hogrefe: Göttingen u.a.

Krebs, H., Müller, B. (1998): Der psychoanalytisch-pädagogische Begriff des Settings und seine Rahmenbedingungen im Kontext der Jugendhilfe. In: Jahrbuch für Psychoanalytische Pädagogik 9. Psychosozial Verlag: Gießen, 15-40

Lütkehaus, L. (Hrsg.) (1989): „Dieses wahre innere Afrika". Texte zur Entdeckung des Unbewußten vor Freud. Fischer: Frankfurt a.M.

Madzar, U. (1998): Mutter und Kind in getrennten Settings bei einer Psychotherapeutin. Ein Beitrag zum Thema der Elternarbeit in der Kinderpsychotherapie. In: Zeitschrift für Individualpsychologie 23, 3-12

Natschläger, B. (1997): Erziehungsberatung als Gegenstand psychoanalytisch-pädagogischer Veröffentlichungen. Ein Literaturbericht. In: Jahrbuch für Psychoanalytische Pädagogik 8. Psychosozial Verlag: Gießen, 143-177

Rauchfleisch, U. (1996): Menschen in psychosozialer Not. Beratung, Betreuung, Psychotherapie. Vandenhoeck und Ruprecht: Göttingen

Redl, F. (1931): Erziehungsberatung in der eigenen Schulklasse. In: Redl, F.: Erziehungsprobleme – Erziehungsberatung. Aufsätze, hrsg. von Reinhard Fatke. Piper: München, 43-90

Redl, F. (1932): Erziehungsberatung, Erziehungshilfe, Erziehungsbehandlung. In: Redl, F.: Erziehungsprobleme – Erziehungsberatung. Aufsätze, hrsg. von Reinhard Fatke. Piper: München, 91-104

Sandler, J., Joffe, W. (1969): Auf dem Wege zu einem Grundmodell der Psychoanalyse. In: Psyche 23, 461-480

Spiel, O. (1947): Am Schaltbrett der Erziehung. Huber: Bern, 1975

Spiel, W. (1967): Therapie in der Kinder- und Jugendpsychiatrie. Thieme: Stuttgart

Szypkowski, B. (1998): Vor Ort und hautnah – Sozialpädagogische Familienhilfe. In: Jahrbuch für Psychoanalytische Pädagogik 9. Psychosozial Verlag: Gießen, 81-100

Trescher, H.-G. (1985): Theorie und Praxis der Psychoanalytischen Pädagogik. Grünewald: Mainz, 1992

Trescher, H.-G. (1993): Handlungstheoretische Aspekte der Psychoanalytischen Pädagogik. In: Muck, M., Trescher, H.-G. (Hrsg.): Grundlagen der Psychoanalytischen Pädagogik. Grünewald: Mainz, 167-201

Trescher, H.-G., Finger-Trescher, U. (1992): Setting und Holding-Function. Über den Zusammenhang von äußerer Struktur und innerer Strukturbildung. In: Finger-Trescher, U., Trescher, H.-G.: Aggression und Wachstum. Grünewald: Mainz, 90-116

Tymister, H.J. (Hrsg.) (1990): Individualpsychologisch-pädagogische Beratung (Beiträge zur Individualpsychologie 13). Reinhardt: München

Zulliger, H. (1951): Schwierige Kinder. Huber: Bern

Zulliger, H. (1957): Psychoanalyse und Pädagogik. In: Cremerius, J. (Hrsg.): Psychoanalyse und Erziehungspraxis. Fischer: Frankfurt a.M., 1971, 112-123

Zulliger, H. (1960): Erziehungsberatung und Erziehungshilfe. In: Zulliger, H.: Gespräche über Erziehung. Huber: Bern, 207-227

Helmuth Figdor

Aufklärung, verantwortete Schuld und die Wiederentdeckung der Freude am Kind

Grundprinzipien des Wiener Konzeptes psychoanalytisch-pädagogischer Erziehungsberatung

1. „Was Rat! Hat Rat bei Menschen je gegolten?" (Goethe)

Wie oft gingen uns nicht schon (mehr oder weniger wohlmeinende) Menschen mit ihren Ratschlägen auf die Nerven! Wie oft mußten wir aber auch selbst erfahren, wie ein guter Freund von unseren Hinweisen nichts wissen wollte, obwohl wir genau zu sehen meinten, daß er sich mit seinem Verhalten selbst schadet bzw. auf welche Weise er es besser machen könnte; wie das eigene Kind unsere Belehrungen über sich ergehen ließ, vielleicht sogar nickte und Besserung versprach, und dann doch nichts dergleichen tat ... Aber läßt sich deshalb mit solcher Allgemeinheit behaupten, daß Rat noch nie geholfen hätte? So fällt mir etwa der Geheimtip einer Freundin ein, wo man in Rom besonders gut essen könne, dem ich mit Freude gefolgt bin (und tatsächlich gut speiste); der Rat eines Kollegen, an welchen Spezialisten ich mich mit meinen Rückenschmerzen wenden solle (für den ich ihm bis heute dankbar bin); ich denke an den Hausknecht eines Kärntner Hotels, der, als ich mir Schi ausborgen wollte, empfahl, es mit „Carvings" zu versuchen (und noch nie hat mir Schifahren so viel Spaß gemacht). Ich erinnere mich aber auch an meine psychoanalytischen Lehrjahre und an den einen oder anderen erfahrenen Analytiker, der sich in der Supervision nicht damit begnügte, mir bei der Analyse meiner Gegenübertragungen zu helfen, um selbst die richtigen Lehren daraus ziehen zu können, sondern hin und wieder auch explizit Stellung bezog und sagte: „So nicht, ich würde das eher so und so tun ...", Lehren, aus denen ich großen Gewinn zog. Einige dieser Ratschläge könnte ich heute noch wörtlich zitieren. Schließlich gibt es noch jene Situationen, in welchen man gerne einen guten Rat bekäme, aber der andere, beim besten Willen, keinen findet.

Es dürfte also offenbar weniger darum gehen, *ob* ein Rat hilfreich sein kann, als um die Frage, *unter welchen Bedingungen* ein hilfreicher Rat gegeben und angenommen werden kann.

Um einen Rat annehmen zu können, dürften folgende Bedingungen vorauszusetzen sein:

a) Der Betreffende muß Rat auch tatsächlich *wollen.*

Im Hinblick auf das Thema *Erziehungsberatung* ist diese Forderung nur scheinbar banal. Viele Eltern melden sich mehr oder weniger unfreiwillig, weil sie vom Jugendamt zugewiesen oder von einer Kindergärtnerin, einer Lehrerin geschickt wurden, Erzieher, weil ihre Vorgesetzten es für nötig befanden. Aber selbst dort, wo der Gang zum Erziehungsberater auf eigene Initiative erfolgte, ist es oft nur der Leidensdruck, der diesen Schritt *erzwungen* hat. Diese Klienten wollen zwar Hilfe, oft aber durchaus keinen Rat. Ja, viele von ihnen erhoffen unbewußt, der Berater möge sich als ebenso hilflos erweisen wie sie selbst, denn dann hätten sie sich nichts vorzuwerfen, müßten nicht das Gefühl haben, versagt zu haben oder nicht mehr weiter zu wissen. Darunter fallen auch die „Nichts-nützt-etwas-" und die „Hat-alles-keinen-Sinn-Klienten", die unsere Vorschläge erst gar nicht ausprobieren oder deren Erfolg unbewußt boykottieren, indem sie sich dann (scheinbar ungeschickt) so anstellen, daß geradezu das Gegenteil herauskommt.

b) Der Rat muß sich auch wirklich auf das Problem des Ratsuchenden beziehen. Und dieses muß sich keineswegs mit dem Problem decken, um welches es im Gespräch zwischen Ratgeber und Ratsuchendem zu gehen scheint.

„Kann man einem zweieinhalbjährigen Kind zumuten, die Nacht über beim Vater und dessen neuer Freundin zu verbringen?", fragte mich eine kürzlich geschiedene Mutter. Das wirkliche Problem dieser Frau, wie sich wenige Minuten später herausstellte, bestand freilich in der Angst, ihre Tochter könne von der neuen familiären Dreier-Idylle beim Vater so angezogen sein, daß sie nicht mehr bei der Mutter bleiben will, weshalb eine Antwort wie: „Wenn der Vater dem Kind vertraut und seine Freundin Ihrer Tochter wohlgesinnt ist, können Sie ganz beruhigt sein!" für diese Frau in keiner Weise hilfreich und schon gar nicht beruhigend gewesen wäre. Oder: Ein Elternpaar wendet sich mit der Bitte an die Beraterin: „Sagen Sie uns, was wir tun sollen, um unseren sechsjährigen Sohn abends ins Bett zu bringen." Die Beraterin könnte raten, so lange mit ihm zu spielen, bis er müde wird. Wenn das Problem der Eltern allerdings darin bestehen sollte, daß sie den Abend gerne für sich hätten, werden sie diese Empfehlung nicht als sehr hilfreich erleben.

c) Der Ratsuchende muß dem Ratenden vertrauen. Denn nur dann ist damit zu rechnen, daß er auch tatsächlich von seinem wirklichen, also affektiv zentral besetzten Problem spricht.

Auf den ersten Blick scheint für einen Erziehungsberater diese Forderung keine besondere Schwierigkeit darzustellen, denn selbstverständlich werden wir dem Klienten volle Diskretion über die gemeinsamen Gespräche zusichern. Um aber wirklich offen über das zu reden, was einen bewegt, bedarf es mehr: einer Haltung auf Seiten des Beraters, die dem Klienten die Sicherheit gibt, für seine Gedanken und Gefühle nicht verurteilt zu werden, etwa dann, wenn sie irgendwelchen „pädagogischen" Ansprüchen oder Über-Ich-Forderungen widersprechen sollten. Zum Beispiel im eben angeführten Beispiel: „Ich hab einfach keine Lust, mit meinem Kind auch noch abends zu spielen, mir reicht es dann, ich möchte Fernsehen oder mit meiner Frau schlafen!"

Man könnte die Art des Vertrauens, um das es hier geht, auch als positive Übertragung bezeichnen, innerhalb derer der Berater als „gutes Objekt" erlebt werden kann, das (auch) auf der Seite des Klienten und nicht (nur) auf der Seite des Kindes steht.

d) Der Ratsuchende muß im Hinblick auf sein Problem die Kompetenz des Ratenden anerkennen.

Auch diese Forderung mag auf den ersten Blick banal klingen und für den Berater unschwer zu erfüllen sein: Ist die fachliche Kompetenz nicht selbstverständlicher Teil seines professionellen Status? Leider ist dem keineswegs immer so. Nicht selten provoziert die Persönlichkeit des Erziehungsberaters, z.B. seine relative Jugend, ganz bewußte Skepsis an dessen Qualifikation. Viel bedeutsamer aber sind die *unbewußten* Anfechtungen seiner Kompetenz, etwa wenn der Klient mit dem Berater rivalisieren, ihm imponieren oder auch ihn verführen möchte; wenn die mit der Anerkennung von Kompetenz einhergehende Unterlegenheit narzißtisch nicht verkraftet werden kann u.a.m. Ich erinnere mich eines Vaters, der in mir unbewußt seinen älteren Bruder erblickte, dem es - nach Ansicht des Klienten - lediglich durch Schmeichelei gelungen war, Karriere zu machen, während er, der viel Talentiertere, von der Umwelt verkannt, es nur zum kleinen Angestellten gebracht hatte. Obwohl er wegen seines Sohnes wirklich verzweifelt war und sich (bewußt) von mir Hilfe erhoffte, trachtete er andauernd nur danach, alles, was ich sagte, als bloße Seifenblasen zu entlarven und mit Besserwisserei abzuwerten.

Wir können also sagen, es geht nicht nur darum, Kompetenz zu zeigen, sondern unsere Kompetenz muß „gut" sein, d.h. darf nicht als bedrohlich erlebt werden. Oder anders ausgedrückt: Auch die Kompetenz des Ratenden muß sich innerhalb einer positiven Übertragungsbeziehung entfalten, bzw. seine Kompetenz darf diese positive Übertragung nicht gefährden.

e) Der Rat darf nicht über das hinausgehen, wozu *der Ratsuchende fähig ist.*

„Es hat keinen Sinn, mit Ihrer Tochter zu schreien, wenn sie morgens brodelt (= trödelt). Versuchen Sie lieber, die Zeit nach dem Aufstehen und das Frühstück möglichst lustvoll zu gestalten!" Es hat freilich auch keinen Sinn, das einer Mutter zu raten, die - aus welchen (vielleicht unbewußten) Gründen auch immer - angesichts der provozierenden Langsamkeit ihrer Tochter regelmäßig in Wut gerät. Genauso wenig Sinn hat es, einem Vater zu empfehlen, die Beziehung zu seinem sportbegeisterten Sohn dadurch zu verbessern, daß er mit ihm Fußballspielen geht, Eishockey-Spiele besucht u.ä., wenn dieser Vater Sport verachtet und einen Fußball wohl nicht einmal treffen würde.

f) Der Rat darf den Ratsuchenden nicht in einen großen *Gefühlskonflikt* oder einen *Konflikt mit anderen wichtigen Bedürfnissen* bringen.

Wie sollte ein Vater unseren Rat annehmen können, seinen bettnässenden Sohn dadurch zu entlasten, daß er seine schulischen Lernforderungen zurücknimmt und möglicherweise riskieren soll, ihn vom Gymnasium in die Hauptschule zurückzuschulen, wenn es der sehnlichste Wunsch dieses Vaters ist, seinen Sohn einmal studieren zu sehen? Und wie sollte eine geschiedene Mutter unseren Anleitungen folgen können, wie sie ihr Kind, das den Vater nicht mehr sehen will, dazu bringen kann, sich innerlich mit diesem wieder auszusöhnen, wenn die Loyalität des Kleinen mit der Mutter genau das ist, was sie in ihrem Schmerz, ihrer Wut und ihrem gekränkten Stolz jetzt benötigt?

Freud hat im Konflikt und seiner Abwehr das Gestaltungsprinzip des Psychischen erkannt. Dementsprechend müssen wir damit rechnen, daß jeder Rat, sofern er sich nicht auf Nebensächlichkeiten bezieht (wie ein römisches Restaurant oder ein paar Schi), sondern auf eine Neuordnung wesentlicher Lebensbereiche zielt, innerpsychische Konflikte provoziert oder wieder aufbrechen läßt. Konflikte, die möglicherweise gerade mit Hilfe von Abwehrmechanismen besänftigt werden, die jene Probleme nach sich zogen, die den Betreffenden zum Berater brachten. Mit anderen Worten: Bedeutsame Ratschläge drohen, das psychische Gleichgewicht in Unordnung zu bringen. Wie das neurotische Symptom, mag auch das „pädagogische Problem" eines Menschen geringer wiegen als der abgewehrte innerpsychische Konflikt, sodaß er dem Rat den nämlichen (unbewußten) Widerstand entgegensetzt wie ein neurotischer Patient seiner psychoanalytischen Kur.
Aber auch, um einen *Rat geben zu können*, bedarf es einer Reihe von Voraussetzungen:

g) Der Berater muß in der Lage sein, das *wirkliche Problem des Ratsuchenden zu erkennen.* Das erfordert die Fähigkeit, eine positive Übertragungsbeziehung herzustellen und sich soweit mit dem anderen identifizieren zu können, daß er dessen affektbesetzte Probleme erspüren kann.

Auch diese Forderung ist in der Erziehungsberatung schwerer zu erfüllen als sie klingt; neigt doch der Erziehungsberater dazu, sich mit dem Kind (und also gegen die Eltern/Pädagogen) zu identifizieren, was ihn nicht nur daran hindert, einen Zugang zu den Problemen der Eltern/Pädagogen zu finden, sondern zu einer Reinszenierung der familiären Konflikte führen kann, zu deren Bearbeitung jedoch die sicheren Grenzen eines therapeutischen Settings fehlen. Anders als in der psychoanalytischen Therapie ist die „Übertragungsneurose" in der Erziehungsberatung nicht eine Bedingung des (therapeutischen) Erfolgs, sondern führt zumeist zum Abbruch der Beratung durch die Eltern oder Pädagogen.

h) Er muß imstande sein, das endlich verstandene Problem in seinen *vielfältigen Verknüpfungen zu reflektieren.* Denn er trägt dem Ratsuchenden gegenüber auch die Verantwortung, nicht bloß eine - technologisch vielleicht wirksame - Lösung vorzuschlagen, die jedoch das ursprüngliche Problem nur verschiebt oder mittel- oder langfristig verschlimmert.

Eltern, deren sechsjähriges Kind sich weigert, im eigenen Bett zu schlafen, strenge Konsequenz anzuraten - es z.b. immer wieder mit strengem Ton ins eigene Zimmer zurückzuschicken, gegebenenfalls zu tragen - mag tatsächlich erfolgreich sein. Es ist gegen ein solches Vorgehen wohl auch nichts einzuwenden, wenn es lediglich darum geht, dem Kind den Verzicht auf die libinöse Lust, mit den Eltern das Bett zu teilen, aufzuzwingen. Sollte der Wunsch des Kindes, bei den Eltern zu schlafen, hingegen von Trennungs- oder Dunkelängsten getragen sein, müssen wir damit rechnen, daß die Zurückweisung durch die Eltern eine, möglicherweise irreversible, Erschütterung des Vertrauens des Kindes in seine Eltern nach sich zieht, von denen es bislang vielleicht annahm, stets da zu sein, wenn es sie wirklich benötigt. Es wird ihm wohl nichts anderes übrigbleiben, als sich in die Forderung der Eltern zu fügen. Aber die Welt (seine inneren Beziehungen) wird nicht mehr dieselbe sein wie früher, und es wird für seine inneren Konflikte einen anderen Ausdruck finden müssen. Wäre den Eltern diese Gefahr bekannt gewesen, hätten sie sich vielleicht anders entschieden.

i) Die Verantwortung des Beraters beschränkt sich nicht darauf, die Bedürfnisse und Interessen seines Klienten langfristig im Auge zu behalten. Er muß seinen Rat auch *vor sich selbst, vor seinem eigenen Wert- und Normsystem verantworten können.* Er muß sich darüber Rechenschaft ablegen, ob und in welcher Weise durch sein Wirken andere Menschen betroffen werden.

Ganz besonders nachdrücklich muß er sich die Frage stellen, ob die von ihm vorgeschlagenen Wege der Problemlösung auch tatsächlich den Entwicklungsinteressen des Kindes entsprechen.[1] Denn die Entwicklungsinteressen des Kindes zu fördern, bildet letztendlich den zentralen normativen Bezugspunkt seiner Tätigkeit - bei aller Notwendigkeit, zunächst auf die Probleme der Eltern oder Erzieher einzugehen - jedenfalls solange, als er sich nicht bloß als *psychoanalytischer* Berater, sondern als psychoanalytisch-*pädagogischer Erziehungs*berater versteht.

---

[1] Den an Anna Freud (1962, 1964, 1965) angelehnten Begriff des "Entwicklungsinteresses" als normativer Bezugsrahmen psychoanalytisch-pädagogischer Erziehungsberatung habe ich andernorts (Figdor 1995, 33ff) ausführlich diskutiert.

Nehmen wir alle diese Bedingungen zusammen, müssen wir feststellen, daß im Augenblick des Zusammentreffens eines Erziehungsberaters mit einem Klienten, der sich mit der Bitte um Hilfe an ihn wendet, die Chance, daß erstens der Berater einen fachlich fundierten und ethisch verantwortungsvollen Rat erteilen und zweitens der Klient einen solchen Rat auch annehmen und umsetzen kann, gleich null ist.

Daraus läßt sich nun entweder folgern, daß Erziehungsberatung eine unrealisierbare Illusion darstellt, oder wir müssen (psychoanalytisch-pädagogische) „Erziehungsberatung" so definieren, daß den prinzipiellen Schwierigkeiten, pädagogischen Rat zu erteilen, Rechnung getragen wird. Und das hieße, die Herstellung all jener Voraussetzungen als zentrale Aufgabe der Beratung anzusehen. An *psychoanalytisch-pädagogische Erziehungsberatung* müßten dann folgende Ansprüche gestellt werden:

- Sie hätte sich als eine Methode zu begreifen, die sich zum *Ziel* setzt, Eltern oder Pädagogen zu Handlungen zu veranlassen, die in der Lage sind, die *Entwicklungsinteressen* des Kindes/der Kinder auch in Zukunft zu sichern bzw. verschüttete Entwicklungschancen wiederzueröffnen.
- Um dies möglich zu machen, müßte sich der Erziehungsberater *zuerst* darum kümmern, welche *Hindernisse* einer solchen Veränderung des pädagogischen Erziehungsgefüges entgegenstehen: in der äußeren Lebenssituation (soziale und ökonomische Situation, Abhängigkeiten und Lebensinteressen der Eltern/Pädagogen); in deren innerpsychischen Konfliktdynamik; und nicht zuletzt in der eigenen Person (die emotionalen und intellektuellen Anforderungen, die der jeweilige Fall an den Erziehungsberater stellt).
- *Sodann* gälte es Wege zu finden, diese Hindernisse allmählich abzubauen oder überwinden zu helfen, und zwar in relativ kurzer Zeit.
- Nun erst wäre der Zeitpunkt gekommen, den Eltern/Pädagogen die (im engeren Sinn) praktische pädagogische Kompetenz des Beraters zur Verfügung zu stellen: Empfehlungen auf die Frage, was denn nun zu tun wäre, zu geben.

2. „Nun sag, wie hast du's mit der Psychoanalyse?"

Man könnte angesichts dieser Aufgabenbestimmung von Erziehungsberatung genauso gut die Frage stellen, wie ich es denn mit der *Pädagogik* halte: Ist so ein Unternehmen noch als *Beratung* oder gar *Erziehungsberatung* zu bezeichnen? Müßten wir nicht richtiger sagen: „In vielen Fällen stellt sich heraus, daß eine im Entwicklungsinteresse des Kindes gelegene Veränderung pädagogischer Praxis über Erziehungsberatung nicht möglich ist. Hier müssen vorerst *therapeutische* Methoden zum Einsatz kommen, die erst die Voraussetzung für die Möglichkeit *pädagogischer* = beratender Praxis schaffen"? Und müßte man nicht hinzufügen: „Bedenkt man, daß die inneren ‚Hindernisse', die es abzubauen oder zu überwinden gilt, wesentlich darin bestehen, daß das pädagogische Handeln von Eltern/Erziehern in deren unbewußte seelische Konfliktdynamik eingegossen und als Teil ihrer Abwehr zu verstehen ist, dann kann die Therapiemethode der Wahl wohl nur die Psychoanalyse sein. Was also soll das Gerede von einer Veränderung des elterlichen Unbewußten durch *Beratung*?"

Sollten diese Einwände zutreffen, müßten wir die Idee, erzieherische Praxis in pädagogisch verantwortlicher Weise wirksam durch *Erziehungsberatung* zu verändern und diese Arbeit als Form *pädagogischer* (versus therapeutischer) Praxis zu konzipieren, zu Grabe tragen. Die Idee der Beratung müßte der Notwendigkeit von Therapie weichen[2], und natürlich könnte eine solche Arbeit – selbst wenn sie pädagogisch motiviert sein sollte – nur von ausgebildeten Psychoanalytikern geleistet werden.

Bei näherem Hinsehen müssen wir freilich erkennen, daß uns auch der Ruf nach (therapeutischer) Psychoanalyse nicht weiterhilft, denn

- eine Psychoanalyse von Eltern/Pädagogen braucht Zeit, jedenfalls mehr Zeit, als das Kind mit seinen akuten Problemen verkraften kann;

- aber selbst eine „fokussierte" Kurztherapie würde in den meisten Fällen scheitern, weil ihr Erfolg an ein therapeutisches Setting (was auch eine Therapiebereitschaft der Eltern/Pädagogen einschließt) geknüpft ist;

- schließlich müssen wir uns eingestehen, daß selbst eine erfolgreiche psychoanalytische Arbeit an den inneren Konflikten von Eltern/Pädagogen keineswegs zwangsläufig und von selbst zu einem besseren, den Entwicklungsinteressen der Kinder angemesseneren, förderlicheren Umgang mit den Kindern führt. Analysierte Eltern sind nicht automatisch bessere Eltern, ebenso nicht analysierte Erzieher oder Lehrer. (So mancher Lehrer ist nach einer Analyse überhaupt kein Lehrer mehr ...)

Aber gibt es eine Alternative?

Ja! Ich arbeite seit über zehn Jahren mit Eltern und Erziehern, und zwar durchaus mit dem Anspruch, in einem begrenzten Zeitraum von Wochen/Monaten entscheidende Veränderungen im Umgang mit den Kindern zu bewirken. Und ich mache mit diesen Eltern oder Pädagogen durchaus etwas anderes als mit meinen Therapie- oder Analysepatienten. Seit 1991 bilde ich in dreijährigen Lehrgängen Absolventen des Diplomstudiums Pädagogik zu „Psychoanalytisch-pädagogischen Erziehungsberatern" aus, was keinesfalls als Schmalspurvariante einer Psychoanalyse-Ausbildung mißverstanden werden darf, sondern eine ganz spezifische Qualifikation darstellt. Ich würde einen Freund, der unter psychischen Problemen leidet, selbstverständlich zu einem Analytiker schicken, wenn es mir in erster Linie um sein seelisches Wohlergehen zu tun ist. Ginge es mir hingegen primär um die Entwicklung seines Kindes, würde ich ihm eine psychoanalytisch-pädagogische Erziehungsberatung empfehlen, wo nach einer Methode gearbeitet wird, die meiner Erfahrung nach den meisten Kindern raschere und wirksamere Hilfe bringt als eine (therapeutische) Psychoanalyse oder psychoanalytische Therapie der Eltern oder Erzieher.[3]

Um einem möglichen Mißverständnis vorzubeugen: Ich stelle hier also nicht Erziehungsberatung und (analytische) *Kinder*psychotherapie einander gegenüber, sondern Erziehungsberatung und psy-

---

[2] Auf kategorialer Ebene ließe sich dieses Dilemma mit Datlers (1995) Argumentation, daß psychoanalytische Praxis als spezielle Form pädagogischer Praxis aufzufassen sei, auflösen, wovon jedoch die praktischen Probleme (Zeit, Setting, Therapiebereitschaft und Ausbildung) unberührt bleiben.

[3] Diese Gegenüberstellung von psychoanalytischer Therapie und psychoanalytisch-pädagogischer Erziehungsberatung mag angesichts des Umstandes, daß auch viele Analytiker für sich in Anspruch nehmen, manche ihrer Klienten lediglich zu beraten, zu polarisierend erscheinen. Ohne an dieser Stelle näher darauf eingehen zu können, ist m.E. das, was heute üblicherweise als "psychoanalytische Beratung" bezeichnet wird, jedoch lediglich eine methodische *Variante* psychoanalytisch-*therapeutischen* Arbeitens.

choanalytisch-therapeutische Arbeit mit Eltern/Erziehern: Die durch Erziehungsberatung bewirkten Veränderungen können im Einzelfall ja auch darin bestehen, daß Eltern, ohne in einen gravierenden inneren Konflikt zu geraten, fähig werden, den Vorschlag einer Psychotherapie ihres Kindes anzunehmen und die Therapie ihrerseits produktiv zu unterstützen. (Wie oft erlebt man doch, daß eine Kinderpsychotherapie empfohlen wird, die Eltern dieser Empfehlung jedoch nicht folgen, die Therapie vorzeitig abbrechen oder deren Erfolg durch ihr Verhalten gegenüber den Kindern unbewußt boykottieren!) Freilich erübrigt die psychoanalytisch-pädagogische Beratung der Eltern in manchen Fällen eine (zusätzliche) Therapie der Kinder nicht selten auch dort, wo das Problem des Kindes als neurotisch bedingt klassifiziert wurde.[4]

Worin besteht nun diese Methode, die sich psychoanalytisch bezeichnet, sich jedoch von der Art, wie Analytiker arbeiten, unterscheidet und zudem beansprucht, pädagogisch genannt zu werden? (Wobei „pädagogisch" im vorliegenden Problemzusammenhang meint:
- primär an der Entwicklung des Kindes orientiert zu sein und
- von Pädagogen erlernt werden zu können, ohne eine Psychoanalyse-Ausbildung absolvieren zu müssen.)[5]
Die Skepsis gegenüber der Möglichkeit, unbewußt determinierte Verhaltensweisen bzw. Beziehungsmodi anders als durch die Analyse von Übertragung und Widerstand innerhalb der Regeln des therapeutischen Settings verändern zu können, scheint mir in erster Linie auf einem Denkfehler und einer Verwechslung zu beruhen. Der *Denkfehler* besteht darin, aus dem richtigen Satz: „Die psychoanalytische Methode (im eben definierten Sinn) ist eine Methode, mit welcher unbewußt determinierte Praxis verändert werden kann" den Umkehrschluß zu ziehen: „Unbewußt determinierte Praxis kann *nur* mit Hilfe der psychoanalytischen Methode verändert werden." Die *Verwechslung* wiederum besteht darin, zwischen *Veränderung von Praxis* und *Heilung* (der Neurose) nicht zu unterscheiden.

Sehen wir uns z.B. einen Fall von „Alltags-Übertragung" an. Eine Analyse-Patientin erzählt folgende Begebenheit: Ihre zehnjährige Tochter Babsi hatte für Samstag nachmittag, vier Uhr, ihre beiden besten Freundinnen eingeladen, freute sich schon riesig, half der Mutter beim Herrichten der Jause, ja sie räumte sogar das Kinderzimmer (ein wenig) auf. Es wurde halb fünf, fünf, halb sechs - niemand kam. Während sich ihre Tochter nach anfänglicher Enttäuschung bald mit den Spice-Girls und ihrem neuen Christine Nöstlinger-Buch tröstete, kochte meine Patientin vor Wut über „die beiden treulosen Gören", wie sie sagte. Für sie war die Situation völlig klar: Die zwei hatten Spaß miteinander und daher keine Lust auf Babsi oder die Einladung schlicht vergessen. Als Babsi dann kam und fragte, ob sie morgen Manuela - so hieß die eine der Freundinnen - zum Baden mitnehmen könnten, „... weil wir uns heute ja nicht gesehen haben!", reagierte die Mutter empört. Das käme überhaupt nicht in Frage, schimpfte sie, wenn Babsis „sogenannte Freundin" nicht wüßte, was Freundschaft ist, nicht weiß, wie man sich benimmt, soll sie sehen, wo sie bleibt. Wahrscheinlich macht es ihr aber ohnedies nicht viel aus, „denn besonders wichtig scheinst du ihr ja nicht zu sein", worauf sich Babsi heulend in ihr Zimmer zurückzog. Bei diesen letzten Worten, gibt die Patientin zu, war sie auf ihre Tochter mindestens ebenso wütend wie auf die beiden Freundinnen, weil „sie so gar keinen Stolz zeigte".

---

[4] Zu diesem speziellen Aspekt der psychoanalytisch-pädagogischen Erziehungsberatung vgl. Figdor (1989; 1995, 39 ff).
[5] Natürlich enthält die Ausbildung zum psychoanalytisch-pädagogischen Erziehungsberater auch Elemente der Psychoanalyse-Ausbildung, wie psychoanalytische Theorie/Entwicklungspsychologie oder - wenngleich in weit bescheidenerem Ausmaß - analytische Selbsterfahrung. Andererseits vermittelt sie auch eine Reihe von Qualifikationen, die in der Psychoanalyse-Ausbildung nicht vorkommen (vgl. Figdor 1998).

Die Geschichte geht weiter: Wenige Minuten später kam der Vater nach Hause, bemerkte den Verdruß, und seine Frau erzählte ihm, was vorgefallen war. Darauf rief er Babsi und teilte Mutter und Tochter mit, daß Manuelas Vater ihn am Handy (das eigentlich Babsi gehört) angerufen hatte, um mitzuteilen, daß er mit Manuela und ihrer Freundin im Stau stecke, vielleicht aufgrund eines Unfalles, und sie nicht kommen könnten. Der Vater entschuldigte sich, weil er die Sache nicht so wichtig genommen hatte, er hätte wohl Babsi anrufen sollen ... „Was war dann mit dem Baden am nächsten Tag?" frage ich interessehalber. „Natürlich durfte Manuela mit", antwortete die Patientin. In der Folge analysieren wir die erste Reaktion der Patientin. Unter anderem fällt ihr ihre Eifersucht auf die ältere Schwester ein, die mit der Mutter stets ein Herz und eine Seele war, mit der die Mutter alle Sorgen teilte, die von der Mutter immer mitgenommen wurde, wenn sie sich etwas zum Anziehen kaufte, um den Rat der großen Tochter einzuholen, während sich die Patientin ausgeschlossen, klein und unwichtig fühlte. Und sie berichtet, daß sie die Angst, ausgeschlossen und bei den Gleichaltrigen nicht wirklich akzeptiert zu sein, die ganze Schulzeit hindurch begleitete ... Offenbar also identifizierte sich die Patientin mit ihrer Tochter und übertrug eigene infantile Objektbeziehungsmuster auf deren Beziehung zu den Freundinnen, oder richtiger: Sie identifizierte Babsi mit dem Kind, das sie selbst einmal war, bzw. projizierte diese Selbstanteile auf ihre Tochter.

Ich möchte jedoch das Augenmerk auf die *Aufklärung* dieser Übertragung lenken. Sie erfolgte ganz spontan und keineswegs im Zuge der Analyse, sondern durch die Mitteilung des Vaters von Manuelas Anruf. Unterstellen wir einmal dem Vater analytisches Denken, dann könnte sich ihm die Situation bei seiner Heimkehr so dargestellt haben: „Oje, meine Frau sitzt irgendeiner Übertragungsphantasie auf" (denn er weiß ja, was wirklich passiert war) „und Babsi muß es ausbaden. Was kann ich tun, damit meine Frau in der Lage ist zu sehen, warum die beiden Freundinnen tatsächlich nicht gekommen sind?" Er könnte sie auffordern, die Angelegenheit mit ihrem Analytiker zu analysieren. Aber er hat eine bessere Idee: „Ich werde ihr einfach sagen, wie es wirklich war!"
Die Übertragungs- und Projektionsneigung der Mutter hatte zweifellos etwas Zwingendes an sich. Jedoch nur so lange, als für das Geschehen, das die Mutter auf ihre Weise deutete, *keine alternative plausible und glaubhafte Erklärung zur Verfügung stand*. Mit der schlichten Information, wie es sich *wirklich* verhält, entmachtete der Vater die mütterliche Übertragungs- und Projektionsneigung, nahm also diesen unbewußten Prozessen die Möglichkeit, die Wahrnehmung der Mutter zu dominieren.
Das Wissen um diesen Bedingungszusammenhang von Übertragungsphantasien und fehlenden Informationen über das potentielle Objekt der Übertragung ist so alt wie die Psychoanalyse selbst, ist er doch der Hauptgrund dafür, warum sich der Analytiker in seiner Arbeit möglichst bedeckt halten und von seiner Person dem Patienten so wenig wie möglich offenbaren soll.
Was nun die *Verwechslung von Veränderung und Heilung* betrifft: Natürlich würde ich in der Analyse, sollte ich zufällig über die Information des Vaters verfügen, die Interpretation der Mutter ebensowenig mit der Mitteilung, daß es sich ganz anders verhält, zurückweisen, wie ich einem Patienten, der mir vorwirft, er sei mir völlig egal, antworten würde, daß ich mich intensiv mit seinem Fall beschäftige, ihn wiederholt in Supervision bespreche und mir sehr viel an seinem Wohl liegt. Ich unterlasse solche Aufklärungen nicht deshalb, weil sie nichts bewirken würden, im Gegenteil: Die Mutter wird ihren Vorwurf gegen die Freundin der Tochter wahrscheinlich dankbar zurücknehmen, und es ist durchaus denkbar, daß ich den anderen Patienten (zumindest im Augenblick) mit meiner Beteuerung glücklich mache.

Ich unterlasse sie, weil es mir in der Analyse eben nicht um solche Erleichterungen und die ihnen entspringenden Veränderungen von konkreten Einstellungen und Handlungen geht, wir in der Analyse die Übertragung nämlich nicht verhindern wollen, sondern benötigen, um dem *Kern der neurotischen Konflikte* näherzukommen. Für Babsis Vater hingegen ist die Übertragung der Mutter nur insofern interessant, als er sie zurückdrängen möchte, weil es ihm in dieser Situation nicht um die neurotischen Konflikte seiner Frau zu tun ist, sondern ausschließlich darum, daß sie sich gegenüber ihrer Tochter anders verhalten kann. Welcher Gewinn läßt sich nun aus diesen Überlegungen ziehen? Natürlich kann Babsis Vater nicht einfach als Modell für das, was ein psychoanalytisch-pädagogischer Erziehungsberater zu tun hätte, genommen werden, der erzielte Erfolg wäre angesichts der anspruchsvollen Ziele wohl zu bescheiden: Die Mutter müßte bei nächster Gelegenheit ihren unbewußten Konflikten wahrscheinlich in nämlicher Weise Tribut zollen und das Kind darunter leiden. (Ganz abgesehen davon, daß wir über Informationen, was sich tatsächlich ereignete, zumeist gar nicht verfügen.) Wenn es aber stimmt, daß unbewußt determinierte Verzerrungen singulärer Wahrnehmungen durch Aufklärung entmachtet werden können, wäre es dann nicht denkbar, daß dies auch bei komplexeren Wahrnehmungs- bzw. Erlebnismodi möglich ist? Etwa bei den Ansichten von Eltern/Pädagogen darüber,

- warum das Kind so und nicht anders handelt;
- wie gut oder schlecht es dem Kind bei mir geht;
- wie sich die Ansprüche der Kinder mit den meinen vereinbaren lassen oder sich ausschließen;
- was ich für mein Kind bedeute;
- wie es meine Handlungen erlebt;
- wozu ich selbst im Hinblick auf mein Kind fähig bin;
- was mein Kind braucht, um glücklich zu werden;
- welche Gewohnheiten ihm später schaden oder nützen können;
- welche Eigenschaften für seine Entwicklung als förderlich, welche als bedenklich zu werten sind;
- was ich zu tun oder zu lassen habe, um dem Kind eine gute Mutter, ein guter Vater, Erzieher oder Lehrer zu sein;
- wie sich diverse andere Einflüsse (Freunde, der geschiedene Mann, die Großeltern usw.) auf das Kind bzw. seine Entwicklung auswirken usw.

Wenn es uns im Gespräch mit den Eltern gelingt, diese Ansichten und Einstellungen in Erfahrung zu bringen, und wenn wir ihr fachliches Vertrauen besitzen (andernfalls würden sie das, was wir ihnen mitteilen, nicht als Information, sondern lediglich als Behauptung oder Meinung entgegennehmen), könnte es dann nicht sein, daß auch hier Aufklärungen über das Kind, wie es wirklich ist, über seine Entwicklung bzw. seine Entwicklungsperspektiven, über die Qualität seiner Objektbeziehungen, über das, was es von seinen Bezugspersonen braucht usw., die ursprünglichen Ansichten und Einstellungen der Eltern/Pädagogen ebenso zu Fall bringen wie die Mitteilung von Babsis Vater die Ansicht der Mutter über die Freundin ihrer Tochter?

Ein Elternpaar macht sich wegen ihrer 13-jährigen Tochter Christina Sorgen, die ihnen in letzter Zeit so anders vorkäme. Während sie früher über alles sprach, ziehe sie sich nun zurück, verberge immer irgendwelche Hefte oder Papiere, wurde von den Eltern zufällig zweimal ertappt, daß sie über ihren Aufenthaltsort falsche Angaben gemacht hatte, und ließ auch in ihren Schulleistungen (allerdings nicht wirklich beunruhigend) nach. Die Eltern sind besorgt, den Kontakt mit ihrer Tochter zu verlieren, fürchten um ihre Zukunft und reagieren mit Vorwürfen, Zureden, Restriktionen beim Weggehen, was jedoch nichts zu nützen scheint, lediglich das Klima zu Hause weiter verschlechtert und ihnen die Tochter noch mehr zu entfremden droht. Ich frage die Eltern, ob es noch etwas gäbe, was ihre Sorgen erklärt, da das, was sie mir bisher erzählten, für eine Dreizehnjährige ganz normal sei. Als sie überrascht verneinen, erzähle ich ihnen ein wenig über die psychische Bedeutung der Pubertät, über den Zusammenhang von Sexualität und Geheimnis, über den Unterschied zwischen Autonomiestreben und Beziehungsverlust, darüber, daß die Schwindeleien Christinas eher dafür sprechen, wie wichtig ihr die Eltern sind, und daß es angesichts der aufregenden (und erregenden) sozialen Beziehungen zu Gleichaltrigen auch völlig normal sei, wenn die Rolle der Vorzugsschülerin (die Anerkennung ja in erster Linie von Seiten der Erwachsenen bringt) an Attraktivität einbüßt. Meine Aufklärungen erleichtern die Eltern ungemein, was, wie ich hoffe, sich auch entspannend auf die Art, wie sie ihre Tochter in dieser, für alle schwierigen Lebensphase unterstützen können, auswirken wird.

Die Hoffnung erfüllt sich. Da sie sich weniger fürchten, müssen sie Christinas Unabhängigkeitsgesten - und damit ihre Tochter in ihrer sich weiterentwickelnden Individualität - auch nicht mehr so massiv bekämpfen, können sich gelassener vernünftige Gedanken darüber machen, was sie gestatten wollen und wo sie Grenzen ziehen sollen, wo es gut ist, sich nachdrücklich als Eltern, Gesprächspartner in Erinnerung zu rufen, und wo sie Christina ihren eigenen Bereich lassen müssen. Bei all diesen Fragen vermag ich, aufgrund meines Wissens und meiner Erfahrung, den Eltern durchaus auch mit dem einen oder anderen Ratschlag zur Verfügung zu stehen. Vor der Aufklärung über die Bedeutung der Pubertät wäre dieses Unterfangen jedoch aller Voraussicht nach gescheitert: Denn meine Ratschläge wären von der Absicht geleitet gewesen, dem Kind seinen schwierigen Ablöseprozeß zu erleichtern, während die Eltern gerade diese Ablösung aufgrund ihrer Interpretationen als bedrohlich erlebten.

Natürlich ist es selten so einfach wie bei Christinas Eltern: Sie nannten mir den wirklichen Anlaß ihres Kommens; dieser Anlaß fiel offenbar mit ihrem wirklichen, affektiv bedeutsamen Problem zusammen (andere Eltern hätten sich vielleicht „schulpädagogisch getarnt" und gefragt, wie man eine Dreizehnjährige motivieren könne, mehr zu lernen); ihre Begründungen lieferten unmittelbar Einsicht in ihre Einschätzungen der Situation und ihre Vorstellungen von dem, was gut und was bedenklich sei; sie offenbarten, welche Gefühle und Ängste Christinas Verhalten bei ihnen hervorruft; und nicht zuletzt genügte mir meine allgemeine Kenntnis über diesen Lebensabschnitt von Kindern, um die Wahrnehmungen und Bewertungen der Eltern entscheidend zu verändern.

Bei der Mutter des zweieinhalbjährigen Achim etwa brauche ich hingegen drei Sitzungen, um draufzukommen, in welcher Weise das Anlaßproblem - Achim will plötzlich nicht mehr zur bislang geliebten Tagesmutter - mit bestimmten Einstellungen bzw. Ansichten der Mutter zusammenhängt: Sie hatte vor drei Wochen, mit Achim gemeinsam, alle Schnuller weggeworfen („So ein großer Bub braucht keinen Schnuller mehr!"), was ihm scheinbar keine großen Probleme bereitete, außer abends beim Einschlafen. Seit damals will er nicht zu Bett gehen und schläft lange nicht ein, was auch immer wieder zu Auseinandersetzungen mit der Mutter führt. Da weder die sonstige Erzählung der Mutter noch meine anamnestischen Fragen (Reinlichkeitserziehung, Machtkämpfe, plötzliche oder ungewohnte Konfrontation mit dem Geschlechtsunterschied, Verhalten des Vaters, Ereignisse bei der Tagesmutter ...) zu Hinweisen führten, wie Achims plötzliche ängstliche Weigerung zu verstehen wäre, halte ich es für möglich, daß der abrupte Entzug des Schnullers und die damit verbundene Einbuße an oraler Triebbefriedigung zu einem Defizit an Erfüllung regressiver Objektbeziehungsbedürfnisse geführt haben könnte, die ihn schlecht (ein)schlafen lassen und -

vielleicht noch durch Müdigkeit verstärkt - es ihm daher schwer machen, sich von der Mutter zu trennen, also seinen progressiven Strebungen zu folgen. (Die abendlichen Auseinandersetzungen werden noch das ihre dazutun.) Ich teile der Mutter meine Vermutung mit, erkläre ihr in einfachen Worten die psychologischen Zusammenhänge, beruhige sie, daß am Wunsch eines Zweieinhalbjährigen, sich zum Einschlafen, das ja ebenfalls eine (und zwar sehr radikale) Trennung darstellt, mit einem Schnuller zu behelfen, nichts Bedenkliches sei. Achims Mutter reagiert erleichtert und dankbar, ging doch, wie sie mir jetzt sagt, die Schnullervertilgungsaktion mehr von den Großeltern als von ihr aus. Gemeinsam entwickelten wir die Idee („Rat"!), daß die Mutter Achim einen speziellen „Einschlafschnuller" kaufen sollte. In der darauffolgenden Stunde berichtet sie, daß sowohl die Einschlafprobleme als auch die Weigerung, zur Tagesmutter zu gehen, wie weggeblasen seien.

Manchmal wiederum bereitet die Aufgabe, das Problem *des Kindes* zu verstehen, größeren Aufwand als bei Christina oder Achim - sei es, weil die „Symptome" des Kindes[6] schon länger vorhanden sind und sich kein wahrscheinlicher Anlaß rekonstruieren läßt; sei es, weil die Symptome ihre mögliche psychologische Begründung weniger nahelegen und verschiedene Möglichkeiten der Determinierung offenlassen; oder auch, weil die Wahrnehmungen, Interpretationen und Ansichten der Eltern/Erzieher über das Kind bzw. die Beziehung zwischen ihnen und dem Kind in weniger augenfälliger Weise irrig sind als bei Christinas Eltern und Achims Mutter. In diesen Fällen muß sich der Erziehungsberater sein Expertentum bezüglich des Kindes (welches ihn in die Lage setzt, die Eltern aufzuklären) selbst erst erarbeiten: durch eine elaborierte diagnostische Abklärung. Oder sagen wir richtiger: Die Aufklärung besteht zunächst darin, die Eltern verstehen zu lassen, daß sie das Problem zwar möglicherweise realistisch sehen, es aber - theoretisch - noch eine Reihe alternativer Erklärungen gebe. Auch dann haben wir mit unserer aufklärenden Beratung eine Veränderung bewirkt: Stand zu Beginn vielleicht der Wunsch, einen praktikablen Rat zu erhalten oder in der bisherigen Praxis bestätigt zu werden, sind die Eltern nun bereit, mit dem Berater ein *diagnostisches Arbeitsbündnis* zu schließen: unter seiner Führung nach den Wurzeln des Problems zu suchen. Der Effekt dieses Bündnisses geht freilich meist immer bedeutsam über das diagnostische Ziel hinaus: Eröffnen die nun vereinbarten drei, vier (oder auch mehr) zusätzlich vereinbarten Gespräche dem Berater doch neue und vertiefte Einsichten in die Ansichten und Einstellungen der Eltern, die ihm - unabhängig davon, welche Rolle sie im Hinblick auf das fragliche Problem haben – unter Umständen zahlreiche Möglichkeiten bieten, die Eltern mit anderen als den gewohnten Sichtweisen vertraut zu machen. Das wird ihm die Aufgabe erleichtern, ihnen zu ermöglichen, die diagnostischen Erkenntnisse wirklich annehmen zu können. Darüber hinaus führt dieses gemeinsame Fragen, Suchen und Überlegen bei vielen Eltern und Erziehern zu einer veränderten Art, pädagogischen Problemen zu begegnen: Sie identifizieren sich innerhalb der positiven Übertra-

---

[6] Genaugenommen dürfen wir bei den Anlaßproblemen, die Eltern oder Erzieher zur Erziehungsberatung bringen, nicht von "Symptomen" sprechen. Der Begriff wird in der psychoanalytischen Tradition in zwei Bedeutungen verwendet: Als Produkt der unbewußten Konfliktabwehr (objektiv) oder als subjektiver Leidenszustand, der zur Therapie motiviert. Ob es sich bei einem Problem, das Eltern/Pädagogen in die Erziehungsberatung führt, tatsächlich um den Ausdruck eines neurotischen Konflikts des Kindes handelt, ist jedoch zunächst noch ganz offen. Wenn man den Begriff "Symptom" dennoch verwenden möchte, dann in seiner subjektiven Bedeutung, freilich müssen wir dann nicht vom Symptom *der Kinder* reden (denn die Kinder leiden zumeist an ganz anderen Problemen, etwa an den Verhaltensweisen der Erwachsenen), sondern vom *Symptom der Eltern/Pädagogen: Ihr* Leiden ist es, das sie zum Berater gehen läßt.

gungsbeziehung mit dem Erziehungsberater bzw. seiner grundsätzlichen Haltung, zunächst immer *verstehen* zu wollen, bevor man weitreichende Entschlüsse über das, was zu *tun* sei, treffen kann. Eine solche (psychoanalytisch-pädagogische) Haltung kann sich für das Kind/die Kinder dieser Eltern/Pädagogen weit über das aktuelle Problem hinaus segensreich auswirken.[7]

3. Die Geister, die sie riefen ...

Unsere „Aufklärungen" beziehen sich also auf Ansichten, Vorstellungen, Bewertungen, Phantasien von Eltern/Pädagogen, die für Handlungen oder Verhaltensweisen verantwortlich sind, deren Veränderung uns im Entwicklungsinteresse des Kindes wünschenswert erscheint, handle es sich dabei um die Bewertung von Verhaltensweisen oder Eigenschaften des Kindes (*Christina*), um erzieherische Maßnahmen (*Achim*), um die Erwartung, der Erziehungsberater würde ein Rezept liefern, wie das Kind an bestimmte Verhaltensnormen (wieder) angepaßt werden könne (vgl. den Fall von *Toni, S.* 76ff in diesem Band), um Theorien darüber, was Kinder von ihren Eltern erwarten oder brauchen, über die Qualität von Beziehungen u.v.m., oder einfach darum, die Hoffnung auf (schnelle) Hilfe zugunsten einer umfassenden diagnostischen Anstrengung (vorläufig) zurückzustellen. Wie schon betont, handelt es sich dabei nicht um schlichte kognitive Irrtümer: Daß die Eltern gerade so und nicht anders denken, wahrnehmen, fühlen und handeln, hängt wesentlich mit für sie typischen Übertragungs- und Abwehrmechanismen zusammen. Das aber heißt noch lange nicht, daß sie *nur so und nicht anders* denken, wahrnehmen, fühlen und handeln können, wenn ihnen eine alternative, der Realität angemessene Version bzw. Erklärung von einer Person angeboten wird, deren Autorität in der fraglichen Angelegenheit sie anzuerkennen bereit sind.

Ich habe diese Einstellungen, Wahrnehmungsmodi etc. „pädagogische Geister" genannt[8]: So irreal, „falsch" sie sein mögen, machen sie den Eltern oder Erziehern mitunter enorme Angst oder gaukeln ihnen Versprechungen vor und üben über ebendiese Ängste oder Hoffnungen eine enorme Macht über die erzieherische Praxis aus. Jedoch muß man lediglich ihr „Versteck" finden, sie erkennen und „Licht" machen - und sie verschwinden. *Mit der Herstellung und Sicherung einer positiven Übertragung, dem diagnostischen Arbeitsbündnis und der Aufklärung der pädagogischen Geister läßt sich eine erste Kennzeichnung der psychoanalytisch-pädagogischen Erziehungsberatungsmethode vornehmen.*
Freilich ist die Entmachtung der Geister nicht immer so problemlos, wie in den geschilderten Beispielen. Obwohl wir den verantwortlichen Geist erkannt zu haben glauben, aufklärten und die Eltern/Pädagogen durchaus die Bereitschaft haben, uns zu glauben, gelingt es häufig nicht, ihre Einstellungen und Ansichten zu erschüttern, oder die Veränderung be-

---

[7] Auf die Bedeutung des diagnostischen Arbeitsbündnisses für den Beratungsprozeß komme ich später (S. 53ff in diesem Band) nochmals zurück.
[8] Erstmals 1994, vgl. auch Figdor (1995) und Figdor (1997). (Durch den Aufsatz von Diem-Wille, in diesem Buch, wurde ich daran erinnert, daß *Selma Fraiberg* schon 1980 vom "Geist im Kinderzimmer" sprach, womit sie die Projektion mütterlicher bzw. elterlicher Introjekte auf das Kind meinte.)

schränkt sich auf die Beratungsstunde, während sich die gewohnte Haltung in der Konfrontation mit dem Kind sogleich wieder herstellt.

Nun sollte uns das nicht allzusehr verwundern. Hat nicht schon Freud davor gewarnt, von der bloßen Aufklärung zu viel zu erwarten? Mitunter will der Betreffende die Wahrheit nämlich gar nicht hören, weil sie ihm eine wertvolle Illusion zerstören, eine Befriedigungsmöglichkeit nehmen oder (eine andere, vielleicht noch größere) Furcht einjagen würde. Wie z.B. der kleine Hans (Freud 1909b), der sich geraume Zeit beharrlich weigert, die Aufklärung darüber, daß seine Mutter, wie alle Frauen, keinen Penis besäße, anzuerkennen, da Penislosigkeit für ihn die Bedeutung hatte, daß Kastration möglich und denkbar sei. Solange die Mutter einen Penis hatte, mußte er um seinen eigenen nicht fürchten: Das Festhalten von Kindern an ihren infantilen Sexualtheorien erklärt sich daraus, daß diese Theorien eine wichtige Abwehrfunktion haben und/oder im Dienste mächtiger Triebregungen stehen[9].

Eben eine solche Funktion können aber auch die Geister von Eltern oder Erziehern haben. Die projektiven und Übertragungsphantasien überschwemmen in einem solchen Fall nicht einfach „leere" Räume, die durch das Fehlen gesicherter psychologischer oder pädagogischer Erklärungen für Phänomene oder Probleme, die mit den Kindern zu tun haben, entstanden sind, sondern erfüllen *gerade dort, wo sie sich eingenistet haben,* eine wichtige Rolle für das seelische Gleichgewicht der Eltern- oder Erzieher und sind deshalb auch durch eine nachgereichte Aufklärung nicht so leicht wieder zurückzudrängen. *Diese „Geister"* sind hartnäckiger. Sie haben die psychodynamische Natur von *Symptomen,* sind also der Ausdruck beunruhigender innerer Konflikte, die vom Bewußtsein ferngehalten werden müssen.

Frau T. war wegen Depressionen und psychosomatischen Beschwerden in die Analyse gekommen. Außerdem vermochte sie ihrer fünfjährigen Tochter Rita nicht Herr zu werden. Wenn sie von Rita erzählte, fiel auf, daß sie an kaum etwas, das das Kind tat, ein gutes Haar lassen konnte und bei alltäglichen Kleinigkeiten mit unangemessener Empörung und hilfloser Wut reagierte. Frau T. war als Kind bei einer sadistischen Großmutter aufgewachsen und vom geliebten, aber schwachen Großvater wiederholt zu sexuellen Spielen verführt worden, von denen die Großmutter wußte. In der Analyse zeigte sich, daß Frau T. mit dieser Großmutter in hohem Ausmaß identifiziert war, sich haßte, insbesondere ihren eigenen Körper, als dessen Verlängerung sie unbewußt ihre Tochter erlebte. Darüber hinaus hielt Rita - als Kind und als Mädchen - der Mutter ihre Weiblichkeit beständig vor Augen, der sie die letzte Schuld an ihrem Elend - auch daß die eigene Mutter sie zur Großmutter gegeben hatte - zuschrieb. Im zweiten Jahr der Analyse gelang es ihr allmählich den abgewehrten Haß auf die Großmutter und die Hilflosigkeit des kleinen Mädchens, das sie selbst einmal war, zu spüren. Über eben diese Hilflosigkeit vermochte sie aber, sich mit ihrer Tochter zu identifizieren, wodurch sich ihre Beziehung zu Rita entscheidend verbesserte.

Frau T.'s Probleme mit ihrer Tochter hingen also unmittelbar mit der Abwehr eines zentralen Teils ihrer infantilen Konfliktproblematik zusammen. Ich glaube nicht, daß sich diese Probleme anders hätten lösen können als im Zuge einer Analyse.

So finden wir uns abermals an einem Punkt, wo wir die Frage stellen müssen, ob wir von Erziehungsberatung allzuviel erwarten dürfen. Hätten nämlich in den vorher angeführten

---

[9] Vgl. dazu u.a. auch Freud (1905d, 1908c).

Fallbeispielen die Fehleinschätzungen der Eltern ebenfalls eine solche Abwehrfunktion gehabt, hätte sich auch mit „aufklärender Beratung" wohl kaum der gewünschte Erfolg eingestellt. Wäre etwa die Schnullervernichtungsaktion von Achims Mutter lediglich eine pädagogisch rationalisierte Möglichkeit, mit welcher die Mutter unbewußte Aggressionen gegen ihren Sohn zu befriedigen vermochte, hätte sie sich gegen meine Aufklärung zur Wehr gesetzt oder hätte trotz „braver" Anwendung meines Rates Achim ihre Aggression in irgendeiner anderen Weise spüren lassen, sodaß die beruhigende Wirkung für Achim nicht eingetreten wäre. Oder, falls doch, würde sich ihre Ambivalenz ein neues Ventil suchen müssen. Auch der Patient, von welchem ich früher erzählte, wäre durch meine (fiktive) freundliche Erklärung, daß mir viel an ihm läge, wohl in keiner Weise zufriedenzustellen, geschweige denn zu beglücken gewesen, falls seine paranoide Projektion, ich würde mir nichts aus ihm machen, in diesem Augenblick z.B. die Funktion gehabt hätte, auf mich gerichtete Wut zu bändigen oder sich vor homosexuellen Wünschen zu schützen. Ja, selbst Babsis Mutter hätte bei Vorliegen eines bedeutsamen unbewußten Grundes (für ihre Annahme, daß die Freundinnen auf Babsi vergessen oder schlicht keine Lust hatten zu kommen), ihre Ansicht nicht so schnell revidiert, sondern auf die Mitteilung des Vaters, daß die beiden im Stau steckten, vielleicht nur lapidar erklärt haben, daß es sich wohl um eine Ausrede handle.

Müssen wir aber nicht damit rechnen, daß wir bei den meisten Erziehungsschwierigkeiten auf Seiten der Erwachsenen mit Problemen zu tun haben, die nicht einem simplen Irrglauben („Geist") entspringen, sondern in die (neurotische) Objektbeziehungsstruktur der Eltern/Pädagogen eingebettet sind und somit auch eine wichtige Abwehrfunktion erfüllen?

Auch Frau R. hatte ihre liebe Not mit ihrer fünfjährigen Tochter Melanie[10], die, wie die Mutter meinte, einfach nicht folgen wollte. Dabei geriet die Mutter regelmäßig in ohnmächtige Wut, die schließlich so weit ging, daß sie die Tochter schlug, nachdem sie sie wieder einmal beim (verbotenen) Naschen ertappt hatte, also ähnliche emotionelle Reaktionen zeigt wie Frau T. In der Arbeit mit Frau R. stellte sich heraus, daß sie Melanies Grenzverletzungen als persönlich gegen sich gerichtete Aggression erlebte, als Zeichen dafür, daß Melanie der Mutter die Liebe schuldig blieb, die sie selbst der Tochter schenkt: Sie hatte sich so auf dieses Kind gefreut, sich vorgenommen, alles ganz anders zu machen als seinerzeit ihre eigenen Eltern. Melanie sollte alles haben, sollte sich entfalten können, Frau R. befahl ihr nichts, sondern ersuchte und erklärte. Und nun bekam sie von ihrer Tochter statt Glück und Dank nur Unzufriedenheit und Unbotmäßigkeit zurück.

Auch Frau R.'s Probleme mit ihrer Tochter hingen mit ihrer eigenen Kindheit und der Abwehr innerer Konflikte zusammen. Sie konnte ihre emotionale Beziehung zu ihrer Tochter erst verändern, als sie erkannte, daß die Vorstellung, *wenn man einem Kind nur genug Liebe gibt, wird es zufrieden sein und von selbst tun, was man von ihm möchte*, eine Illusion darstellte. An dieser Illusion mußte sie aber nicht zuletzt deshalb so lange festhalten, weil ihr der Gedanke, mit ihren Forderungen und Grenzen das Kind zu frustrieren und einzuschränken, unerträglich war: Unbewußt fürchtete sie nämlich, in diesem Fall von Melanie genauso gehaßt zu werden, wie sie (als Pubertierende) ihre Mutter zeitweise gehaßt hatte. So erlebte sie jede Regel- und Grenzverletzung Melanies als zurückgewiesene Liebe und als

---

[10] Vgl. die ausführlichere Darstellung des Falles in Figdor (1995, 70ff).

Ausdruck ebensolchen Hasses, was die Mutter verzweifelt, ohnmächtig und wütend machte.

Anders als bei Frau T. veränderte sich allerdings Frau R.'s Beziehung zu ihrer Tochter in nur wenigen Wochen, und zwar nicht im Rahmen einer Analyse oder analytischen Therapie, sondern einer psychoanalytisch-pädagogischen Erziehungsberatung! Worin aber besteht der Unterschied zwischen den beiden Fällen? Und wie sollte es mit den methodischen Mitteln der psychoanalytisch-pädagogischen Erziehungsberatung möglich sein, in einen innerpsychischen Konflikt bzw. dessen Abwehr verändernd einzugreifen?

Der Unterschied der beiden Mutter-Tochter-Beziehungen ist - metapsychologisch gesprochen - sowohl genetischer, ökonomischer als auch topologischer Art. Man könnte sagen: Die eigene traumatische Kindheit *ließ Frau T. kaum eine andere Wahl*, als ihre Tochter abzulehnen und sich von ihr gehaßt zu fühlen, insoferne es auch nicht sinnvoll erscheint, von einem „pädagogischen Geist" zu sprechen: Frau T. war unfähig zu lieben, oder richtiger, sie war auf einer sado-masochistischen Stufe ihrer Liebesfähigkeit gefangen. „Nur in der Wut und im Schmerz fühle ich mich lebendig, sonst fühle ich mich tot oder wie eine mir selbst fremde Maschine", gestand sie mir. Wiederholt träumte sie während der Schwangerschaft, ein Monster zu gebären; bewußt bereitete sie sich darauf vor, ein behindertes Kind auf die Welt zu bringen, las sogar entsprechende Literatur, obwohl es keinerlei medizinische Indizien für eine Behinderung gab; als sie ihr - völlig gesundes - Mädchen das erste Mal in den Armen hielt, wurde sie von Mitleid überwältigt, weil sie sicher war, daß es dem Kind bei ihr nicht gut gehen werde. Wie die Analyse ergab, konnte sie keine (gute) Mutter sein, weil sie sich nicht als komplette Frau erlebte, und sie konnte sich nicht als komplette Frau erleben, weil sie keine sein wollte. In dieser Selbst-Phantasie aber war die gesamte tragische Objektbeziehungsgeschichte ihrer Kindheit aufgehoben bzw. abgewehrt.

Frau R. hingegen *konnte* lieben, und ihre Phantasien bei Melanies Geburt waren voll Hoffnung. Viele Väter und Mütter haben die Absicht, es bei ihren Kindern besser zu machen als die eigenen Eltern, und dies hätte Frau R. auch durchaus gelingen können: Die Krise, in welche sie mit ihrer Tochter geraten sollte, schien - zumindest auf den ersten Blick - keineswegs durch ihre Persönlichkeit zwingend vorprogrammiert gewesen zu sein, sondern war die logische Folge der Idee, es würde ihr gelingen, Melanies Bedürfnisse kraft ihrer Liebe *so vollständig* befriedigen zu können, daß ihre Tochter keinerlei Grund zur Unzufriedenheit haben würde. Die Vorstellung eines konfliktfreien Idylls ist jedoch durchaus das, was wir vorhin einen pädagogischen Geist genannt haben: ein Konzept, das an den psychologischen und pädagogischen Tatsachen vorbeigeht und notwendigerweise zum Scheitern verurteilt ist.

Allerdings handelt es sich dabei um einen sehr attraktiven Geist: verspricht er der Mutter doch, von ihrer Tochter stets nur geliebt zu werden; ihrer Tochter gegenüber keinerlei aggressive Regungen empfinden oder einschränkende Handlungen setzen zu müssen; Harmonie der Bedürfnisse und Interessen von Mutter und Tochter; die (nachträgliche und stellvertretende) Erfüllung von Wünschen, die ihr als Kind versagt geblieben waren, an ihrer Tochter; und nicht zuletzt eine (zeitverschobene) Opposition und Abrechnung in Richtung der eigenen Eltern: „Da, seht her, so geht man mit einem Kind um, das man liebt!" Das Programm einer Erziehung, in welcher das Kind alles erhält, was es möchte, und von sich aus (gerne) tut, was die Mutter möchte, daß es tut, schützte Frau R. vor der Wahrnehmung der unvermeidlichen Ambivalenz jeder Lebensbeziehung; des Umstandes, daß Erziehung nicht ohne Triebeinschränkung auskommt, eine Mutter also niemals perfekt, sondern bestenfalls „good enough" (Winnicott) zu sein vermag; daß die Vorstellung der perfekten Mutter aber auch daran scheitert, daß sowohl die Natur als auch die Gesellschaft ihre Ansprüche geltend macht und die (ersehnte) Allmacht der Mutter beständig einschränkt; und daß keine Mutter nur Mutter ist und daher immer wieder Bedürfnisse entstehen müssen, die sich gegen die Bedürfnisse des Kindes richten. Frau R.'s „Geist" trägt mithin die typischen Kennzeichen eines neurotischen Symptoms, hilft, innere Konflikte und peinliche Affekte vom Bewußtwerden fernzuhalten, wobei einige der so abgewehrten Strebungen - Aggressionen, narzißtische Größenphantasien - durchaus typische Persönlichkeitskennzeichen sein dürften, und solcherart ebenfalls mit dem neurotischen Kernkonflikt der Mutter zusammenhängen: Also scheint der (behauptete) strukturelle Unterschied zu Frau T. wieder zu verschwimmen ...!

Aber stimmt das so? Genaugenommen ist nämlich der Geist von Frau R. gar nicht das Symptom, jedenfalls nicht zum gegenwärtigen Zeitpunkt: Ein Symptom - im klassischen psychoanalytischen Sinn - *erfüllt* nämlich seine Abwehrfunktion. Das Problem von Frau R. hingegen besteht ja gerade darin, daß ihre Idee *nicht funktioniert*. Frau R.'s *Symptom* ist nicht der pädagogische Geist als solcher, sondern *ihr hartnäckiges Festhalten an der Idee eines konfliktfreien Zusammenlebens mit ihrer Tochter, indem sie die Schuld am Scheitern der Idee Melanie zuschreibt*: indem sie diese als böse/lieblos oder gestört definiert. Das nun freilich „funktioniert". Vergleichen wir dieses Symptom mit Frau T.'s Phantasien („Ich kann keine gute Mutter sein.", „Ich habe ein Monster geboren/erzogen." usw.), wird der Unterschied augenfällig. Indem Frau R. die Schuld am Scheitern ihres unrealistischen Idylls Melanie gibt, schützt sie sich vor massiven Schuldgefühlen, und zwar gerade vor jenen Schuldgefühlen, die ihr der Geist ihres Idylls einflüstert: „Eine gute Mutter muß perfekt sein! Wenn sie dem Kind gibt, was es braucht, wird es immer zufrieden, glücklich sein, also auch seine Mutter lieben! Da Melanie immer mehr oder anderes will, Widerstand leistet, trotzig ist, kann das nur heißen, das du keine gute Mutter bist, weil du deine Tochter nicht genug liebst und/oder auf deine egoistischen Interessen nicht verzichten kannst ..." Aber wie „schwach" ist die Abwehrleistung dieses „Symptoms": Immer wieder brechen Frau R.'s Schuldgefühle durch und machen deren Projektionen auf Melanie zunichte; immer wieder muß sie sich bemühen, die Situation so zu gestalten (zu „agieren"), daß die Projektion, also eine Schuldzuweisung, wieder möglich wird, sodaß es fraglich erscheint, ob die durch Projektion und Agieren abgewehrten Schuldgefühle überhaupt die (topologische) Kennzeichnung „unbewußt" verdienen. Um diese Abwehr aufzubrechen, der Mutter ihre Schuldgefühle bewußt zu machen, benötigen wir daher kein kompliziertes (therapeutisch-) psychoanalytisches Setting. Sie drängen sich dem Bewußtwerden - und damit den Intentionen des Erziehungsberaters - geradezu entgegen. Was wir nur tun müssen, ist, die Bedingung dafür zu schaffen, daß sich die Mutter diesen Schuldgefühlen zu stellen vermag, ohne sofort wieder in deren Projektion zu flüchten. Dazu ist lediglich erforderlich, diese Schuldgefühle ein wenig zu entlasten. Und das gelingt durch eben jene Art (entlarvender) Aufklärung des verantwortlichen „Geistes".

4. „Aufklärung" versus „Deutung"

Wie könnte die Aufklärung nun im Fall von Frau R. aussehen? Und was wäre mit einer solchen Aufklärung erreicht?

Der erste Schritt der Aufklärung besteht natürlich darin, den Verursacher des Schreckens - hier: die Schuldgefühle - überhaupt zu entdecken. Dazu bedarf es jedoch stets der Mitarbeit der Eltern/Erzieher, mit der jedoch nicht von Anfang an zu rechnen ist: Schließlich kam Frau R. ursprünglich nicht zur Erziehungsberatung, um dort über ihre Hoffnungen und Lebensentwürfe mit ihrer Tochter zu philosophieren, sondern um sich Hilfe gegen Melanies Widerspenstigkeit zu holen Es bedarf eines Motivs, das dem gemeinsamen Suchen in den Augen der Eltern/Pädagogen *Sinn* verleiht. Die Basis dieser gemeinsamen Arbeit nannten wir das diagnostische Arbeitsbündnis, die erste Grundlage so gut wie jeder psychoanalytisch-pädagogischen Erziehungsberatung: Nachdem der Erziehungsberater sich ein erstes Bild von den Sorgen gemacht hat, die Anlaß der Beratung waren, versucht er - möglichst noch im Verlauf des Erstkontakts - die Eltern/Pädagogen davon zu überzeugen, daß jegliche Lösungen des Problems, die sowohl ihnen als auch der Entwicklung des Kindes dienlich sein sollen, voraussetzt, die das Problem begründenden Zusammenhänge zu verstehen. Gelingt dies[11], dann arbeiten die Eltern auch aktiv mit, ein plastisches Bild von den kindlichen Symptomen[12] zu gewinnen, die eigenen Reaktionen, Haltungen und Gefühle darzustellen und ihre (zum Teil gar nicht bewußten) Interpretationen des Kindes, seiner Situation und seines Verhaltens zu klären, was meist recht bald zu den Geistern, um die es geht, führt.

Dieser Teil des Prozesses, in welchem den Eltern/Pädagogen das komplexe affektive und bislang unbewältigbare Problem beginnt, sich zu entwirren, indem die verschiedenen (faktischen oder möglichen) Bestandteile und Determinanten sichtbar werden, sie vor allem auch lernen, zwischen eigenen Regungen und dem, was sie am Kind wahrnehmen, zu unterscheiden, hat gewisse Ähnlichkeiten mit dem, was Greenson (1967) als „Konfrontation" und „Klärung" bezeichnet. Im Unterschied zum Analytiker versucht der Erziehungsberater die dabei notwendigen Bewußtwerdungsschritte aber nicht *gegen den Widerstand* des Patienten *zu deuten* oder - falls sich der Widerstand als bedeutsam erweist - eben den *Widerstand selbst* und die dabei beteiligten *Übertragungsfacetten* zu *analysieren*, sondern, ganz im Gegenteil, *das Aufkommen von Widerständen möglichst zu vermeiden oder sie zu reduzieren*. Das Bewußtwerden soll sich am Fall, zwar *durch* die (positive) Übertragung, aber nicht *in* der (ambivalenten) Übertragung vollziehen. Er tut dies durch das Erzählen von Beispielen, Gleichnissen, durch Verwendung des „Wir", durch den Hinweis auf die Ubiquität der fraglichen Regungen und andere „nicht-analytische" (verbale) Interventionen. Sie alle zielen darauf ab, es den Eltern/Pädagogen leichter zu machen, sich mit ihren Regungen und ihren Anteilen an den Problemen mit dem Kind/den Kindern auseinanderzusetzen. Bei Frau R. handelte es sich, wir wir sahen, vor allem um Schuld- und Schamgefühle, keine gute bzw. eine zu egoistische Mutter zu sein bzw. als solche zu erscheinen, die ich aktiv ver-

---

[11] Versteht es der Erziehungsberater, zwischen den Eltern/Pädagogen und sich eine positive Übertragungsbeziehung herzustellen, kommt es kaum je vor, daß der Vorschlag zu verstehen, *was los ist,* zurückgewiesen wird. Ein Beispiel für die Schließung eines solchen pädagogischen Arbeitsbündnisses liefert auch der Fall *Toni* (siehe S. 76ff in diesem Band).

[12] Vgl. Anm. 6.

suchte zu entlasten: „Was ist denn daran so schlimm?" „Das ist doch ganz natürlich!" „Das geht uns allen so!" „Wieso glauben Sie, daß das für Melanie schlecht ist/wäre?" usw. Zumeist genügen diese Fragen, die gewünschte Entlastung herbeizuführen, manchmal waren ein paar zusätzliche Erklärungen[13] notwendig.

Wenn auf diese Weise der Geist erkannt ist, hat er zumeist schon einen Großteil seiner Macht verloren. Als *Frau R.'s* illusionäres „Erziehungskonzept" endlich vollständig am Tisch lag, brauchte ich nur mehr die Frage stellen: „Und Sie glauben, daß das je funktionieren kann?" Mit der Antwort: „Nein, obwohl es schön wäre!" schickte sie ihren Geist in die Wüste. Er klopfte in der Folge zwar noch des öfteren mit verstellter Stimme oder geweißten Pfoten an die Türe, doch gelang es uns nun stets leicht, ihn zu entlarven und nicht mehr hereinzulassen. Das konnte gelingen, weil der Abschied von ihrem ja durchaus attraktiven Geist (s.o.) Frau R. zwar schwerfiel, die damit verbundene Trauer oder resignativen Regungen jedoch in keinem Verhältnis zur Erleichterung standen, die quälenden Schuldgefühle los zu sein.

5. Verantwortete Schuld und die Wiederentdeckung der Freude am Kind

Frau R. kann nun sehen, daß sie - trotz ihres Wunsches, ihrer Tochter ein schönes Leben zu bereiten - Melanie von früh bis spät Triebaufschübe und Triebverzicht abnötigt, daß es gar nicht ohne Versagungen geht, die sie aber jetzt erst zu realisieren vermag: weil sie Melanies Trotz, Protest und Enttäuschung nicht mehr als Ausdruck *ihres Versagens* erleben muß. Indem sie Melanies Reaktionen und (durchaus gesunden) Grenzverletzungsversuche versteht, sie nicht mehr als Zeichen mißversteht, von ihrer Tochter nicht genug geliebt zu werden, ja sich mit Melanies „Schlimmsein" ein gutes Stück zu identifizieren vermag, ist sie ihr dafür auch nicht mehr böse - selbst wenn sie auf der Einhaltung von Ge- und Verboten bestehen muß. Damit hat sich aber die *emotionale Atmosphäre zwischen Mutter und Tochter völlig verändert*. Und zwar nicht dadurch, daß wir der Mutter *rieten*, sich in Konfliktsituationen anders zu *verhalten*, sondern dadurch, daß sich die spontane, unbewußte Situationseinschätzung von Frau R. grundlegend gewandelt hat, damit aber auch die spontan freigesetzten Gefühle und Affekte: schlichter Ärger und Unbequemlichkeit, wo vorher Fassungslosigkeit, Empörung und Angst regierte; Toleranz gegenüber Melanies Opposition, wo vorher Wut war; und schließlich Mitleid und das Bedürfnis nach Erleichterung und Wiedergutmachung angesichts der unvermeidbaren, der Tochter angetanen Frustrationen, wo vorher die Wut eskalierte und weitere Sanktionen nach sich zog. Außerdem wurde Frau R. fähig, unvermeidliche und/oder ihr wichtige Grenzen klarer und vor allem auch früher auszusprechen, nämlich zu einem Zeitpunkt, in welchem sie sich noch gar nicht über ihre Tochter ärgern muß, weil sie nun gar nicht mehr hoffte, der Konflikt ließe sich mit „Güte", „Zureden" und „Erklären statt Fordern" vermeiden lassen. Zu einem solchen frühen Zeitpunkt lassen sich diese Forderungen aber noch freundlich formulieren und mit Kompromissen oder in Aussicht gestellten Ersatzbefriedigungen kombinieren, was es auch dem Kind viel leichter

---

[13] Vgl. dazu auch die "aufklärenden Geschichten" in Figdor (1995. 56ff).

macht, ihnen nachzukommen: Denn wenn der Konflikt einmal eskaliert ist, geht es dem Kind nicht mehr allein um die Erfüllung seines ursprünglichen Bedürfnisses, es kämpft dann auch gegen die Aggression der Mutter, die es selbst wütend und ihm angst macht; oder anders ausgedrückt: Es kämpft um seine „gute" Mutter, um die Sicherheit geliebt zu werden, wobei die Erfüllung seines Bedürfnisses ihm zum Indiz für die Liebe der Mutter wird, was einen freiwilligen Verzicht nun natürlich ausschließt.

Ich habe diese von Frau R. gegenüber ihrer Tochter errungene Haltung *verantwortete Schuld* genannt: Sie weiß, daß ihre Tochter „gut" ist, also die Mutter liebt, und daß sie, die Mutter, an Melanies augenblicklicher Enttäuschung und Widerstand schuld ist (und nicht Melanie, weil sie „spinnt", „undankbar" ist oder ihre Mutter zu wenig liebt); aber sie weiß auch, daß sie selbst ihre Tochter liebt, gut für sie sorgt, daß es Melanie im Großen und Ganzen gut geht (wie es eben einem Kind mit seinen Eltern gutgehen kann) und daß sie angesichts des fraglichen Ver- oder Gebots keinen Schaden für ihre Entwicklung nehmen wird, weil sie die Frustration verkraften kann (auch wenn es ihr im Moment schwerfällt), ja sie für Melanies Entwicklung vielleicht sogar wichtig und notwendig ist. Das heißt, sie weiß, daß sie die von ihr verschuldete Frustration sich und ihrer Tochter gegenüber verantworten kann, *sie es also verantworten kann, an einem gewissen Ausmaß von Leid ihres Kindes* - im Augenblick und immer wieder - *Schuld zu tragen.*

Meine Arbeit mit Eltern und Erziehern hat mich allmählich zur Überzeugung gelangen lassen, daß jene Haltung der *verantworteten Schuld* nicht bloß in einzelnen Fällen, wie jenem von Frau R. und Melanie, eine bedeutsame Rolle spielt. Zum einen *bilden Konflikte um Grenzen* keineswegs einen Nebenschauplatz des pädagogischen Alltags, sondern ein affektives Zentrum des Zusammenlebens von Erwachsenen und Kindern. Zum anderen scheint Frau R.'s Geist einer *konfliktfreien Erziehung* seine Attraktivität nicht allein aus ihrer individuellen Lebensgeschichte zu beziehen. Nach der antiautoritären Revolte der späten 60er und der 70er Jahre haben wir es dabei mit einer gesellschaftlich überaus verbreiteten Erziehungsphilosophie zu tun, was nicht verwundern sollte, bietet sie sich doch - vor allem jungen Eltern und Pädagogen - als scheinbar ideale Synthese zwischen den (durchaus bewußten) Adoleszenzkonflikten mit den eigenen Eltern, kindorientierten Entwürfen von Elternschaft und Erziehung sowie Bedürfnissen nach persönlicher Selbstverwirklichung an.[14] Der Haltung der *verantworteten Schuld* dürfte daher - aus psychoanalytisch-pädagogischer Sicht - die Bedeutung einer *zentralen Erziehungshaltung* zuzuschreiben sein. Oder anders ausgedrückt: Bei der Unfähigkeit, den Kindern gegenüber die Haltung der verantworteten Schuld einzunehmen, dürfte es sich gegenwärtig um eine der größten, wenn nicht überhaupt um das größte pädagogische Problem - was die affektive Beziehung zwischen Erwachsenen und Kindern betrifft - handeln.

Was die *Seite der Kinder* betrifft, ist, wie bereits erwähnt, von der durch die Haltung der verantworteten Schuld bedingten Reduktion der aggressiven Affekte der Eltern/Pädagogen eine bedeutende Abnahme der im Zuge von Versagungen und Triebkonflikten aktivierten Ängste des Kindes, damit aber auch eine Verringerung der Gefahr pathogener Abwehrpro-

---

[14] In dieser Verbreitung der Idee einer konfliktfreien Erziehung spiegelt sich wohl auch das von Leupold-Löwenthal (persönliche Mitteilung) beschriebene Phänomen, daß wir, im Gegensatz zu Freuds erster Schaffensperiode (an der Wende des 19. zum 20. Jahrhundert), welche durch die Tabuisierung der Sexualität geprägt war, heute in einer Zeit der Tabuisierung der Aggression leben.

zesse zu erwarten. Auf *Seiten der Erwachsenen* kommt hinzu, daß sie über die Haltung der verantworteten Schuld die Fähigkeit (wieder-)gewinnen, sich trotz eines aktuellen Interessenskonflikts mit dem Kind identifizieren zu können. Mit der Fähigkeit der Identifizierung steht und fällt jedoch jede psychoanalytisch-pädagogische Praxis. Denn nur in der Identifizierung mit dem Kind vermag der Erwachsene *zu spüren*, wie er bzw. seine Handlungen vom Kind erlebt werden; wieviel Angst sie machen oder wie sehr sie es entlasten; und durch welche pädagogischen Initiativen das Kind gerade jene Erfahrungen machen kann, die ihm einen wichtigen Entwicklungsschritt oder einen notwendigen Schritt aus seiner gegenwärtigen Entwicklungskrise heraus ermöglichen.[15]

Es liegt nahe, die (so häufige) Unfähigkeit der Erwachsenen, sich in Kinder einzufühlen, mit der infantilen Amnesie zu erklären: Da die Wünsche, Leidenschaften und Nöte des Kindes, das man selbst einmal war, der Verdrängung anheimfielen, bleibt das Kind, mit dem man es nun als Erwachsener zu tun hat, unbegreiflich. Zudem gefährden die kindlichen Triebäußerungen und Affekte die Abwehr der Erwachsenen, werden also unbewußt sehr wohl „verstanden", sodaß sie nicht zuletzt gerade deshalb bekämpft werden müssen, um die eigene Abwehr zu sichern. Allerdings fällt auf, daß dieser Mechanismus dann nicht tätig wird, wenn es sich um fremde Kinder oder die Helden von Kindergeschichten handelt: Dann ist ein Großteil dieser Erwachsenen sehr wohl imstande, mit den Kindern mitzuleiden, gegen eine verständnislose (i.e. „erwachsene") Umwelt zu ihnen zu halten, ja sie sogar in ihrem „Schlimmsein" zu mögen. Offenbar gelingt es ihnen also, einen Teil der abgewehrten Regungen in der Identifizierung mit dem Kind, quasi stellvertretend, *zu befriedigen*, statt sie bekämpfen zu müssen! Die infantile Amnesie scheint also ihre pädagogisch fatale Wirkung einzubüßen, wenn es darum geht, sich mit einem Kind *gegen einen fremden Aggressor* zu identifizieren. Mitunter klappt das sogar beim eigenen Kind, wenn die Ursache seines Leides jemandem *anderen* zugeschrieben werden kann, z.B. einer Kindergärtnerin, einer Lehrerin oder dem geschiedenen Partner. Schwierig wird es erst dann, wenn es um ein eigenes Kind geht *und* man selbst dessen Konfliktpartner ist, wenn man - aufgrund pädagogischer Verantwortung, gesellschaftlicher Abhängigkeiten oder eigener Bedürfnisse - selbst vom Wohlverhalten der Kinder abhängig ist, das Kind also eine gewisse Macht gegenüber dem Erwachsenen erhält, die dann bekämpft werden muß: wenn also Mutter, Vater, der Erzieher oder der Lehrer selbst - aus der Sicht des Kindes - zum Aggressor werden. Das heißt aber, daß die Fähigkeit, mich mit dem eigenen Kind identifizieren zu können, auch wenn ich mich in einem Konflikt mit ihm befinde, erfordert, daß ich in der Lage bin, *mich mit dem Kind gegen mich selbst identifizieren zu können*. Ich muß also meine (unvermeidliche) Rolle als Aggressor erkennen und akzeptieren können. Und um eben diese Fähigkeit handelt es sich, wenn von *verantworteter Schuld* die Rede ist: zu begreifen, daß ich als Mutter, Vater, Pädagoge nicht darum herum komme, immer wieder Bedürfnisse meines Kindes zu frustrieren und demnach vom Kind auch immer wieder als „böse", „gemein", versagend erlebt zu werden. Und zwar unabhängig davon, ob ich das will oder nicht; ob ich pädagogische Autorität befürworte oder ablehne; ob ich die Einhaltung von Grenzen forde-

---

[15] Zur Rolle der Identifizierung vgl. auch meine Ausführungen zum "pädagogischen Handlungsdilemma" der Psychoanalyse (Figdor 1995, 30f und 66ff) sowie Bittners Entwurf der psychoanalytisch-pädagogischen Praxis als "unmittelbare Teilhabe an der pädagogischen Situation" (Bittner 1996, 256ff).

re oder versuche, das Kind zu „motivieren", zu „überzeugen", oder - falls das nichts nützt - beleidigt und vorwurfsvoll umherlaufe.

Die Haltung der verantworteten Schuld ist die praktisch-pädagogische Antwort auf die Ambivalenz aller Liebesbeziehungen und die Ambivalenz der pädagogischen Beziehung im besonderen; die Antwort auf die Frage, wie es gehen soll, sich gegen die Bedürfnisse des Kindes, das man liebt, grausam zu verhalten; wie es gehen soll, dessen Gesundheit und Sozialisation zu sichern, ohne ihm durch die damit verbundenen Versagungen psychisch zu schaden; wie zu sichern ist, daß es angesichts meiner Grausamkeit seine Liebe zu mir nicht verliert. Nur wenn ich mit dem Kind gegen die unvermeidliche, von mir ausgehende Aggression identifiziert bin, kann ich das Ausmaß dieser Aggression spüren und gegebenenfalls verringern; kann ich gleichzeitig, aus dem Bedürfnis nach Wiedergutmachung heraus, freundliche, erleichternde Maßnahmen setzen, also dem Kind auch mitteilen, daß ich es (schließlich auch bzw. vor allem) liebe. In dieser Identifizierung vermag ich mich selbst vor einem Überhandnehmen meiner (zum Teil wohl auch unbewußten) aggressiven Gefühle und das Kind vor der Gefahr zu schützen, meine „pädagogische Aggression" mit Ablehnung oder Haß zu verwechseln.

Aber die Haltung der verantworteten Schuld hat einen weiteren, über einzelne Konflikte hinausgehenden Effekt: Ich verliere die Angst davor, dezidierte Grenzen zu setzen. Damit bin ich aber auch in der Lage, Grenzen nicht nur im Interesse der Gesundheit, geistigen und sozialen Entwicklung oder aus Rücksicht auf gesellschaftliche Zwänge (Schulpflicht, Nachtruhe usw.) zu setzen, sondern auch, *weil ich sie brauche*. Bin ich mit meinem Kind gegen seine gemeine Mutter/Vater (also mich!) identifiziert, die es nur deshalb im Bett haben wollen, um einen gemütlichen Abend zu verbringen, wird mir sicher einiges einfallen, das Kind zu verführen, mit anderen Attraktionen zu trösten, sodaß es zwar vielleicht immer noch beleidigt ist, sich aber nicht ungeliebt fühlt. Bin ich hingegen nicht mit meinem Kind identifiziert, verleugne ich also den Umstand, daß sich meine - zwar berechtigten, normalen, nichtsdestoweniger egoistischen - Interessen gegen die - ebenso normalen und natürlichen - Bedürfnisse des Kindes richten, also in diesem Sinne aggressiv sind, werde ich die Forderungen, Weigerungen oder den Trotz des Kindes als ungerechtfertigt, undankbar erleben, empört und verärgert sein und es im Unfrieden ins Bett schicken. Oder ich resigniere und vermittle dem Kind meinen Ärger und Verdruß darüber, daß es (scheinbar) sein Bedürfnis gegen meines durchgesetzt hat. (Nur scheinbar, weil das Kind natürlich nicht bloß aufbleiben, sondern eine schöne Zeit mit mir haben wollte, was jedoch mit verärgerten Eltern nicht geht. Also hat keiner etwas von dieser Art des Nachgebens.)

Ärger und Empörung über die Ansprüche des Kindes enthalten ihm jedoch nicht *nur im Augenblick* die liebevolle Zuwendung angesichts (leider!) unvermeidlicher Frustrationen vor, sondern belasten auf die Dauer *die gesamte Beziehung zwischen Eltern/Pädagogen und Kind*. Die Kinder erleben sich immer wieder abgelehnt, und die Eltern oder Pädagogen empfinden sie zunehmend und immer wieder als Anstrengung, Belastung und Verhinderer persönlicher, für das eigene Wohlergehen wichtiger Befriedigungen, wodurch die Gefühle des Kindes, nicht gemocht zu werden, teilweise eine fatale Realität erhalten: Die normale Ambivalenz in der Beziehung der Erwachsenen zum Kind spitzt sich zu, die *latenten aggressiven Gefühle werden stetig mehr,* und das Zusammenleben mit den Kindern wird immer seltener eine Quelle der Freude, sondern erhält immer mehr den Charakter einer

Pflicht. Im gleichen Maße aber nimmt dadurch die Fähigkeit der Identifizierung mit den Kindern ab, selbst außerhalb akuter Konfliktsituationen. Womit nicht nur die wichtigste praktische pädagogische Kompetenz verloren geht: Ist es einmal so weit, daß ich „das Kind einfach nicht mehr verstehen kann", ist eine Häufung und Eskalation der Konflikte zwischen dem Kind und mir die zwangsläufige Folge.

Mithin läßt sich die *Wiedergewinnung von Freude* an den Kindern auch als letztes Ziel psychoanalytisch-pädagogischer Erziehungsberatung definieren, und die Fähigkeit zur Haltung der *verantworteten Schuld* als notwendige Voraussetzung für die Erreichung dieses Zieles. In diesem größeren Zusammenhang ließen sich dann die *pädagogischen Geister* als eine pragmatische Metapher für jene psychischen Inhalte verstehen, die

- erstens innere Konflikte provozieren, welche in einer Weise abgewehrt werden müssen, daß Freude an der Beziehung mit dem Kind und damit auch die Identifizierungsmöglichkeit verloren geht;

- und die zweitens – obwohl sie unbewußt (mit)determiniert sind – innerhalb psychoanalytisch-pädagogischen Erziehungsberatungssettings mit Hilfe psychoanalytisch-pädagogischer Aufklärung veränderbar sind (andernfalls wir nicht von „pädagogischen Geistern", sondern von - in einem engeren, pathologischen Sinn - *neurotischen* Haltungen der Eltern und Erzieher sprechen müssen, wie das etwa bei Frau T. der Fall war).

6. Das diagnostische und das pädagogische Arbeitsbündnis

Kehren wir zum Anfang zurück. Eltern, Erzieher oder Lehrer haben ein Problem mit einem oder mehreren Kindern. Dieses Problem hängt zumeist mit Problemen zusammen, die die Kinder haben, und diese Probleme haben mit großer Wahrscheinlichkeit auch mit den Eltern, Erziehern oder Lehrern zu tun. So selbstverständlich dieses Zusammenspiel ist, müssen wir damit rechnen, daß unsere Klienten ihre Situation ganz anders sehen. Selbst wenn sie rational akzeptieren würden, daß es sich auch um ein Problem des Kindes handelt, affektiv steht für sie das kindliche Verhalten und die Schwierigkeiten, die es *ihnen* bereitet, im Vordergrund. Die zumeist schon seit langer Zeit anhaltende Beziehungskrise hat aus dem Kind, früher primär Liebesobjekt und Schützling, einen Antagonisten gemacht. Dementsprechend sind auch die Erwartungen an die Erziehungsberatung tendenziell aggressiver Natur: Hilfe zu erhalten, das Kind zu disziplinieren, anzupassen, zu "reparieren", zu motivieren etc. Oder vor dem schädlichen Einfluß Dritter zu schützen, was soviel heißt, wie gegen diese zu kämpfen - für Eltern sind das meist Kindergärtnerinnen, Lehrer oder geschiedene Partner; für Pädagogen sind es die Eltern, die am Zustand des Kindes die Schuld tragen. Was hingegen zumeist fehlt, ist die Bereitschaft bzw. die emotionelle Fähigkeit zur Selbstreflexion, selbst dann, wenn die eigene Beteiligung an den Schwierigkeiten doch irgendwo geahnt wird. Eher wird diese Ahnung abgewehrt und verstärkt die typische Ambivalenz der Klienten gegenüber dem Berater: auf seine Hilfe zu hoffen und sich gleichzeitig (natürlich unbewußt) zu wünschen, er möge scheitern, kann das doch als Beweis gelten, daß man sich - als Elternteil oder Pädagoge - nichts vorzuwerfen hat.

In einer solchen Situation ist jedoch jeder Versuch, einen pädagogischen, das heißt, am Kind und seiner Entwicklung orientierten Rat zu geben, zum Scheitern verurteilt, ob es sich dabei um eine einfache Handlungsempfehlung oder um eine Therapie-Indikation handelt. Dabei meine ich mit „Scheitern" nicht unbedingt, daß sich die Eltern oder Erzieher explizit gegen unseren Rat verwehren, sondern daß sich der erhoffte Erfolg nicht einstellt, selbst dann, wenn die entsprechende Empfehlung äußerlich gutgeheißen oder einer Therapie eines Kindes zugestimmt wird: Man kann nicht Maßnahmen aktiv unterstützen, *die dem Feind helfen*, und das Kind, der Lehrer, der geschiedene Partner oder - für den Pädagogen - die Eltern sind inzwischen (zumindest unbewußt) zum Feind geworden[16]. Sogar auf - scheinbar sachliche - Fragen zu antworten, erübrigt sich meistens: Fragen wie „Soll ich ihr das durchgehen lassen?", „Unser Sohn weigert sich, im eigenen Bett zu schlafen; ist das bedenklich?" oder „Mein geschiedener Mann möchte, daß unsere Tochter bei ihm und seiner neuen Freundin übernachtet; was halten Sie davon?" sind mit weit größerer Wahrscheinlichkeit Prüfungen unserer Loyalität als der Wunsch nach fachlicher Auskunft, das heißt, es geht dabei eher um die Frage, ob wir auf der Seite des Klienten oder auf der Seite des Kindes, der Schwiegermutter oder des geschiedenen Mannes stehen. „Versagen" wir bei dieser Prüfung - was wir oft genug nicht einmal bemerken -, erzielt nicht nur unsere Antwort die erwartete aufklärende Wirkung nicht, sondern wir verlieren unter Umständen das Vertrauen des Klienten, die positive Übertragung „kippt", und zwischen Berater und Klient reinszenieren sich unbemerkt die familiären oder die externalisierten inneren Konflikte des Klienten. Diese können jedoch in der Beratung nicht bearbeitet werden bzw. bleiben unbemerkt (weil für deren analytische Bearbeitung erstens ein therapeutisches Setting und zweitens eine psychoanalytisch-therapeutische Kompetenz des Beraters nötig wäre, was beides nicht der Fall ist), sodaß die Beratung nicht zum beabsichtigten Effekt führt und/oder (früher oder später) abgebrochen wird.

Die Methode, um aus diesem Dilemma herauszukommen, ist das *diagnostische Arbeitsbündnis*: „Ich (der Berater) denke schon, daß ich Ihnen (dem Klienten) helfen kann. Aber um Ihnen helfen zu können, muß ich zunächst wissen, warum Ihre Kind (die Gruppe, die Klasse) so ist bzw. tut. Dazu jedoch brauche ich Ihre Mithilfe: Ich weiß zwar viel über Kinder im allgemeinen, einiges, woran Sie vielleicht noch nicht gedacht haben, aber *Sie* sind Experte *Ihres* Kindes (Ihrer Gruppe, Klasse). Wenn sie bereit sind, uns ein bißchen Zeit einzuräumen, wird es uns gelingen, die Gründe für die Probleme zu verstehen, und dann werde ich Ihnen auch helfen können, das Richtige zu tun."

Natürlich wird der Wortlaut von Fall zu Fall variieren, der Inhalt des Angebotes bleibt sich im wesentlichen jedoch gleich. Der Berater kann an zwei, drei Beispielen erläutern, inwiefern das vom Klienten vorgetragene oder ein ähnliches Problem ganz verschiedene Bedeutungen haben kann, wobei er im Erstkontakt besser Varianten ausspart, die beim Klienten spontane Widerstände hervorrufen könnten. Er kann - auch an Beispielen - zeigen, inwiefern unterschiedliche Bedeutungen ganz unterschiedliche Maßnahmen notwendig machen. Jedenfalls wird man in diese Varianten

---

[16] Die erhöhte Ambivalenz der Eltern gegenüber ihren Kindern ist einer der Gründe, warum Kinderpsychotherapien oft unwirksam bleiben oder aber von den Eltern abgebrochen werden (vgl. auch Figdor 1995, 64ff). (Ein anderer Grund liegt freilich in der oft mangelhaften Qualifikation der Therapeuten. In vielen Institutionen wird die kinderpsychotherapeutische Versorgung von Ausbildungskandidaten getragen, die obendrein, allzu oft, keine hinreichende supervisorische Betreuung erhalten.)

auch eventuelle diagnostische Einschätzungen oder Maßnahmen, die vom Klienten geäußert bzw. erwartet werden, als eine von verschiedenen Möglichkeiten aufnehmen (selbst dann, wenn sie der Berater bei sich von vornherein verworfen haben sollte).

Das diagnostische Arbeitsbündnis offeriert den Eltern/Pädagogen einen guten Kompromiß zwischen dem (mächtigen) Wunsch nach schneller Hilfe im Kampf *gegen das Kind*, den (zumeist leiseren, aber doch auch vorhandenen) libidinösen und Über-Ich-Ansprüchen, etwas *für das Kind* zu unternehmen, und der narzißtischen Kränkung, nicht allein den Ausweg aus der Krise finden zu können:

- Indem das Kind quasi zum „Patienten" ernannt wird, befriedigt das diagnostische Vorhaben einen Teil der aggressiven Gefühle gegen das Kind.

- Die Ernennung des Klienten zum Mit-Experten verringert das narzißtisch kränkende Gefühl der Unterlegenheit und die Angst, vom Berater kritisiert, beschämt, gedemütigt zu werden.

- Die Aussicht auf (gemeinsames) Verstehen bietet die Aussicht auf die Wiedergewinnung von Kompetenz und damit Macht in der Beziehung zum Kind, was Ängste mindert, narzißtisch befriedigend ist und auch (unbewußte) aggressive, sadistische Phantasien zuläßt.

- Andererseits kommen auch libidinöse Strebungen zum Zug, die imzuge der Konflikteskalation der letzten Zeit oft auf der Stecke bleiben mußten, was bei den Klienten Schuldgefühle auslöste, die dann wieder (zum Beispiel aggressiv) abgewehrt werden müssen: Das diagnostische Arbeitsbündnis, samt der aufgewendeten Zeit und Kosten, beinhaltet eben auch, sich um und für das Kind zu bemühen.

- Schließlich kommt es Ich-Ansprüchen und libidinösen Bedürfnissen entgegen, deren Befriedigung möglicherweise vom Klienten mit der Beratung ursprünglich gar nicht in Zusammenhang gebracht wurden: aufgehoben zu sein; das Gefühl zu haben, jemand kümmert sich wirklich um meine Probleme (statt mich mit einem Tip abzuspeisen); der Umstand, daß sich der Berater Zeit nimmt, zeigt auch, daß er mich und meine Schwierigkeiten ernst nimmt; daß er diese Zeit braucht, um selbst alles richtig verstehen zu können, macht ihn seriös, vertrauenswürdig und vermittelt weit eher den Eindruck von Kompetenz als ein schneller Rat.

Es kommt daher nur sehr selten vor, daß Eltern oder Pädagogen dieses Angebot zurückweisen, da sich als Summe all dieser Funktionen das Gefühl einstellt: „Hier bin ich richtig! Hier kann ich mir Hilfe erwarten!" - selbst für Bedürfnisse und Nöte, von denen der Klient im Augenblick noch gar nichts wissen mag. (Diese Bereitschaft zur Zusammenarbeit stellt sich sogar dann ein, wenn es sich um eine private Praxis oder Beratungsstelle handelt und somit Kosten entstehen, mit denen die Eltern/Pädagogen vielleicht gar nicht gerechnet haben: Es sind mehr Menschen bereit, für Erziehungsberatung finanzielle Aufwendungen, ja Opfer zu erbringen, als man glaubt - vorausgesetzt, jenes Gefühl „Hier bekomme ich Hilfe, daher hat es auch *Wert!*" stellt sich ein.[17]

Für den Erziehungsberater ist freilich nicht allein das Kind Gegenstand der gemeinsamen diagnostischen Bemühungen, sondern das gesamte Beziehungssystem (was wir in den mei-

---

[17] Das ist der Grund, warum die privaten, nichtsubventionierten Beratungsstellen der APP Wien (Arbeitsgemeinschaft Psychoanalytische Pädagogik) den Erstkontakt kostenlos anbieten.

sten Fällen anfangs, wenn wir das diagnostische Angebot machen, für uns behalten, es sei denn, die Eltern/Pädagogen - auch das kommt vor - wünschen von sich aus explizit eine Aufklärung über die eigene Beteiligung an den aufgetauchten Problemen). Neben der anamnestischen Abklärung der „Symptomatik"[18], oft ergänzt durch eine Testuntersuchung des Kindes, um die „Innenwelt" des Kindes oder sein Leistungspotential - etwa bei schulischen Problemen - zu erhellen, richtet der Erziehungsberater sein Augenmerk in besonderem Maße auf die Beziehungen zwischen Kind und Erwachsenen, also auf die Außenwelt des Kindes, deren wichtigste Variable die Innenwelt der Eltern/Pädagogen darstellt. Denn hier finden wir die für die Beziehungsgestaltung durch die Eltern/Pädagogen verantwortlichen Faktoren ebenso wie die Bedingungen der Möglichkeit, diese Beziehungsgestaltung - und in der Folge das Erleben der Kinder - zu verändern. Worum es sich bei diesen zu erkennenden und zu verändernden „Faktoren" handelt, wissen wir inzwischen: Es geht um jene Komplexe von Hoffnungen, Einstellungen, Gefühlen und Urteilen, die ich als *pädagogische Geister* bezeichnet habe. Mithin bildet das diagnostische Arbeitsbündnis den methodischen Rahmen, um mit der Hauptarbeit der psychoanalytisch-pädagogischen Erziehungsberatung, der Aufklärung der pädagogischen Geister, beginnen zu können. Natürlich kann es sich nur um den Beginn dieser Arbeit handeln, da die drei, vier, fünf Sitzungen mit den Eltern/Pädagogen, die im Zuge des diagnostischen Arbeitsbündnisses veranschlagt werden (Sitzungen mit den Kindern selbst nicht eingerechnet), für die *vollständige* Aufklärung (Entmachtung) *aller* für die jeweiligen Kinder bedeutsamen Geister der Erwachsenen nicht ausreichen. Der Berater wird sich in dieser Phase der Beratung auf jene Geister bzw. deren Abkömmlinge konzentrieren, die einer Überführung des diagnostischen Arbeitsbündnisses in die nächste Phase der Erziehungsberatung möglicherweise im Weg stehen könnten: dem von uns sogenannten *pädagogischen* Arbeitsbündnis. Der Unterschied zwischen diagnostischem und pädagogischem Arbeitsbündnis ist weniger durch eine andere methodische Orientierung des Erziehungsberaters definiert als durch eine veränderte Einstellung des Klienten: zu den Problemen, die ihn zum Berater brachten, sowie zur Beratung selbst. Voraussetzung für das, was ich als pädagogisches Arbeitsbündnis bezeichne, ist die Fähigkeit der Eltern/Pädagogen, einzusehen,

- wie komplex das Problem ist (ohne noch alle Zusammenhänge verstanden zu haben);
- daß es sich dabei auch um Probleme des Kindes/der Kinder handelt;
- daß sie selbst als Eltern/Pädagogen mit ihrem Handeln, Denken und Fühlen an diesen Problemen mitbeteiligt sind (ohne alle diese relevanten Handlungen, Gedanken und Gefühle schon zu kennen).

Diese Einsichten versetzen die Eltern/Pädagogen in die Lage, die Mitteilungen des Beraters über die konkreten Probleme des Kindes, wie sie sich ihm im Verlauf der bisherigen Gespräche und insbesondere aufgrund der Testuntersuchung des Kindes ergeben haben, anzunehmen (statt sie abwehren zu müssen).[19] Das *pädagogische Arbeitsbündnis* selbst besteht dann einfach in der Vereinbarung, die Erziehungsberatung im Hinblick auf die diagnostisch gewonnenen Einsichten fortzusetzen, allenthalben durch sinnvolle oder notwendige weitere Maßnahmen ergänzt (wie z.B. Schulwechsel, funktionelle Übungen, Psychotherapie, sozi-

---

[18] Zur "Symptomatik" der Kinder vgl. auch Anm. 6.
[19] Vgl. zu diesem Aspekt auch Figdor (1995, 61ff). (Allerdings habe ich dort noch keine dezidierte Unterscheidung zwischen diagnostischem und pädagogischem Arbeitsbündnis vorgenommen.)

alpädagogische Maßnahmen, Freizeitaktivitäten, Gewähren oder Verbieten von Wünschen oder Aktivitäten des Kindes, Anknüpfen der Beziehung zum leiblichen Vater usw.). Die - in so gut wie allen Fällen indizierte - Fortsetzung der Erziehungsberatung unterscheidet sich äußerlich kaum von der Art, wie der Berater im Rahmen des diagnostischen Arbeitsbündnisses die Gespräche führte. Die Haltung der Eltern/Pädagogen ist jedoch eine deutlich andere: Sie fürchten sich weniger vor dem, was herauskommen könnte, lehnen sich gewissermaßen zurück, um mit-nachzudenken, und sind vor allem bereit, sich mit der eigenen Person zu beschäftigen. Ein Teil der Aggressionen gegen das Kind ist Verständnis und dem Verstehen-Wollen gewichen und die Wünsche nach Disziplinierung und Anpassung durch eine gewisse Bereitschaft zur Selbstveränderung entschärft.

Um welche Geister bzw. welche Art der Aufklärung hat sich der Erziehungsberater nun im Rahmen des diagnostischen Arbeitsbündnisses zu kümmern, um jene Einstellungsveränderungen der Klienten möglich zu machen? Da sind einmal die *Schuld- und Schamgeister*: „Wenn dein Kind Probleme hat, heißt das, daß du als Mutter/Vater versagt hast!" „Wenn deine Schüler nicht auf dich hören, ist das dein Fehler: Du bist ein schlechter Lehrer!" „Du hast dich um deine Kinder zu wenig gekümmert, hast wohl immer zuerst an dich gedacht, pfui!" usw. Sie sind so grausam, daß die induzierten Schuld-, Scham- und Versagensgefühle nicht ausgehalten werden können, daher abgewehrt werden müssen, indem die eigene Beteiligung geleugnet und die Schuld dem Kind selbst oder Dritten zugeschoben wird. Dann gibt es die *Triebversagungs-Geister* (oft mit den Scham- und Schuldgeistern verwandt oder verbündet): „Wenn sich herausstellt, daß dein Kind ernsthafte Probleme hat, ist dir wohl klar, daß du nicht mehr so weiterleben kannst wie bisher: deinen Beruf und deine Karriere wichtig zu nehmen, deinen Hobbys und Leidenschaften zu frönen!" „Vergiß dein Liebesleben und deine Beziehungswünsche. Wenn es deinem Kind schlecht geht, darfst du nur mehr Mutter sein!" usw. Diese unerträglichen Aussichten führen, wie oben, zur Verleugnung der eigenen Beteiligung, verführen dazu, die Probleme zu verharmlosen oder Lösungen anzustreben, die abseits des eigenen Handelns liegen, z.B. Schulwechsel, Psychotherapie des Kindes oder Unterbrechung der Beziehung zum (geschiedenen) Vater, (als Kindergärtnerin oder Lehrer) Vorladung der Eltern und Weiterverweisen zum Psychologen. In gleicher Weise müssen die düsteren Prognosen der *Desillusionierungs-Geister* abgewehrt werden: „Du wolltest einen richtigen Sohn, auf den ein Vater stolz sein kann. Und was hast du: einen Bettpischer, der nicht einmal einen Ball fangen kann!" „Ihr habt euch vorgestellt, eure Tochter würde studieren? Schaut euch diese Gedächtnisübung an: Sie wird nicht einmal das Gymnasium schaffen!" „Ein Kind, das schon mit 7 Jahren nicht folgt, landet einmal am Strich, am Karlsplatz[20] oder im Gefängnis!" Zudem verleiten diese bedrohlichen Prognosen die Eltern sehr häufig zu einem unverhältnismäßigen, verzweifelten Kampf gegen die angeblichen Indizien oder Vorboten der Katastrophe.
Es gibt noch weitere typische Geister, die dem pädagogischen Arbeitsbündnis hinderlich sind, etwa die *Spott-Geister*, die diagnostische Befunde zu einer Frage von Sieg oder Niederlage machen: „Hat also doch deine Mutter recht gehabt ... !" „Wenn das deine Frau hört, wird sie triumphieren." „Ja, ja, hättest du damals auf ... gehört!" Ganz besonders aufpassen

---

[20] Der Karlsplatz ist ein bekannter, besonders von Jugendlichen frequentierter Drogen-Umschlagplatz in Wien.

muß der Berater auf die *Indikations-Geister*, jene Geister, die sich nach der gemeinsamen diagnostischen Arbeit angesichts bestimmter Empfehlungen und vorgeschlagener Maßnahmen gerne zu Wort melden: „Erziehungsberatung = unfähige Eltern." „Psychotherapie = gestörtes, irres Kind." „Funktionelles Training oder Nachhilfe = Hirnschaden." usw. Es handelt sich also um Geister, die weniger einen direkten Zusammenhang mit dem Anlaßproblem, das die Eltern/Pädagogen in die Erziehungsberatung brachte, haben als mit den Ambivalenzen und Widerständen gegen den Beratungsprozeß selbst bzw. seine Ergebnisse. Man könnte sie auch als *Beratungs-Geister* zusammenfassen. Sie verraten sich dem zugewendeten, interessierten, suchenden und fragenden Erziehungsberater zumeist sehr rasch, und in den meisten Fällen können die Botschaften, mit welchen diese Geister die Eltern und Pädagogen quälen, ohne große Mühen als Halbwahrheiten, Übertreibungen, Erfindungen, Verzerrungen, Behauptungen, Vorurteile und irrationale Polemiken entlarvt werden. Erst mit der Aufklärung, also Entmachtung dieser Beratungs-Geister erreicht der Erziehungsberater, daß die Eltern/Pädagogen fähig werden, sich wirklich mit der Frage zu beschäftigen, wie sie *ihrem Kind* angesichts *seiner* Probleme helfen können. Die Beschäftigung mit dieser Frage bildet den Inhalt des *pädagogischen* Arbeitsbündnisses. Kommt es dabei zu einer Fortsetzung der Erziehungsberatung, wird der Erziehungsberater sein Hauptaugenmerk von den Beratungs-Geistern weg auf die *Problem-Geister* lenken, jene Geister also, die für das Zustandekommen und die Eskalation der Probleme, die zur Beratung führten, verantwortlich sind und einer Veränderung der pädagogischen Praxis auf Seite der Eltern oder Pädagogen im Wege stehen.

7. Schluß

Über Frequenz und Dauer dieser zweiten Phase der Erziehungsberatung lassen sich kaum allgemeine Aussagen machen. Beide hängen von der objektiven Dringlichkeit, Veränderungen herbeizuführen, und vom subjektiven Leidensdruck der Klienten ab. Aber nicht nur: An der Entscheidung, ob eine psychoanalytisch-pädagogische Erziehungsberatung zu beenden ist, sollte - wie bei der Frage der Beendigung einer Psychoanalyse - der Berater aktiv mitwirken. *Sein* Erfolgskriterium aber kann natürlich nicht die Mäßigung aktuellen Leidensdrucks sein. Wenn es in der psychoanalytischen Pädagogik in letzter Instanz immer um die Entwicklung des Heranwachsenden zu gehen hat, muß die Sicherung bzw. Wiederherstellung günstiger Entwicklungschancen auch das Ziel der psychoanalytisch-pädagogischen Erziehungsberatung sein. Als Indikator dafür, daß die Beratung erreicht hat, was zur Zeit für dieses Ziel zu erreichen war, darf *erstens* die wiedergewonnene Fähigkeit der Eltern/Pädagogen gelten, sich mit ihren Kindern *identifizieren* zu können. *Zweitens* sollte der Berater einigermaßen zuversichtlich sein, daß diese Fähigkeit nicht nur punktuell und kurzfristig, sondern für einige Zeit Bestand haben wird. Zu einer solchen Zuversicht aber ist er berechtigt, wenn er erkennen kann, daß seine Klienten im Zusammenleben mit den Kindern und an den Kindern wieder *Freude erleben können*. Als Bedingung der Möglichkeit einer freudvollen Beziehung zum Kind, in welcher sich elterliche Ansprüche und Erwartungen unterschiedlichster Art auf der einen und die Entwicklungsinteressen des Kindes auf der anderen Seite kompromißhaft versöhnen, ist die Fähigkeit der Eltern/Pädagogen anzusehen, im Zusammenhang mit Versagungen, Ge- und Verboten, Grenzen, Aufforderungen, Erwartungen usw. die *Haltung der verantworteten Schuld* einzunehmen. An ihr führt kaum ein Weg vorbei, insoferne es keine Entwicklung ohne Wertsozialisation und Anpassung an persönliche und soziale Regeln gibt. Die der Fähigkeit der verantworteten Schuld entgegenstehenden Geister aufzuklären, wird also auch dann notwendig sein, wenn Probleme der Eltern/Pädagogen, die Haltung der verantworteten Schuld einzunehmen, an den Problemen, die sie den Berater aufsuchen ließen, nicht unmittelbar beteiligt gewesen sein sollten (was freilich selten der Fall ist und wenn doch, werden diese Probleme fast immer von den Klienten selbst früher oder später zur Sprache gebracht).

Herstellung und Sicherung der positiven Übertragung; diagnostisches und *pädagogisches Arbeitsbündnis;* die *Fähigkeit von Eltern/Pädagogen, sich mit den Kindern zu identifizieren;* die *pädagogischen Geister* und ihre *Aufklärung;* die Haltung der *verantworteten Schuld;* und das *Wiederentdecken von Freude* in der Beziehung zum Kind: Das sind die leitenden Begriffe des Wiener Konzepts der psychoanalytisch-pädagogischen Erziehungsberatung. Sie reflektieren unsere Theorie des Beratungsprozesses ebenso, wie sie ihn methodisch strukturieren. Und zwar nicht nur im Hinblick auf das Setting relativ intensiver Einzelberatung (dem auch alle in dieser Arbeit herangezogenen illustrierenden Fallbeispiele entstammen): Ebenso liefern sie die didaktische Struktur theoretischer Fortbildungsseminare und - von ganz besonderer Bedeutung - die *rhetorische Struktur aufklärender pädagogischer Vorträge.* Dieser Art von Vorträgen kommt in der Praxis der Wiener Arbeitsgemeinschaft Psychoanalytische Pädagogik ein ganz zentraler Stellenwert zu (und demnach auch in der Ausbildung der Erziehungsberater). Es handelt sich dabei um Vorträge, die

- mit typischen Alltagsszenen, -problemen, „Symptomen" der Kinder beginnen;
- dann verschiedene mögliche psychodynamische Bedeutungen aus der Sicht des Kindes diskutieren;
- anschließend darauf zu sprechen kommen, warum es uns Erwachsenen so schwer fällt, die Kinder in solcher Weise zu erleben bzw. zu verstehen, die also auf die Enttäuschung, Angst, Wut etc. der Eltern/Pädagogen eingehen;
- dann den Zusammenhang solcher Gefühle und Affekte mit bestimmten (für das Vortragsthema typischen) pädagogischen Geistern herstellen;
- besonders häufige Geister, deren Anwesenheit im Publikum zu vermuten ist, in Form von entlastenden Geschichten aufklären;
- (in mehr oder weniger ausführlicher Form) die Haltung der verantworteten Schuld erläutern;
- und zum Schluß die Eltern/Pädagogen darauf hinweisen, daß es zum Wichtigsten gehört, dafür zu sorgen, sich an den eigenen Kindern/Schülern (wieder) erfreuen zu können, und wenn das nicht der Fall ist, man - durchaus mit professioneller (= psychoanalytisch-pädagogischer) Hilfe daran arbeiten sollte.

Vorträge, die solch einer Struktur folgen, haben eine gute Chance, erstens das Publikum zu fesseln und zweitens tatsächlich etwas in Bewegung zu bringen: eine neue Perspektive zu erkennen, die aus der Resignation führt; Facetten des Alltags mit dem Kind etwas anders sehen zu können[21]; oder sei es „nur", daß die Schwelle, professionelle Beratung in Anspruch zu nehmen, etwas niedriger geworden ist, sodaß der Betreffende sich ein Herz nimmt und am nächsten Tag zum Telefon greift ....

„Nur an einem Thema kann ich nicht so leicht vorbeigehen, nicht weil ich besonders viel davon verstehe oder selbst soviel dazugetan habe. Ganz im Gegenteil, ich habe mich kaum je damit beschäftigt. Aber es ist so überaus wichtig, so reich an Hoffnungen für die Zukunft, vielleicht das Wichtigste von allem, was die Analyse betreibt. Ich meine die Anwendung der Psychoanalyse auf die Pädagogik, die Erziehung der nächsten Generation."

Mit diesen Worten Freuds (1933a, 157) will ich schließen. Einen Beitrag zu diesem Vorhaben hoffen wir, mit dem Wiener Beratungskonzept zu leisten.

Literatur:

Bittner, G. (1996): Kinder in die Welt, die Welt in die Kinder setzen. Kohlhammer: Stuttgart-Berlin-Köln

Datler, W. (1995): Bilden und Heilen. Auf dem Weg zu einer pädagogischen Theorie psychoanalytischer Praxis. M. Grünewald: Mainz.

Figdor, H. (1989): Können neurotische Kinder „pädagogisch geheilt" werden? Pädagogisch relevante Anmerkungen zum theoretischen Verhältnis von Trieb-, Struktur- und Objektbeziehungstheorie. In: Sasse, O., Stoelger, N. (Hrsg.): Offene Sonderpädagogik. Innovation in sonderpädagogischer Theorie und Praxis. Peter Lang: Frankfurt a.M., 297-304

Figdor, H. (1994): Zwischen Aufklärung und Deutung. Zur Methode und Technik psychoanalytisch-pädagogischer Beratung von Scheidungseltern. In: Eggert-Schmid Noerr u.a. (Hrsg.): Das Ende der Beziehung? Grünewald: Mainz, 133-167

Figdor, H. (1995): Psychoanalytisch-pädagogische Erziehungsberatung. Die Renaissance einer klassischen Idee. In: Sigmund Freud House-Bulletin, Vol 19/2/B, 21-87

Figdor, H. (1997): Scheidungskinder. Wege der Hilfe. Psychosozial: Gießen

Figdor, H. (1998): Psychoanalytisch-pädagogische Erziehungsberatung - das Ausbildungskonzept. APP-Schriftenreihe, Bd.3

Freud, A. (1962): Maßstäbe zur Bewertung der pathologischen Kinderentwicklung, Teil I. Schriften VI, Fischer: Frankfurt a.M., 1649-1660

Freud, A. (1964): Maßstäbe zur Bewertung der pathologischen Kinderentwicklung, Teil II. Schriften VI, Fischer: Frankfurt a.M., 1661-1673

Freud, A. (1965): Wege und Irrwege in der Kinderentwicklung. Schriften VIII, Fischer: Frankfurt a.M.

Freud, S. (1905d): Drei Abhandlungen zur Sexualtheorie. G.W. Bd.5, 27-145

Freud, S. (1908c): Über infantile Sexualtheorien. G.W. Bd.7, 171-188

Freud, S. (1909b): Analyse der Phobie eines fünfjährigen Knaben. G.W., Bd.7, 243-377

Freud, S. (1933a): Neue Folge der Vorlesungen zur Einführung in die Psychoanalyse. G.W. Bd.15

Greenson, R.R. (1967): Technik und Praxis der Psychoanalyse. Klett-Cotta: Stuttgart, 1981

---

[21] Vielleicht hat sogar die vorliegende - ausschließlich theoretisch gemeinte - Arbeit bei manchem Leser, der mit Kindern zu tun hat, etwas in Bewegung gebracht? Das wäre natürlich das anschaulichste "Beispiel" für die Wirksamkeit der hier vorgestellten Methode bzw. Struktur, gerade auch was den Effekt von psychoanalytisch-pädagogischer Erziehungsberatung durch Vorträge betrifft, bei welcher ja der lebendige Dialog durch einen "dialogischen Monolog" ersetzt werden muß.

Kornelia Steinhardt

Überlegungen zur Unterscheidung zwischen psychoanalytischer Erziehungsberatung und psychoanalytisch orientierter Supervision

1. Problemaufriß

Im Jahre 1909 veröffentlichte Sigmund Freud mit seiner Analyse über den Kleinen Hans eine Falldarstellung, die im Vergleich zu zahlreichen anderen seiner Studien mehrere Besonderheiten aufweist:

– Erstens war der Patient, dessen Leidenszustände und Störungen im Mittelpunkt der Behandlung standen, nicht - wie sonst bei Freud üblich - ein Erwachsener, sondern ein fünfjähriger Knabe, der an einer Pferdephobie litt, die es ihm unmöglich machte, das Haus zu verlassen.

– Zweitens sah Freud den Buben nur ein einziges Mal und konzentrierte sich ansonsten darauf, mit dem Vater zu arbeiten. Er ließ sich in ausführlichen Gesprächen die neurotischen Symptome und Verhaltensweisen des Buben schildern, deutete und interpretierte das vorgestellte Material, worauf es dem Vater - wie es Freud (1909, 13) beschrieb - möglich war, den Buben zu behandeln, wodurch der Kleine Hans letztendlich von seiner Pferdephobie geheilt wurde.

Wenngleich Freud die Ansicht vertrat, er „habe aus dieser Analyse, streng genommen, nichts Neues erfahren, nichts, was [er] nicht schon, oft in weniger deutlicher und mehr vermittelter Weise, bei anderen im reifen Alter behandelten Patienten hatte erraten können" (Freud 1909, 122), so fand und findet diese Schrift noch Jahrzehnte nach ihrem erstmaligen Erscheinen große Beachtung. Dies liegt wohl weniger in der Tatsache begründet, daß Freud mit dieser Krankengeschichte die eindrückliche Beschreibung eines ödipalen Konfliktes gelungen ist, sondern vielmehr darin, daß hier in einem bislang unüblichen Setting gearbeitet wurde. Nicht das unter einer schweren neurotischen Störung leidende Kind kam zu Freud, um sich behandeln zu lassen. Statt dessen wandte sich eine wichtige Bezugsperson des Kindes, sein Vater, an den Psychoanalytiker und holte sich Unterstützung und Hilfe, um ein besseres Verständnis für die Probleme seines Sohnes zu entwickeln und über einfühlsame Gespräche, in denen er die kindlichen Aussagen analytisch deutete, eine Linderung der Phobie des Buben zu bewirken.

Obwohl Freud diese Falldarstellung als „Analyse der Phobie eines fünfjährigen Knaben" betitelte, vertrat niemand die Meinung, daß es sich bei dieser Behandlung um eine klassische psychoanalytische Kur handelte. Nichtsdestotrotz setzte Freud in den Augen zahlreicher Autoren mit dieser gravierenden Veränderung in den Bereichen des Settings und der

Methode einen bedeutsamen innovativen Schritt in der Entwicklung psychoanalytischer Behandlungsformen, der vielerorts wohlwollend hervorgehoben wird.

In diesem Sinn betont Helmuth Figdor (1995, 22), daß Freuds Arbeit mit dem Kleinen Hans und dessen Vater sowohl als erste Kinderanalyse als auch als erste psychoanalytische Erziehungsberatung zu verstehen sei. Auch Hans-Georg Trescher (1990, 104) sieht dies ähnlich und meint, daß Freuds Arbeit mit dem Vater des Kleinen Hans „als erster Pionierschritt psychoanalytischer Erziehungsberatung" bezeichnet werden kann. Und für Gerhard Wittenberger (1984, 6) ist die Form, in der Freud in diesem Fall gearbeitet hat, in gewisser Weise mit dem Setting von Erziehungsberatung vergleichbar. War Freud somit der erste psychoanalytisch arbeitende Erziehungsberater?

Doch diese Analogie von Sigmund Freud als erstem Psychoanalytiker und erstem psychoanalytischen Erziehungsberater ist nicht die einzige, die in der Literatur aufgestellt wird. Denn Hermann Argelander (1980) sieht Freud bei seiner Arbeit mit dem Vater von Hans als ersten Supervisor, der damit für das heutige Verständnis von Supervision Pate gestanden war, und entwickelt in Anlehnung daran sein Supervisionskonzept. Für Rolf Denker (1994, 63) war Freud mit seiner Schrift über den Kleinen Hans der Erfinder der psychoanalytisch orientierten Supervision, die er - nach Ansicht von Denker - musterhaft praktiziert und mit seiner veröffentlichten Fallbeschreibung vorbildlich dokumentiert hatte.

War die Behandlung des kleinen Hans somit die erste psychoanalytische Erziehungsberatung *und* die erste psychoanalytisch orientierte Supervision gleichermaßen? Und war Sigmund Freud somit nicht nur der Begründer der psychoanalytischen Kur, sondern zugleich der erste Erziehungsberater *und* der erste Supervisor? Beantwortet man diese Fragen mit ja und begreift man Freud somit als ersten Erziehungsberater *und* als ersten Supervisor, so drängt sich damit eine weitere Frage auf: Kann psychoanalytische Erziehungsberatung mit psychoanalytisch orientierter Supervision gleichgesetzt werden? Beantwortet man auch diese Frage mit ja, bleibt jedoch Ratlosigkeit zurück: Denn wenn beide Beratungsformen miteinander gleichzusetzen wären, müßte man fragen, wozu eine begriffliche Unterscheidung zwischen Erziehungsberatung und Supervision überhaupt noch Sinn gibt. Wären dann vielmehr die Begriffe „Erziehungsberatung" und „Supervision" unterschiedliche Bezeichnungen *einer* Beratungstätigkeit, die synonym zu verwenden und folglich beliebig auswechselbar sind? Ist somit jeder Erziehungsberater[1] ein Supervisor und jeder Supervisor ein Erziehungsberater?

Diese Frage aufzugreifen lohnt sich, um (1.) mehr Klarheit darüber zu gewinnen, was unter psychoanalytischer Erziehungsberatung zu verstehen ist; und um (2.) eine präzisere Vorstellung davon zu gewinnen, was die verschiedenen Formen von Beratungsangeboten leisten, die sich unter den Bezeichnungen „Erziehungsberatung" und „Supervision" institutionalisiert haben.

---

[1] Obwohl bei den Angehörigen der beratenden Berufe Männer nicht generell in der Überzahl und viele Frauen als Beraterinnen und als Supervisorinnen tätig sind, wird in diesem Beitrag aus Gründen der leichteren Lesbarkeit die traditionelle männliche Form beibehalten.

Um eingehend und im Detail untersuchen zu können, ob und inwiefern sich psychoanalytische Erziehungsberatung von psychoanalytisch orientierter Supervision[2] unterscheidet, werde ich in den folgenden Ausführungen drei Versuche einer präziseren Grenzziehung zwischen psychoanalytischer Erziehungsberatung und psychoanalytisch orientierter Supervision diskutieren.

2. Ein erster Abgrenzungsversuch

Man könnte an dieser Stelle festhalten, daß es zwischen psychoanalytischer Erziehungsberatung und psychoanalytisch orientierter Supervision doch ein klares Unterscheidungsmerkmal gibt: *Während in der Erziehungsberatung pädagogische Schwierigkeiten bearbeitet werden, die Eltern mit ihrem Kind bzw. ihren Kindern haben, geht es in Supervision um die Bearbeitung beruflicher Probleme von Professionisten, die in unterschiedlichen Feldern - wie etwa im psychosozialen Bereich, im Gesundheitswesen, in anderen Dienstleistungssektoren und in der Wirtschaft - tätig sind.*

Es mag zwar mit dieser Beschreibung eine erste Differenzierung getroffen sein, welche die beiden Beratungsfelder grob umreißt. Wenn man allerdings fragt, mit welchen Problemstellungen und Anliegen sich Professionisten an Supervisoren wenden, verschwimmt die auf den ersten Blick so klare Abgrenzung. Denn Supervision nehmen auch Professionisten in Anspruch, die in pädagogischen Berufen tätig sind, und diese thematisieren in der Supervision folglich jene Schwierigkeiten, die sich in ihrer pädagogischen Arbeit mit ihren Klienten stellen. So besprechen etwa Lehrer aktuelle Probleme, die sie mit Schülern im Rahmen der Institution Schule zu bewältigen haben; thematisieren Sozialpädagogen ihre Nöte im Umgang mit Kindern und Jugendlichen, die ihnen in Wohngemeinschaften, in Horten oder für Freizeitaktivitäten anvertraut sind; oder überlegen Kindergärtnerinnen, wie sie mit den Eltern der zu betreuenden Kinder in sinnvoller Weise kooperieren können. In den hier exemplarisch aufgezählten wie auch in anderen Fällen werden also in Supervisionsprozessen jene Schwierigkeiten, die sich für Professionisten im Zuge der Erfüllung ihres pädagogischen Arbeitsauftrages ergeben, bearbeitet. Wenngleich die Supervisanden hier in ihrer Funktion als Professionisten und nicht in der Rolle von Eltern agieren, so geht es vorrangig um *pädagogische* Anliegen, also auch um Erziehungsfragen.

Die anfänglich recht plausibel erscheinende Abgrenzung verschwimmt noch mehr, wenn in Betracht gezogen wird, daß auch Erziehungsberater fallweise mit Professionisten arbeiten. So zählt es auch zu den Arbeitsaufgaben der Erziehungsberatungsstellen in Deutschland, Fachleute zu beraten bzw. zu supervidieren (Bundeskonferenz für Erziehungsberatung 1996, 138, 152, 164). Auch findet man am freien Markt immer wieder Angebote von Erziehungsberatern, die Gruppen für Angehörige pädagogischer Professionen anbieten, wie etwa für Lehrer, Kindergärtnerinnen oder Sozialpädagogen.

---

[2] Wenn hier von Supervision gesprochen wird, so ist damit nicht Supervision im Sinne von "Kontrollanalyse" gemeint, wie sie vor allem für die Aus- und Weiterbildung von psychoanalytisch-psychotherapeutisch Tätigen entwickelt wurde, sondern die Reflexion von aufgabenbezogenem Handeln in Organisationen.

Die oben genannte Abgrenzung – Erziehungsberater würden mit Eltern pädagogische Fragen, Supervisoren hingegen mit Angehörigen verschiedener Professionen deren berufliche Probleme erörtern – greift somit *erstens* deshalb zu kurz, weil Erziehungsberater (zumindest gelegentlich) auch mit Professionisten arbeiten und Supervisoren auch Professionisten mit pädagogischen Anliegen supervidieren. Die genannte Abgrenzung greift *zweitens* aber auch dann zu kurz, wenn man ins Treffen führen möchte, daß Supervisoren nie mit Eltern, Erziehungsberater hingegen vorwiegend mit Eltern arbeiten würden.

Die Behauptung, daß Eltern nie supervidiert würden, gerät nämlich dann ins Wanken, wenn man etwa an jene Eltern denkt, die in Wien seit mehreren Jahren in einem vom Verein „Initiative Pflegefamilie" eingerichteten Modellversuch zur Pflegeelternschaft mitwirken, in dessen Rahmen Pflegemütter, welche für die Erziehung eines Pflegekindes zu besonderen Bedingungen beim Verein angestellt sind, regelmäßig Supervision erhalten, um ihre nunmehrige Lebenssituation und die Probleme, die sich dabei stellen, besprechen zu können (Luttner 1995, 5). Die Mütter bzw. Eltern erhalten in regelmäßigen Abständen „Raum", um viele Schwierigkeiten und Besonderheiten, die sich rund um ihre neue Eltern-Kind-Beziehung ranken, zu bearbeiten. In einem weiteren Projekt dieses Vereins erhalten Tagesmütter, die tagsüber Kleinkinder aus anderen Familien in ihren eigenen Wohnungen betreuen, ebenfalls Supervision (Zink 1995, 12). Wollte man nun einwenden, daß es sich hier um bezahlte Formen der Elternschaft handelt, so bleibt dennoch die Tatsache ungetrübt, daß sowohl bei den Pflegeeltern als auch bei den Tagesmüttern nicht prinzipiell davon ausgegangen werden kann, daß sie pädagogisch professionell ausgebildete Personen sind; dennoch werden sie aber in ihrer Erziehungstätigkeit mit Kindern und Jugendlichen, die sie in ihren Wohnungen und somit innerhalb ihres privaten Lebensbereiches leisten, supervisorisch unterstützt.

Es läßt sich somit in Hinblick auf eine etwaige Abgrenzung zwischen Erziehungsberatung und Supervision zweierlei festhalten: Weder hält die Annahme, daß bloß Erziehungsberater an pädagogischen Problemen arbeiten; noch läßt sich behaupten, daß ausschließlich Supervisoren mit professionell Tätigen befaßt sind.

3. Ein zweiter Abgrenzungsversuch

Überblickt man gegenwärtig den Bedarf an diversen Beratungsmöglichkeiten, so zeigen sowohl die Angebote an Erziehungsberatung und an Supervision als auch die Nachfrage seitens der Klienten deutlich, daß sich beide Beratungsformen mittlerweile im psychosozialen Feld etabliert haben. Dabei fällt auf, daß Erziehungsberatung vorwiegend in eigens errichteten Erziehungsberatungsstellen, Supervision hingegen von freiberuflich tätigen Supervisoren angeboten wird. Es stellt sich nunmehr die Frage, ob sich über die Art und Weise der institutionellen Verankerung eine grundlegende Differenzierung feststellen läßt.

Kann gesagt werden, daß sich Erziehungsberatung über die Einbindung in die Institution Erziehungsberatungsstelle auszeichnet, während Supervision von freiberuflich tätigen und institutionell nicht eingebundenen Supervisoren angeboten wird?

Wenn man die historische Entwicklung von *Erziehungsberatung* eingehend betrachtet, sieht man, daß sie in der Literatur primär als Geschichte der institutionell verankerten Erziehungsberatung beschrieben wird (Geib et al. 1994, Hundsalz 1995, Kadauke-List 1996, Abel 1998a). In Deutschland wurde die Institutionalisierung von Erziehungsberatung durch gesetzliche Regelungen beschleunigt, da über das Kinder- und Jugendhilfegesetz, das seit 1991 existiert, jene Aufgaben, welche mit Hilfe von Erziehungsberatung erfüllt werden sollen, definiert sind. In diesem Gesetz ist auch geregelt, daß diese Leistungen im Rahmen von Erziehungsberatungsstellen zu erbringen sind (vgl. Eggemann-Dann 1998, Müller in diesem Band). Daher sieht Hundsalz (1995, 15) Erziehungsberatung durch die Praxis der Erziehungsberatungsstellen definiert; und er geht infolgedessen davon aus, daß Erziehungsberatung mit der institutionellen Erziehungsberatung gleichgesetzt werden kann. In Österreich gibt es zwar keine den deutschen Gesetzesbestimmungen gleichzusetzende Rechtsgrundlage, nichtsdestotrotz wurden in den letzten Jahrzehnten vorwiegend in städtischen Gebieten so manche Erziehungsberatungsstellen oder andere Beratungsstellen, die auch Erziehungsberatung durchführen, eingerichtet. Die starke Verbreitung von Erziehungsberatung vor allem in Deutschland, aber auch in Österreich, läßt sich somit aus der verstärkt erfolgten Einrichtung von Erziehungsberatungsstellen erklären.

Verfolgt man den Prozeß der Verbreitung von *Supervision* in den deutschsprachigen Ländern nach dem zweiten Weltkrieg, so erhält man ein gänzlich anderes Bild. Es wurden keinerlei Einrichtungen geschaffen, die in ihrer Organisationsform den Erziehungsberatungsstellen ähnlich wären. Vielmehr zeichnete sich im Zuge der Professionalisierung von Supervision der Trend ab, daß Supervisoren einzelne, Gruppen (d.h. mehrere Professionisten, die in unterschiedlichen Institutionen, Arbeitseinheiten oder Projekten tätig sind) oder Teams (d.h. Professionisten, die in ihrer Arbeit kooperieren müssen) beraten, ohne bei einer Institution als Supervisoren angestellt zu sein. So entstand ab den 70er Jahren das vorherrschende Modell des „externen, neben- und freiberuflichen Supervisors" (Belardi 1994, 337).

Diese Abgrenzung mag recht plausibel erscheinen, dennoch spricht dreierlei gegen die auf den ersten Blick eindeutig wirkende Grenzziehung zwischen Erziehungsberatung und Supervision, die auf der Annahme beruht, daß divergierende institutionelle Verankerungen vorliegen:

1. Trotz der vorherrschenden Tendenz, Erziehungsberatung mit der institutionellen Erziehungsberatung gleichzusetzen, gibt es auch freiberuflich tätige Erziehungsberater, die unabhängig von jeder Institution arbeiten (vgl. etwa APP 1997/98, 15).
2. Obwohl Supervision vorwiegend von freiberuflich tätigen Supervisoren durchgeführt wird, gibt es dennoch Beratungsstellen, in denen Supervision angeboten wird. Wenn es etwa dem deutschen Kinder- und Jugendhilfegesetz zufolge im Aufgabenbereich der institutionell eingebunden Erziehungsberater liegt, Beratung von Fachkräften bzw. Supervision durchzuführen, so erfolgt dies im Rahmen ihrer Anstellung bei einer Erziehungsberatungsstelle (Hundsalz 1991, 56f.).
3. Das vorherrschende Modell des externen und freiberuflich tätigen Supervisors ist - in weitaus geringerem Maß - zu ergänzen durch das Modell des „internen Supervisors", der bei einer Institution zur Beratung und Begleitung von einzelnen und Teams innerhalb dieser Institution angestellt ist (Berker 1994, 344ff). Diesem Modell zufolge ist es denk-

bar, daß ein Supervisor beispielsweise in einem Heim angestellt ist, um Mitarbeiter dieser Einrichtung in pädagogischen Fragen zu supervidieren.[3] Es hat sich somit gezeigt, daß die Grenzziehung zwischen Erziehungsberatung und Supervision über ihre unterschiedliche institutionelle Verankerung - Erziehungsberatung werde allein im Rahmen von Institutionen angeboten, Supervision wiederum gäbe es nur am freien Markt - nicht zu halten ist. Denn Erziehungsberatung wird weder ausschließlich in Erziehungsberatungsstellen geleistet; noch wird Supervision ausschließlich von externen, freiberuflich tätigen Supervisoren angeboten.

4. Ein dritter Abgrenzungsversuch

Die beiden soeben diskutierten Abgrenzungsversuche zeigten, daß es nicht möglich ist, über weit gefaßte Definitionen, über die Unterscheidung zwischen der jeweiligen Klientengruppen sowie über die divergierenden institutionellen Verankerungen klare Differenzen zwischen beiden Beratungsformen festzustellen. Es ist daher unklar, ob es überhaupt gelingen kann, Erziehungsberatung und Supervision voneinander abzugrenzen. Ist es somit für einen Ratsuchenden unerheblich, ob er Erziehungsberatung oder Supervision in Anspruch nimmt? Kann ein Ratsuchender daher davon ausgehen, daß er in beiden Beratungsformen auf gleiche Weise beraten wird? Heißt dies in weiterer Folge, daß Erziehungsberater und Supervisoren auf der Basis gleicher Kompetenzen arbeiten?

Die bisher angestellten Überlegungen lassen keine Rückschlüsse zu, ob es bestimmte Kompetenzen gibt, die in je spezifischer Weise bei einem Erziehungsberater oder bei einem Supervisor erwartet werden können. Daher soll im folgenden dritten Abgrenzungsversuch näher darauf eingegangen werden, über welche Kompetenzen psychoanalytisch orientierte Erziehungsberater bzw. über welche Kompetenzen psychoanalytisch orientierte Supervisoren charakterisiert werden können.

4.1 Über die Schwierigkeit, Kompetenzen von Erziehungsberatern und Supervisoren zu bestimmen

Stellt man Überlegungen darüber an, welche Kompetenzen als grundlegend für psychoanalytische Erziehungsberatung bzw. für psychoanalytisch orientierte Supervision angenommen werden können, steht man vor der Schwierigkeit, daß in der Literatur weder für Erziehungsberatung noch für Supervision übereinstimmend und allgemeingültig beschrieben ist, welche Fähigkeiten für die Ausübung des einen oder des anderen Beratungsansatzes als notwendig oder gar unverzichtbar vorauszusetzen sind.

Dies mag auch in der Tatsache begründet sein, daß es weder für Erziehungsberatung noch für Supervision umfassende Theorien und Konzeptionen gibt, welche die jeweilige Bera-

---

[3] Bei Pühl (1997) kann die ausführliche Darstellung der Arbeitsweise eines internen Supervisors in einer psychiatrischen Einrichtung nachgelesen werden.

tungsform erschöpfend charakterisieren. So weisen mehrere Autoren darauf hin, daß die nähere Bestimmung von *Erziehungsberatung* vorwiegend über die Abgrenzung von psychotherapeutischen Ansätzen und anderen beraterischen Aufgabenfeldern erfolgt (Abel 1998b, Hundsalz 1991, 1995, Specht 1991).[4] Für Hundsalz (1991, 55) folgt daraus, daß Erziehungsberatung „reines Praxiswissen und nicht erklärtes Gebiet von Wissenschaft und Forschung" ist. Die Schwierigkeit, eine umfassende Konzeption von Erziehungsberatung zu entwickeln, sieht Hundsalz (1995, 155) auch darin begründet, daß es in der institutionalisierten Erziehungsberatung ein komplexes Feld von Beratungsanlässen und unterschiedlichen Anforderungen existiert, mit denen Erziehungsberater konfrontiert sind.

Auch für *Supervision* gibt es bisher keine umfassende „Metatheorie" (Bardé 1991, 3), ebenso ist nach Ansicht von Beumer et al. (1998, 8) „die Rolle eines psychoanalytisch orientierten Supervisors ... bislang noch nicht etabliert, ausgearbeitet und institutionalisiert".[5] Allerdings erschienen in den letzten Jahren mehrere Monographien, Sammelbände und Einzelbeiträge, in denen sich Autoren darum bemühten, konzeptuelle Überlegungen zur psychoanalytisch orientierten Supervision zu formulieren (vgl. etwa Bardé 1991, Becker 1995, Graf-Deserno & Deserno 1998, Lazar 1994, Pühl 1996, 1998).

Da die Frage nach den grundlegend ausgewiesenen Kompetenzen von Erziehungsberatern und von Supervisoren nicht über den Rückgriff auf umfassende Konzepte oder Theorien geklärt werden kann, stellt sich die Frage, auf welchem Weg es gelingen kann, ihre jeweiligen Kompetenzen in den Blick zu bekommen. Es läßt sich in diesem Sinn fragen, wie sich Erziehungsberater und Supervisoren jene Kompetenzen aneignen, die zur Ausübung ihrer Beratertätigkeit erforderlich sind. Als eine Möglichkeit bieten sich hierfür an, zu untersuchen, ob die Ausbildung zum Erziehungsberater bzw. zum Supervisor auf die Entwicklung unterschiedlicher Kompetenzen abzielt. *Ist es demzufolge möglich, Erziehungsberatung und Supervision voneinander abzugrenzen, wenn es gelingt festzustellen, welche Kompetenzen Erziehungsberater bzw. welche Kompetenzen Supervisoren im Zuge ihrer Ausbildung erwerben sollen?*

Bevor untersucht werden kann, welche Kompetenzen für die Ausübung von psychoanalytischer Erziehungsberatung bzw. von psychoanalytisch orientierter Supervision angeeignet werden sollen, ist zunächst zu prüfen, wie es in den beiden Beratungsfeldern mit Ausbildungsmöglichkeiten bestellt ist.

---

[4] Die Bestimmung von Erziehungsberatung erfolgt allerdings nicht allein über die Abgrenzung, sondern auch über die Einbeziehung anderer Ansätze und Aufgaben. So wird z.B. immer wieder hinterfragt, ob psychotherapeutisches Handeln auch zu den Aufgaben der institutionellen Erziehungsberatung zählt. Dabei kommen, wie Hundsalz (1995, 160ff.) darstellt, mehrere Autoren zu der Erkenntnis, daß von Erziehungsberatern sehr wohl auch Psychotherapien durchgeführt werden können und sollen. Dies dürfte damit zusammenhängen, daß in vielen Erziehungsberatungsstellen multiprofessionelle Teams arbeiten, denen auch Kindertherapeuten angehören (vgl. dazu Kapitel 4.2).

[5] Die Überwindung dieses Mißstandes kann als programmatische Ausrichtung der seit 1998 erscheinenden Zeitschrift "Freie Assoziation – Psychoanalyse, Kultur, Organisation, Supervision" verstanden werden, die von Beumer et al. herausgegeben wird.

4.2 Institutionalisierte Ausbildungsgänge zum Erziehungsberater und zum Supervisor

Im Bereich von Supervision hat sich in den letzten Jahrzehnten in den deutschsprachigen Ländern ein dichtes Netz an Ausbildungslehrgängen etabliert, die von unterschiedlichen Trägerorganisationen angeboten werden. Darunter gibt es auch manche Ausbildungsgänge, die vorwiegend auf psychoanalytischen Erkenntnissen aufbauen. Die in den drei deutschsprachigen Ländern existierenden Berufsverbände achten darauf, daß alle von den Berufsverbänden anerkannten Ausbildungen jene qualitativen Mindeststandards und Ausbildungsvoraussetzungen erfüllen, die in Deutschland, Österreich und der Schweiz fast übereinstimmend vereinbart sind. Dies bedeutet für Ausbildungskandidaten, daß sie unter anderem Studien- bzw. Berufsausbildungsabschlüsse, ein gewisses Maß an einschlägigen Weiterbildungen und Supervisionserfahrung und eine fünfjährige Berufspraxis nachzuweisen haben, die Organisations- bzw. Institutionserfahrung beinhalten muß.

Gänzlich anders sieht derzeit die Qualifizierung zum Erziehungsberater aus. In den in Deutschland eingerichteten Erziehungsberatungsstellen arbeiten multiprofessionelle Teams, die aus Psychologen, Sozialarbeitern bzw. Sozialpädagogen, Kindertherapeuten, Heilpädagogen, Ärzten u.a. bestehen können. Mittlerweile sind etwa 50% aller Mitarbeiter in Erziehungsberatungsstellen in den alten Bundesländern Psychologen und 30% Sozialarbeiter (Hundsalz 1995, 134). Die Vertreter der einzelnen Berufsgruppen bringen spezifische Kompetenzen aus ihrer beruflichen Grundqualifikation ein, zu denen häufig noch weitere Qualifikationen in unterschiedlichen psychotherapeutischen Verfahren kommen (ebd., 211f.). In Deutschland gibt es zwar psychoanalytische Weiterbildungen für Pädagogen sowie tiefenpsychologisch orientierte Weiterbildungen zu Beratern (vgl. Trescher 1993, Tymister 1995), eine gezielte Ausbildung zum Erziehungsberater existiert aber nicht.

In Österreich stellt sich die Situation ähnlich dar. In den institutionell verankerten Erziehungsberatungsstellen arbeiten meist Psychologen, Pädagogen, Sozialarbeiter oder Ärzte, die häufig eine Zusatzqualifikation zum Psychotherapeuten absolviert haben. Allerdings existiert seit 1991 in Wien ein eigenständiger Ausbildungslehrgang zum psychoanalytisch-pädagogischen Erziehungsberater, der von der Arbeitsgemeinschaft Psychoanalytische Pädagogik (APP) angeboten wird und deren Absolventen sowohl in freier Praxis als auch innerhalb von Institutionen als Erziehungsberater tätig sind (vgl. APP 1997/98, 4ff). Dieser Ausbildungslehrgang steht in erster Linie Absolventen des Diplomstudiums der Pädagogik offen, die sich ein gewisses Maß an psychoanalytischer bzw. psychoanalytisch-pädagogischer Theorie erworben haben sowie anderen Personen mit vergleichbaren Kompetenzen.

4.3 Welche Kompetenzen werden Erziehungsberatern und Supervisoren in ihren Ausbildungen vermittelt?

Da es zumindest einen Ausbildungslehrgang zum psychoanalytischen Erziehungsberater und mehrere Supervisionsausbildungen gibt, die auf psychoanalytischen Erkenntnissen aufbauen, kann die oben gestellte Frage, welche Kompetenzen in den unterschiedlichen Ausbildungen erworben werden sollen, eingehend untersucht werden.

Betrachtet man die Ausschreibung für den Ausbildungslehrgang zum Psychoanalytisch-pädagogischen Erziehungsberater der APP, so sieht man, daß – zusammengefaßt – die Aneignung von Kompetenzen in folgenden Bereichen angestrebt wird:

- Erstens soll ein vertieftes und theoretisch fundiertes Verständnis erworben werden für die Entwicklung der Beziehungen zwischen Kindern, Eltern und Erziehern sowie für die Bedeutungen, welche diese Beziehungen für die Ausbildung von psychischen Strukturen von Kindern und Jugendlichen haben. Weiters sollen angehende Erziehungsberater verstehen lernen, welche belastenden Auswirkungen bestimmte psychosoziale Geschehnisse und Gegebenheiten auf das Zusammenleben von Eltern, Erziehern und Kindern haben können und welche Entwicklungsrisiken damit für Heranwachsende verbunden sind (zu diesen psychosozialen Geschehnissen und Belangen zählen etwa Trennung, Scheidung und Tod; belastende Aspekte verschiedener Familienformen; Behinderung und Krankheit; der Zusammenhang von kognitiven und emotionalen Prozessen im Hinblick auf Lern- und Leistungsschwierigkeiten).

- Zweitens soll die Fähigkeit zur Durchführung von psychoanalytisch-pädagogischer Diagnostik und deren Einbindung in den Beratungsprozeß erworben werden.

- Drittens sollen Kompetenzen in der Methode und der Technik psychoanalytisch-pädagogischer Erziehungsberatung angeeignet werden. Dazu zählen nach Figdor (1995, 60-74) – neben diagnostischen Kompetenzen – die Fähigkeit zum Verstehen psychodynamischer Aspekte von Erziehungs- und Entwicklungsproblemen; das Aufklären der Eltern über die Bedeutung, die bestimmte Erziehungs- und Entwicklungsprobleme für Kinder und Jugendliche und gelegentlich auch für Eltern und Erzieher haben; die Entwicklung konkreter Handlungsziele mit Eltern und Erziehern[6], was die Fähigkeit mit einschließt, Eltern gegebenenfalls auch mit konkreten Ratschlägen zu unterstützen; und die Begleitung von Eltern und Erziehern, wenn sie diese Ziele realisieren, damit Entwicklungsprozesse von Heranwachsenden entlastet oder unterstützt werden.

- Und viertens sollen angehende Erziehungsberater ein differenziertes Verständnis davon gewinnen, welche Bedeutung bestimmte institutionelle Gegebenheiten für die Entwicklung von Beziehungen innerhalb familiärer und institutioneller Rahmengegebenheiten (wie z.B. Kindergarten, Jugendamt oder Schule) und somit für die Entwicklung von Heranwachsenden haben.

Welche Kompetenzen werden hingegen in einem Ausbildungslehrgang zum Supervisor vermittelt? Um dies feststellen zu können, werden die Ausschreibungen zweier Supervisionsausbildungen[7], die eine psychoanalytische Orientierung aufweisen, als Grundlage herangezogen, um zusammenfassend herauszuarbeiten, welche Kompetenzen im Verlauf dieser Ausbildungen angeeignet werden sollen:

- Im Zentrum steht die Vermittlung der Kompetenz, Supervisanden, die mit spezifischen Arbeitsaufgaben innerhalb bestimmter Organisationsstrukturen betraut sind, dabei zu unterstützen, verschiedene Probleme besser zu versehen und zu bewältigen, die sich im

---

[6] Mit Erziehern sind all jene Personen gemeint, die in unterschiedlichen Kontexten mit Kindern und Jugendlichen pädagogisch tätig sind, wie etwa Kindergärtner, Sozialpädagogen, Lehrer etc.

[7] Hierfür werden die Ausschreibungstexte der Supervisionslehrgänge des "Instituts für Psychoanalyse in Supervision und Organisation (ipso)" in Coesfeld und von "Triangel - Institut für Supervision, Organisationsberatung und Familientherapie" in Berlin herangezogen.

Zuge der Erfüllung dieser Arbeitsaufgaben stellen. Von zentraler Bedeutung ist dabei die Entfaltung der Fähigkeit, bestimmte Problemzusammenhänge in ihrer bewußten und unbewußten Dynamik differenzierter zu erfassen und präziser in ihrer wechselseitigen Verschränkung mit den jeweils gegebenen Rollengestaltungen der Supervisanden und den vorhandenen institutionellen Bedingungen zu begreifen, als dies den Supervisanden selbst gelingt.

– Angehende Supervisoren sollen dazu befähigt werden, für das Erfassen dieser Problemzusammenhänge im Sinne einer differenzierten Problemdiagnose all jene Interaktions- und Beziehungsprozesse zu nutzen, die bereits im Verlauf von Erstkontakt, Kontraktschließung und Settinggestaltung zur Entfaltung kommen. Sie sollen die Kompetenz erlangen, psychodynamische Prozesse von einzelnen und von Teams sowie die Determiniertheit bestimmter Interaktionsprozesse durch und innerhalb von Organisationsstrukturen zu verstehen, deren Spiegelung und szenische Darstellung im Supervisionsprozeß zu erkennen sowie für den Prozeß der Problemklärung und Problemlösung nutzbar zu machen.

– Besonderes Gewicht wird auf die Entwicklung eines vertieften Verständnisses der eigenen Rolle als Supervisor im Rahmen des Supervisionsprozesses gelegt, die darauf ausgerichtet ist, Supervisanden in ihrem Klärungs-, Reflexions- und Veränderungsprozeß zu unterstützen, ohne ihnen konkrete Ratschläge zu machen oder sie unmittelbar anzuleiten.

4.4 Die Frage nach tendenziellen Unterschieden

Vergleicht man die Kompetenzen, die in der Erziehungsberaterausbildung einerseits und in den Supervisionsausbildungen andererseits vermittelt werden, so fällt auf, daß in viererlei Hinsicht unterschiedliche Schwerpunkte gesetzt werden:

– Erziehungsberater erwerben *erstens* ein vertieftes Verständnis für die Entwicklung psychischer Strukturen von Kindern und Jugendlichen in ihrer Abhängigkeit von der Beziehungsgestaltung zu Eltern und Erziehern sowie in Abhängigkeit von den jeweils gegebenen psychosozialen Bedingungen. Daher kann – naheliegender Weise – erwartet werden, daß Erziehungsberater befähigt sind, Eltern und Kinder in der Bewältigung von pädagogischen und psychosozialen Problemen, die sich im Zuge des Heranwachsens von Kindern stellen, hilfreich zu unterstützen. Bei Supervisoren kann hingegen nicht vorausgesetzt werden, daß sie in differenzierter Weise über die Besonderheiten von pädagogischen Beziehungen und Erziehungsprozessen Bescheid wissen, da sie die entsprechenden Kompetenzen nicht im Rahmen ihrer Ausbildung erworben haben.

– *Zweitens* sind Erziehungsberater aufgrund ihrer Ausbildung dazu in der Lage, diagnostische Verfahren (wie etwa Persönlichkeitstests, psychische und kognitive Entwicklungsuntersuchungen) durchzuführen und den Prozeß sowie die Ergebnisse der diagnostischen Verfahren in den weiteren Beratungsprozeß zu integrieren. Supervisoren hingegen erwerben keine Kompetenzen in der Anwendung und Einbeziehung psychodiagnostischer Verfahren. Das diagnostische Können von Supervisoren ist vielmehr darauf ausgerichtet, ein differenziertes Problemverständnis über die Analyse der Gegebenheiten des Supervisionsprozesses - insbesondere in seiner Anbahnung und Implementierung - unter besonderer Berücksichtigung der institutionellen Bedingungen zu entwickeln, in deren Rahmen von den Supervisanden bestimmte Arbeitsaufträge zu erfüllen sind.

- Erziehungsberater erhalten *drittens* zwar Einsicht in die Bedeutung institutioneller Dynamiken für die Entwicklung der Beziehungen zwischen Erwachsenen und Heranwachsenden. Sie sind aber im Gegensatz zu Supervisoren nicht so differenziert darin geschult, die jeweils gegebenen institutionellen Bedingungen vor dem Hintergrund der Dynamik der Rollengestaltungen, welche die Mitarbeiter bewußt oder unbewußt vornehmen, und vor dem Hintergrund ihres Arbeitsauftrags zu analysieren sowie in den Klärungsprozeß eines vorliegenden Problems zu integrieren.

- Die Fähigkeit von Erziehungsberatern, gemeinsam mit Eltern und Erziehern konkrete Handlungsziele zu entwickeln, impliziert *viertens* die Kompetenz, nötigenfalls auch mit gezielten Ratschlägen und Hilfestellungen beizustehen. Dem gegenüber ist bei Supervisoren die Haltung ausgeprägt, die Supervisanden bei der selbstreflexiven Klärung eines Problems und bei der Entwicklung weiterer Handlungsstrategien zu unterstützen und zu begleiten, ohne jedoch konkrete Tips und Ratschläge zu geben.[8]

Anhand dieser detaillierten Aufschlüsselung der Kompetenzbereiche lassen sich psychoanalytische Erziehungsberatung und psychoanalytisch orientierte Supervision so voneinander abgrenzen, daß eine tendenzielle Unterscheidung - zum ersten Mal in der bisherigen Untersuchung - möglich ist.

In Anknüpfung daran läßt sich noch ein *fünfter* Aspekt herausstreichen, der bisher noch keine Berücksichtigung gefunden hat. Es wurde ja bisher davon gesprochen, daß Eltern und Erzieher Erziehungsberatung in Anspruch nehmen. Da sich Erziehungsberater - wie oben betont wurde - durch differenzierte diagnostische Kompetenzen auszeichnen und da diagnostische Abklärungen primär mit Kindern und Jugendlichen durchgeführt werden, bedeutet dies, daß Erziehungsberater nicht ausschließlich mit Erwachsenen arbeiten, sondern daß auch Kinder und Jugendliche in den Beratungsprozeß einbezogen sind. Wenn nun Eltern und Kinder gemeinsam zur Beratung kommen, sind alle Beteiligten eines Konflikts in der Beratungssituation anwesend und es wird unmittelbar mit allen Beteiligten gearbeitet.[9]

---

[8] Dieser Unterscheidung entsprechen in besonders markanter Weise kasuistische und methodisch orientierte Veröffentlichungen über Erziehungsberatung und Supervision: Zwar zielen nicht alle psychoanalytisch orientierten Erziehungsberatungskonzepte auf "Ratgeben" im engeren Sinn ab (vgl. dazu die Beiträge von Dilys Daws und Gertraud Diem-Wille in diesem Band); doch haben schon Klassiker wie Aichhorn (1925) und Zulliger (1957) deutlich gemacht, daß es zum Aufgabenfeld psychoanalytisch orientierter Erziehungsberatung gehören kann, Eltern und Erziehern gegenüber konkrete Empfehlungen auszusprechen. Vor allem Aichhorn (1925, 1936) macht deutlich, daß die Wahl des Zeitpunktes, des Inhaltes und der Art dieser Empfehlungen allerdings davon abhängig zu machen ist, wie Eltern oder Erzieher solch eine Empfehlung (und somit auch ihre Beziehung zum Berater) in bewußter *und* unbewußter Weise erleben mögen. In diesem Sinn zeigt auch Figdor (1997, 175 ff.), daß im Beratungsprozeß auf das "Bewußtmachen der Abwehrfunktion elterlichen Verhaltens", auf das Wahrnehmen von Übertragungsbeziehungen sowie auf psychoanalytische Aufklärung bedacht genommen werden soll, bevor "Vor- und Ratschläge" gegeben werden. Dem gegenüber wird in Kasuistiken von Supervisionsprozessen nachvollziehbar, daß die Bewußtmachung von Spiegelungen und Reinszenierungen als eine zentrale Methode des Beratungsprozesses verstanden und auf das Aussprechen von Ratschlägen verzichtet wird (vgl. Steinhardt 1991, 194 ff., Graf-Deserno/Deserno 1998).

[9] Wenn auch Erziehungsberatung von Eltern und Kindern oder Kindern und Jugendlichen allein in Anspruch genommen werden kann, so bleiben vorwiegend Eltern, die Hilfen für die Erziehungsfragen brauchen, die Adressaten von *Erziehungs*beratung. Dies zeigt sich, wie Abel (1998b, 98) meint, indirekt auch in der Formulierung des deutschen Kinder- und Jugendhilfegesetzes, wenn im § 1 folgendes festgehalten ist: "Jeder junge

Darüber hinaus kann auch die Situation eintreten, daß Kinder und Jugendliche ohne ihre Eltern Erziehungsberatung in Anspruch nehmen und sich Unterstützung und Hilfe holen. Wenn daher von Erziehungsberatern erwartet werden kann, daß sie in der Lage sind, auch mit Kindern und Jugendlichen zu arbeiten, so ist nicht davon auszugehen, daß auch Supervisoren von vornherein über vergleichbare Kompetenzen verfügen: In Supervisionssitzungen sind die jeweiligen Klienten der Supervisanden (gleichgültig ob Jugendliche in einer Wohngemeinschaft, Schüler, Geistigbehinderte in einer Fördereinrichtung oder Pflegekinder) nicht in den Beratungsprozeß miteinbezogen. Supervisorisches Handeln konzentriert sich vielmehr auf die Sichtweise eines Problems, welche die Supervisanden einbringen. Deshalb wirken sich Veränderungen nur mittelbar durch die veränderte Haltung oder durch neu entwickelte Handlungsstrategien der Supervisanden auf die Klienten aus.

In der Diskussion des dritten Versuchs der Grenzziehung zwischen psychoanalytischer Erziehungsberatung und psychoanalytisch orientierter Supervision konnte einerseits gezeigt werden, daß es aufgrund der (noch) fehlenden umfassenden theoretischen Konzepte vor allem von psychoanalytischer Erziehungsberatung, aber doch auch von Supervision schwer möglich ist, die beiden Beratungsformen auf Basis von theoretischen Ausführungen zu untersuchen und in ihren jeweiligen Besonderheiten voneinander abzugrenzen. Es wurde andererseits aber offensichtlich, daß psychoanalytische Erziehungsberater und psychoanalytisch orientierte Supervisoren - so sie spezielle Ausbildungslehrgänge absolviert haben - im Detail tendenziell unterschiedliche Kompetenzen erworben haben, die sie für die Arbeit als Erziehungsberater oder als Supervisor in tendenziell unterschiedlicher Weise qualifizieren und die folglich auch die Schwerpunkte ihrer Beratungsarbeit unterschiedlich bestimmen.

5. Resümee

Auf der Grundlage von drei unterschiedlichen Argumentationslinien wurde versucht, psychoanalytische Erziehungsberatung und psychoanalytisch orientierte Supervision voneinander abzugrenzen. Dabei zeigte sich, daß die auf den ersten Blick so einfach erscheinende Abgrenzung der beiden Beratungsformen nicht möglich ist, da es - wie im ersten und im zweiten Abgrenzungsversuch zu sehen war - vielfältige Überschneidungen gibt. Allerdings wurde im Zuge der weiteren Untersuchung auch nachvollziehbar, daß psychoanalytische Erziehungsberatung und psychoanalytisch orientierte Supervision aufgrund der in Ausbildungsgängen zu erwerbenden Kompetenzen, die im Detail doch recht unterschiedlich sind, nicht miteinander gleichgesetzt werden können.

Wenn nun in der Diskussion des ersten Abgrenzungsversuchs deutlich wurde, daß es auch in Supervisionsprozessen um die Bearbeitung von pädagogischen Problemstellungen gehen kann, zugleich aber im dritten Abgrenzungsversuch einsichtig wurde, daß nur psychoanalytische Erziehungsberater in ihrer Ausbildung ein vertieftes Verständnis für die Besonder-

---

Mensch hat ein Recht auf Förderung seiner Entwicklung und *Erziehung* zu einer eigenverantwortlichen und gemeinschaftsfähigen Persönlichkeit" (Hervorhebung K. St.). Deshalb sind nach der Ansicht von Abel genaugenommen die Eltern die Anspruchsberechtigten, da sie in erster Linie für die Kindererziehung zuständig sind.

heiten der Entwicklung von Heranwachsenden erwerben, stellt sich die Frage, wie es für Supervisoren überhaupt möglich sein kann, Probleme und Schwierigkeiten, die sich im Kontext pädagogischer Organisationen stellen, qualifiziert zu bearbeiten. Dies kann erst dann in sinnvoller Weise gelingen, wenn sich ein Supervisor in anderen Kontexten - etwa im Rahmen seiner Grundausbildung, aufgrund anderer Zusatzqualifikationen oder im Zuge eigener beruflicher Erfahrungen im pädagogischen Feld - Kompetenzen im Verständnis von pädagogischen (Beziehungs-)Prozessen, von menschlichen Entwicklungsverläufen und von pädagogischen Organisationen (samt den in ihnen angewandten Arbeitsmethoden, vorhandenen Zielsetzungen und Wertvorstellungen) angeeignet hat; wenn er also in ausreichendem Maß über „Feldkompetenz" verfügt (vgl. Weigand, 1994, 130). Damit wird einsichtig, daß nicht alle Supervisoren per se für die Arbeit in pädagogischen Organisationen bzw. mit Anliegen von pädagogisch Tätigen qualifiziert sind.

Diese Tatsache zeigt sich auch in meiner Arbeit als Supervisorin immer wieder, wenn Teams, die in pädagogischen Einrichtungen arbeiten, auf der Suche nach einem geeigneten Supervisor sind, der neben supervisorischen Kompetenzen auch über ein vertieftes Verständnis für die pädagogische Arbeit mit unterschiedlichen Klienten - etwa mit behinderten Jugendlichen, mit Kindergruppenkindern oder auch mit psychisch Kranken - verfügt. Denn solche Teams fühlen sich in ihrer pädagogischen Arbeit erst dann ausreichend unterstützt, wenn Supervisoren mit den Besonderheiten der Dynamik innerhalb des Spannungsfelds von Mitarbeitern, Klienten und Organisationsdynamik vor dem Hintergrund des - primär - pädagogischen Arbeitsauftrags vertraut sind, d.h. Feldkompetenz aufweisen, und diese Kompetenz in den Beratungsprozeß einbringen können (vgl. Steinhardt 1998).

Zusammenfassend kann festgehalten werden, daß die bisherigen Ausführungen deutlich machen, daß sowohl psychoanalytische Erziehungsberater als auch psychoanalytisch orientierte Supervisoren mit pädagogischen Problemstellungen befaßt sein können. Allerdings unterscheiden sie sich aufgrund ihrer in einschlägigen Ausbildungen erworbenen Kompetenzen grundlegend in ihrer Herangehensweise an die Problembewältigung. Daher ist es für Ratsuchende wichtig abzuklären, worin der Fokus ihrer Interessen liegen, wofür und für wen sie Unterstützung suchen - etwa vorrangig für die Klärung der Besonderheiten von Entwicklungsproblemen von Kindern und Jugendlichen und deren Auswirkungen auf die Beziehung zu ihnen oder in erster Linie für die Bewältigung von Schwierigkeiten, die sich einem Team oder einzelnen in der Erfüllung eines pädagogischen Arbeitsauftrags innerhalb bestimmter Organisationsstrukturen stellen -, um die für ihre Problemlage adäquate Beratungsform zu wählen.

Zu guter Letzt möchte ich den Blick nochmals zu Sigmund Freud und seiner Analyse des Kleinen Hans zurückwenden. Kann nach der vorangegangenen Analyse noch immer davon gesprochen werden, daß Freud aufgrund seiner Arbeit mit dem Vater des Kleinen Hans zum ersten psychoanalytisch arbeitenden Erziehungsberater und zum ersten psychoanalytisch orientierten Supervisor geworden ist? Im Lichte der soeben angestellten Überlegungen fällt er als Supervisor in diesem Fall wohl aus, da er den institutionellen Kontext des pädagogischen Handelns und die Spiegelung der Problematik innerhalb der Familie im Beratungsprozeß außer acht gelassen hat und darüber hinaus den Vater mit Ratschlägen versorgte. Da könnte wohl eher gemeint werden, Freud handelte als psychoanalytischer Erziehungsberater, da er mit dem Vater arbeitete, der über die Pferdephobie seines Sohnes besorgt war und sich bei Freud Rat und Unterstützung holte, was er mit Hans machen sollte. Wenngleich die Nähe zu einer psychoanalytischen Erziehungsberatung gegeben ist, so muß trotzdem einschränkend festgestellt werden, daß Freud bei seinem Vorgehen die Besonderheiten der Beziehungsdynamiken innerhalb der Familie kaum berücksichtigte und daher sein Interesse in erster Linie nicht darin lag, die Beziehung zwischen Hans und seinen Eltern zu verbessern. Sein Bestreben lag in erster Linie darin, über die Aufklärung des Vaters auf indirektem Wege die Neurose des Knaben zu heilen.[10]

Wenn auch Sigmund Freud als erster psychoanalytischer Erziehungsberater – zumindest aus heutiger Sicht – nur bedingt in Frage kommt und als erster psychoanalytisch orientierter Supervisor ausscheidet, so bleibt dennoch die Tatsache ungetrübt, daß Freud mit seinen theoretischen Erkenntnissen und seiner im Fall des Kleinen Hans so ungewöhnlichen Behandlungstechnik eine wichtige Grundlage dafür geschaffen hat, daß verschiedene Beratungskonzepte entwickelt und realisiert werden konnten, die für die intensive Bearbeitung unterschiedlicher Probleme als angemessene Hilfestellung und Unterstützungsmaßnahme zur Verfügung stehen.

Literatur:

Abel, A. H. (1998a): Geschichte der Erziehungsberatung: Bedingungen, Zwecke, Kontinuitäten. In: Körner, W., Hörmann, G. (Hrsg.): Handbuch der Erziehungsberatung. Band 1. Göttingen u.a.: Hofgrefe, 19-51

Abel, A. H. (1998b): Rahmenbedingungen der Erziehungsberatung. In: Körner, W., Hörmann, G. (Hrsg.): Handbuch der Erziehungsberatung. Band 1. Göttingen u.a.: Hofgrefe, 87-111

Aichhorn, A. (1925): Verwahrloste Jugend. Die Psychoanalyse in der Fürsorgeerziehung. Bern u.a.: Huber, 9. Auflage 1977

Aichhorn, A. (1936): Zur Technik der Erziehungsberatung: Die Übertragung. In: Zeitschrift für psychoanalytische Pädagogik 10, 5-74

APP - Arbeitsgemeinschaft für Psychoanalytische Pädagogik (1997/98): Ausbildung – Weiterbildung – Erziehungsberatung 1997/98. Wien

Argelander, H. (1980): Die Struktur der „Beratung unter Supervision". In: Psyche 34, 54-77

Bardé, B. (1991): Supervision - Theorie, Methode und empirische Forschung. Versuch eines systematischen Überblicks. In: Supervision, Heft 19, 3-37

Becker, H. (Hrsg.) (1995): Psychoanalytische Teamsupervision. Göttingen/Zürich: Vandenhoeck & Ruprecht

Belardi, N. (1994): Zur geschichtlichen Entwicklung: Von der Supervision zur Organisationsberatung. In: Pühl, H. (Hrsg.): Handbuch der Supervision 2. Berlin: Spiess, 334-343

Berker, P. (1994): Externe Supervision - Interne Supervision. In: Pühl, H. (Hrsg.): Handbuch der Supervision 2. Berlin: Spiess, 344-352

Beumer, U., Oberhoff, B., Ohlmeier, D., Sievers, B. (1989): Vorwort der Herausgeber. In: Freie Assoziation, 1. Jg., Heft 1/2, 7-10

Bundeskonferenz für Erziehungsberatung e.V. (Hrsg.) (1996): Produkt Beratung. Materialien zur outputorientierten Steuerung in der Jugendhilfe. Materialien zur Beratung, Band 3. Fürth

Denker, R. (1994): Freud inauguriert die psychoanalytische Supervision. Die Therapie der Pferdehysterie des „kleinen Hans" als Modellfall schon 1908. In: Verein für Psychoanalytische Sozialarbeit (Hrsg.): Supervision in der psychoanalytischen Sozialarbeit. Tübingen: edition diskord, 60-85

---

[10] Dies wird durch die Tatsache noch untermauert, daß Freud (1909) seine Falldarstellung als "Analyse der Phobie eines fünfjährigen Knaben" und nicht etwa als "Analyse des kleinen Hans" betitelte.

Eggemann-Damm, H.-W. (1998): Was zählt, kann man (er)zählen. Die Bedeutung der institutionellen Erziehungsberatung für die Kinder- und Jugendhilfe. In: Datler, W., Finger-Trescher, U., Büttner, Ch. (Hrsg.): Jahrbuch für Psychoanalytische Pädagogik 9. Gießen: Psychosozial-Verlag, 41-57

Figdor, H. (1995): Psychoanalytisch-pädagogische Erziehungsberatung. Die Renaissance einer 'klassischen' Idee. In: Sigmund Freud House Bulletin 19/2, 21-87

Figdor, H. (1997): Scheidungskinder – Wege der Hilfe. Gießen: Psychosozial-Verlag

Freud, S. (1909): Analyse der Phobie eines fünfjährigen Knaben. In: Studienausgabe Band VIII, Frankfurt am Main: Fischer, 1982

Geib, N., Rosaurius, A., Trabant, D. (1994): Auf Spurensuche ... Zur Geschichte der Erziehungsberatung. In: Cremer, H., Hundsalz, A., Menne, K. (Hrsg.): Jahrbuch für Erziehungsberatung. Band 1. Weinheim, München: Juventa, 273-292

Graf-Deserno, S., Deserno, H. (1998): Entwicklungschancen in der Institution. Psychoanalytische Teamsupervision. Frankfurt/Main: Fischer TB

Hundsalz, A. (1991): Methoden und Konzeptentwicklung in den Psychologischen Beratungsstellen. In: Praxis der Kinderpsychologie und Kinderpsychiatrie, 40. Jg., 55-61

Hundsalz, A. (1995): Die Erziehungsberatung. Grundlagen, Organisation, Konzepte und Methoden. Weinheim, München: Juventa

Kadauke-List, A.-M. (1996): Erziehungsberatungsstellen im Nationalsozialismus. In: Menne, K., Cremer, H., Hundsalz, A. (Hrsg.): Jahrbuch für Erziehungsberatung, Band 2. Weinheim, München: Juventa, 275-286

Lazar, R. A. (1994): W. R. Bions Modell „Container-Contained" als eine psychoanalytische Leitidee in der Supervision. In: Pühl, H. (Hrsg.): Handbuch der Supervision 2. Berlin: Spiess, 380-402

Luttner, E. (1995): Geschafft. In: Eltern für Kinder. Informationen des Vereins Initiative Pflegefamilie. Nr. 58, 15. Jg., 5

Pühl, H. (Hrsg.) (1996): Supervision in Institutionen. Frankfurt/Main: Fischer TB

Pühl, H. (1998): Team-Supervision. Von der Subversion zur Institutionsanalyse. Göttingen: Vandenhoeck & Ruprecht

Specht, F. (1993): Zu den Regeln fachlichen Könnens in der psychosozialen Beratung von Kindern, Jugendlichen und Eltern. In: Praxis der Kinderpsychologie und Kinderpsychiatrie, 42. Jg., 113-124

Steinhardt, K. (1991): Supervision – ein Anwendungsgebiet psychoanalytischer Pädagogik? In: Trescher, H.G., Büttner, Ch. (Hrsg.): Jahrbuch für psychoanalytische Pädagogik 3. Mainz: Grünewald, 188-230

Steinhardt, K. (1998): Aufgabenbezug und organisationsbezogene Selbstreflexion - Einige Anmerkungen zur Komplexität von Supervision in (sozial- und sonder-) pädagogischen Organisationen. In: Hausegger, T., Tatschl, S., Walther, I. (Hrsg.): Supervision - den beruflichen Alltag professionell reflektieren. Schriftenreihe Supervision, Band 2. Innsbruck: Studien Verlag, 97-108

Trescher, H.-G. (1993): Postgraduale Weiterbildung in Psychoanalytischer Pädagogik. Konzept und Erfahrungen mit einem dreijährigen Weiterbildungsgang. In: Jahrbuch für Psychoanalytische Pädagogik 5, 14-28

Tymister, H. J. (1995): Berater/in, individualpsychologische/r. In: Brunner, R., Titze, M. (Hrsg.): Wörterbuch der Individualpsychologie. München u.a.: Reinhardt, 57-58

Weigand, W. (1994): Teamsupervision: Ein Grenzgang zwischen Supervision und Organisationsberatung. In: Pühl, H. (Hrsg.): Handbuch der Supervision 2. Berlin: Spiess, 112-131

Wittenberger, G. (1984): Supervision zwischen Psychoanalyse und Sozialarbeit. In: Supervision, Heft 18, 3-37

Zink, C. (1995): Tagesmutter ist ein Beruf. In: Eltern für Kinder. Informationen des Vereins Initiative Pflegefamilie. Nr. 56, 15. Jg., 12

Zulliger, H. (1957): Psychoanalyse und Pädagogik. In: Cremerius, J. (Hrsg.): Psychoanalyse und Erziehungspraxis. Frankfurt/Main: Fischer TB, 1971, 112-123

Drei Konzepte und Beispiele psychoanalytisch-pädagogischer Erziehungsberatung

Helmuth Figdor

Toni ist wie verwandelt

Über den Beginn der Erziehungsberatung bei einem 7-jährigen Buben mit aggressiven Auffälligkeiten

1. Die telefonische Anmeldung

Ich erhalte Mitte Dezember den Anruf von Frau F., die mich um einen Gesprächstermin ersucht. Ich frage sie, worum es sich denn handle.

Diese Frage[1] stelle ich stets, wenn die Anrufer ihr Problem oder Anliegen nicht gleich mitteilen. Erstens, um mich selbst zu orientieren, vor allem aber, um falschen Erwartungen zuvorzukommen. Es könnte sich auch um einen Therapiewunsch handeln, dem ich erstens aus zeitlichen Gründen gegenwärtig nicht entsprechen könnte, zweitens würde ich - falls es sich um eine Kindertherapie handeln sollte - versuchen, den Eltern verständlich zu machen, daß es zunächst darauf ankäme, das Problem in seiner Komplexität zu verstehen, um dann auch - im Sinne der Metapher von W. Spiel (z.B. 1967), derzufolge die helfenden Maßnahmen zum Problem wie der Schlüssel ins Schloß passen müssen - das Richtige unternehmen zu können. Es gibt einen dritten Grund: Mit meiner Frage zeige ich Interesse, und wenn ich dann einen Termin gebe, signalisiere ich auch, *daß ich mich zuständig* fühle, was Hoffnung macht und ein erstes Vertrauen schafft. Die für die Beratung so wichtige *positive Übertragung* (ich komme darauf zurück) beginnt also bereits am Telefon, was die Aufgabe des Beraters beim Erstkontakt entscheidend erleichtert - ein nicht unerheblicher Vorteil der Privatpraxis gegenüber den meisten Beratungsstellen, wo die Terminvergabe rein administrativ durch eine Sekretärin abgewickelt wird. Im vorliegenden Fall sollte mein Nachfragen noch aus einem weiteren Grund bedeutsam werden.

---

[1] Erläuterungen zur Methode, Technik und Settinggestaltung, die nicht unmittelbar mit dem konkreten Fall zu tun haben, werden in kleiner Schrift gehalten. Zum Wiener Konzept der psychoanalytisch-pädagogischen Erziehungsberatung s.a. den Aufsatz *Aufklärung, verantwortete Schuld und die Wiederentdeckung der Freude am Kind* in diesem Band.

Frau F. antwortet, daß ihr Sohn Toni, 8 Jahre alt, seit 3 Wochen „wie ausgewechselt"
scheine: Er sei in der Schule unkonzentriert, störe den Unterricht durch Reden, Sessel-
schaukeln, ärgere seine Sitznachbarn, provoziere sie, bekomme Wutanfälle; auch zu Hause
sei er der Mutter gegenüber aggressiv. Ich frage die Mutter, ob sich denn vor 3 Wochen irgendetwas ereignet hätte, was sie verneint.

Normalerweise lasse ich zwischen Anruf und Erstkontakt mindestens zehn bis vierzehn Tage ver-
streichen. Und zwar nicht nur aus termintechnischen Gründen. Die Wartezeit hat auch diagnostischen Wert: Die meisten Eltern entschließen sich, Beratung in Anspruch zu nehmen, erst nachdem
sie sich monate-, ja oft jahrelang vergeblich bemühten, das Problem mit ihrem Kind selbst zu lösen.
Der Griff zum Telefon erfolgt aus einem Gefühl des Gescheitertseins, der Enttäuschung und Hilflosigkeit heraus. Die Erklärung meiner Zuständigkeit und meiner Bereitschaft, mich des Problems
anzunehmen, beschert ihnen neue Hoffnung, was sich fast immer beruhigend auf die Interaktion
mit dem Kind auswirkt. Bei i.e.S. neurotischen Kindern und/oder neurotisch sehr gestörten Eltern-
Kind-Beziehungen bleibt diese Beruhigung ohne besondere Auswirkung auf die Symptomatik des
Kindes. In vielen Fällen jedoch tritt in diesen zwei Wochen bis zum Erstkontakt eine spürbare Veränderung des Kindes ein, die den Eltern vor Augen führt, in welchem Ausmaß die Probleme bzw.
das Verhalten des Kindes von ihnen bzw. ihrer eigenen Befindlichkeit abhängt. Die Thematisierung
dieses Zusammenhanges ermöglicht es mir dann, mich mit den Eltern unmittelbar auf die Suche
nach den ersten mächtigen Geistern[2] zu machen und durch ihre Identifikation und Aufklärung oft
schon in kurzer Zeit eine stabile Entlastung der Situation herbeizuführen. (Ob man es dabei bewen-
den lassen kann oder dennoch diagnostisch tiefer forschen muß, läßt sich dann natürlich nur von
Fall zu Fall entscheiden.)

Entgegen meiner Gepflogenheit gebe ich Tonis Mutter jedoch einen Termin schon am
übernächsten Tag. Ich erkläre ihr auch, warum ich sie so bald wie möglich sprechen will
(und sie daher außer der Reihe einschiebe): Es sei sehr gut, daß sie so bald angerufen habe.
Solange seelische Irritationen noch „frisch" sind, läßt sich oft ohne größeren Aufwand
wirksam intervenieren, ein paar Wochen später könne es schon viel schwieriger sein.
Obwohl die Mutter kein auslösendes Ereignis nennen konnte, deutet die plötzliche Veränderung von Tonis Verhalten nachdrücklich darauf hin, daß es sich um eine Erlebnisreaktion
(im Sinne W. Spiels) bzw. ein passageres neurotisches Symptom (im Sinne Anna Freuds)
handeln dürfte: Irgendetwas muß sich für Tonis Erleben oder Selbsterleben ereignet oder
verändert haben. Allerdings steht die Art und Weise, wie Kinder auf belastende Erlebnisse
reagieren, in engem Zusammenhang mit ihrer erworbenen psychischen Struktur[3]. Gelingt es
daher nicht, die „erlebnisreaktiv" ausgelösten inneren Konflikte und Ängste in absehbarer
Zeit zu entlasten, kann die (prinzipiell) passagere Irritation leicht zum Ausgangspunkt neurotischer Entwicklungen werden, weshalb es mir in Tonis Fall angezeigt erschien, den
Gründen und der Natur seiner psychischen Irritation möglichst rasch auf die Spur zu kommen.
Ich vereinbare also mit Frau F. einen Termin für übermorgen und ersuche sie noch, zum
Erstgespräch allein, also ohne Toni, zu kommen.

---

[2] Zu den "pädagogischen Geistern" und ihrer Aufklärung siehe S. 43ff in diesem Band.
[3] Vgl. dazu Figdor (1991, 128 ff).

Ich lade die Eltern zum Erstgespräch grundsätzlich ohne Kinder ein, und zwar aus mehreren Gründen:

- Der ungeschminkte Bericht der Mutter über das Kind, ihre Unzufriedenheit, Enttäuschung und Wut kann für das Kind, wenn es Zeuge dieses Berichts wird, zu einem traumatisierenden Erlebnis werden.

- Versuche ich, das Kind zu schützen, indem ich der Mutter Zurückhaltung auferlege (oder sie das von sich aus tut), bringe ich mich um die Möglichkeit zu verstehen, was die aufgetretenen Probleme für die Mutter emotional bedeuten, damit aber auch um das Erkennen der Affekte, die auf ihrer Seite im Spiel sind.

- Ich kann mich in Anwesenheit des Kindes nicht (in erster Linie) mit der Mutter identifizieren, was auch heißt, daß sie sich von mir nicht wirklich verstanden fühlt, was die Festigung der positiven Übertragung (s.o.) in Frage stellt und darüber hinaus die Gefahr beinhaltet, daß sich der Beziehungskonflikt mit dem Kind zwischen ihr und mir reinszeniert. Anders als in der psychoanalytischen Therapie, in welcher solche „negativen" Übertragungen den wichtigsten Gegenstand des therapeutischen Prozesses darstellen, gefährden sie - aufgrund der so unterschiedlichen Settingbedingungen von Analyse und Erziehungsberatung[4] - die Effizienz der Beratung oder können sogar zum Abbruch von Seiten der Eltern führen.

Natürlich verzichte ich bei diesem Setting auf die Chance, Mutter (Eltern) und Kind in ihrer spontanen Interaktion zu beobachten. Der diagnostische Gewinn einer solchen Beobachtung muß m.E. gegenüber den Nachteilen des gemeinsamen Erstkontaktes jedoch als vergleichsweise gering eingeschätzt werden.

2. Der Erstkontakt

Frau F. beginnt die Stunde mit einer Wiederholung der Probleme, von denen sie mir bereits am Telefon berichtete. Normalerweise lasse ich mir durch die Eltern die Syptomatik sehr ausführlich schildern, um mir ein möglichst plastisches Bild davon, *was* das Kind, *wie oft*, bei welchen typischen *Anlässen*, mit welcher *Gefühlslage tut*, welche *Gefühle* dies bei den *Eltern* auslöst, wie diese auf das Verhalten des Kindes *reagieren* und wie sie es *interpretieren*. Bei Toni erhoffte ich jedoch, Aufschluß über die Bedeutung seiner Veränderung eher aus dem Auffinden des auslösenden Erlebnisses als aus seinem Verhalten bzw. den typischen familiären Interaktionen zu gewinnen. Mit der Frage, warum er gerade so und nicht anders reagiere und wie die Mutter mit solchen Situationen umgehe, würden wir uns später noch beschäftigen können.)

Doch Frau F. beteuerte, „kein blassen Schimmer" zu haben, was Toni so durcheinander gebracht haben könnte, und auch in der Schule hätte sich - zumindest nach Auskunft der Lehrerin - nichts ereignet. Aber es *mußte* einen „Auslöser" geben, vielleicht abseits des mütterlichen und schulischen Erlebnisraumes, vielleicht handelte es sich auch um ein oder mehrere nach außen hin völlig unauffällige Ereignisse, die nur für Toni (bewußt oder unbewußt) Bedeutung annahmen. Ich frage zunächst nach Tonis Vater, von dem bislang noch keine Rede war und erfahre, daß er damit nichts zu tun haben könne, weil die Eltern schon seit Tonis 6. Lebensmonat nicht mehr zusammen leben würden und es schon „seit langem" keinen Kontakt mehr zwischen Vater und Sohn gäbe. Wir suchen also weiter, jedoch ohne Er-

---

[4] Vgl. dazu Figdor (1995, 48f).

78

folg. Ich bin nicht ungeduldig. In der Seele forschen braucht seine Zeit, und ich weiß, daß wir etwas finden *müssen*, wenn nicht heute, dann morgen und spätestens, wenn ich mit Toni diagnostisch arbeiten würde. Ich versuche, die Mutter an meiner Zuversicht teilhaben zu lassen, was jedoch nicht recht gelingen will. Sie erscheint mir sehr niedergeschlagen, als sie seufzte: „Ich verstehe es nicht. Wie wird das erst in den Weihnachtsferien sein!?"
Dieser Satz nun löst einiges bei mir aus. Ich werde nämlich ärgerlich auf Frau F.: Ich bemühe mich daraufzukommen, was Toni so erschüttert haben könnte, und sie sorgt sich darüber, ob es *ihr* gut gehen werde, wenn sie in den Weihnachtsferien den ganzen Tag mit ihm zusammensein wird *müssen*! (So jedenfalls glaube ich im Moment ihre Bemerkung verstehen zu müssen.) Ich bin offenbar aus meinem Identifiziertsein mit der Mutter herausgefallen und mit Toni identifiziert. Aber warum? Ich mag ein wenig gekränkt sein, weil das Resignative ihrer Aussage ein wenig so klingt, wie: "Sie können mir auch nicht helfen!" Aber diese Art Kränkung ist tägliches Brot in der Erziehungsberatung und gerade dann unschwer zu verdauen, wenn man mit der Mutter identifiziert ist, vor allem aber bildet das Wissen darum, daß die Klienten zum gemeinsamen Suchen erst geführt werden müssen, ja einen zentralen Bestandteil des Wiener Beratungskonzeptes.[5] Normalerweise würde ich den (Anflug von) Ärger als Gegenübertragungsreaktion zwar wahrnehmen, den vermuteten Zweifel an meiner Kompetenz jedoch verstehen können und verbalisieren. Hier aber ärgerte ich mich wirklich, und zwar „verständnislos". Was aber hat mich „in Tonis Arme getrieben"?
Weihnachten! Ja, natürlich, das ist es: Ambivalenz gut und schön, ich kann mich in ängstlich-aggressive Gefühle von Eltern gegenüber ihren Kindern gut einfühlen, aber zu Weihnachten? Sie könnte doch auch hoffen, daß das Fest, die Geschenke, das Miteinander-Zeit-Haben die Situation beruhigen werde, besonders dann, wenn der Anlaß von Tonis Irritation außerhalb der Familie liegen sollte. Ich mache Frau F. auf diese (theoretisch doch auch bestehende) Möglichkeit aufmerksam und sie stellt betroffen fest, daß ihr dieser Gedanke noch nie gekommen sei, sie jedoch an diese Möglichkeit auch jetzt, nach meinem Hinweis, kaum glauben könne. Das nun aber ist höchst interessant: daß Frau F. sich nicht zutraut, ihrem Sohn ein glückliches Weihnachtsfest zu bescheren! Spürt sie, daß Tonis derzeitige Probleme doch etwas mit ihr zu tun haben? Oder glaubt sie es nur, und wir sind einem *Geist* auf die Spur gekommen? Und wenn es sich *nicht* um einen Geist handeln sollte: Vielleicht weiß die Mutter tief innen von Tonis Problem (ohne zu wissen, daß sie es weiß) und läßt es stellvertretend mich spüren? Sollte mein Ärger auf Frau F. aber tatsächlich einer solchen projektiven Identifizierung entspringen, hieße das, daß das, was ich im Augenblick fühle, wesentlich mit *Tonis Problem* zu tun hat: Weihnachten, Mutter, (Nicht-)Geliebtwerden. Möglicherweise handelt es sich beim Auslöser von Tonis Irritation gar nicht um ein stattgehabtes Ereignis, sondern um die *bevorstehenden Weihnachten*! Natürlich: „Erlebnisreaktionen" können ebensogut durch Erwartungen auf Kommendes ausgelöst werden. Was fällt mir zu Weihnachten ein? Baum, Lichter, schulfrei, Geschenke, Lieblingsessen, Familie ... Mir kommt in den Sinn, daß Frau F. meine Frage nach dem Vater zuvor doch eigentlich recht rasch abgetan hat. Ich frage: „Wo wir gerade von Weihnachten sprechen - gibt es vielleicht irgendetwas, was sich Toni zu Weihnachten wünschen könnte, er jedoch weiß,

---

[5] Über die methodische Bedeutung der Identifizierung mit den ratsuchenden Eltern bzw. Pädagogen und das sogenannte diagnostische Arbeitsbündnis siehe S. 53ff in diesem Buch.

daß er es nicht bekommen wird?" „Nein!", kommt die Antwort, schnell und sicher - zu
schnell und zu sicher, wie mir scheint: Frau F., sonst durchaus besonnen, denkt nicht einen
Augenblick nach, so als *dürfe* es einen solchen Wunsch nicht geben. Also frage ich direkt:
„Wann hat Toni eigentlich seinen Vater zum letzten Mal gesehen?" „Vor zwei Jahren",
antwortet sie. „Und wann genau?" Als würde sie im Sessel versinken wollen, antwortet sie
mit weggedrehtem Kopf und tonloser Stimme: „Zu Weihnachten!"
Habe ich es getroffen? Offen bleibt aber zunächst, wieso Toni dann nicht vor einem Jahr
ähnlich reagierte. Ich frage Frau F. also, wie denn die vorjährigen Weihnachten verlaufen
seien. „Furchtbar", berichtet sie. „Tonis Vater war in Wien bei seiner Schwester. Toni
wußte das und wartete Tag für Tag darauf, daß er kommen oder wenigstens anrufen würde:
Nichts, nicht einmal eine Karte, geschweige denn ein Geschenk." Ich frage sie nach Tonis
Reaktion. „Er war todunglücklich, hat viel geweint, und ich hab eben versucht, ihn irgend-
wie zu trösten." „Und dieses Jahr rechnet er wohl gar nicht mehr damit, daß der Vater
kommen könnte", sage ich. „Nein, natürlich nicht", erwidert Frau F., „inzwischen hat er
sich damit abgefunden", und dann, sich unterbrechend: „Sie meinen, daß *das* der Auslöser
sein könnte?" Ich sage ihr, daß ich das für gut möglich halte, handelt es sich doch offenbar
um die ersten Weihnachten seines Lebens, bei welchen er bereits im vorhinein weiß, seinen
Vater wieder nicht sehen zu werden. „Ja, natürlich", besinnt sich Frau F., „jetzt fällt mir
etwas ein: Vor ein paar Wochen fragte er mich, scheinbar ganz nebenbei, wer denn heuer
zum Heiligen Abend kommen werde. Omi und Opi, antwortete ich". „Könnte das zeitlich
mit seiner Veränderung zusammenpassen?" „Ja, durchaus. Das muß vor drei bis vier Wochen gewesen sein. Ich erinnere mich, wir hatten dann einen Riesenkrach, weil er eine
wunderschöne Lego-Burg zertrümmerte und einige Steine dabei kaputtgingen." Mit einem
Mal sehr betroffen, fügt sie hinzu: „Den Lego-Kasten hat er vor zwei Jahren vom Vater zu
Weihnachten bekommen!"
Ich bin zufrieden, die Erlebnisreaktion Tonis scheint erklärt (wenngleich es sich vorderhand
nur um eine Vermutung handelt, die es - bei aller Wahrscheinlichkeit ihres Zutreffens - in
der diagnostischen Untersuchung von Toni noch zu stützen gilt). Aber natürlich erhofft sich
die Mutter darüber hinaus von mir Hilfe, das nun erkannte Problem zufriedenstellend zu lösen.

Gerade an diesem Wörtchen „zufriedenstellend" entscheidet sich jedoch die Frage, ob unsere weitere Beratung das Attribut *psychoanalytisch-pädagogisch* mit Recht beanspruchen darf. Denn als
psychoanalytische Pädagogen können uns nur Lösungen zufriedenstellen, welche die künftigen
Entwicklungschancen des Kindes sichern bzw. wiedereröffnen.[6] Häufig decken sich solche Lösungen jedoch nicht mit den Vorstellungen, die sich die Eltern oder Erzieher davon machen, was zu
geschehen hätte; oder sie erfordern von ihnen Maßnahmen und Handlungen, zu denen sie nicht bereit oder fähig sind. Es handelt sich also um den Punkt, wo die Identifizierung mit den Eltern aufgegeben werden muß, und wir zwar nicht die „Partei des Kindes", wohl aber die Partei seines Entwicklungsinteresses ergreifen müssen. Oder vielleicht besser: wo wir die Identifizierung mit den
Eltern dazu nützen müssen, einen Weg zu finden, wie wir sie von ihrer derzeitigen Art, das Problem zu sehen, und ihren derzeitigen Phantasien und Gefühlen zu jener kognitiven wie emotionel-
len Haltung führen können, aus der heraus sie dann tatsächlich im Entwicklungsinteresse des Kin-

---

[6] Vgl. S. 35 in diesem Band.

des zu handeln vermögen; es geht also um die Herstellung eines *pädagogischen* Arbeitsbündnisses.[7]

Auf dem Gesicht von Tonis Mutter spiegelt sich Erleichterung und zugleich große Betroffenheit; erleichtert ist sie, weil sie endlich versteht, was los ist, betroffen, weil es sich offenbar um mehr als eine bloß passagere, von außen kommende Belastung handelt. Ich frage sie, was sie sich nun von mir erwartet bzw. erhofft. „Daß Sie mir sagen, was ich tun kann, damit er wieder zum Spinnen aufhört. Das kann ja nicht ewig so weitergehen!" Dabei wirkt Frau F. recht verzweifelt. „Ich kann ihm ja den Vater auch nicht wieder herzaubern!" fügt sie, wie beleidigt, hinzu. Natürlich frage ich mich sofort, ob sie das wirklich nicht kann. Noch habe ich keine Ahnung, was den Vater veranlaßt haben könnte, sich von seinem Sohn völlig zurückzuziehen, und ob es nicht vielleicht doch eine Möglichkeit gäbe, ihn für Toni zurückzugewinnen. Doch selbst wenn sich herausstellen sollte, daß diese Chance nicht existiert, besteht zwischen „Etwas unternehmen, daß Toni zu spinnen aufhört" und „Toni helfen, daß er den Verlust seines Vaters verarbeiten kann" ein Riesenunterschied. Da ich das Gefühl habe, daß Frau F. mir vertraut, beschließe ich zu versuchen, sie für meine Sicht des Problems zu gewinnen. Dabei hoffe ich, daß die positive Übertragung schon so stabil ist, daß sie mir einen Zugang zu ihrem mütterlichen Über-Ich bahnt (Aichhorn 1959, 1970), um es gegenüber eventuellen anderen, entgegenstehenden Motiven zu stärken.
Solche entgegenstehende Motive könnten etwa Schuldgefühle oder massiver Haß gegen den Vater oder auch die Angst sein, die Liebe Tonis an ihn zu verlieren (vgl. Figdor 1991, 1998a). All das wären Gefühle, die bei einer Mutter den Wunsch stärken, den Vater loszuwerden, und die es sehr schwer machen, sich mit dem Leid des Kindes zu konfrontieren, ohne ihm dafür böse zu sein. Wäre ich mir der positiven Übertragung von Frau F. weniger sicher, würde ich zunächst mit ihr über diese Gefühle reden, sie also fragen, wie es ihr jetzt - angesichts der Klärung dessen, was Toni so durcheinanderbrachte - ginge. Und ich würde versuchen, eventuelle Geister, die sich in diesen Gefühlen verstecken, aufzuklären. Freilich steht uns diese Arbeit auf jeden Fall bevor, auch wenn es mir jetzt gelingen sollte, ein pädagogisches Arbeitsbündnis auf „direktem" Weg, also über das Über-Ich, herzustellen. Denn andernfalls mag Frau F. zwar mit mir an einer entsprechenden Hilfe für Toni zusammenarbeiten *wollen,* wird es aber nicht *können.*
Ich beginne damit, daß ich Frau F. erkläre, daß ihr Wunsch, Toni möge „zu spinnen" aufhören, nicht allzu schwer zu erfüllen sei. Sie müsse lediglich

- mit der Lehrerin reden, daß es sich um eine vorübergehende Krise handle, die mit ihr nichts zu tun habe, und daß sie Toni bis Weihnachten verständnisvoll begegnen und auf ihn keinen Druck ausüben solle. Dadurch würde sich Tonis Übertragung auf die Lehrerin vermindern und die Schulsituation entlasten;
- in nächster Zeit besonders lieb zu Toni sein, ihm vielleicht ein ganz besonderes Geschenk, an dem ihm viel liegt, in Aussicht stellen: Dadurch würde sie die Beziehung zwischen Toni und ihr von eventuellen Verschiebungen oder Schuldzuweisungen läutern und die Angst bzw. vorweggenommene Enttäuschung vor Weihnachten durch zusätzliche Freude neutralisieren;

---

[7] Vgl. S. 53ff in diesem Band.

- und schließlich müsse sie nur warten, bis die kritische Zeit vorübergeht: Toni würde seinen Schmerz wegschieben und schließlich verdrängen - und daß er das gut kann, hat er ja im letzten Jahr, in dem er fröhlich und ausgeglichen wirkte, bewiesen. Hiermit, sage ich Frau F., wäre meine Arbeit eigentlich auch schon getan - sofern es ihr tatsächlich nur darum gehen sollte, daß sich Tonis *Verhalten* wieder normalisiert. Allerdings müsse ich sie angesichts meiner professionellen Verantwortung darauf hinweisen, daß eine solche Normalisierung des Verhaltens in keiner Weise bedeutet, daß Toni den Verlust seines Vaters überwunden oder verarbeitet hätte, was sich dann aber auf seine psychische Entwicklung nachhaltig negativ auswirken könne. Meines Erachtens müsse man hier ansetzen, und ihr *dabei* zu helfen, wäre ich gerne bereit.

Ich gestalte Erklärungen dieser Art gerne recht ausführlich, und zwar nicht nur, um die Eltern oder Erzieher für einen bestimmten Zweck zu motivieren. Meine Ausführungen laufen ja auf die simple Erkenntnis hinaus, daß man zwischen äußerem Verhalten, also dem „Symptom", und dem innerpsychischen Problem unterscheiden müsse und daß es darauf ankomme, das *Problem* bewältigen zu helfen und nicht bloß das *Symptom* zu beseitigen, was nicht mehr und nicht weniger als ein Stück *psychoanalytischer* (oder psychoanalytisch-pädagogischer) *Aufklärung* darstellt. Jeder solche Aufklärungsschritt stellt eine *Einladung* dar, *sich mit meiner Art zu denken, mit meiner Art, das Kind bzw. sein Problem zu sehen, zu identifizieren.* Diese Identifizierungen mit dem Berater sind eine wichtige Voraussetzung für die Kontinuität des pädagogischen Arbeitsbündnisses, vor allem aber werden sie sich darüber hinaus als hilfreich erweisen, wenn es in der Beratung darum geht, daß sich die Eltern/Erzieher (wieder) *mit ihren Kindern* identifizieren und sie somit verstehen können.[8]

Schon während meiner „Rede" erkenne ich an Frau F.'s Nicken, daß sie bereit ist, mit mir den Weg vom auffälligen Verhalten zum Entwicklungsinteresse Tonis zu gehen. „Ja, ich bitte darum, alles andere hätte ja keinen Sinn!", bekräftigt sie schließlich. Die Stunde ist fast zu Ende, und es hat den Anschein, als wäre es schon im Erstkontakt gelungen, ein pädagogisches Arbeitsbündnis herzustellen - was zumeist doch ein paar Sitzungen erforderlich macht[9]. Doch Vorsicht, es fehlt noch etwas Wesentliches. Frau F.'s angespannte Miene macht mich darauf aufmerksam, eine Miene, die so gar nicht zum diagnostischen Erfolg der Stunde und zur Aussicht, mit fachmännischer Unterstützung Toni wirksam helfen zu können, passen will. Wer nämlich in unserem Arbeitsbündnis nicht vorkommt, ist Frau F. selbst. Oder richtiger: Sie kommt nur als verantwortungsvolle Mutter vor, die alles tut, um ihrem Kind zu helfen, nicht aber als Mutter und Frau, der es selbst zur Zeit nicht gut geht und die sich überlastet fühlt. So gesehen kann es durchaus sein, daß unser pädagogisches Arbeitsbündnis von ihr nicht (nur) als Entlastung erlebt wird: „Seit Jahren trage ich alle Verantwortung und Sorge auf meinen Schultern. Nun kann ich mich auch noch darum kümmern, daß das Kind mit der Verantwortungslosigkeit des Vaters zurechtkommt. Und wo bleibe ich?" Mit solchen oder ähnlichen Gedanken, seien sie bewußt oder unbewußt, müssen wir rechnen. Vielleicht hätte ich ihre Gefühle doch gleich ansprechen sollen, mich um die „Beratungs-Geister"[10] kümmern und mir mit meinem Vorschlag mehr Zeit lassen

---

[8] Zur Rolle der *Identifizierung* für die Erziehungsberatung, ja für den Erziehungsprozeß im allgemeinen, siehe S. 49 ff und S. 58f in diesem Buch.

[9] Vgl. S. 56 in diesem Band.

[10] Vgl. S. 57f in diesem Band.

sollen? Aber es ist noch nicht zu spät. Und so füge ich hinzu: „Es gibt noch etwas, was ich Ihnen vorschlagen möchte. Ich verstehe, daß Ihre primäre Sorge Toni gilt, der unter dem Rückzug des Vaters ja auch wirklich sehr leidet. Aber es gibt noch ein Opfer in dieser Geschichte, und das sind Sie: weil alle seelischen Erschütterungen von Toni in erster Linie in der Beziehung mit Ihnen ausgetragen werden. Natürlich wird sich auch diese Beziehung in dem Maß entspannen, in welchem es gelingt, Tonis Problem mit dem Vater zu entlasten. Wenn es Ihnen recht ist, möchte ich aber jetzt schon mit Ihnen gemeinsam nach Möglichkeiten suchen, ob Sie es sich mit Toni nicht schon jetzt ein wenig einfacher machen könnten. Es würde mich nicht verwundern, wenn Toni auch in seiner Gefühlsbeziehung zu Ihnen ein paar Probleme hat, weil Mutter-Kind-Beziehungen, bei denen der Dritte, der Vater, fehlt, zumeist besonders eng, eben deshalb aber auch besonders konfliktanfällig sind." (Gewissermaßen en passant ein weiteres Stück psychoanalytischer Aufklärung, diesmal über die entlastende Triangulierungsfunktion des Vaters und die „natürliche" (=schuldlose) Überlastung der Mutter, wenn dieser fehlt.) Um ihr in dieser Weise behilflich zu sein, müßte ich freilich noch mehr Klarheit über Tonis „Innenwelt", über die Art, wie er sich, seine Bezugspersonen und seine Beziehungen zu ihnen erlebt, gewinnen.

Frau F.'s Erleichterung ist fast mit den Händen greifbar. Es wäre wunderbar, wenn das gelänge, seufzt sie, denn so, wie es zur Zeit sei, hielte sie es nicht mehr lange durch, womit ich das (stets vorrangige[11]) *diagnostische Arbeitsbündnis* als geschlossen betrachten kann. Die 50 Minuten sind ein wenig überschritten, wir vereinbaren die nächsten Termine und Frau F. verabschiedet sich - nun wirklich erleichtert.

Meines Erachtens kommen dem Erstkontakt in der Erziehungsberatung zwei Hauptfunktionen zu: Erstens sollte sich *der Berater* so weit ein Bild des Falles machen können, daß es ihm möglich wird, erste Ideen darüber zu entwickeln, was voraussichtlich zu tun sein wird und was er den Eltern/Erziehern anbieten kann; und zweitens sollte bei den Eltern/Erziehern das Gefühl entstehen, daß sie mit ihrem Problem „hier richtig sind"[12]. Ich denke, beides ist in diesem ersten Gespräch mit Frau F. ganz gut gelungen.

3. Zusammenfassung des weiteren Verlaufs der Beratung

3.1 Diagnostische Abklärung

Am Anfang der diagnostischen Abklärung stehen ausführliche Gespräche mit den Eltern. Sollte sich eine Testuntersuchung des Kindes als sinnvoll herausstellen, wird diese frühestens nach drei, vier Elterngesprächen vorgenommen:
- Ziel der Diagnostik ist es, ein gut begründetes Verständnis der zentralen Probleme des Kindes (der Familie) zu gewinnen, die jedoch oft erst mühsam aus der die Eltern störenden Symptomatik herausgefiltert werden müssen.
- Dieses Verstehen darf nicht allein in meinem Kopf geschehen, sondern muß mit den Eltern „geteilt" werden: Nur wenn sich die Eltern mit meiner Art des Denkens/Verstehens zu identifi-

---

[11] Vgl. S. 53ff in diesem Band.
[12] Vgl. S. 55 in diesem Band.

zieren beginnen, besteht die Chance, daß sie die diagnostischen Erkenntnisse emotional auch annehmen werden können.

- Schließlich erfordern prinzipielle methodische Probleme der Auswertung projektiver Tests - soferne sie eine begründete Indikationsstellung ermöglichen und Hinweise für weitere Erziehungsberatung liefern soll - eine ausführliche Erhebung der Anamnese, der Biographie des Kindes, der Geschichte und gegenwärtigen Lebensverhältnisse der Familie, sowie eine behutsame Vorbereitung des Kindes auf die Untersuchung.[13]

Entgegen meiner Gepflogenheit lade ich Frau F. für die folgende Woche zu einer gemeinsamen Spielstunde mit Toni ein - ein diagnostisches Setting, dessen ich mich gewöhnlich nur bei kleinen Kindern (unter 6 Jahren) bediene, die sich für eine projektive Testuntersuchung nicht so gut eignen. Mir kam jedoch der Gedanke, die spontane Interaktion zwischen Toni und seiner Mutter zu beobachten, um eventuell noch vor den Ferien eine Intervention setzen zu können, falls die Art der Mutter, auf die erlebnisreaktive Irritation Tonis zu reagieren, sich für die Beruhigung Tonis als ungünstig herausstellen sollte. Das wäre bei einem hohen Maß an Aggressionsfeindlichkeit der Fall und bei deutlich fehlender Rücksichtnahme auf wichtige Anliegen und Wünsche Tonis, ganz besonders, was regressive Anliegen und Wünsche betrifft. Natürlich ist die Fähigkeit der Mutter, sich mit ihrem Sohn (wieder) identifizieren zu können, also zu spüren, was er gerade braucht, nicht in einer Stunde herzustellen.[14] Aber die positive Übertragung der Mutter ließ mich hoffen, daß sie für den begrenzten Zeitraum der Weihnachtsferien in der Lage sein werde, meinen Erklärungen und Empfehlungen zu folgen. Ich wollte vermeiden, daß Tonis Irritation über den abwesenden Vater zu einer (weiteren?) Verschlechterung der Beziehung auch zur Mutter führt.

Meine Angst war unbegründet. Frau F. zeigt sich Toni gegenüber durchaus einfühlsam und begegnet seinen aggressiven Phantasien, die er mit großer Hingabe über das Kasperltheater zur Darstellung bringt, unängstlich und humorvoll. Ich kann mich also darauf beschränken, der Mutter am Ende der Stunde, als Toni gerade im Vorzimmer ist, kurz zu empfehlen, während der Ferien über den Vater zu reden, Tonis Trauer zu riskieren, ihm jedoch tröstend zur Verfügung zu stehen. Die weitere diagnostische Abklärung vereinbare ich für die Zeit nach den Ferien.

Nach zwei weiteren Gesprächen mit der Mutter und drei Testsitzungen mit Toni ergibt sich folgendes Bild:

- Wie nach dem Erstgespräch vermutet, bildet der Rückzug des Vaters *das* primäre affektive Problem. In dem Satz: „Mein Papa mag mich nicht mehr!" bringt Toni zum Ausdruck, wie er diesen Rückzug *bewußt* erlebt. Darüber hinaus offenbaren die projektiven Tests die Vorstellung Tonis, den Erwartungen des Vaters nicht gerecht geworden zu sein, indem er erstens zu wenig brav und andererseits auf Seiten der Mutter gestanden war. Das Verschwinden des Vaters wird also von Toni *unbewußt* mit seinen (nicht hinreichend verarbeiteten oder wieder aufgebrochenen) ödipalen Schuldgefühlen in Zusammenhang gebracht.

---

[13] Zu den Besonderheiten psychoanalytisch-pädagogischer (versus klinisch-psychologischer) Diagnostik vgl. Figdor (1995, 61ff).

[14] Die (dauerhafte!) Wiederherstellung der Identifizierungsfähigkeit mit dem Kind gehört zu den primären Zielen der Wiener psychoanalytisch-pädagogischen Erziehungsberatung (vgl. S. 58ff in diesem Band).

- Daneben ist Toni von allerlei (bewußten) Ängsten geplagt, seiner Mutter könnte etwas zustoßen, sie könnte sterben (wovon die Mutter, wie sich später herausstellt, keine Ahnung hatte).

- Da sich weder in der Biographie noch in der gegenwärtigen Realität Hinweise auf Ereignisse oder Gegebenheiten finden, die als Auslöser derart massiver Ängste plausibel erscheinen, müssen wir sie als phobische Phantasien betrachten. Diese dürften sich der Projektion seiner, auf die Mutter gerichteten Aggressionen sowie der Identifizierung mit dem die Mutter verlassen habenden Vater (wodurch die Mutter ja „verschwindet") verdanken. Darüber hinaus scheint Toni die schuldbeladene Objektbeziehung zum Vater auf die Mutter zu übertragen: Auch sie könnte ihn verlassen, weil er nicht brav genug ist und (jetzt) auf der Seite des Vaters steht.

- Die auf die Mutter gerichteten Aggressionen speisen sich aus mehreren Quellen: aus der Liebesbeziehung zu ihr, deren normales Ambivalenzniveau durch das Fehlen des (männlichen) Dritten, des Vaters, notwendigerweise erhöht ist; aus der - neben den Schuldgefühlen existierenden - Vermutung, daß die Mutter für das Weggehen des Vaters verantwortlich ist; aus der Verschiebung der Wut gegen den weggegangenen Vater; und schließlich aus der Identifizierung mit dessen Aggressionen.

Toni befindet sich mithin in einem extremen und aussichtslosen Loyalitätskonflikt. Alles (bewußte wie unbewußte) Bemühen um die „Wiederherstellung" des Vaters scheitert, zugleich ist ihm eine einigermaßen harmonische Beziehung und das Gefühl von Sicherheit bei der Mutter verwehrt. Und: Er mag sich selber nicht, fühlt sich ungeliebt und unfähig, mit seinen widerstrebenden Gefühlen fertigzuwerden.

3.2 Indikationsstellung; das pädagogische Arbeitsbündnis

Nachdem ich Frau F. die Ergebnisse der Untersuchung in verständlicher Form erklärt habe - was nicht allzu schwer fiel, weil sie durch unsere vorangegangenen Gespräche auf die möglichen psychodynamischen Zusammenhänge schon vorbereitet war -, schlage ich ihr vor, nach Erklärungen für den totalen Rückzug des Vaters zu suchen: Was konnte ihn veranlaßt haben, seinen Sohn, der ihm einmal sehr viel bedeutet hatte, überhaupt nicht mehr zu sehen? Und eröffnen sich aufgrund unserer Überlegungen vielleicht (von der Mutter noch nicht begangene) Wege, den Vater zu einer Veränderung seiner Haltung zu bewegen? Was ich Frau F. zu diesem Zeitpunkt noch nicht sage, ist, daß ich auch die Möglichkeit in Betracht ziehe, bei ihr auf unbewußte Widerstände gegen eine neuerliche Kontaktaufnahme zwischen Toni und seinem Vater zu stoßen, ja, daß diese Widerstände vielleicht bereits beim Rückzug des Vaters mit eine Rolle gespielt haben könnten, auch wenn Frau F. - bewußt - ihrem Sohn den Vater von Herzen wünscht.

Unabhängig davon, wie unser Bemühen um den realen Vater ausgehen würde, erkläre ich ihr, daß unsere nächste Aufgabe darin bestehen muß, an den inneren Bildern, die Toni von seiner Beziehung zum Vater hat, etwas zu verändern: Toni muß sich mit der Trennung und seinem Schmerz auseinandersetzen, muß die Vorstellung verlieren, daran Schuld zu sein, muß sich gestatten, auf den Vater wütend sein zu dürfen und schließlich - falls sich an dessen realem Rückzug nichts ändern sollte - um ihn trauern zu können. Dann wird er die gegen den Vater gerichtete Wut nicht mehr gegen sich selbst richten und/oder auf die Mutter verschieben müssen. Diese „Arbeit an den Objektbeziehungen" (Leber) kann Frau F. alleine sicher nicht initiieren, dazu ist Tonis Objektbeziehung zur Mutter selbst zu konfliktbehaftet. Daher empfehle ich Frau F., Toni bei der *Villa Kunterbunt* anzumelden, welche Gruppen für Kinder und Jugendliche anbietet, die von der Scheidung ihrer Eltern oder dem Verlust eines Elternteils betroffen sind[15]. Die Frage, ob Toni darüber hinaus noch eine (Einzel-)Psychotherapie benötigt, sollte später erörtert werden, wenn der Erfolg der jetzt eingeleiteten Maßnahmen abgeschätzt werden kann.[16]

Schließlich müßte an den Konflikten gearbeitet werden, die für Toni aus der Objektbeziehung zur Mutter entstehen. Frau F. müßte mit Toni ausführlich über die Geschichte, die Umstände und den Ablauf der Trennung vom Vater reden. Darüber hinaus müßte nach Möglichkeiten gesucht werden, die derzeit sehr exklusive Beziehung zwischen Mutter und Sohn durch die Intensivierung „dritter" Beziehungen, möglichst solchen zu Männern, zu entlasten. Schließlich wäre zu prüfen, inwieweit unbewußte Haltungen von Frau F. der Neigung Tonis in die Hände spielen, ängstliche, aggressive Gefühle sowie Gefühle des Abgelehntwerdens vom Vater auf die Mutter zu übertragen. Bereits die bisherigen Gespräche haben mir gezeigt, daß Frau F. in so manchen Situationen, in welchen sich Toni ihren Erwartungen widersetzt, zu übermäßigem Zorn neigt, der sie Dinge sagen läßt, die für Tonis Entängstigung sicher nicht förderlich sind (etwa wenn sie ihm in Augenblicken wütender Hilflosigkeit mit dem Internat droht). Sie nimmt mein Angebot, ihr bei diesem Vorhaben beratend zur Seite zu stehen, dankbar an. Wir vereinbaren, unsere Gespräche in vierzehntägigen Abständen fortzuführen.

Dies ist der derzeitige Stand der Beratung: Das nach dem Erstkontakt mit Frau F. geschlossene diagnostische Arbeitsbündnis ist in ein längerfristiges „pädagogisches" Arbeitsbündnis übergeführt. Dabei ist wichtig festzuhalten, daß die Vereinbarung mit der Klientin sich nicht auf eine allgemeine Bereitschaft beschränkt, sich in „Erziehungsangelegenheiten" von mir beraten zu lassen, sondern erstens konkret formulierte Ziele beinhaltet, die - zweitens - von mir nicht einfach vorgegeben werden, deren Sinnhaftigkeit bzw. Notwendigkeit vielmehr von ihr nachvollzogen und verstanden werden kann.

Vielleicht ergibt sich zu einem späteren Zeitpunkt die Gelegenheit, über den weiteren Verlauf der Beratung mit Frau F. bzw. die Entwicklung Tonis zu berichten.

---

[15] Diese Gruppen bezeichnen sich nicht als therapeutische, sondern als psychoanalytisch-pädagogische Gruppen. In Österreich bietet auch *Rainbows* Gruppen für Scheidungskinder an, in Deutschland sind in den letzten Jahren eine ganze Reihe z.T. unterschiedlicher Scheidungskinder-Gruppen-Konzepte entstanden (vgl. Figdor 1998, 152, Anm. 104).

[16] Warum ich bei Kindern, die akut von Scheidung oder Trennung betroffen sind, derartige Gruppen einer Einzelpsychotherapie vorziehe, habe ich andernorts ausführlich dargestellt (Figdor 1997, 149ff).

4. Anmerkungen zu den Fallgeschichten von Gertraud Diem-Wille[17] und Heinz Krebs[18]

Es ist natürlich spannend, die eigene Praxis mit der von Kollegen zu vergleichen. Obwohl wir alle drei uns in unserer Beratungstätigkeit einem „psychoanalytisch-pädagogischen" Ansatz verpflichtet fühlen, unterscheidet sich dessen konkrete methodische Ausgestaltung offensichtlich doch beträchtlich. Für einen systematischen Vergleich ist hier nicht der Platz, auch ist ein Vergleich durch den Umstand erschwert, daß die Problemlagen der Eltern und Kinder und vor allem das Alter der Kinder so verschieden sind: *Robin* (im Beitrag von Diem-Wille) ist erst 15 Monate alt, *Toni* 8 Jahre und *Klaus* (im Beitrag von Krebs) ein schon 16jähriger Jugendlicher. Ich kann mir aber die Frage stellen, ob ich an der Stelle von Diem-Wille bzw. Krebs aller Voraussicht nach ähnlich oder anders gehandelt hätte.

Der auffallendste Unterschied zwischen dem Wiener Erziehungsberatungskonzept und dem Konzept des *Londoner Under-Five-Councellings*, nach dem *Gertraud Diem-Wille* arbeitet, besteht wohl darin, daß dort das Kind von Anfang an anwesend ist (und sein soll!)[19]. Zwar bedienen auch wir uns bei kleinen Kindern unter sechs Jahren, bei welchen projektive Testuntersuchungen nur sehr eingeschränkt möglich und sinnvoll sind, der Eltern-Kind-Spielbeobachtung, doch haben wir auch dann die Eltern vorher schon ein paar Mal alleine gesehen und kehren auch wieder zu diesem Setting zurück. Dieser Ausschluß der Kinder folgt grundsätzlichen methodisch-theoretischen Überlegungen[20], die jedoch bei noch nicht sprachfähigen Kindern an Bedeutung verlieren. Ja, ich stelle mir darüber hinaus die Frage, ob für das, worum es uns in der Erziehungsberatung geht, also die Aufklärung der pädagogischen Geister, die Anwesenheit der Kinder, wenn sie das dritte Lebensjahr noch nicht überschritten haben, nicht günstiger, vielleicht sogar notwendig sein könnte: Wahrscheinlich ist nämlich ein nicht geringer Teil der Besonderheiten, welche die Beziehung von Eltern zu Kindern im vorsprachlichen Alter ausmachen, vom Erziehungsberater allein aus den *Erzählungen* über das Kind, über Interaktionen und eigene Gefühle gar nicht erkennbar, weil in der sensomotorischen Zeit oft ganz andere elterliche Verhaltensweisen für das Kind bedeutsam sind, als die Eltern glauben, und sich die Eltern dieser Verhaltensweisen häufig gar nicht bewußt sind. Also sind auch sie - was die Beziehung zu ihren Kindern betrifft - gegenüber dem Berater zu einem guten Teil sprachlos, sodaß die Spur zu den Geistern, die für das zentrale Problem von Eltern und Kind verantwortlich sind, eher über die Beobachtung als über das Gespräch auffindbar sein könnte.

Manchmal hätte ich das von den Eltern (verbal oder nonverbal) präsentierte Material *anders als Diem-Wille gedeutet*, doch dürfte es sich dabei weniger um konzeptionelle Differenzen handeln als um individuelle Unterschiede des Verstehens, wie sie nun einmal in jeder psychoanalytischen Situation vorkommen. (Ganz abgesehen davon, daß es überhaupt sehr schwer ist, außerhalb einer erlebten Beziehung zu deuten.) Sicherer bin ich mir dagegen,

---

[17] Diem-Wille, G.: Über den Zusammenhang zwischen Trennungsproblemen einer Mutter und Schlafproblemen eines Kleinkindes (in diesem Band).
[18] Krebs, H.: Der Erstkontakt in der institutionellen Erziehungsberatung – dargestellt am Beispiel eines von psychosozialer Ausgrenzung bedrohten Jugendlichen und seiner Familie (in diesem Band).
[19] Vgl. dazu auch den Beitrag von Dilys Daws (in diesem Band).
[20] Vgl. S. 77f in diesem Band.

daß ich wohl mehr auf die das Kind selbst betreffenden Affekte und Phantasien von Robins Eltern eingegangen wäre und versucht hätte, ihre Beunruhigungen auch über psychoanalytisch-pädagogische Aufklärungen[21] zu besänftigen. Dagegen scheint mir Diem-Willes Vorgehen eine größere Nähe zur psychoanalytisch-*therapeutischen* Technik zu haben. (Vielleicht ist das auch der Grund, warum sie die Begriffe *Beratung* und *Therapie* unterschiedslos und abwechselnd gebraucht?)

Schließlich noch ein Wort zum „Fünf-Sitzungen-Setting", dessen Funktion - den Prozeß bei den Eltern zu beschleunigen und zu intensivieren - ich für sehr bedeutsam halte. Den nämlichen Effekt erfüllt in unserer Arbeit das diagnostische Arbeitsbündnis, das ja ebenfalls auf eine beschränkte Anzahl von Sitzungen angelegt ist, *und* der Umstand, daß die Erziehungsberatung bezahlt werden muß. (Diese Bedeutung der Eigenfinanzierung müßte reflektiert werden, wenn psychoanalytisch-pädagogische Erziehungsberatung in einer geförderten Institution praktiziert oder den Klienten von anderer Seite her finanziert wird.)

Trotz mancherlei Unterschiede gewinne ich aus Diem-Willes Präsentation des Falles Robin doch den Eindruck, daß das Londoner und das Wiener Konzept, was die theoretische Grundausrichtung betrifft, recht gut zusammenpassen.

Etwas anders ergeht es mir in dem von *Heinz Krebs* vorgetragenen Fall: Ganz bestimmt hätte ich nicht mit der kompletten Familie gearbeitet, sondern entweder die Eltern oder Klaus alleine eingeladen. In beiden Varianten hätte sich der Beratungsprozeß natürlich in eine völlig andere Richtung entwickelt.

Zweifellos hatte das von Krebs gewählte Setting freilich einen hohen diagnostischen Wert. Durch die Reinszenierung der familiären Konflikte im Beratungszimmer - eine Art familialer Übertragungsneurose - offenbarte sich ihm in kürzester Zeit ein differenziertes Verständnis der komplexen, schwierigen Beziehungsdynamik dieser Familie, die jedoch nur innerhalb des sicheren Rahmens eines (familien)therapeutischen Settings bearbeitbar gewesen wäre. So aber wußte der Berater zwar sehr viel über die Familie, diese jedoch wenig mehr über sich als vor der Beratung. Ich stimme Krebs in der Hochschätzung der „Arbeit am Rahmen" durchaus zu. Aber auch diese Arbeit (mit dem Klienten) bedarf selbst eines Rahmens, der dies möglich macht!

Sieht man von der Settingwahl ab, ist der Fall Klaus allerdings ein Beispiel für einen äußerst einfühlsamen Umgang mit einer überaus schwierigen familiären Problematik, insbesondere was die (leider nicht selbstverständliche) Offenheit betrifft, mit der Krebs die eigenen, von den Familienmitgliedern induzierten Gegenübertragungsgefühle reflektiert, was ihn der Gefahr des Agierens enthebt - mit dem Erfolg, daß die Familie, trotz vorzeitiger Beendigung, von der Beratung zweifellos profitieren konnte.

Literatur:

Aichhorn, A. (1959): Erziehungsberatung und Erziehungshilfe. Huber: Bern/Stuttgart
Aichhorn, A. (1970): Psychoanalyse und Erziehungsberatung. Reinhardt: München/Basel

---

[21] Vgl. S. 48ff in diesem Buch.

Figdor, H. (1991): Kinder aus geschiedenen Ehen. Zwischen Trauma und Hoffnung. Grünewald: Mainz, 1997, 6.Aufl.

Figdor, H. (1995): Psychoanalytisch-pädagogische Erziehungsberatung. Die Renaissance einer klassischen Idee. In: Sigmund Freud House-Bulletin, Vol. 19/2/B, 21-87

Figdor, H. (1997): Scheidungskinder - Wege der Hilfe. Psychosozial: Gießen

Spiel, W. (1967): Therapie in der Kinder-und Jugendlichenpsychologie. Thieme: Stuttgart, 1976, 2.Aufl.

Gertraud Diem-Wille

Über den Zusammenhang zwischen Trennungsproblemen einer Mutter und Schlafproblemen eines Kleinkinds

Robin- eine Falldarstellung einer Eltern-Kleinkind-Beratung

1. Einleitung

Die Eltern-Kleinkind-Beratung und Therapie wird als äußerst wirksame Unterstützung für Eltern mit akuten Problemen mit ihrem Kleinkind betrachtet. Wichtig ist dabei, daß die Hilfe zu einem frühen Zeitpunkt gegeben werden kann. International gesehen können wir fast von einem „Boom" der frühen Eltern-Kleinkind-Beratung oder Therapie sprechen, obwohl es noch keine systematische Erklärung für die oft raschen und spektakulären Erfolge gibt. Bei der Lösung des Problems wird den Eltern geholfen, die durch die Symptome ihres Babys ausgedrückte Thematik zu verstehen und dadurch eine neue Kompetenz als Eltern zu erlernen. Das Konzept der Eltern-Kleinkind-Beratung, wie es an der Tavistock Clinic in London als „Under Five Counselling" angeboten wird (Miller, Hopkins, Daws), baut auf drei bedeutenden Entwicklungen der Eltern-Kleinkind-Beratung auf, nämlich der von Selma Fraiberg in Ann Arbor, Michigan (1980), von Daniel Stern und Bertrand Cramer in Genf (1988) und der von Serge Lebovici in Paris (1990).

2. Elemente der Eltern-Kleinkind-Beratung

Die Merkmale der Eltern-Kleinkind-Beratung können in den folgenden fünf Punkten zusammengefaßt werden:
(1) Die Grundannahme besagt, daß die ersten Erfahrungen im Leben wesentlich für die Entwicklung der Persönlichkeit sind und daß die menschliche Kapazität für Liebesfähigkeit und Lernbereitschaft in der sensomotorischen Phase der Entwicklung grundgelegt werden, d.h. in den ersten achtzehn Monaten des Lebens. Aus der klinischen Arbeit wissen wir, daß ein Mangel an emotionaler Zuwendung zu einem emotional leeren Kind führt und daß auch Psychotherapie diese Mangelerscheinungen solcher deprivierter Kinder kaum wiedergutmachen kann und jene menschlichen Qualitäten, die normalerweise die Eltern dem Baby gewähren, nachträglich kaum zur Verfügung gestellt werden können. Der Mangel an

emotionalem Austausch zwischen Eltern und Kleinkind ist oft durch ungelöste innere Konflikte der Eltern verursacht, die ihre Wahrnehmung des Kindes verzerren.

(2) Wir gehen von der weiteren Annahme aus, daß es „nicht so etwas wie eine individuelle Therapie für ein Kleinkind gibt" (Hopkins 1992, 5), da es kein Baby, sondern nur ein „Mutter-Baby-Paar" gibt, wie es Winnicott ausdrückt. Eine wichtige Aufgabe einer werdenden Mutter ist es, sich mit den Gefühlen ihrer eigenen Mutter gegenüber auseinanderzusetzen und auch mit den Erinnerungen an ihre Beziehung als Baby zu ihr (vgl. Emde 1988). Da Babys in der Phantasie der Mutter eine Erweiterung ihres Körpers darstellen, kann ein Baby leicht als Repräsentant für die inneren Objekte dienen. Mit anderen Worten ausgedrückt: ein inneres Objekt der Mutter kann auf das Kind projiziert werden. Fraiberg spricht in diesem Zusammenhang vom „Geist im Kinderzimmer" (1980, 164). Es hat sich gezeigt, daß die Repräsentation des Kindes in der Vorstellung der Eltern und der Eltern in der Vorstellung des Kindes die Wahrnehmung des realen Kindes beeinflussen.

(3) Der Fokus der Psychotherapie liegt nicht in einer Person, sondern in den Beziehungen zwischen den Familienmitgliedern, wie sie sich in der Sitzung mit dem Berater oder Therapeuten zeigen. Um die Besonderheit der Eltern-Kleinkind-Beratung zu verstehen, ist es wichtig, im Auge zu behalten, daß sie sich auf die Symptome des Kindes bezieht, wobei angenommen wird, daß das Kind einen unterdrückten oder verleugneten Aspekt der Eltern repräsentiert.

(4) Es handelt sich bei der Methode der Eltern-Kleinkind-Beratung um eine psychoanalytisch orientierte Beratung, die auf der Objektbeziehungstheorie nach Melanie Klein beruht und dabei von einer inneren Welt des Kindes und der Eltern ausgeht, die mit guten und bösen inneren Objekten gefüllt ist, die miteinander in einem dynamischen Prozeß stehen. Diese Beziehungen zu primären Objekten werden in der Sitzung auf den Berater oder Therapeuten übertragen. Zwei wesentliche Momente intensivieren den Prozeß in der Eltern-Kleinkind-Beratung. Das erste ist die Funktion des Babys als Katalysator; das zweite ist die hohe Motivation der Eltern, eine Veränderung herbeizuführen, wenn ihr Baby Schlaf- oder Eß- und Entwicklungsstörungen hat.

(5) Durch Beratung der Eltern mit Kleinkindern kann die Wissenschaft, die so viel Material und Wissen über die ersten frühen Beziehungen gesammelt hat, dieses Wissen praktisch werden lassen. Wir wissen, was ein Baby für seine emotionale und psychische Entwicklung benötigt und was die Eltern für eine erfüllte Elternschaft brauchen. Eine frühe Hilfestellung in jenen Fällen, wo es zu Blockaden oder Problemen kommt, verhindert eine Ausweitung des Problems. Selma Fraiberg schreibt: „Heute sind wir im Besitz eines riesigen Schatzes an wissenschaftlichen Erkenntnissen, den wir durch das Studium normaler und Kindern mit abweichendem Verhalten gesammelt haben, ein Schatz, der den Babys und ihren Eltern zurückgegeben werden soll als Geschenk der Wissenschaft." (Fraiberg 1980, 3)

3. Organisation der Eltern-Kleinkind-Beratung

Eltern-Kleinkind-Beratung ist an der „Eltern und Familienabteilung" unter dem Namen „Under Five Counselling Service" an der Tavistock Clinic entwickelt worden. Sie basiert einerseits auf langjährigen Erfahrungen der „Infant Observation" (Baby-Beobachtung) und andererseits auf den Arbeiten von Selma Fraiberg in Ann Arbour, Michigan. Die von Ester Bick, einer Kleinianischen Analytikern, in London entwickelte Form einer psychoanalytischen Beobachtung der Eltern-Kind-Beziehung in den ersten zwei Jahren nach der Geburt ist Teil des Ausbildungsprogramms für Psychoanalytiker und Psychotherapeuten an der Tavistock Clinic und in der British Psycho-Analytical Society. Dieser Ausbildungsteil ermöglicht es den Studierenden, praktische Erfahrungen zu sammeln, bevor sie klinisch arbeiten. Das Ziel der Beobachtung ist es, die Fähigkeit zu entwickeln, zu beobachten und die Interaktion zwischen den Eltern und dem Baby zu beschreiben, um Material zu sammeln, das es ermöglicht, die besondere Dynamik der Beziehungen innerhalb der Familie zu verstehen und Annahmen über die Entwicklung der inneren Welt des Säuglings zu machen. Es ermöglicht den Studierenden, frühe Ängste mitzuerleben, und zwar im beobachteten Baby und im Beobachter. „Das Ausgesetztsein von intensiven Gefühlen, das Gefühl, in ein emotionales Kräftefeld gezogen zu werden, die Anstrengung, seine emotionale Balance und das Selbstgefühl zu behalten, die Begegnung mit der wahrscheinlich nicht vertrauten Konfusion und Macht des infantilen Erlebens, sind besonders wertvolle Aspekte (der Beobachtung - DW)" (Rustin 1989, 8). Die zweite Wurzel stammt aus der bahnbrechenden Arbeit von Selma Fraiberg, die im Rahmen eines Forschungsprojektes 1965 eine Longitudinalstudie der Entwicklung von blinden Kindern durchgeführt hat. Dabei wurde ein enormer Unterschied der kindlichen Entwicklung festgestellt, der davon abhängig war, ob die Eltern über das körperliche Handicap ihrer Kinder trauern und es akzeptieren konnten oder ob sie sich nicht damit auseinandersetzen konnten und sich emotional von den Kindern distanzierten. Im Anschluß daran wurde ein Interventionsprogramm für diese Eltern entwickelt, um ihnen zu helfen. In einem weiteren Projekt, dem „Infant Mental Health Program", sollte dieses Wissen auf Kleinkinder mit Entwicklungsstörungen ausgeweitet werden (vgl. Fraiberg 1980, 5f).

Da die Tavistock Clinic Teil des öffentlichen Gesundheitswesens in London ist, erfolgt die Beratung der Familien kostenlos. Die Überweisung erfolgt durch einen Praktischen Arzt oder durch einen Kinderarzt. In Wien wird die Eltern-Kleinkind-Beratung als „Hilfe für Eltern und Kleinkinder" an der Semmelweis-Frauenklinik im Rahmen eines WHO-Modellprojektes „Frauen-Eltern-Kinder (F.E.M.)" angeboten. In der folgenden Falldarstellung wird die Arbeit mit einer Familie beschrieben, die ich im Rahmen meines Forschungsaufenthaltes als „visiting scientist" in London an der Tavistock Clinic durchgeführt habe.

4. Falldarstellung: Robin[1]

4.1 Kontaktaufnahme

Die Mutter wandte sich mit einem kurzen Brief an die „Eltern-Kleinkind-Beratung". Sie schrieb, daß ihr 13 Monate alter Sohn Robin Schlafprobleme habe und zwar seit dem Zeitpunkt, wo Schwierigkeiten mit einem Kindermädchen aufgetreten seien. Nun seien Vater und Mutter teilzeitbeschäftigt, sodaß sich beide Eltern um Robin kümmern könnten.

In dem wöchentlich stattfindenden Workshop „Under Five Counselling", in dem Beratungsfälle besprochen werden, wird gefragt, wer Zeit hat, mit einer neuen Familie zu arbeiten. Die Sekretärin übernimmt es dann, einen Termin zwischen der Therapeutin und der Familie zu vereinbaren. Der erste Termin war für zwei Wochen danach vereinbart. Die rasche und unbürokratische Anmeldung ist Teil des Konzepts. Eltern mit Kleinkindern, deren Kinder Eß- oder Schlafprobleme haben, dauernd schreien oder Verdauungsprobleme haben und bereits von einem Arzt gesehen wurden, wobei keine somatischen Ursachen gefunden werden, haben ein dringendes Problem. Die rasche Terminvergabe drückt auf der symbolischen Ebene aus, daß wir verstehen, daß jedes Problem mit einem Kleinkind ein dringendes ist und daß wir rasch Hilfe anbieten wollen. Die Eltern erfahren, daß ihnen eine bis fünf Beratungssitzungen angeboten werden. Die Begrenzung der Sitzungen bewirkt oft eine Verminderung der Angstschwelle. Falls die Eltern in den fünf Beratungssitzungen, die über einen weiteren Zeitraum ausgedehnt werden, keine befriedigende Lösung finden, kann die Anzahl der Sitzungen im Einvernehmen erhöht oder eine Überweisung einer der betroffenen Personen für eine längerfristige Therapie vorgeschlagen werden.

4.2 Erste Beratungssitzung

Als mich die Sekretärin von der Ankunft der Familie verständigte, teilte sie mir mit, daß der Vater angerufen habe, um sich zu entschuldigen, er könne nicht kommen. Die Mutter und Robin saßen im Wartezimmer, von wo ich sie ins Beratungszimmer führte. Die Mutter war eine zierliche, eher bubenhaft aussehende Frau. Robin saß auf ihrem Schoß und schien eben aufgewacht zu sein. Er schaute noch verschlafen aus und rieb sich die Augen.
Im Beratungszimmer setzte sich die Mutter auf die Bank, Robin blieb auf ihrem Schoß sitzen und schmiegte sich an sie.
Die Mutter begann, mit sachlicher Stimme ihre Probleme mit Robin zu beschreiben. Es gab Probleme mit dem Kindermädchen, die sich nun aber von selbst lösen würden, da sie und ihr Mann sich nun selbst um Robin kümmerten. Das zweite Problem sei, daß er nicht in seinem Bettchen schlafe, sondern immer ins elterliche Bett zu ihnen kommen wolle. Als ich mich nach seinen Einschlafgewohnheiten erkundigte, erzählte die Mutter, daß sie ihn noch immer

---

[1] Die Namen und persönlichen Daten wurden verändert, um eine Anonymität der Familie sicherzustellen.

stille, weil das die einzige Form sei, wie er einschlafe. Eine Nachfrage ergab, daß er an der Brust einschläft und sie ihn dann, wenn er schläft, in sein Bett legt. Auch wenn er in der Nacht aufwacht, nimmt sie ihn an die Brust, und anschließend legt sie ihn neben sich ins Bett. Während mir die Mutter den genauen Tagesablauf von Robin erzählte, schmiegte er sich eng an die Mutter und schaute mich manchmal ängstlich und manchmal lächelnd an. Wenn er lächelte, nickte ich ihm auch freundlich zu.

Ich wies darauf hin, daß sie einerseits das Problem mit dem Kindermädchen als erstes genannt, es dann aber als bereits gelöst bezeichnet habe. Vielleicht wolle sie doch mehr darüber erzählen. Die Mutter nickte und sagte: „Das Kindermädchen hat Robin nicht beruhigen können, er hat dann stundenlang hysterisch geweint. Das Kindermädchen hat sich nie darüber beklagt oder darüber gesprochen, bis sie nach drei Monaten kündigte."

Die Mutter beschrieb seinen Tagesablauf so: „Um 6 Uhr in der Früh stille ich ihn, dann ziehe ich ihn an, wir gehen spazieren. Dann stille ich ihn meistens noch einmal. Im Kinderwagen schläft er regelmäßig ein. Nach dem Mittagessen spielen wir oder machen etwas draußen. Um 6 Uhr abends bade ich ihn und um 8 Uhr ist er so müde, daß er sofort einschläft. Um 1 Uhr in der Nacht wacht er meistens auf und schläft dann in unserem Bett." Während die Mutter das alles mit neutraler Stimme erzählte, saß Robin auf ihrem Schoß, manchmal berührte er vorsichtig Becher und Ringe, die auf dem Tisch lagen.

Ich fragte die Mutter, wie die Schwangerschaft und Geburt von Robin verlaufen seien. Als die Mutter noch kurz nachdachte, verlangte Robin, auf den Boden zu kommen. Er schien gerade gehen begonnen zu haben. Mit großer Freude hantelte er sich den Tisch entlang zum Spielzeug, wo er mit den vorbereiteten Autos und Legosteinen zu spielen begann, sich an der Bank entlang zum Tisch und wieder zurück bewegte, wobei er sich manchmal anhielt.

Der Mutter fiel es schwer zu sprechen. Vor Robin sei sie schon einmal schwanger gewesen, habe aber das Kind verloren. Sie sei Journalistin, stehe oft unter großem Druck und arbeite bis spät in die Nacht. Zwei Jahre nach ihrer ersten Schwangerschaft wurde sie mit Robin schwanger. Er sei sechs Wochen zu früh geboren worden. Da sie Probleme mit den Nieren hatte, wurde ein Kaiserschnitt gemacht. Sie mußte fünf Tage vorher und vier Wochen danach im Spital bleiben. Robin war zwei Wochen lang in einem Inkubator. Die Situation vor und nach dem Kaiserschnitt sei dramatisch gewesen. Mitten in der Erzählung unterbrach sie sich zwei Mal, um sich zu vergewissern, ob sie wirklich so ausführlich erzählen sollte.

Ich erwiderte, daß sie kaum glauben könne, daß jemand ihre Geschichte hören wolle. Sie nickte und sagte, daß sie während der Schwangerschaft zu verschiedenen Ärzten gegangen sei und niemand glauben konnte, daß es so ernst gewesen sei. Nur ihr Mann glaubte ihr und gab nicht auf. Erst als ihr der Anästhesist in der Intensivstation vor der Operation sagte, daß ihr Zustand kritisch sei und daß nur ein Kaiserschnitt sie und das Baby retten könne, verstand sie, wie gefährlich der Zustand war. Als ich sie fragte, was sie empfand, als sie Robin das erste Mal sah, vermittelte sie das Trauma ihrer extrem kritischen Situation: „Ich klammerte mich mit aller Kraft ans Leben". Ich unterstrich diese Extremsituation, indem ich sagte: „Sie hatten für beide zu kämpfen, selbst am Leben zu bleiben und Robins Mutter zu retten."

Danach kam sie mehr mit ihren Gefühlen in Beziehung und sprach lebhafter. Robin, der sich bis dahin fast gänzlich alleine beschäftigt hatte, kam näher zur Mutter und nahm dankbar und mit einem Lächeln die von der Mutter angebotenen Spielsachen an. Die Mutter beschrieb

weiter, wie wenig Unterstützung sie von den Schwestern bekommen habe, als sie ihren Sohn, .
der im Brutkasten lag, besuchen wollte. Gekränkt zog sie sich danach zurück und sah ihn erst
zwei Tage später. Da sie vorher vom Stillen gesprochen hatte, fragte ich, wie sie es trotz der
langen Trennung geschafft habe, zu stillen. Sie hatte in den ersten zwei Wochen die Milch
abgepumpt, ihr Mann hatte den Schwestern gegenüber darauf bestanden, daß Robin diese
Milch bekomme. Während der zwei Wochen, wo die Mutter noch im Spital sein mußte, hatte
er Robin zu Hause ihre Milch gegeben. Als sie heimkam, legte sie ihn an die Brust und er
konnte gut trinken. Ich betonte, welche außerordentliche Leistung das sei. Als sie heimkam,
blieb sie für sechs Monate zu Hause und erledigte alle Arbeit an zwei extrem langen,
dreizehnstündigen Arbeitstagen.

Während ihrer Erzählung war Robin aktiv, erforschte den Raum, öffnete einen Kasten, gab
Spielsachen hinein und holte sie wieder heraus. Die Mutter verstand seine Wünsche und
konnte ihm helfen. Ich beschrieb Robins Verhalten während der Stunde. Wie er zunächst
ängstlich auf ihrem Schoß gesessen sei, wie er ab dem Zeitpunkt, wo sie über ihre Probleme
sprechen konnte und jemand da war, der ihr zuhörte, auf den Boden wollte und aktiv wurde,
spielte und das Zimmer erforschte. Wie er alleine gespielt hatte, so als ob er verstünde, daß
die Mutter meine Aufmerksamkeit brauche.

Sie fragte, was ich damit meine. Ich wies darauf hin, wie wenig sie sich erlaube, den Schock
und ihre Probleme zu verdauen. „Jeder hat Probleme und muß damit leben", war ihre eher
abweisende Antwort. Danach fragte sie nach Ratschlägen, was sie mit Robin tun solle. Sie
habe alles versucht, zu ihm gehen oder ihn schreien lassen. Alles nütze nichts. Er würde zwei
Stunden lang hysterisch schreien und sich nicht beruhigen. Nur nebenbei hatte sie eingestreut,
daß ihre Eltern in Neuseeland lebten und ihr Vater, der selbst praktischer Arzt ist, sich um sie
gesorgt hatte, als sie länger als eine Woche im Spital blieb. Gegen Ende der Stunde machte
ich das Angebot, bis zu fünf Beratungsstunden zu haben, um gemeinsam die Probleme
verstehen zu können. Ich würde den Eltern dabei helfen, Lösungen zu suchen, zu erproben
und dann weiter darüber zu sprechen. Die Mutter schlug einen weiteren Termin in zwei
Wochen vor. Als sie sich verabschiedete, wirkte sie erleichtert und weniger steif.

Wie können wir verstehen, was während dieser ersten Stunde geschah? Zunächst ist
auffallend, daß beide Eltern mehr als drei Monate lang nicht bemerken wollten, wie
unglücklich Robin beim Kindermädchen war. Hat er nicht geweint, wie sie weggingen? Der
Mutter scheint es schwer zu fallen, schmerzliche Erfahrungen zu beachten. Bedeutet ihr
Weggehen nach England, daß sie von den Problemen mit ihren Eltern weglaufen wollte? Sie
flieht in die Arbeit und hört das Weinen von Robin nicht. Wichtig ist es zunächst, der Mutter
die Möglichkeit zu geben, ihre Probleme und ihre Situation zu beschreiben und dabei genau
auf das Verhalten des Kindes zu achten. Besonders kleine Kinder haben ein sensibles
Sensorium für Gefühle der Eltern. Konnte Robin erst zu dem Zeitpunkt frei spielen, als die
Therapeutin der Mutter zuhören und ihre schmerzlichen und traumatischen Erfahrungen
aufnehmen konnte? Watillon (1993) beschreibt zahlreiche Szenen, wo das Verhalten der
Kinder, ihr Weinen zu einem gewissen Moment, ihr Lachen oder Spielen, eine
Unterstreichung des eben besprochenen Themas darstellt. Durch das Zuhören und Beobachten
entstehen eine Vielzahl von Hypothesen und Vermutungen im Kopf der Therapeutin. Die
Frage nach Geburt und Schwangerschaft wird meist im Erstgespräch gestellt, da bei frühen

Störungen der Mutter-Kind-Beziehung sehr häufig schwierige Geburten oder dramatische Ereignisse bei oder nach der Geburt stehen (vgl. Daws 1989). Auffallend ist im Verhalten der Mutter ein Entweder-Oder. Entweder es gibt diese symbiotische, als ideal erlebte Nähe beim Stillen, oder die Mutter ist ganz getrennt von Robins Erleben. Kann sie sich vielleicht keine andere Form der Nähe als Stillen vorstellen? Ist der Vater, der aufs Abstillen drängt, vielleicht eifersüchtig auf diese spezielle Form der Nähe, von der er ausgeschlossen ist, obwohl er in den ersten Wochen die primäre Bezugsperson war?

Ein weiteres Thema ist, wie es der Mutter gelingt, sich mit ihrem Haß auf das Kind auseinanderzusetzen, dessen Geburt fast ihren Tod verursacht hätte. Während die Mutter mit sachlicher, eher distanzierter Stimme von ihren traumatischen Erlebnissen gesprochen hatte, sollte ich den Schmerz, Schrecken und Angst, Haß und Hilflosigkeit spüren, die für sie übergroß waren. Ihre Nachfrage, ob sie weiter so ausführlich sprechen sollte, verstand ich als Mitteilung, daß sie nicht erwartete, daß jemand zuhören und ihre Gefühle mit ihr teilen könnte.

In der ersten Stunde kommt es weniger darauf an, viele Interpretationen zu machen, sondern der Mutter die Erfahrung machen zu lassen, daß die Therapeutin an ihren Problemen interessiert ist, zuhören kann und ihre Leistung als Mutter anzuerkennen vermag. Eltern, die in Beratung kommen, fürchten, schlechte Eltern zu sein und versagt zu haben, weil sie nicht alleine mit dem Kind fertig werden. Die Anerkennung der traumatischen und bedrohlichen Ereignisse, die Wertschätzung ihres enormen Engagements beim Stillen und bei der liebevollen und aufmerksamen Beschäftigung mit Robin ließen eine stabile Vertrauensbeziehung entstehen. Auch der Hinweis, daß es einige Zeit brauchen werde, das Problem zu verstehen und gemeinsam über Lösungen nachzudenken, wirkt der Angst entgegen, kritiziert oder belehrt zu werden.

4.3. Der weitere Verlauf der Beratung

Zur *zweiten* Beratung kamen beide Eltern. Robin lächelte mich bei der Begrüßung an und wußte den Weg ins Beratungszimmer, wo er Dinge wiedererkannte und mit mir immer wieder Kontakt aufnahm. Er konnte einige Worte sprechen. Die Eltern saßen eng nebeneinander am Sofa und spielten mit Robin. Ich sah ihnen eine gute Weile zu und sagte, daß sie mir vielleicht auch zeigen wollten, daß es nicht nur Probleme gäbe, sondern sie auch gut zusammensein könnten. Ich wies auch darauf hin, wie vertraut Robin mit dem Raum sei. Die Mutter erwiderte, daß sie auch viel entspannter sei, weil sie wüßte, was sie hier erwarten könne.

Die Mutter bat dann den Vater, über die Probleme zu sprechen. Er beschrieb die Schwierigkeiten beim Einschlafen, daß er versuche, Robin mit einem Fläschchen zu füttern und bei leiser Musik sanft in den Schlaf zu wiegen, aber daß das nur selten gelinge. Immer wieder verlange er nach der Brust. Die Mutter habe Angst, daß das Abstillen für Robin noch einmal so eine schreckliche Erfahrung sein könne wie ihr Arbeitengehen, als er beim Kindermädchen bleiben mußte. Die Mutter sprach über ihre schlechte Beziehung zu ihren Eltern. Niemals konnte sie diese Gefühle ausdrücken. Das einzige, was zählte, war ihre gute Leistung. Der Vater spielte währenddessen mit Robin. Als Robin stolperte und hinfiel, nahm ihn der Vater auf, ohne etwas zu ihm zu sagen. Robin begann zu weinen, zuerst leise und dann lauter. Der Vater schaukelte ihn auf seinen Knien und sagte: „Es ist ja nichts geschehen."

Die Mutter erzählte, wie der letzte Besuch bei ihren Eltern verlaufen sei. Ihre Mutter habe sie nur zu ihren Freunden mitgenommen, und sie selbst hatte kaum Gelegenheit, ihre eigenen Freunde zu sehen. Obwohl sie zwei Monate dort blieb, war es ihrer Mutter viel zu wenig. Ich drückte aus, wie schwer es ihr falle, ihrer Mutter zu vermitteln, daß zwei Monate eine lange Zeit für einen Besuch seien und daß sie auch ihre Freunde besuchen wolle. Ich stellte auch eine Beziehung zu der Beobachtung her, wie der Vater Robin aufgehoben hatte und es nicht in Worte fassen konnte, daß Robin laufen wollte, hingefallen ist und sich den Kopf angehaut hat. Vielleicht sei das ihre Art, mit schmerzlichen Erfahrungen oder Enttäuschungen umzugehen, sie einfach zu ignorieren. Während des Besuchs der Eltern sei Robin dauernd krank gewesen, er habe immer länger und länger geschlafen, manchmal zwanzig Stunden pro Tag. Ihr Vater, der Arzt ist, sagte wie immer, wenn jemand in der Familie krank war, es sei nichts. Im Spital fanden sie eine Harnblasenentzündung. Als ich vermutete, daß Robin vielleicht Mutters Gefühle ausdrückte, lachte sie erleichtert und meinte: Das hätte sie sehr gerne gemacht, zu verschwinden und sich im Bett zu verkriechen. Als der Vater beschrieb, wie sie Robin entweder lange schreien oder an der Brust einschlafen lassen, stellte ich einen Zusammenhang mit dem Beginn der Stunde her. Sie scheinen, so sagte ich, entweder eine ideale, harmonische und problemlose Familie sein zu wollen, oder sie machen sich aus dem Staub und überlassen alles dem Kindermädchen, ohne Robins Trennungsschmerz zu verstehen. Sie scheinen keinen dritten Weg zu sehen. Als der Vater die Prozedur beim Stillen beschrieb, wurde klar, daß sie nicht darauf vertrauen, langsam eine schrittweise Form des Abstillens finden zu können, der zu Mutters und Robins Entwicklung paßt. Es sei so, als ob die Mutter ihren eigenen Gefühlen nicht vertrauen dürfe. Beide Eltern wurden sehr nachdenklich und stimmten zu, daß sie immer in krassen Entweder-Oder-Bezügen denken, alles oder nichts. Schon die Vorstellung eines dritten, langsamen Weges sei enorm entlastend. Ich teilte ihnen noch meine Beobachtung mit, wie es der Mutter schwergefallen sei, Robin zu sagen, er solle den Bleistift nicht in den Mund stecken, der Vater ihm dies bestimmt, aber freundlich mitteilen konnte, und Robin es akzeptiert hätte. Beide fanden es schwer, am Ende der Stunde zu gehen. Robin drückte dieses Gefühl so aus, daß er noch weiter spielen wollte. Ich meinte, daß es schwer sei, sich heute zu trennen, daß aber bereits ein weiteres Treffen vereinbart sei.

Die Themen der weiteren Beratung sind komplex und vielfältig ineinander verwoben. Die Beziehung der Eltern zu ihren eigenen Eltern verweist auf die emotionale Bindung und inneren Vorbilder. Die Mutter scheint ihre Eltern als Vorbilder abzulehnen. Es ist dabei wichtig, die Grundstruktur ihres Erlebens herauszuarbeiten, das Entweder-Oder, ihre Schwierigkeit, eigene Gefühle und Impulse ernst zu nehmen und darauf zu vertrauen. Dadurch, daß die Beraterin keine Ratschläge gibt, ermutigt sie die Eltern, selbst Ideen zu entwickeln und Zutrauen zu ihren eigenen Fähigkeiten zu haben. Die Gegenwart des Kindes ist enorm hilfreich, da Beziehungsmuster sichtbar werden, über die die Eltern nie gesprochen hätten, da sie großteils unbewußt sind. Als der Vater das Einschlafen an der Brust beschrieb, machte ich ihnen verständlich, wie schwer es für Robin sei, an der Brust einzuschlafen und dann in der Nacht in seinem Bett aufzuwachen. Jedes Kind und jeder Erwachsene wache einige Male in der Nacht auf, es komme eher darauf an zu lernen, alleine wieder einzuschlafen. Dieser Hinweis war für beide plausibel.

Beim *dritten* Beratungstermin erzählte der Vater, daß sie ein neues Abendritual entwickelt hätten, das überraschend gut funktioniere. Er gebe Robin in sein Bettchen, wenn er noch wach sei, er spiele mit seinen Tieren und bleibe dann bei ihm, bis er eingeschlafen sei. Das ginge nun relativ schnell. In der Nacht wache er immer noch fünf Mal auf, schlafe aber schnell wieder ein. Gestern sei die erste Nacht gewesen, wo die Mutter durchschlafen konnte, weil der Vater Robin alleine beruhigen konnte. Auch untertags könne Robin nun in seiner Gehschule spielen. Zunächst sei es der Mutter schwer gefallen, ihn in der Gehschule zu lassen. Aber als sie sah, wie fröhlich Robin sich beschäftigte, konnte sie zustimmen. Lächelnd sagte der Vater, daß sie mit dem „dritten Weg" experimentierten. Ich anerkannte den großen Fortschritt, sich von Robin zu trennen, ohne ganz weg zu sein. Ich machte sie auch darauf aufmerksam, daß Robin sich während der Erzählung mit sich selbst beschäftigte, aber immer wieder Augenkontakt zu Vater und Mutter aufnahm oder ihnen Spielsachen brachte. Robin könne es recht gut, sich zwischen Nähe und Selbständigkeit zu bewegen. Die Mutter lächelte und gab zu, wie schwer es ihr falle, nicht alles für ihn zu tun. Aber sie habe beobachtet, daß er sehr gerne Dinge selbst ausprobiere und dann sehr stolz sei. Auch während der Stunde versuchte Robin, auf einen Sessel zu klettern. Die Mutter schaute besorgt, sprang auf, blieb aber hinter ihm stehen und schaute ihm zu. Es gelang ihm alleine, er schaute sie stolz an, und wir alle klatschten. Es war nicht ganz klar, ob es Robin oder mehr der Mutter galt, die es zulassen konnte, daß er etwas alleine tut. Danach fragte mich die Mutter, ob ich glaube, daß Robin die dramatischen Ereignisse in den ersten beiden Wochen nach der Geburt geschadet hätten. Ich wies darauf hin, daß ich noch nicht viel über die ersten beiden Wochen gehört habe, da beide diese Zeit in der Erzählung übersprungen hätten. Der Vater sagte: „Nein, wir haben noch nicht darüber gesprochen.", und die Mutter sagte auch: „Nein." Robin, der uns beobachtete, klopfte auf den Stuhl und sagte: „Nein, nein." Wir lachten alle drei, und ich sagte zu Robin, daß es schwer sei, Dinge zu verstehen, ohne sie genau anzuschauen. Der Vater beschrieb dann die ersten beiden Wochen, wo er arbeiten ging und die Mutter und Robin im Spital besuchte und voller Angst war, daß seine Frau sterben könnte. Die Mutter unterbrach ihn und fügte ein, wie schrecklich sie sich damals fühlte, als niemand glauben wollte, wie ernsthaft krank sie war. Ich wies darauf hin, daß es auch jetzt noch sehr schwer sei, über ihre Ängste zu sprechen, und was es hieß, daß ihr Mann sie in Lebensgefahr gebracht hätte, indem sie schwanger wurde. Als die Mutter nach Hause kam, lebten ihre Mutter und ihr Vater vier Wochen lang bei ihnen, sodaß sie keine neue Routine entwickeln konnten. Es brachte ihnen sichtlich Erleichterung, sich diese schwierige Phase wieder in Erinnerung zu rufen und sie mit mir zu teilen. Als die Mutter sich fragte, ob Robin ihr je diese schreckliche Erfahrung, ihn mit dem Kindermädchen alleine gelassen zu haben, verzeihen werde, fragte ich, ob sie vielleicht als Kind Situationen erlebt hatte, die sie ihrer Mutter nie verzeihen werde. Beide Eltern erzählten dann von ihrer Kindheit, was sie bei ihrem Kind vermeiden wollten. Es wurde klar, daß beide kein inneres Bild eines verständnisvollen Vaters oder einer einfühlsamen Mutter haben, und daß sie nur wissen, wie sie es nicht machen wollen. Als ich vorschlug, nachzudenken, wie es weitergehen solle, betonte die Mutter, wie enorm hilfreich die Treffen gewesen seien. Sogar das Problem des Abstillens erscheine ihr nun nicht mehr als ein unüberwindbares Problem, sondern als ein schmerzlicher, aber natürlicher Prozeß. Sie sei so begeistert über die vielen Worte, die Robin nun sage, daß sie sich auch auf sein Älterwerden freuen könne. Die Mutter meinte, da sie in London keine Familie habe, erlebe sie das Sprechen hier als Familienersatz. Sie habe sich mit all den Problemen so alleingelassen gefühlt. Wir vereinbarten einen Termin in drei Wochen, um ihnen mehr Gelegenheit zu geben, neue Rituale zu entwickeln.

Die Sitzung zeigt, wie die Eltern beginnen, sich selbst zu beobachten und über ihr Verhalten nachzudenken, zu sehen, wie schwer sie es sich selbst machen. Das Sprechen über ihre eigenen Kindheitserlebnisse ermöglicht es ihnen, diese mit den gegenwärtigen Problemen in Zusammenhang zu bringen, sich ihrer Aggression gegen ihre eigenen Eltern und ihrer Schuldgefühle bewußt zu werden.

In der *vierten* Stunde waren die Eltern fröhlich, obwohl sie davon sprachen, daß es beim Schlafen in der letzten Woche einen Rückschlag gegeben habe. Robin wache wieder in der Nacht auf, schlafe aber schnell wieder ein. Wir erforschten Aspekte der Trennung in der Kindheit beider Elternteile. Beide stammen aus geschiedenen Familien. Der Vater war früh selbständig und war oft alleine zu Hause, wenn seine Mutter arbeiten ging. Die Mutter lauschte gespannt und sagte, er habe noch nie mit ihr über seine Kindheitserinnerungen gesprochen. Als ich sagte, daß diese Zeit bis jetzt im Dunkeln geblieben sei, zeigte Robin auf die Lampe und sagte: „Licht." Als der Vater über seine Gefühle sprach, wie er alleine war, kam Robin zu ihm und setzte sich auf seinen Schoß. Seine Mutter emigrierte bei der Scheidung von Neuseeland nach London, sodaß er sie viele Jahre nicht sah. Ich wies auf die Ähnlichkeit in beiden Familien hin, daß beide erfahren hätten, daß Probleme durch Auswandern, durch ein möglichst weites Weg-Sein gelöst wurden. Der Vater stimmte zu und meinte, er ähnle seinem Vater, der kaum Gefühle und vor allen seinen Ärger nicht zeigen könne, sondern weggehe.

Ich sprach die kommende Trennung hier an, da wir einander nur mehr ein Mal treffen würden, und fragte, was sie für sie bedeute. Sie meinten, sie seien sich nicht sicher, ob fünf Stunden genug seien, ob sie nicht eine längere Beratung brauchen könnten. Den letzten Termin vereinbarten wir in zwei Monaten, Mitte Jänner, um zu sehen, ob die Verbesserung sich stabilisiert hat.

Die kurzfristige Verschlechterung der Symptome vor der vorletzten Stunde ist nicht ungewöhnlich. Unbewußt drückt die Familie ihre Angst vor der Trennung aus: Können wir es alleine ohne ihre Hilfe schaffen? Robin verkörpert in der Familie zum gegenwärtigen Zeitpunkt Zuversicht und Selbstvertrauen. Sein Wortschatz hat sich enorm erweitert, er geht sicher, er ist an der Umwelt interessiert, öffnet und schließt Gefäße, gibt Kugeln hinein und nimmt sie wieder heraus. Auch wenn er hinfällt, steht er alleine auf und läuft weiter. Obwohl es der Mutter schwer fällt, ihn alleine Dinge ausprobieren zu lassen, lernt sie, welche Freude er hat, wenn er es alleine schafft. Die Eltern schwanken zwischen einer idealisierten Vorstellung von perfekten Eltern und ihrer Angst, alles falsch zu machen und Robin zu schädigen. Gemeinsam haben sie begonnen, einen Weg zwischen diesen Extremen zu suchen. Das gemeinsame Gespräch und die wechselseitige Unterstützung hat sie als Paar näher zusammengebracht.

In der *fünften* und letzten Stunde nach Weihnachten wirkten alle drei erholt und entspannt. Robin ging an der Hand der Mutter voraus, sie kannten bereits den Weg. Die Mutter wies

Robin darauf hin, wie liebevoll die Spielsachen für ihn hergerichtet seien, sie hatte auch seine beiden Lieblingsbücher mitgebracht. Der Vater erzählte, daß sie nun eine Abendroutine entwickelt hätten: Zuerst ein Bad, dann Musik vorspielen und Robin schläft in seinem Bettchen ein. Es daure einige Zeit, aber es gehe. Gestern wollte ihn der Vater noch einmal herausnehmen, aber Robin zeigte auf sein Bett und wollte wieder zurückgelegt werden. Er schlafe jetzt die Nacht durch. Ich stimmte zu, daß Robin jetzt mit seinem Bett vertraut sei und vermutlich in der Nacht, wenn er aufwacht, alleine wieder einschlafen könne. Der Vater war enorm stolz auf seine Erfindung und ich anerkannte seine große Leistung. Die Mutter wandte ein, daß sie in anthropologischen Büchern gelesen habe, daß Kinder in vielen Kulturen einige Jahre bei den Eltern im Bett schliefen. Ich vermutete, daß diese Vorstellung vielleicht auch ihren Wunsch ausdrückte, das, was sie und Robin an Intimität in den ersten Wochen versäumt hatten, so wieder nachzuholen. Die Mutter sprach dann von ihrer Ängstlichkeit in Bezug auf Robin, ihrer Befürchtung, er könne sich verkühlen, mit seinen Füßen in Hundekot steigen etc. Während sie sprach, kletterte Robin geschickt auf einen Stuhl, setzte sich hin, drehte sich um und kletterte alleine wieder herunter. Ich stellte einen Zusammenhang her zwischen ihrer großen Angst um ihn und tief vergrabenen Gefühlen des Vorwurfs an ihn, daß seine Geburt sie fast das Leben gekostet hätte. Beide Eltern betonten, wie hilfreich diese Gespräche hier gewesen seien, auch zu Hause sprächen sie jetzt viel mehr über ihre Kindheit. Dem Vater sei auch aufgefallen, daß er als Kind scheu und unbeholfen gewesen sei und es ihm gefalle, wie mutig und zugleich vorsichtig sich Robin bewege. Die Gesprächsatmosphäre hatte sich verändert. Beide meinten, sie sähen nun ein Licht am Ende des Tunnels und seien sicher, daß sie den Weg mit Robin weitergehen könnten. Die Mutter hatte Robin abgestillt und vermißte die besondere Nähe des Stillens. Ich fragte, wann sie als Paar Zeit füreinander hätten. Der Vater antwortete schnell, daß sie sehr gerne zu dritt zusammen wären. Aber Robin bleibe nun auch bei der Mutter des Vaters, sodaß sie nun auch zu zweit weggehen könnten. Der Vater wolle auch ein zweites Kind, aber die Mutter fühle sich noch nicht bereit dazu. Am Ende fragten sie, ob sie, wenn wieder Probleme auftauchten, wieder zurückkommen könnten, was ich bejahte. Sie meldeten sich aber nicht mehr.

5. Zusammenfassung

Die Eltern-Kleinkind-Beratung, wie sie an der Tavistock Clinic und in der Adaption in Wien als „Hilfe für Eltern und Kleinkinder" angeboten wird, basiert auf der Beobachtung der hergestellten Beziehung zwischen den Familienmitgliedern und in der Übertragung zur Beraterin. Es werden Beschreibungen der Beobachtung ebenso wie Gefühle der Übertragung und Gegenübertragung genützt, um mit den unbewußten Konflikten der Eltern in Kontakt zu kommen. Wir nehmen an, daß das Kind mit seinen Symptomen in einer besonderen emotionalen Nähe zu den verdrängten, schmerzlichen emotionalen Konflikten eines Elternteils steht, und daher das Verhalten des Kindes im Beratungsprozeß einen wichtigen Beitrag zum Verstehen liefern kann. Es ist daher wichtig, sich an den genauen

Gesprächskontext zu erinnern, bei dem ein Kind zu weinen beginnt oder sein ängstliches Anklammern zugunsten eines freien Spiels aufgibt, wie es Robin machte, als seine Mutter mir ihre traumatischen Geburtserfahrungen anvertrauen konnte. Man könnte das Baby als Katalysator unverarbeiteter elterlicher Konflikte verstehen. Watillon sagt, sie versuche, „die besondere Art des Kindes zu beobachten, zu verstehen und zu interpretieren, mit der es die verbale Präsentation der Eltern unterbricht. Einerseits zeigt das an, was für das Kind besonders wichtig ist und vermutlich seine Schmerzen/Probleme verursacht, andererseits hilft es, die Aufmerksamkeit auf die Bedeutung der kindlichen psychischen Realität zu lenken" (Watillon 1993, 1038). Bezogen auf das Bild eines Analytikers als Archäologen gibt uns das Kind durch sein Verhalten einen Hinweis, welche verborgenen Konflikte in der Psyche der Eltern sein könnten. Die kurze psychoanalytische Beratung kann viele innere Probleme nur streifen.

Die zweite Besonderheit dieser Beratung ist die sensible emotionale Befindlichkeit des Vaters und der Mutter nach der „Geburtskrise", wie es Brazelton nennt. Ich meine, daß durch die Geburt eines Kindes die innere psychische Welt der Eltern aufgewühlt wird, sodaß unerledigte oder belastende Konflikte an die Oberfläche kommen, d.h. dem Bewußtsein näher sind. Wenn wir eine andere Metapher heranziehen, so können wir die Geburt eines Babys mit dem geologischen Bild des Entstehens eines Berges vergleichen, wo tiefe Gesteinsschichten an die Oberfläche kommen. In ähnlicher Weise werden verdrängte emotionale Konflikte mit den eigenen Eltern aufgewühlt und diese Aspekte können, wenn sie unerträglich sind, auf das Baby projiziert werden. Darüber hinaus müssen sich die Eltern mit ihrem Bild des Vater- oder Mutterseins in Relation zu den eigenen Eltern auseinandersetzen - sei es als Vorbild oder als abzulehnende Erfahrung. Eigene ideale Vorstellungen des Elternseins werden in gewaltsamer Weise mit der Realität konfrontiert. Der Leidensdruck der Eltern durch die Probleme mit ihrem Kind bildet ein mächtiges Motiv Hilfe anzunehmen, um eine Verbesserung zu bewirken.

Das Eindringen eines neuen Babys in die Familie aktiviert auch eigene Baby-Teile in den Eltern wie Gier, Neid, Omnipotenz, Hilflosigkeit, die von einer hilfreichen Umwelt aufgenommen und aufgehoben werden sollen (Containment). Vor allem Eltern, deren Eltern gestorben oder weit weg sind, können das Containment der Eltern-Kleinkind-Beratung gut nützen, sodaß dramatische Erfolge erzielt werden. Die Beraterin übernimmt oft, wie auch bei Robin, die Rolle einer Großmutter, die zuhören und beobachten kann, sodaß die jungen Eltern mehr Vertrauen in ihre eigenen Fähigkeiten entwickeln und verdrängte Aspekte ihrer eigenen Kindheit integrieren können.

6. Diskussion der Beratungskonzepte von Helmuth Figdor und Heinz Krebs

Vergleichen wir die drei vorgestellten Beratungskonzepte, so zeigt sich eine weitgehende Übereinstimmung im theoretischen Bezugsrahmen. Probleme der Kinder oder Jugendlichen werden als Anzeichen einer Störung der Eltern-Kind-Beziehung gesehen, die es zu verstehen gilt. Es wird von der Annahme ausgegangen, daß unbewußte innere Konflikte, Wünsche oder Rivalitätskonflikte der Eltern auf das Kind - und in der Beratungssituation auf den/die Berater/in - übertragen werden. Für die Berater ist es deshalb wichtig, die eigenen Gefühle zu reflektieren, um eigene subjektive Anteile von Übertragungs- und Gegenübertragungsreaktionen zu unterscheiden zu versuchen. Unterschiede sehe ich vor allem in der technischen Handhabung des Herstellens von Zusammenhängen von der inneren Welt der Eltern und den Symptomen des Kindes.

Figdors Falldarstellung zeigt eindrucksvoll, wie Tonis Symptome eine Form der unbewußten Kommunikation mit der Mutter darstellen, die es ihr mit Hilfe des Beraters ermöglichen, Tonis innere schmerzlichen Konflikte zu verstehen. Sie selbst kann während der Exploration des Problems über die möglichen Ursachen für das „plötzliche Ausgewechseltsein" von Toni einen wichtigen Zusammenhang herstellen. Sie kann den Legokasten, den der Vater Toni letzte Weihnachten geschenkt hat, mit der scheinbar beiläufigen Frage, wer heuer zu Weihnachten kommt, verbinden und so die innere Dynamik seines sehnlichen Wunsches und der enormen Enttäuschung erkennen.

Wenn ich hier weitere Gedanken entwickle, so bin ich mir bewußt, daß die kurze Beschreibung des weiteren Verlaufs wichtige Themen der Beratung auslassen mußte. In der weiteren Beratung wurden vielleicht Themen, auf die ich hier hinweise, ohnehin berücksichtigt.

Figdor versucht, „Zugang zum mütterlichen Über-Ich" herzustellen, Ratschläge und Erklärungen zu geben. Es wäre aber durchaus auch möglich, die unbewußten inneren Konflikte von Tonis Mutter zu erforschen und zu deuten. Wäre es für die Mutter nicht auch hilfreich, nicht nur mit Toni, sondern auch mit dem Berater über ihre Gefühle bei der Trennung von ihrem Mann zu sprechen? Ihr zu helfen nachzudenken, welche Beziehung sie zu ihren eigenen Eltern hatte? Durch das Erforschen dieser Dimensionen könnten wir klinisches Material bekommen, um Hypothesen über mehrgenerative Figurationen machen zu können. Wenn die Mutter Gelegenheit hätte zu erzählen, was es für sie bedeutet, ohne Partner Weihnachten zu feiern, könnte sie vielleicht selbst Lösungen für Toni und sich entwickeln. Figdor scheint mehr der Aufklärung als der befreienden Wirkung des Erlebens zu vertrauen, wenn Deutungen innere Konflikte verstehbar machen.

Figdor scheint von der Hypothese auszugehen, daß Tonis Mutter „Opfer" der Trennung sei. Aber wir wissen eigentlich nicht, ob sie vielleicht eine „Täterin" ist, wenn sie vielleicht unbewußte Konflikte inszeniert. Vielleicht wollte sie unbewußt verhindern, daß ihr Ex-Partner noch eine väterliche Beziehung zu Toni aufrecht erhält? Wenn wir die unbewußten aggressiven und zerstörerischen Tendenzen der Eltern, ihren unbewußten Haß und Neid auf die Kinder nicht ernst nehmen, so besteht die Gefahr, daß sie sich doppelt mißverstanden fühlen. Ist es vielleicht die Mutter, die eine trianguläre Beziehung nicht aushält und die deshalb den Vater aus der Familie drängen mußte? Dies sind nur Spekulationen, da wir nur wenig klinische Daten über die Mutter erfahren haben. Beobachtungen aus der Interaktion in der Beratung zwischen der Mutter, Toni und dem Berater könnten ebenfalls hilfreiche Erkenntnisse vermitteln.

Die beschriebene Beratung war erfolgreich, da sie es der Mutter ermöglichte, den Schmerz und die Enttäuschung von Toni zu verstehen, sowie nachzufühlen, wie sehr er Angst davor hatte, ihr ihren Wunsch nach einem Kontakt zum Vater direkt mitzuteilen.

In der Falldarstellung von *Heinz Krebs* geht es um die Beratung einer Familie mit einem Adoleszenten, also einer Familie in einer schwierigen Umbruchsphase. Die Entscheidung, wer zur Beratung eingeladen wird, muß sicherlich von Fall zu Fall entschieden werden. Die Beiziehung der Eltern klingt durchaus plausibel. Das Problem scheint zur Zufriedenheit der Familie gelöst zu sein, die Schulprobleme konnten konstruktiv gelöst werden. Es scheint jedoch, daß der Berater nur teilweise zufrieden war. Vielleicht hängt das mit der geäußerten Befürchtung zusammen „keine therapeutischen Aufgaben" in der Beratung wahrzunehmen. Die Geschicklichkeit des Beraters liegt doch darin, psychoanalytische Deutungen über Zusammenhänge im Kopf zu haben, diese aber dann in einer alltäglichen Sprache, durch Kommentare, Fragen oder Beobachtungen einzubringen. Wenn der Berater die Eltern z.B. gefragt hätte, wie es *ihnen* in der Adoleszenz gegangen ist, ob und wie die Loslösung von den Eltern erfolgte, so hätte er nicht nur wichtige Daten erfahren, sondern aus der Art und Weise der Erzählung sowie der Reaktion der anderen Familienmitglieder darauf viel über die Dynamik in der Familie erfahren können. Auch Krebs neigt dazu, Ratschläge zu geben und z.B. gemeinsam auf einen Übungsplatz zu gehen. Vielleicht hätte die Familie eher einen Hinweis auf die große Ähnlichkeit des technischen Interesses von Vater und Sohn aufnehmen können, dabei hätte der Berater auch eine positive Gemeinsamkeit betont. Sie hätten dann vielleicht gemeinsam Ideen entwickeln können, diese Gemeinsamkeit weiterzuentwickeln.

Obwohl Krebs öfter auf eine „multiperspektivische Vorgangsweise" hinweist, erfahren wir wenig über die soziale Situation der Eltern. Was bedeutet es etwa für den Vater, arbeitslos zu sein, und welche Perspektiven hat er. Oder was bedeutet es, wenn die Mutter glaubt, daß ihre Berufstätigkeit sie hindert, für Klaus dazusein. Im Gegenteil, der Berater scheint das Stereotyp zu stützen, wenn er die Aussage der Mutter, sie „habe sich um Klaus gekümmert, solange sie zu Hause war", nicht hinterfragt. Da die Exploration der Situation der Familie nur wenig dargestellt ist, wissen wir nicht, was zu dieser „Erstarrung" geführt hat.

Aus der Darstellung wird nicht deutlich, ob die Einbeziehung des Hier-und-Jetzt sich im Kopf des Beraters vollzog oder angesprochen wurde. Sprach der Berater seine Vermutung an, daß er den Eindruck hat, von den Eltern als Teil des feindlichen Schulwesens gesehen zu werden und sie ihn verdächtigen, heimlich die kriminellen Tendenzen von Klaus zu unterstützen? Solche Deutungen hätten dann vielleicht zu einer weiteren Klärung geführt. Die geäußerte Befürchtung, „therapeutische Aspekte" zu stark zu betonen, klingt so, als ob Deutungen eine Belastung statt eine Entlastung darstellten. Das Verstehen von verdrängten Zusammenhängen macht doch den Druck geringer und kann Handlungsperspektiven eröffnen und zwar dann, wenn sie nicht als Kritik, sondern als Anteilnahme verstanden werden können. Wenn wir die Fähigkeit zur Einsicht in unbewußte emotionale Prozesse nicht voraussetzten, könnten wir keine Deutungen über unbewußte Zusammenhänge geben.

Literatur:

Cramer, B., Stern, D.N. (1988): Evaluation of Changes in Mother-Infant Brief Therapy: A single Case Study. In: Infant Mental Health Journal 9, 20-45

Cramer, B., et al. (1990): Outcome Evaluation in Brief Mother-Infant Psychotherapy: A Preliminary Report. In: Infant Mental Health Journal 11, 278-300

Daws, D. (1989): Through the Night. Helping Parents and Sleepless Infants. Free Association Books: London

Emde, R. (1988): Introduction: Reflections on Mothering and on Reexperiencing the Early Relationship Experience. In: Infant Mental Health 9, 4-9

Fraiberg, S. (Ed.) (1980): Clinical Studies in Infant Mental Health. The First Year of Life. Tavistock Publications: London and New York

Hopkins, J. (1992): Infant-Parent Psychotherapy. In: Journal of Child Psychotherapy 18, 5-7

Lebovici, S. (1988): Fantasmatic Interaction and Intergenerational Transmission. In: Infant Mental Health Journal 9, 28-39

Lebovici, S. (1990): Der Säugling, die Mutter und der Psychoanalytiker. Klett-Cotta: Stuttgart

Miller, L. (1992): The Relation of Infant Observation to Clinical Practice in an Under Five Counselling Service. In: Journal of Child Psychotherapy, 19-32

Rustin, M. (1989): Encountering Primitive Anxieties. In: Miller, L., et al. (Ed.): Closely Observed Infants. Duckworth: London, 7-21

Rustin, M. (1989): Observing Infants: Reflections on Methods. In: Miller, L., et al. (Ed.): Closely Observed Infants. Duckworth: London, 52-78

Salzberger-Wittenberg, I. (1991): Brief Therapeutic Work with Parents of Infants. In: Szur, R., Miller, S. (Ed.): Extending Horizons. Psychoanalytic Psychotherapy with Children, Adolescents and Families. Karnac Books: London, 83-105

Stern, D. N. (1985): The Interpersonal World of the Infant. A View from Psychoanalysis and Developmental Psychology. Basic Books: New York

Watillon, A. (1993): The Dynamics of Psychoanalytic Therapies of the Early Parent-Child Relationship. In: International Journal of Psycho-Analysis 74, 1037-1048

Heinz Krebs

Der Erstkontakt in der institutionellen Erziehungsberatung - dargestellt am Beispiel eines von psychosozialer Ausgrenzung bedrohten Jugendlichen und seiner Familie

In diesem Aufsatz möchte ich den Verlauf eines Erstkontakts am Beispiel einer Familie darstellen, die sich wegen schulischer und familiärer Konflikte an eine Beratungsstelle für Eltern, Kinder und Jugendliche gewandt hat. Der Aufsatz gliedert sich in vier Teile: 1. Darlegung eines psychoanalytisch-pädagogischen Beratungskonzeptes als „Arbeit am Rahmen", 2. Probleme und Fragen des Erstkontakts, 3. Falldarstellung, 4. Diskussion der Beratungskonzepte von Helmuth Figdor und Gertraud Diem-Wille.

1. Psychoanalytisch-pädagogische Beratung als Arbeit am Rahmen

Die institutionelle Erziehungsberatung in der BRD ist eine Leistung, die im Kinder- und Jugendhilfegesetz verankert ist (vgl. KJHG § 16, 27, 28). Das KJHG legt einen Rechtsanspruch auf Erziehungsberatung fest. Erziehungsberatung ist gemäß der Programmatik des 8. Jugendberichts (vgl. Bundesministerium 1990) als ein lebensweltorientiertes Angebot zu sehen, das den Strukurmaximen „der Prävention/Dezentralisierung, der Zugänglichkeit ..., der Integration/Prävention, ... der Einmischung, Kooperation und Vernetzung" (Thiersch 1993, 14) folgt. „Es ist inzwischen unstrittig, und so auch im Gesetz verankert (§ 28), daß Erziehungsberatung keine Domäne psychologisch-therapeutischer Kompetenz allein sein kann, sondern interdisziplinäre Teams unter Einschluß sozialpädagogischer bzw. sozialarbeiterischer Kompetenzen unabdingbar sind" (Müller 1996a, 65). Grundlage der Arbeit in Erziehungsberatungsstellen sind daher multiperspektivische Vorgehensweisen, die die sozialpolitischen, juristischen, sozialwissenschaftlichen, pädagogischen, psychologischen und ethischen Dimensionen eines Falles einbeziehen[1].

In Anlehnung an Wellendorf (1998) kann die Arbeit in der Erziehungsberatung als eine Arbeit in einem sozialen Feld gekennzeichnet werden. Soziale Felder kennen „keine klaren ...

---

[1] Aus Platzgründen kann ich diese Thematik nicht näher ausführen und verweise daher auf die Beiträge von Finger-Trescher und Müller in diesem Band (vgl. auch Hundsalz 1995).

Grenzen, keine innere Einheit und systematische Strukturiertheit" (a.a.O., 18) und verändern sich ständig. Im sozialen Feld der Erziehungsberatung als „lokalem Schauplatz" (Wellendorf) schlagen sich abstrakte Steuerungsmechanismen der Politik, globale Marktgesetze, soziokulturelle Wandlungsprozesse nieder. Es unterliegt zudem den Angebotsstrukturen der Jugendhilfe sowie Expertensystemen. „Diese Systemmechanismen greifen durch die bewußten und unbewußten Handlungsorientierungen und Motivationen der Menschen hindurch" (a.a.O., 18), und die Arbeit der BeraterInnen wird in eine gesellschaftliche und institutionelle Dynamik hineingezogen, die selbst wiederum eine soziale Realität darstellt. Der Transfer und die Anwendung von psychoanalytischen Begriffen wie Übertragung, Gegenübertragung und Abwehr, die gemeinhin auf den analytisch-therapeutischen Rahmen und dementsprechender Settings (z.B. Sessel-Couch-Arrangement) bezogen sind und die der Untersuchung von Unbewußt-Seelischem dienen, sind in einem sozialen Feld nicht ohne weiteres sinnvoll. Ihre Anwendung würde zu einer „verengten Interpretation sozialer Sachverhalte", und ihrer Psychologisierung führen (vgl. Streeck 1998, 57).

Damit der Komplexität, Offenheit und Unbestimmtheit des sozialen Feldes in der Erziehungsberatung aus einer psychoanalytisch-pädagogischen Perspektive Rechnung getragen werden kann, ist die Aushandlung eines tragfähigen „Rahmens" (vgl. Goffman 1974) im Verlauf von Erstkontakten bzw. Beratungen notwendig. Mit der Konstruktion eines Rahmens werden Grenzen in soziale Relationen eingeführt, Trennendes und Verbindendes zwischen KlientInnen und BeraterInnen hinsichtlich ihres gemeinsamen Erfahrungsraumes festgelegt, was die Analyse und Reflexion von manifesten und latenten Realitätsebenen ermöglicht (vgl. Wellendorf 1996; Schülein 1996). Rahmen-Verhandlungen in der Erziehungsberatung sind allerdings auch Teil des Jugendhilfe-Systems und seiner Vorgaben und insofern ist der Rahmen abhängig von der objektiv umgebenden Realität. Andererseits verweist „Rahmen" im Goffmanschen Sinn auf die jeweiligen subjektiven Bedeutungen von Situationen, die von Fall zu Fall sehr unterschiedlich sein können (vgl. Krebs/Müller 1998). Körner (1995) definiert Rahmen als Ergebnis eines intersubjektiven Dialoges. Jener hebt hervor, indem er unterscheidet, so wie der Rahmen eines Theaterstückes anzeigt, daß dieses nicht mit der Wirklichkeit zu verwechseln ist. „Soziale Situationen stehen in einem Rahmen, der festlegt, welche Handlungsregeln nun gelten ... Wenn wir den Rahmen einer Situation kennen, dann wissen wir, wie Goffman ... sagt, 'was hier eigentlich los ist'. ... In sozialen Situationen informieren wir uns gegenseitig ... nach welchen Regeln wir unser Handeln ... verstanden wissen wollen" (a.a.O., 16).

Die Theorie des Rahmens sozialer Situationen kann einerseits auf die „analytische Situation" (Stone 1961), andererseits für die Psychoanalytische Pädagogik, d.h. hier für die psychoanalytisch-pädagogisch fundierte Erziehungsberatung, fruchtbar angewandt werden (vgl. Körner 1996). Ich werde nur auf letzteren Fall eingehen. Der Rahmen einer Situation gibt an, welche Deutungsregeln für das Verständnis unseres Handelns im Moment gültig sind (vgl. Körner 1995, 17). Das Besondere einer psychoanalytisch-pädagogischen Arbeitsbeziehung gegenüber „normalen" Alltagsbeziehungen besteht nun darin, daß Konflikte innerhalb dieses Rahmens nicht nur in einer sozialen Dimension gesehen, sondern auch als durch unbewußte Phantasien ausgelöste verstanden werden. „Indem wir den Rahmen einer Situation akzeptieren, wehren wir ab, was aus dem Rahmen fallen könnte. Und andersherum: In dem wir uns auf eine gemeinsame Abwehr einigen, definieren wir den Rahmen ... (Dieser; Anm. d. V.) stellt Unbewußtheit her, und Unbewußtheit sichert den Rahmen sozialer Situationen" (Körner 1995, 17). Das heißt, daß ein Rahmen immer wieder neu definiert werden muß und daher ständig in Bewegung ist. Die psychoanalytische Methode nutzt den Spielraum dieser Rahmen-Verhandlungen und erlaubt ihren KlientInnen, den Rahmen der beraterischen Situation subjekthaft auszugestalten (vgl. Körner u.a. 1997, 62).

Diese Überlegungen stehen mit einem „transaktionalen Begriff von Übertragung und Gegenübertragung" (Körner 1996, 1997) in Verbindung. Dieser beinhaltet, daß Übertragung und Gegenübertragung von vornherein ineinander verschränkt sind, und sowohl KlientInnen als auch BeraterInnen gestalten gemeinsam eine Situation, die als Spiegel der bei den Interaktionspartnern wirksamen lebensgeschichtlichen Wurzeln angesehen wird. Die KlientInnen versuchen, ihr Gegenüber zu einem passenden, vielleicht gefürchteten oder auch gewünschten Verhalten zu bewegen, und/oder projizieren gewünschte oder verpönte Phantasien auf die BeraterInnen. Diese nehmen diese unbewußt vermittelten Botschaften auf und müssen die durch die KlientInnen mobilisierten Gefühle und Phantasien auf dem Hintergrund ihres eigenen bewußten und unbewußten Erlebens intrapsychisch verarbeiten. Die professionell Beteiligten erhalten so eine subjektiv geprägte Interpretation der Mitteilungen der KlientInnen. Diese enthält immer eine Aussage über die KlientInnen wie die BeraterInnen selbst, oder mit anderen Worten ausgedrückt, die gemeinsam gewonnenen Interpretationen sind ein Niederschlag des aktuellen Beziehungsgeschehens (vgl. Finger-Trescher 1991, 97 ff). Auf dem Hintergrund dieser Sichtweise liegt in jeder Übertragung der Versuch, innere Konflikte in einen interaktiven Konflikt zurückzuverwandeln, und die dadurch entstehenden Beziehungskonflikte in der beraterischen Situation dienen dazu, das bislang Nicht-Integrierte subjektiven Erlebens doch noch zu integrieren (vgl. Körner 1996, 787 ff). Diese Beziehungskonflikte können als ein Ringen um den Rahmen der Situation verstanden werden (vgl. Körner u.a. 1997, 87). Dies beinhaltet auf der Seite der BeraterInnen immer auch die Aufgabe, die eigenen bewußten und unbewußten Anteile am gegenwärtigen Beziehungsgeschehen und ihre Rolle als Auslöser von spezifischen Übertragungsangeboten (vgl. Finger-Trescher 1991, 99) zu reflektieren; und Abstinenz heißt in dieser transaktionalen Auffassung von Übertragung und Gegenübertragung nicht mehr, daß die BeraterInnen „unberührt" bleiben. „Abstinenz ist also kein Zustand von innerer Abwesenheit ..., sondern eine Haltung, die in der Verstricktheit in die Beziehung zum anderen immer wieder errungen werden muß und die eine Neukonstruktion ermöglicht" (Körner 1996, 791).

Für eine psychoanalytisch-pädagogische Praxis ist insofern „die Einnahme eines exzentrischen Standpunktes 'außerhalb' der Beziehung unabdingbar. Dieses methodengeleitete Verlassen des unmittelbaren Einbezugs in die Interaktionsverläufe des pädagogischen (hier: beraterischen; Anm. d. V.) Alltags ... erfordert eine selbstreflexive Wahrnehmungseinstellung, in der das eigene Erleben der Reflexion zugänglich ... wird" (Trescher 1993, 192). Der Rahmen der Situation kann der „Ort" eines solchen exzentrischen Standpunktes sein, wo sich eine reflexive, abstinente, professionelle Haltung verwirklichen kann. Der Rahmen existiert als Drittes jenseits der unmittelbaren Interaktionen der Berater-Klient-Beziehung. Er gehört weder den KlientInnen noch den professionell Beteiligten, wird aber von den Beteiligten hergestellt und aufrechterhalten. Insofern hat der Rahmen einer Beratungssituation eine paradoxe Stellung und Funktion: er ist Teil des Geschehens sowie Ort eines exzentrischen Betrachtungsstandpunktes. Die Aushandlung eines Rahmens bestimmt daher, wie „das Sprechen innerhalb einer Situation verstanden werden soll ... Dieser Prozeß ist nicht abschließbar und man kann ... fragen, welchen Rahmen dieser Dialog bestimmt, und man kann umgekehrt ein Verständnis vom Rahmen der Situation suchen und von dort aus den Sinn des Gesprochenen interpretieren" (Körner u.a. 1997, 145). Rahmen-Verhandlungen sind daher als ein dialektisches Geschehen anzusehen, das gewonnene „Einigungen" (Lorenzer 1986) immer wieder infrage stellt und psychosozialer Wirklichkeit einen weniger entfremdeten Eigensinn abzuringen versucht.

Die Struktur des Rahmens als Ergebnis menschlicher Dialoge weist Übereinstimmungen mit dem Konzept auf, daß Intersubjektivität sich stets in einer triadischen Struktur entfaltet. Diese bildet sich „aus dem Subjekt, dem Anderen und einem gegenständlichen Bezugspol, über den sich die intersubjektive Beziehung vermittelt. Diese interpersonell-gegenständliche Beziehungsstruktur ist alltagsphänomenologisch ... durch eine Beziehungsform gekennzeichnet, die wir ... als Zusammenarbeit an einer gemeinsamen Sache ... bezeichnen" (Fischer 1993, 129). Diese gemeinsame, dritte Sache wird von Fischer mit dem Konzept eines Arbeitsbündnisses in Verbindung gebracht. Das Arbeitsbündnis ist nichts Gegebenes. Es entfaltet sich in einem triangulären Dialogmodell, d.h. es verwirklicht sich interpersonell und trägt als „Drittes" zur reflexiven/selbstreflexiven Vergewisserung über die gemeinsamen Arbeitsziele und Kooperationsformen bei. Das Arbeitsbündnis als Teil einer Kooperationsbeziehung ist Ausdruck dafür, daß BeraterInnen und KlientInnen auch dann an der gemeinsamen Arbeit festhalten wollen, wenn ihnen ihre Zusammenarbeit beschwerlich oder aussichtslos erscheint (vgl. Körner u.a. 1997, 99). Das Arbeitsbündnis ist als „Teil des Rahmens der Situation" (Körner u.a.) eine „Konstante im Fluß der gemeinsamen Arbeit" (Körner u.a.). Es ist in ähnlicher Weise exzentrisch, wie es der exzentrische Standpunkt der Betrachtung ist.

Zu den Begriffen von Rahmen und Arbeitsbündnis möchte ich noch den des Settings einführen. Unter Setting verstehe ich den „Kernbegriff eines arrangierenden, raumorientierten pädagogischen (bzw. beraterischen; Anm. d. V.) Handelns" (Krebs/Müller 1998). Die aktive Zustimmung der KlientInnen zum Setting wird zu einem wesentlichen Bestandteil des Arbeitsbündnisses. Im Setting konkretisiert sich das Arbeitsbündnis im Hinblick auf das Ziel, den Ort und die Dauer der gemeinsamen Arbeit. Setting ist aber nicht nur etwas vom Professionellen Gesetztes. Das heißt, das Setting kann im Verlauf der Arbeit nicht unverändert bleiben. Die KlientInnen sind an seiner Veränderung beteiligt, „und es ist ein wichtiger Punkt, inwiefern das gegebene Setting dies jeweils zuläßt" (Krebs/Müller 1998). Eine weitere Dimension von Setting ist, „daß ... (BeraterInnen; Anm. d. V.) und KlientInnen als das 'Gesetzte' verstanden werden, sie also als von den Rahmenbedingungen ihrer Beziehungen prinzipiell Abhängige zu begreifen sind. Ihr Handeln wäre somit abhängig von dem das Setting umfassenden 'sozialen Ort' (Bernfeld 1929), worunter die historische und soziale Prägung eines seelischen Vorgangs ... verstanden" (Krebs/Müller 1998) wird. Die Gestaltung eines förderlichen Settings und Rahmens ist daher auch abhängig von den äußeren Bedingungen der Jugendhilfe sowie von übergeordneten Kontexten gesellschaftlicher Wirklichkeit.

Wellendorf (1995) bezieht diese „Theorie des Rahmens" auf die psychoanalytisch orientierte Arbeit im sozialen Feld. Er legt dar, daß der Begriff des Rahmens als „Grenzbegriff" den Anschluß psychoanalytischer Fragestellungen an sozialwissenschaftliche erlaubt. Die Arbeit am Rahmen stellt ein komplexes Grenzmanagement dar, das auf der Beziehungsebene von KlientInnen und BeraterInnen, auf der Ebene der internen und externen Grenzen des Klientensystems und auf der Ebene der inneren Grenzen der beteiligten Individuen (vgl. Wellendorf 1998, 27) stattfindet. Angesichts der beschriebenen Vielschichtigkeit der im sozialen Feld wirksamen Kräfte ist es für die Professionellen eine wichtige Aufgabe, „Verbindungen zwischen psychischen und sozialen Elementen herzustellen, die nichts miteinander zu tun zu haben scheinen, wie zum Beispiel abgespaltene Wünsche und Affekte, verleugnete Phantasien, aber auch aus dem Blick geratene ... Kontexte, unsichtbare dritte Instanzen und soziale Mechanismen" (a.a.O., 28) zu erkennen.

Das Aushandeln eines Rahmens setzt eine Grenze (vgl. Wellendorf 1995, 253 f). Diese begrenzt das Beziehungsfeld zwischen den KlientInnen und den Professionellen. Als Grenzbegriff verbindet der Rahmen aber auch - wie jede Grenze - und markiert einen sozialen Ort, an dem einerseits ein Verständnis der gemeinsamen Situation gewonnen werden kann, andererseits aber auch das Unverstandene, das Zweifelhafte sowie Unbewußtes wirksam und reflektiert werden kann. Psychoanalytisches Verstehen bedarf in diesem Kontext - neben der Kooperation mit anderen Wissenschaften - besonders der Verknüpfung zweier Perspektiven. In Ergänzung zur vertikalen Verstehens-Dimension im Hinblick auf individuell unbewußte Aspekte ist für das Verstehen intersubjektiven Handelns in der Erziehungsberatung eine horizontale Verstehens-Dimension sehr wichtig, die den Blick auf soziale, institutionelle und familiäre Konflikte und damit einhergehende psychosoziale Abwehrformen richtet (vgl. Mentzos 1976; Fertsch-Röver-Berger 1991).

2. Der Erstkontakt in der institutionellen Erziehungsberatung

Die Anlässe zum Aufsuchen einer Erziehungsberatungsstelle beziehen sich meistens nicht auf diagnostisch klar umrissene Störungsbilder, sondern sind Folge schwieriger Lebenssituationen. Erziehungsberatung versucht, Orientierung in lebenspraktischen Fragen zu geben, damit aus den alltäglichen Konflikten der Erziehung keine chronischen Probleme und keine Außenseiterkarrieren werden. Diese Ausgangssituation und der Umstand, daß viele KlientInnen von anderen Instanzen „zur Beratung geschickt" werden, erfordert routinemäßig die Analyse der Überweisungskontexte, die zur Anmeldung bei einer Beratungsstelle geführt haben. Dadurch sollen die vorgetragenen Probleme kritisch auf dem Hintergrund sozialer Zuweisungs- und Stigmatisierungsprozesse hinterfragt werden, damit sich diese nicht als Hemmnisse für eine Beratung auswirken.

Diese Vielschichtigkeit und Unübersichtlichkeit hat zur Folge, daß der Erstkontakt oftmals kein einmaliges Gespräch sein kann, sondern über eine Phase von mehreren Gesprächen - bis ca. fünf Sitzungen - ausgedehnt werden muß. Je nach Sachlage wird die Erstkontaktphase in Form von Einzelsettings für Kinder und Eltern, Elternpaar- oder Familiensettings durchgeführt, die im Bedarfsfall durch Gespräche mit anderen beteiligten Instanzen und Personen[2] wie z. B. LehrerInnen oder SozialarbeiterInnen ergänzt werden. In vielen Fällen ist die Erstkontaktphase auch eine Form von Kurzberatung, da statistisch gesehen bei ca. 50% aller Anmeldungen Beratungen nicht länger als 6 Sitzungen dauern (vgl. Hundsalz 1995, 236). Die Erstkontaktphase ist daher oft nicht der Vorlauf für eine spätere Beratung, sondern selbst eine Form von „verdichteter Beratung" (Hundsalz). Im Verlauf der Konstruktion eines Rahmens, Arbeitsbündnisses und Settings in der Erstkontaktphase werden „Suchbewegungen" angewandt, die sich entlang anamnestischer, diagnostischer und interventionsbezogener Schritte vollziehen:

1. Anamnese kann sich im sozialen Feld der Erziehungsberatung nicht nur auf die Erhebung von „harten" Fakten der Vorgeschichte eines Falles beschränken, sondern muß die Klärung seiner Geschichte auf soziale, familiäre und individuelle Sinnzusammenhänge ausdehnen, besonders auch im Hinblick auf latente Realitätsebenen. Dies erfordert eine offene, multiperspektivische Wahrnehmungshaltung.

2. Diagnose heißt mehr als „nur" Klassifizieren von Verhaltensmerkmalen und ihre Zusammenfassung zu Störungsbildern. Es geht vielmehr um das Zergliedern, Erkennen und Gewichten der verschiedenen Aspekte der sozialen, familiären und individuellen Kontexte. Dafür ist es wichtig, zu klären, aus welchem Grund KlientInnen „wirklich" eine Beratungsstelle aufgesucht haben und wer im Zusammenhang mit der indizierten Problemlage welches Problem hat. Da bei den Fällen der Erziehungsberatung die Schwierigkeiten in der Regel zwischen Personen oder zwischen Personen und gesellschaftlichen Instanzen angesiedelt sind, die diese unterschiedlich definieren, ist es grundsätzlich relativ, d.h. vom Standpunkt abhängig, wer eine Problemlage zugeschrieben bekommt bzw. für diese verantwortlich gemacht wird. Zugleich ist in diesem Zusammenhang zu fragen, wer für das beraterische Handeln den Auftrag erteilt. Hier sind drei konstitutive Mandate, wie erstens das Klientenmandat, zweitens die Vorgaben der Gesetze und von Verwaltungen und drittens die fachliche Verantwortung zu nennen. Diese Mandate heben sich von den nicht-konstitutiven Mandatsträgern wie z.B. Schulen, Ämtern, Kindergärten als Zuweiser der Erziehungsberatung ab. Obwohl diese praktisch oft von hoher Bedeutung sind und den Erfolg/Mißerfolg einer Beratung beeinflussen, hat sich die Beratung jedoch vorrangig an den konstitutiven Mandaten und besonders am Klientenmandat zu orientieren (vgl. Müller 1993, 90 ff).

3. Intervention heißt das Aushandeln von Angeboten, die Gelegenheiten zum gemeinsamen Handeln schaffen. Hierbei stellt sich die Frage, welche Angebote - z.B. Familienoder Elternberatung, Einzelarbeit mit Kindern, Beratung im sozialen Umfeld - Eskalation verhindern und Entlastung schaffen, damit selbstbestimmtes sowie lebendiges Handeln und Weiterentwicklung wieder möglich wird (vgl. Müller 1993, 107 ff).

Diese drei Analysedimensionen sind im Verlauf einer Erstkontaktphase selten exakt zu trennen und gehen ständig ineinander über, besonders dann, wenn die Erstkontaktphase mit einer Kurzberatung identisch ist.

---

[2] Solche Gespräche im Umfeld werden nur beim Vorliegen einer Schweigepflichtsentbindung durchgeführt.

In der Erstkontaktphase wird zur Klärung des Beratungsanliegens zunächst probeweise ein Beratungs-Rahmen vorgeschlagen, der spezifische soziale, institutionelle und individuelle Grenzen markiert. Die Wirkungen, die diese jeweiligen Grenzsetzungen auf das Beratungsgeschehen haben, sind auch als Hinweise auf die bewußten und unbewußten Anliegen, Wünsche und seelischen Nöte der KlientInnen zu sehen. Die Konflikte, die durch diese Grenzziehungen entstehen, transportieren das „Nicht-Integrierte" in einem umfassenden Sinn bezogen auf Sinn- und Kommunikationsstrukturen in sozialen, familiären und institutionellen Kontexten (vgl. Wellendorf 1994). Jene reproduzieren sich im Feld der Beratung und verdichten sich zu „Szenen" (Lorenzer 1986), die einerseits offene und verdeckte psychosoziale Prozesse im Sinne einer Vorder- und Hinterbühne repräsentieren. Die Vorderbühne stellt die öffentliche Ebene dar und dient der Außendarstellung. Die Hinterbühne ist nicht-öffentlich, unterliegt Zugangskontrollen und zwar in dem Sinne, daß das, was z.B. Eltern über die Schule oder die Beratungsstelle zu Hause bereden, wenn sie ihren „Frust ablassen", nicht für die Ohren der LehrerInnen oder BeraterInnen bestimmt ist. Andererseits repäsentieren diese „Szenen" latente Sinngehalte. Hier handelt es sich nicht um „logisch ohne weiteres faßbare Zusammenhänge" (Schülein 1996). Ihr Bedeutungsgehalt ist verborgen und weist unbewußte Qualitäten auf, was zu hochdynamischen Geschehnissen führen kann. Daraus folgt als Aufgabe für die Erstkontaktphase, daß die BeraterInnen gemeinsam mit den KlientInnen einen Rahmen und ein Arbeitsbündnis im Zusammenhang mit einem spezifischen Settingvorschlag formulieren, der die manifesten Konfliktebenen aufgreift sowie auf die „szenische Evidenz" (Argelander 1983, 14) unbewußter Prozesse eingeht, um dadurch Ansatzpunkte für die Herausbildung von Veränderungs-Bereitschaften auf der Seite der KlientInnen zu schaffen. Entscheidende Voraussetzung dafür ist allerdings, daß die Fähigkeit zur Exzentrizität bei den KlientInnen vorhanden ist. Ist dies nicht der Fall, dann wird ihre Entwicklung zur vorrangigen Beratungsaufgabe.

3. Falldarstellung und Reflexion

3.1 Der Fall[3]

Herr P. meldet seinen 16-jährigen Sohn an wegen schwerwiegenden Verhaltens- und Leistungsproblemen in der 7. Klasse der Hauptschule und familiären Konflikten. Der Sohn macht nachts heimlich Touren mit dem PKW. Die Eltern sind Mitte Dreißig, ungelernte Arbeiter. Er war früher „Trucker".
Ich mache mit Herrn P. telefonisch einen Termin für ein erstes Gespräch aus. Herr P. klagt, daß sie zu Hause mit Klaus nicht zurecht kommen. Er sucht dringend Hilfe. Auf dem Jugendamt haben sie ihn an die Beratungsstelle verwiesen. Herr P. möchte, daß sein Sohn beraten wird. *Da ich es nicht für sinnvoll halte, den Sohn „einfach in der Beratungsstelle ab-*

---

[3] Die Angaben zur Familie wurden aus Datenschutzgründen zum Teil verändert.

geliefert zu bekommen"[4], biete ich Herrn P. an, daß er mit seiner Familie zur Beratung kommt. Herr P. reagiert auf diesen Vorschlag zunächst etwas skeptisch, will aber die andere Alternative, als erstes nur mit seiner Frau zusammen zur Beratung zu kommen, erst recht nicht wahrnehmen, weil es nicht um sie, sondern um den Sohn geht. Wir einigen uns auf ein erstes Gespräch im Familien-Setting. *Da ich am Telefon spontan den Eindruck habe, daß die Familie mit Ablösungskonflikten beschäftigt ist, beurteile ich dieses Setting auch als eine gute Wahl*[5].

3.1.1 Die erste Stunde

Selten habe ich eine so finster dreinblickende Familie erlebt. Ich glaube, daß es den Eltern doch lieber gewesen wäre, wenn ich nur mit ihrem Sohn gesprochen hätte, weil er der „Straftäter" ist. Allerdings will ich auch nicht der „Richter" über den Sohn sein. Herr P. beginnt, sich klagend und wütend über seinen Sohn zu äußern. Seit einem ¾ Jahr haben seine Leistungen nachgelassen und die Versetzung ist gefährdet. Klaus soll eigentlich nicht „dumm" sein. Er ist oft frech zu seinen LehrerInnen. Klaus hört seinem Vater schweigend zu. *Ich bemerke bei ihm einen gewissen Stolz über seine Schandtaten.* Frau P. bestätigt nickend diese Darlegungen.

Aufgrund meiner Einlassung, daß diese Dinge für die Familie sehr schlimm sein müssen, beruhigt sich Herr P. etwas. Er klagt über das ungerechte Verhalten der Schule. Sein Sohn ist mittlerweile der Sündenbock. Er fühlt sich vom Klassenlehrer wie ein „Asozialer" behandelt, der unter dem sozialen Dünkel der Lehrer leidet, die nicht wie er von Arbeitslosigkeit bedroht sind. Herr P. betont, daß sie eine ordentliche Familie sind, die sich nichts zuschulden kommen läßt.

Versuche von mir, Klaus ins Gespräch einzubeziehen, scheitern. Herr P. antwortet entschuldigend für seinen Sohn, daß dieser schon immer etwas schüchtern gewesen sei. Schon im Kindergarten hätte er sich nicht von den Eltern trennen können. *Die Spannung ist so groß, daß ich Herrn P. nicht unterbreche, um auf dem Rederecht für Klaus zu bestehen.* Allerdings greift jetzt Frau P. ins Gespräch ein und erinnert, daß Klaus doch eine Zeitlang viel gesprochen hatte. Außerdem habe sie früher ein harmonisches Verhältnis zu ihrem Sohn gehabt. Herr P. unterbricht seine Frau und erzählt, daß er seinen Sohn früher bei seinen LKW-Fahrten oft mitgenommen hatte. Bei diesen Gelegenheiten hatte er fast schon zuviel gequasselt. Herr P. schwärmt von seiner großen Trucker-Zeit, als er noch kreuz und quer durch Europa fuhr. Leider mußte er diesen Job aus gesundheitlichen Gründen aufgeben.

Herr P. erwähnt die häuslichen Probleme. Klaus läßt sich von seinen Eltern nichts mehr sagen. An Wochenenden schleicht er sich manchmal in der Nacht aus der Wohnung und trifft

---

[4] Hinweis zur formalen Gestaltung: Gedanken, Eindrücke und Reflexionen während und nach den Gesprächen werden kursiv gesetzt.
[5] Dieses Setting schlage ich häufig zur Klärung von Ablösungsproblemen bei Jugendlichen vor, weil diese oft durch psychosoziale Abwehrarrangements (Mentzos) determiniert sind.

sich mit Freunden. Bei zwei dieser Ausflüge hat er sich den PKW seines Vaters genommen. Zunächst hat Herr P. von diesen Spritztouren nichts bemerkt. Herr P. ist entrüstet, aber auch stolz auf die Fahrkünste seines Sohnes, die er sich von ihm abgeguckt haben muß. Der Wagen hatte keine Schramme. An diesem Punkt sind Vater und Sohn „ein Herz und eine Seele". Hier kann ich mir ein Schmunzeln nicht verkneifen. Frau P. „platzt der Kragen". Sie ruft ihren Mann zur Ordnung, der verlegen umschaltet und mir vorwurfsvoll die dramatischen finanziellen und rechtlichen Folgen dieser Spritztouren darlegt, so als hätte ich diese durch mein Schmunzeln gut geheißen. Wie ein Ertappter - *als ob ich diese Spritztouren gemacht hätte* - behaupte ich das Gegenteil, was Herr P. „gnädig" zur Kenntnis nimmt.

Zunächst herrscht nach dieser Sequenz ein belastendes Schweigen. Ich stelle weitere Nachfragen hinsichtlich des Familienlebens. Die Eltern berichten, daß sie zu Hause kaum miteinander sprechen, weil ewig der Fernseher läuft. Soviel wie hier hätten sie schon lange nicht mehr gesprochen. Frau P. geht auf ihre Arbeit ein und legt dar, daß sie sich immer ausreichend um Klaus gekümmert habe, weil sie bis zu seinem 10. Lebensjahr nicht gearbeitet habe.

Gegen Ende der Stunde bin ich ziemlich ratlos, was ich angesichts der Ohnmacht und Wut von Familie P. raten soll. Ich habe das Gefühl, kaum Zugang zu der Familie gefunden zu haben. Herr P. scheint gar nicht mal so unzufrieden zu sein, daß ich mich ähnlich ohnmächtig wie er fühle. Ein Einzelsetting mit Klaus scheint mir im Moment nicht opportun, weil ich damit dem Strafbedürfnis von Herrn P. entgegenkäme. Ich möchte daher zunächst beim Familiensetting bleiben, um der Familie als Ganzes eine Möglichkeit zum Gespräch zu bieten. Die Familie ist mit diesem Vorschlag und seiner Begründung einverstanden, obwohl Herr P. meint, daß Klaus hier zu gut weggekommen sei, weil er bestraft gehört. *Nach diesem Gespräch fühle ich mich ungenügend wie selten. Auf Herrn P. bin ich ärgerlich, weil er sich wie ein „Biedermann" gibt, der es aber wahrscheinlich „faustdick hinter den Ohren hat". Im Hinblick auf die Schule vermute ich, daß er mit Klaus „unter einer Decke steckt", diesen „angreifen" läßt und sich dann über dessen Vergehen ereifert.*

Obwohl Herr P. betont, freiwillig in die Beratungsstelle gekommen zu sein, steht diese Familie doch unter einem großen Anpassungsdruck. Es scheint für sie „normal" zu sein, gegen staatliche Instanzen zu „kämpfen". Andererseits sucht Herr P. starke staatliche Instanzen wie das Jugendamt als „Verbündete" gegen den „bösen" Sohn und ist enttäuscht, wenn er diese nicht findet.

3.1.2 Zusammenfassung der zweiten bis fünften Stunde

Der Umgang mit den schulischen Konflikten bleibt das vorherrschende Thema. Herr P. würde die Schule am liebsten verklagen, weil sie eine Anzahlung für eine Klassenfahrt einbehalten hat, an der Klaus nicht teilnehmen durfte. Frau P. schaltet sich ein und legt dar, daß sie an der Reaktion der Schule nicht unschuldig sind. Der Ausschluß von der Klassenfahrt ist erfolgt, weil sie nicht mit der Schule zusammengearbeitet haben. Frau P. schlägt vor, doch noch einmal ein Gespräch mit dem Klassenlehrer zu suchen, um die Konflikte beizulegen. Herr P. ist darüber nicht erfreut, kann sich aber diesem Vorschlag nicht verschließen, obwohl er vom Klassenlehrer beleidigt worden ist. Dieser hat ihm unterstellt, daß er das Benehmen von Klaus im Grunde unterstützen würde.

Ich bin über die Art und Weise der „Deutung" des Klassenlehrers verärgert, da diese zu einem Mittel des Kampfes wird. Ich habe den Eindruck jetzt noch vorsichtiger mit Interpretationen sein zu müssen, um nicht aus dem Stand einen „Krieg mit der Familie anzuzetteln" und die wechselseitigen Entwertungen zu perpetuieren. Zunehmend fühle ich mich auch als Rechtsanwalt der Familie. Statt für die Familie zu kämpfen, knüpfe ich an die Vorschläge von Frau P. an und schlage erneute Gespräche mit der Schule vor. Die Eltern gehen darauf ein, weil sie sich doch nicht völlig von der Schule abwenden wollen und im Grunde auch auf die Anerkennung durch die LehrerInnen Wert legen. Sie vereinbaren insgesamt drei Gespräche mit dem Klassenlehrer, die zur Befriedung beitragen. Alle sind erleichtert. Im Zuge dieser Entspannung zeigt sich dann auch, daß das Verhältnis von Klaus zu seinen LehrerInnen nicht immer so schlecht gewesen ist. Sein Vater kann es aber nicht lassen, weiter gegen die Schule zu „stänkern". Klaus zieht sich daraufhin wieder in sein „Schneckenhaus" zurück. Frau P. kommt hier nicht gegen ihren Mann an.

In solchen Momenten bricht der Gesprächsfaden ab. Alle drei scheinen keinen Zugang mehr zueinander wie zu sich selbst zu finden. Selten habe ich mich so sprachlos, fast „mundtot gemacht gefühlt" wie bei Familie P. Wenn ich jedoch meine Bereitschaft signalisiere, ihre Gefühle der Ohnmacht, Niedergeschlagenheit und Versteinerung auf mich zu nehmen, werden sie etwas lebendiger.

Ein Thema, das die Familie aus der „Versteinerung" reißt, sind die Spritztouren von Klaus. Frau P. bedauert, keinen Führerschein zu haben, was ihrem Mann und ihrem Sohn aber überhaupt kein Problem zu sein scheint. Erst nach der zweiten Spritztour hat es Herr P. fertig gebracht, seine Autoschlüssel wegzuschließen. Seltsamerweise haben die Eltern ihren Sohn für diese Vergehen nicht bestraft. Die Eltern begründen die Autoleidenschaft des Sohnes mit seinem Technikinteresse. Klaus steigt an dieser Stelle ins Gespräch ein und berichtet über Inhalte aus dem Physikunterricht, die er für seine technischen Basteleien nutzen kann. Die Eltern sind stolz auf ihren Sohn.

Diese Stimmungsveränderung würde ich gerne nutzen, um die vermutete Delegation von Sündenbock-Aspekten sowie Ausbruchstendenzen auf den Sohn anzusprechen. Als Aufhänger will ich das Interesse von Vater und Sohn für Autos nehmen. Ich mache ihnen daher den Vorschlag, auf einen Verkehrsübungsplatz zu gehen, damit Klaus legal Auto fahren kann, und Vater und Sohn gemeinsam etwas Versöhnliches unternehmen können. Leider lehnen Herr und Frau P. dies entrüstet mit der Bemerkung ab, daß ihr Sohn dadurch noch belohnt werden würde. *Obwohl die Stimmung kühler wird, hebelt diese Intervention die Arbeitsbasis nicht völlig aus. Ich sehe mich darin bestätigt, daß ein legaler Rahmen für die „Fortbewegung" des Sohnes, mit anderen Worten, sein schrittweises Erwachsenwerden immer noch einen neuralgischen Punkt in der Familie berührt. Da es der Familie aber mit meiner Unterstützung gelungen ist, ihr gemeinsames Schulproblem in „den Griff zu bekommen", hoffe ich doch, daß ihr Vertrauen trotz der „Abkühlung" soweit reicht, daß ich mit Klaus, aber auch den Eltern Einzelgespräche führen kann, um dadurch Anstöße für mehr Autonomie und Individuation zu geben.*

Die Eltern sind jedoch mit den erreichten Veränderungen einigermaßen zufrieden und wollen die Beratung beenden. Sie begründen ihre Entscheidung nicht weiter. Sie wollen sich wieder melden, falls erneut Probleme auftauchen.

3.2 Reflexion

Die Arbeit am Rahmen eines Familien-Settings offenbart die zentrale Bedeutung des sozialen Umfeldes für die Aufrecherhaltung des psychosozialen Abwehrarrangements (vgl. Mentzos 1976) der Familie, das ich als „Festung" (vgl. Richter 1970) bezeichnen möchte. Die Familienmitglieder kämpfen als Unterschichtsangehörige gegen soziale Ausgrenzungsprozesse, die auf einer Kumulation sozialer, ökonomischer und soziokultureller Benachteiligungen wie z. B. drohender Arbeitslosigkeit und fehlender Bildungschancen beruhen. Einerseits wünschen sie sich eine soziale Aufstiegschance durch Bildung für ihren Sohn, andererseits befürchten sie, daß sie dadurch ihren Sohn verlieren könnten und entwickeln eine ambivalente Haltung gegenüber der Schule.

Die Familie scheint diese Formen der Auseinandersetzung als einen Weg der Selbstbehauptung anzusehen. Ihre Kämpfe erfordern Geschlossenheit. Für Autonomie und Individuation der Einzelnen scheint in diesem Kräftefeld zwischen Familie und Umwelt nur wenig Raum zu sein. Nach eigener Aussage wird in der Familie nur wenig gesprochen und ihr Auftreten wirkt einerseits wie „versteinert und tot". Sie finden kaum Worte für die eigene Geschichte und wie diese von jedem einzelnen empfunden und beurteilt wird, kann aufgrund eines offensichtlich dauerhaft wirksamen Bedrohungsgefühls kaum thematisiert werden. „Lebendig" wird die Familie andererseits beim Kampf gegen die Außenwelt oder wenn es um Ausbruch bzw. Flucht geht, wie sich dies anläßlich der nächtlichen Spritztouren des Sohnes oder in der idealisierten Truckerzeit von Herrn P. zeigt. Das heißt, Familie P. reguliert ihre Konflikte offensichtlich dadurch, daß sie diese externalisiert und in einer Kampf-Flucht-Einstellung verarbeitet.

In den Beratungsstunden zeigt sich, daß diese Kampf-Flucht-Einstellung sich auch familienintern fortsetzt, und zwar vornehmlich im Kampf der Eltern um den Sohn. Die Eltern sprechen in den Beratungsstunden so gut wie überhaupt nicht miteinander, sondern wenden sich an ihren Sohn bzw. treten über mich in Kontakt. Mit anderen Worten könnte das heißen, daß sie Klaus als Elternpaar wahrscheinlich eher selten gegenübertreten. In der Folge konkurrieren sie um seine Komplizenschaft und Loyalität, um so den jeweils anderen zu bekämpfen. Der Sohn ist in dieser Position zur „Kitt-Stelle" geworden, an der die zentrifugalen, aber auch zentripetalen Kräfte der Familie gebündelt werden. Im Zentrum dieser widerstreitenden Kräfte stehend scheint Klaus in seiner Entwicklung „wie auf der Stelle zu treten" und verschleißt sich in blindem Protest. Verselbständigung und Autonomie einerseits sowie andererseits Wiederannäherung an die Eltern auf einer erweiterten, erwachseneren Stufenleiter sind ihm nicht möglich. Klaus bleibt so verwoben in Autoritätskonflikten, besonders des Vaters, und in Loyalitätsbindungen. Dabei erhält er eine Sündenbock-Rolle als Delegierter verpönter Familien-Wünsche wie Fortbewegung, Fernweh und Aufbruch.

Frau P. hat in ihrer Familie widersprüchliche Rollen. Einerseits übt sie einen starken Einfluß aus, indem sie auf einen Teil der Außenbeziehungen einwirkt. So ist es ihrer Intervention zu verdanken, daß die Konflikte mit der Schule teilweise geklärt wurden. Andererseits ist sie entwertet und Vorstellungen einer traditionellen Weiblichkeit verhaftet. Sie hat Schuldgefühle wegen ihrer Berufstätigkeit, obwohl diese sicherlich nur einen geringen Einfluß auf die Probleme des Sohnes hat. Die Schuldgefühle von Frau P. wirken sich vermutlich auf eine ganz andere Weise ungünstig aus. Sie verhindern nämlich, daß sie ihre autonomen weiblichen Bedürfnisse mobilisieren und damit etwas für sich tun kann. Auch Klaus könnte davon profitieren, weil eine unabhängigere Mutter als Identifikationsfigur seine Selbständigkeit fördern würde.

Im Verlauf des vereinbarten Rahmens einer Familien-Beratung werden schwerpunktmäßig die Außenbeziehungen und die damit verbundenen zentralen psychosozialen Abwehrarrangements zum Thema. Dies muß in der Beratung bearbeitet werden, damit ein erstes Arbeitsbündnis entstehen kann. Ein Einzelsetting für den Jugendlichen, wie anfangs vom Vater gewünscht, wäre zumindest zu Beginn der Beratung zum Scheitern verurteilt gewesen, weil dieses die Sündenbockrolle von Klaus bestätigt hätte. Vielleicht hat das der Vater auch intuitiv gespürt, weil er trotz gewisser Vorbehalte dem Familien-Setting zustimmt. Dieses ermöglicht es, daß die Schulkonflikte als eine gemeinsame Angelegenheit angesehen werden können. Zu ihrer Erleichterung stellt sich ein kleines Stück lang vermißter Solidarität und Harmonie wieder her.

Allerdings bleibt die Beratung bzw. das Arbeitsbündnis mit Familie P. immer relativ brüchig und vom Abbruch bedroht. Die Kampf-Flucht-Einstellung der Familie reproduziert sich in den Beratungs-Szenen und wird besonders an den Stellen zum Konflikt, wo die Frage auftaucht, ob ich als Berater zur feindlichen Außenwelt wie z.B. der Schule oder der Beratungsstelle als Institutionen gehöre oder mich auf die Seite der Familie, der Eltern oder des Sohnes schlage. Als Mitarbeiter einer Beratungsstelle, der einen professionellen Auftrag zu erfüllen hat, gehöre ich „automatisch" zur feindlichen Außenwelt, was aber nicht nur negativ ist. Durch diese Zugehörigkeit zum institutionellen Rahmen kann ich nämlich dem starken Sog der Familie widerstehen, ein Teil von ihr zu werden. Ich kann mich dadurch auf der Grenze zwischen Familie und Umwelt positionieren und als Vermittler zwischen diesen „Fronten" zur externen und internen Entlastung und Solidarisierung beitragen, weil jedes Familienmitglied angesprochen wird, seinen Teil zur Veränderung zu leisten. Die Konstruktion eines Familien-Settings als Rahmen birgt zugleich aber auch das Risiko, in verdeckte Loyalitäten verstrickt zu werden. Während der Beratung bin ich mehr intuitiv als bewußt mit Klaus identifiziert. Diese Identifikation mit dem Sohn erzeugt einen Teil meiner Sprachlosigkeit und weitgehenden Hemmung, latente Themen der Familie anzusprechen, weil ich fürchte, dann brechen sie ab. Diese Angst vor dem Abbruch ist wahrscheinlich aber vergleichbar mit der Angst von Klaus, daß die Familie vielleicht zerbrechen könnte, wenn er seine Rolle als „Kitt-Stelle" verändert oder sogar abstreift. Ich spüre diese Befürchtungen und füge mich teilweise dem Familien-Tabu[6]. Ich bin aber auch mit dem „dissozialen"

---

[6] Aus heutiger Sicht würde ich bei diesem Fall mit der Verstrickungsproblematik in einer etwas anderen Weise umgehen. Ich würde versuchen, meine Gegenübertragungsreaktionen stärker als Aufhänger für die Begren-

Protest von Klaus identifiziert und spüre auch bei den Eltern einen Leidensdruck. Ich will daher die Beratung in einem anderen Rahmen fortsetzen, um den Eltern und Klaus gerechter zu werden. Für die Entwicklungsschritte, die nach dem Abflachen der „Kriegsstimmung" anstehen könnten, nämlich die bewußtere Wahrnehmung und das Zulassen von Ohnmachtsgefühlen, Trauer und Schuld im Hinblick darauf, daß die Eltern und Klaus sich schrittweise trennen müssen - ein Thema, daß sie seit der Kindergarten-Zeit beschäftigt -, um sich im günstigen Fall langfristig als individuierte Erwachsene wiederzufinden, hätte meiner Ansicht eines Beratungs-Rahmens in Form von Einzelsettings bedurft. Familie P. will diese Schritte nicht mehr mitgehen. Ich nehme an, daß sie Angst davor hatten, sich abgegrenzter mit ihren Anteilen an den Konflikten auseinanderzusetzen.

Die Nachfrage von Familie P. ist in vielerlei Hinsicht typisch für die Arbeit in der institutionellen Erziehungsberatung. Diese ist ein Dienstleistungsangebot, das im Prinzip voraussetzungslos allen Eltern, Kindern und Jugendlichen zur Verfügung steht. Die Anlässe für eine Beratung beziehen sich in der Regel auf Schwierigkeiten, die die Klienten nicht mehr mit ihren bewährten Mitteln der Alltagsbewältigung verändern können. Es sind Probleme, die dadurch entstehen, daß sie sich beeinträchtigt, in ihren Rechten beschnitten fühlen oder ihrerseits andere beeinträchtigen (vgl. Müller 1993, 90). Um dieser Nachfrage gerecht zu werden, muß sich Erziehungsberatung als eine „lernende Institution" (Eggemann-Dann 1998) begreifen, die die organisatorischen, personellen und konzeptionellen Ressourcen für eine forschende Praxis im Interesse der Klienten bereitstellt, damit neue Handlungsspielräume zumindest in Teilbereichen des Verhaltens, wie z.B. bei Familie P., möglich werden. Die Beratung von Familie P. zeigt aber auch eine typische Grenze der Arbeit in der institutionellen Erziehungsberatung auf. Die Institutionalisierung der Erziehungsberatung, die Voraussetzung für die psychosoziale Regelversorgung von Eltern, Kindern und Jugendlichen durch die Kinder- und Jugendhilfe ist, birgt die Gefahr, die Bildung von institutionell determinierten Abwehrschranken zu begünstigen: So kann einerseits die Thematisierung informeller Inhalte, wie sie sich in familiären Interaktions- und Kommunikationsstilen und Übertragungs-Gegenübertragungs-Relationen manifestieren, in einem formellen Kontext, wie der institutionalisierten Erziehungsberatung, die zudem primär keinen therapeutischen Auftrag hat, auf eine Abwehrschranke bei den BeraterInnen, aber auch KlientInnen stoßen. Die Einbindung der BeraterInnen in die öffentlichen Aufgaben der Erziehungsberatung, in Hierarchien und Verwaltungsregeln und damit einhergehenden Zwängen der Legitimation des eigenen Handelns; des weiteren die Konfrontation mit oftmals quasi offiziellen Anlässen für eine Beratung wie z.B. bei Schulproblemen, die mit Befürchtungen vor sozialer Kontrolle auf der Seite der KlientInnen einhergehen können, was sich auch den BeraterInnen mitteilt, können zu folgender Konstellation führen: Sozial nicht-lizensierte und/oder abgewehrte (unbewußte) Bedürfnisprofile werden tendenziell aus dem Beratungsgeschehen ausgeblendet. Andererseits kann diese institutionell induzierte Abwehr jedoch auch in der anderen Richtung wirksam werden. Die BeraterInnen verlieren den Blick für ihre professionelle Einbindung in formelle Aufgaben sowie für die realen Nöte und Zwänge der Lebens-

---

zung der Verstrickungen zu nutzen, indem ich meine Befindlichkeit gegenüber den Klienten formuliere, um dadurch ihre unbewußte Verklammerung mit mir als Berater in Frage zu stellen.

wirklichkeit ihrer KlientInnen, die sich nicht allein durch die Wirkungen familialer Muster und psychischer Abwehr erklären lassen. Dies würde zu einer „Therapeutisierung" der Erziehungsberatung führen, die dadurch den Bezug auf einen Teil ihrer Arbeitsaufgabe verliert, der notwendiger Bestandteil der triadischen Struktur des Rahmens ist.

Zur beraterischen Kompetenz gehört es daher, die in der Regel diffuse Verschachtelung formeller und informeller Kontexte im Beratungsgeschehen erkennend zu unterscheiden und zu vermitteln (vgl. Buchholz 1988; Krebs 1991). Diese Kontexte müssen in eine Balance gebracht werden, um einen förderlichen Beratungs-Rahmen entwickeln zu können. Ist dies nicht der Fall und dominiert eine Seite das Beratungsgeschehen, dann etabliert sich leicht eine Tendenz zu einer mehr oder weniger ausgeprägten Abwehrschranke, die entweder die formellen bzw. informellen Themen in den Vordergrund stellt. Beraterische Kompetenz fällt dann einer „destruktiven Kontextverschachtelung" (Buchholz 1990) anheim, die die Aufrechterhaltung des status quo der indizierten Konfliktlagen eher stützt als verändert. Diese Abwehrtendenz hat auch in der Beratung von Familie P. eine Rolle gespielt und zwar in der Ausblendung der Bedeutung der latenten Konfliktebenen. Beraterisches Handeln in der institutionellen Erziehungsberatung hat es unausweichlich mit diesen Gegensätzen zu tun und gerade in der Erstkontaktphase ist es besonders schwierig, diese in ein angemessenes Gleichgewicht zu bringen.

4. Diskussion der Beratungskonzepte von G. Diem-Wille und H. Figdor

Die Beratungskonzepte von Diem-Wille und Figdor[7] (vgl. in diesem Band) sind in anderen Praxiskontexten als die institutionelle Erziehungsberatung in der BRD angesiedelt. *Diem-Wille* beschreibt ein Beratungskonzept für Kleinkinder „unter dem Namen 'Under Five Counselling Service'", das an der Tavistock-Clinic in London praktiziert wird und Teil des öffentlichen Gesundheitswesens ist (vgl. S. 92 in diesem Band). Die Beratung ist für die Ratsuchenden kostenlos. Figdor berichtet von einem Fall aus der psychoanalytischen Privatpraxis. Beide Autoren beschreiben ihre Praxis nicht als eine „Arbeit im sozialen Feld", die multiperspektivische Sichtweisen erfordert. Ihre Ansätze beschränken sich im wesentlichen auf psychoanalytische Zugangswege im Hinblick auf die Anliegen der Klienten. Die „Einseitigkeit" dieser Blickwinkel würde unter den Praxisbedingungen in der BRD zu einer Re-Therapeutisierung der Erziehungsberatung führen, die sich spätestens seit Inkrafttreten des KJHG Anfang der 90er Jahre als „integraler Bestandteil einer lebensweltorientierten Jugendhilfe" (Müller 1996a, 67) begreift. Dies würde auch einer „alten" Kritik an der Erziehungsberatung wieder Vorschub leisten, daß diese sich nämlich von den sozialen und psychischen Konflikten von Menschen in besonders belasteten Lebenslagen fernhält (vgl. Bundesministerium für Jugend, Familie, und Gesundheit 1990, 136 f). Eine solche Ent-

---

[7] Bei meiner Diskussion der Texte von Diem-Wille und Figdor verzichte ich auf eine inhaltliche Zusammenfassung und setze die Kenntnis der Texte voraus.

wicklung hätte für die Erziehungsberatung in der gegenwärtigen Jugendhilfediskussion und unter den fiskalischen Bedingungen „leerer" öffentlicher Kassen zur Folge, daß ihre Existenz sozialpolitisch als flächendeckendes Jugendhilfeangebot in der BRD infrage gestellt wäre (vgl. Müller 1996). Meine Diskussion der Beratungskonzepte von Diem-Wille und Figdor geht daher davon aus, daß diese nur begrenzt auf hiesige Verhältnisse übertragbar sind und durch multiperspektivische Sichtweisen ergänzt werden müßten.

Diem-Wille beschreibt die fünfstündige Beratung eines 15 Monate alten Jungen und seiner Eltern, der an Einschlafproblemen leidet und nur im Bett der Eltern schlafen will. Sie arbeitet nach dem Konzept, daß es eine „'individuelle Therapie für ein Kleinkind nicht gibt' (Hopkins 1992, 5), ... da es kein Baby, sondern nur ein Mutter-Kind-Paar gibt" (siehe S. 91 in diesem Band). Psychische Probleme des Kleinkindes sind gemäß Diem-Wille meistens durch „ungelöste innere Konflikte der Eltern verursacht" (siehe S. 91 in diesem Band) und das Kind wirkt im Hinblick auf diese Konflikte wie ein „Katalysator". „Der Fokus dieser Psychotherapie liegt nicht in einer Person, sondern in den Beziehungen zwischen den Familienmitgliedern, wie sie sich in der Sitzung ... zeigen" (siehe S. 91 in diesem Band), und in der Übertragung zur Therapeutin wiederholen. Dieses Konzept von Diem-Wille ist aus meinem Blickwinkel insofern interessant, da es sich im Sinne einer Sekundärinterpretation auch als ein psychoanalytisch-familiendynamischer Beratungsansatz beschreiben läßt (vgl. Buchholz 1983; Fertsch-Röver-Berger 1991). Dieser stellt die Bedeutung des interpersonellen Austauschgeschehens für die Entstehung familiärer und kindlicher Konflikte explizit in den Vordergrund und bringt das „Wie" der Veränderungsprozesse in diesem Fall auf den Punkt. Die Autorin beschreibt ihre Rolle in der Familienberatung als die einer „Großmutter". Diese Rolle nimmt sie häufiger in ihren Eltern-Kind-Beratungen ein. Dadurch führt sie eine mehrgenerationale Sichtweise ein, die ihr im Beratungsverlauf des dargestellten Beispiels die Möglichkeit gibt, im Sinne eines „neuen Objekts" (Thomä/Kächele 1985) zu arbeiten. In dieser Funktion nimmt sie einerseits die traumatischen lebensgeschichtlichen Erfahrungen der Eltern, die von ihren Eltern vernachlässigt wurden, „in sich auf", andererseits grenzt sie sich gegen die Wiederholung ab, daß die Eltern ihrem Sohn keine hilfreichen elterlichen Partner sein können. Sie sucht mit den Eltern und dem Kind nach einem „dritten Weg" (siehe S. 97 in diesem Band), der zwischen einer symbiotischen Beziehung als Abwehr gegen traumatische Erfahrungen - wie z.B., daß Mutter und Kind bei der Geburt vom Tod bedroht waren, der kleine Junge vierzehn Tage im Inkubator lag und die Eltern darum kämpfen mußten, daß er in dieser Zeit trotzdem die Muttermilch bekam - und dem Umgang mit Trennungserfahrungen liegt, die die Bedeutung eines Beziehungsabbruchs haben (vgl. S. 97ff in diesem Band). Das heißt, Diem-Wille arbeitet mit den Eltern und dem Kind an der (Wieder-)Errichtung einer triadischen Struktur, die die wechselseitigen Beziehungen entzerrt und mehr Raum für Individuation und Autonomie läßt. Der Vater spielt bei diesem Prozeß eine aktive, eigenständige Rolle, da es ihm gelingt, bedeutsame Einschlafrituale zu entwickeln, also „Trennungssituationen" zu gestalten, die am Ende dazu führen, daß die Eltern als Paar weggehen können, ohne daß dies von den Beteiligten als ein Beziehungsabbruch erlebt wird. Am Ende des Beratungsprozesses sind somit wichtige Meilensteine der kindlichen Entwicklung im Entstehen, wie die emotionale Objektkonstanz als symbolisch-kognitiver Struktur. Desweiteren hat familiendynamisch gesehen eine Entzerrung der Rollen und Funktionen in zwei Richtungen stattgefunden. Die Eltern erleben sich einerseits ihrem Sohn gegenüber weniger als hilflose Kinder im Sinne einer Reminiszenz an ihre eigene Kindheit und können damit die in ihren Auswirkungen fatale Generationsumkehr zurücknehmen, andererseits sind sie innerlich freier geworden und können ihren eigenen Weg als Eltern gehen, ohne ihre als zurückweisend erlebten Eltern ihrem Sohn gegenüber zu kopieren.

In dem Beitrag von Diem-Wille sehe ich als Problem an, daß das Kind auf der theoretischen Ebene in der Rolle eines Katalysators für die „ungelösten inneren Konflikte der Eltern" (siehe S. 91 in diesem Band), als „Repräsentant der inneren Objekte" der Eltern gesehen wird (vgl. siehe S. 91 in diesem Band). Diese Rollenbeschreibung wird aus der Sicht der neueren psychoanalytischen Entwicklungspsychologie dem Entwicklungspotential des kleinen Kindes nicht mehr gerecht. Seine Fähigkeiten und sein Erleben gehen weder darin auf, ein Abbild der Konflikte der Eltern zu sein, noch beschränkt sich seine Funktion auf die eines Auslösers für die elterlichen Konflikte, der selbst unverändert bleibt (vgl. Lichtenberg 1983; Stern 1986). Die psychophysische Komplexität des kleinen Kindes verbürgt Individualität, die in eine primäre soziale Bezogenheit eingebettet ist. Das Kind stellt im Austausch mit seinen primären Bezugspersonen interpersonell modulierte Verhaltensweisen als Strukturelemente des subjektiven Bildungsprozesses her. Dieser Aspekt fehlt im Konzept von Diem-Wille, und das Kind verliert dadurch seinen Status als Subjekt. Allerdings ist dieses Problem mehr auf einer theoretischen als auf der praktischen Ebene bedeutsam. Denn in der Beschreibung der Familienberatung scheinen immer wieder die aktiven und kreativen Beiträge des kleinen Jungen auf, der einerseits zusammen mit seinen Eltern, aber auch für sich Lösungen für die beschriebenen Konflikte sucht und findet.

Auf dem Hintergrund der Falldarstellung von Diem-Wille sehe ich in der Schaffung eines „Übergangsbereiches" (Winnicott) das zentrale Feld beraterischer Interventionen. In diesem Feld verwirklicht sich das interaktive „Spiel" zwischen BeraterInnen und KlientInnen bzw. (Teil-)Familie im Sinne einer „Ko-Konstruktion". In diesem Vorgang treten mutative Wirkungen dadurch auf, daß die BeraterInnen die aus ihrer Gegenübertragung resultierenden Verstrickungen begrenzen und „ein Verständnis der gemeinsamen Situation anbieten, das jenseits der 'Objektverwendung' (Winnicott) liegt" (Körner 1996, 793). Der Beratungsansatz der Autorin ist daher nicht nur bei kleinen Kindern in Eltern-Kind-Settings, sondern grundsätzlich auch bei älteren Kindern mit ihren Eltern anwendbar.

Figdor beschreibt die Beratung mit der Mutter eines 9-jährigen Jungen, der zu Hause und in der Schule wegen seines unkonzentrierten und aggressiven Verhaltens auffällt. Bei der Diskussion dieser Falldarstellung gehe ich auf zwei zentrale Unterschiede zwischen Figdors und meinem Konzept ein: (1.) auf die differenten Bedeutungen der Arbeitsbegriffe von Rahmen, Arbeitsbündnis und Setting, (2.) auf die unterschiedlichen Sichtweisen des beraterischen Dialoges.

Zu (1.) In der Falldarstellung verweist Figdor auf erhebliche Einschränkungen des beraterischen Settings im Vergleich zum therapeutischen Setting (vgl. S. 78 in diesem Band). In diesem Zusammenhang verweist er auch auf einen anderen Text von 1995 (vgl. Figdor 1995, 48ff). Figdor macht bei diesem Vergleich die Voraussetzungen des psychoanalytischen Standardverfahrens bzw. des therapeutischen Settings zum Maßstab für das beraterische Setting und legt dar, was diesem alles fehlt (vgl. ders. 1998, 165): Die Klienten der Erziehungsberatung wünschen keine Selbstreflexion und Selbsterfahrung, weil sie keine Therapiebereitschaft mitbringen, sondern „nur" Rat und Hilfe wünschen. Dies schließt auch ein, daß BeraterInnen nicht abstinent sein können und bei einer gewährenden Haltung sind Bewußtwerdungsprozesse bezüglich unbewußter Konflikte infrage gestellt. Die Beratung beschränkt sich daher auf die Arbeit mit der positiven Übertragung und negative Übertragungen müssen vermieden werden. Aus meiner Sicht führt jedoch die Ableitung des beraterischen Settings vom klassischen psychoanalytischen Setting und seiner Voraussetzungen in die falsche Richtung, weil Erziehungsberatung dadurch nicht als eigenständiger sozialpädagogischer Gegenstandsbereich erfaßt wird.

Ich will daher auf die oben eingeführen Termini von Rahmen, Arbeitsbündnis und Setting zurückgreifen. Die Aushandlung eines Rahmens ist prinzipiell mit der Errichtung eines kommunikativen Ortes bzw. einer metakommunikativen Struktur im Sinne eines exzentrischen Standpunkts verbunden. Das heißt, die Klienten der Erziehungsberatung müssen keine „Therapiebereitschaft" mitbringen, damit reflexive/selbstreflexive Prozesse initiiert werden können, die auch bewußte/unbewußte psychodynamische Zusammenhänge zum Gegenstand haben können. Der Verzicht von Figdor, das Arbeitsbündnis im Sinne eines exzentrischen Standpunktes auszuweisen, hat zur Folge, daß sein Begriff des pädagogischen Arbeitsbündnisses nicht zentral eine kritische Distanznahme beinhaltet, die die „informierte Wahl" (Müller 1985) der Klienten gewährleisten soll, sondern mehr auf das Motto hinausläuft, „gut ist alles, was der Zusammenarbeit dient" (Fischer 1993, 125). Das pädagogische Arbeitsbündnis soll bei ihm gewährleisten, daß der Klient die Einsichten des Beraters versteht und ihnen Folge leisten kann (vgl. S. 82 in diesem Band). Dies führt zu einem normativen Denken in der Beratung. Ich komme noch einmal darauf zurück.

Aufgrund der institutionellen Aufgaben und Rollen der BeraterInnen muß psychoanalytisch-pädagogisch fundierte Erziehungsberatung auch mit einem anderen Abstinenzbegriff als Figdor arbeiten, der diesen mit „Versagung" gleichsetzt. Abstinenz heißt in der institutionalisierten Erziehungsberatung (vgl. Müller 1998a), daß die BeraterInnen die Grenzen ihrer Hilfsangebote auf eine besondere Weise verkörpern müssen: 1. Sie sind Teil und repräsentieren die Verhältnisse und Institutionen, die die Alltagsprobleme und Erziehungskonflikte (mit-)verursachen. 2. Sie wissen in der Regel keine andere Lösung als die, daß die Klienten sich selbst aktiv für die „Teilnahme an einem Arbeitsbündnis" (Müller) entscheiden. 3. Sie sind neben der positiven Übertragung der negativen Übertragung ausgesetzt. Um diese Konflikte auszuhalten, müssen sie über „einen in Gefühl und Verstand verankerten 'exzentrischen Standpunkt' ... verfügen, der es ihnen erlaubt, an der Differenz zwischen dem, was wünschbar und möglich sein könnte, und dem, was ist, ... festzuhalten. Diese Fähigkeit ... hängt mit dem ... Wechselspiel von 'innerer' Teilhabe an einem Beziehungsgeschehen und 'äußerem' Wahren einer (Berufs-; Anm. d. V.) Rolle zusammen - also mit der Handhabung des Abstinenzprinzips" (Müller 1998a).

Zu (2.) Ein anderer Leitgedanke von Figdor, der von Lindorfer/Weiss wie folgt interpretiert wird, liegt teilweise quer zu obigem Beratungsverständnis:

„Die Innenwelt der Eltern/ErzieherInnen zählt maßgeblich zur Außenwelt des Kindes, und aufgrund dessen kann es bei Haltungsänderungen der Eltern zu innerpsychischen Veränderungen beim Kind kommen" (Lindorfer/Weiss 1994, 66; vgl. Figdor 1994/95, 4 f). In dieser Sicht wird das Kind zum mehr oder weniger passiven Abbild der elterlichen Strukturbildungen bzw. ihrer Veränderung. Diese Aussage übergeht zweierlei: 1. Das Soziale ist als präreflexives bzw. reflexives intersubjektives Moment dem menschlichen Sein konstitutiv (vgl. Mattner 1998, 114). 2. Intrapsychische Strukturbildungen stellen nur die eine Seite des subjektiven Bildungsprozesses dar. Figdor grenzt sich insofern von dieser Sichtweise ab, als er Beziehungsprobleme als Ausdruck intrapsychischer Repräsentanzenwelten von Interaktionsproblemen als Ausdruck realer Handlungen, die zwei oder mehrere Personen ausführen, trennt. Ansätze der Familientherapie/-beratung, die Interaktionsprobleme behandeln, scheinen für ihn daher nicht-psychoanalytisch begründbar zu sein (vgl. Figdor 1998, 182 ff; 1994/95, 5). Er läßt mit dieser Position außer acht, daß dialogisches Zusammenwirken immer eine dreifache Verhaltensrichtung impliziert, nämlich das Sach- und Fremdverhältnis und das darin eingeschlosssene Weltverhältnis (vgl. Fischer 1993, 129). Insofern gibt es kein eindimensionales Handeln. Menschliche Handlungen haben immer einen triadischen Charakter und sind in einem Kontinuum praktisch-gestischer Handlungen bis zu ihrer Repräsentation auf einer semiotischen Ebene angesiedelt. Imaginäre Verarbeitungen von Wünschen, Ängsten, Trieben finden zwischen diesen Ebenen statt. Beraterisches Handeln im Einzel-, Paar- oder Familiensetting ist daher angemessener erfaßt, wenn das Verhältnis von innerem Erleben und äußerer Realität, intrapsychischer Verarbeitung und interpersonellem Austausch als „abgestufter" Zusammenhang von symbolischen und metaphorischen Ebenen, über das „Ensemble bestimmter Interaktionsformen" (Lorenzer 1986) bis hin zu realen Interaktionen gesehen wird (vgl. Lorenzer 1986; Buchholz 1990, 11 ff). Beraterischer Fortschritt findet im Wechsel zwischen diesen Ebenen statt, das heißt Beziehungskonflikte, Traumata und/oder familiäre Gewaltverhältnisse werden einerseits auf einer realen, faktischen Ebene verhandelt, andererseits werden durch die kommunikative Einholung dieser Praxis auf einer symbolisch-metaphorischen Ebene die jeweils individuellen und/oder familären Bedeutungen der Handlungen thematisierbar, die dann mehr sind als ein Abbild faktischer Realitäten. Die Antizipation eines anderen, zufriedenstellenderen Ausgangs der Konflikte wird so möglich und die Klienten können wieder „Herrn ihrer eigenen Geschichte" werden. Was dies praktisch bedeutet, kann ich an meiner Falldarstellung aufzeigen, auch wenn die Familie diese Schritte nur ansatzweise vollzieht. In der Passage, in dem sich die Familie mit dem Vorwurf der „Asozialität" durch die Schule auseinandersetzt, bis zu dem Punkt, wo sie versucht, die Beziehungen zur Schule zu verändern, findet ein solcher Prozeß statt. Die Familie verläßt die Stufe des Agierens ihrer Konflikte und reorganisiert besonnener und distanzierter ihre Umweltbeziehungen.

Figdor sitzt einem Grundwiderspruch psychoanalytischer Theoriebildung auf. Er operiert einerseits mit Begriffen, die auf intrapsychische Vorgänge abheben. Er nimmt das topografische Modell psychischer Veränderung zum Vorbild seines Beratungskonzeptes, das Bewußtwerdung und Einsicht in unbewußte Konflikte in den Vordergrund stellt (vgl. ders. 1995, 39 ff). Dieses Modell kann auf den Einbezug des Beraters in den Beratungsprozeß verzichten (vgl. Finger-Trescher 1991, 84). Andererseits geht er in seiner Falldarstellung auf die Bedeutung der Projektiven Identifizierung ein und hebt die Identifizierung der Klienten mit den BeraterInnen bzw. die Identifizierung der Eltern mit ihren Kindern (vgl. S. 79ff in diesem Band), die es durch die Erziehungsberatung zu fördern gilt, als eine wichtige Schiene im Hinblick auf die Veränderung der Erziehungskonflikte hervor. Projektive Identifikation und Identifzierung sind aber nur sinnvoll denkbar, wenn diese Begriffe nicht nur im Kontext intrapsychischer Vorgänge, sondern durchgängig als wechselseitige Beziehungsmodalitäten zwischen zwei- und/oder mehreren Personen gesehen werden (vgl. Finger-Trescher 1991, 83).

Diese Widersprüchlichkeit zeigt sich auch in Figdors Falldarstellung. Der „Einstieg" von Figdor in den Fall (vgl. S. 78ff in diesem Band) wird als ein interaktives Geschehen vermittelt und in diesen Sequenzen werden alle Beteiligten facettenreich in ihrer Eigenmächtigkeit sowie mit ihren Grenzen vorgestellt: z. B. der Junge, der den Kontakt zu seinem Vater herbeisehnt, die Mutter, die sich zwar über ihren Sohn ärgert, weil er so schwierig ist, ihm aber auch helfen will, und Figdor selbst, der versucht, sich in der Familiendynamik zu orientieren, in diese verstrickt wird, dann aber doch erhellende Hypothesen gewinnen kann. Nachdem Figdor jedoch den Zusammenhang der Erlebnisreaktion des Kindes erkannt hat, ändert sich dieses Bild (vgl. S. 79ff in diesem Band). Figdor „tritt" für mein Dafürhalten aus der dialogischen Beziehungsgestaltung „heraus" und die Beratung bekommt einen einseitigen Charakter. Die Mutter wird zum Objekt seiner Interventionen: Er erklärt der Mutter, was sie gegenüber der Schule und zu Hause zu tun habe (vgl. S. 81 in diesem Band), er erklärt ihre Situation als „Opfer" (S. 83 in diesem Band), er stellt fest, daß die Mutter „einfühlsam" ist, deswegen kann er auf das Setzen einer Intervention verzichten (vgl. S. 84 in diesem Band). Die Mutter wird mittels einer Identifikation geführt und hat die passive Erwartung, die von Figdor nicht infrage gestellt wird, daß er ihr sagen soll, was sie tun kann (vgl. S. 81 in diesem Band).

Figdors Zugang zum Fall ist insofern durch ein zweigleisiges Vorgehen geprägt. Er beschreibt und reflektiert diesen einmal aus der Innenperspektive der Beratungsbeziehung, das andere Mal aus einer Art Außenperspektive der Betrachtung. Dies führt zu einer Uneindeutigkeit in Figdors Arbeitsbündnis-Konzept. Obwohl dieses auf der einen Seite die erzieherische Handlungsfreiheit der Klientin stärkt, wirkt es auf der anderen Seite wie die Etablierung eines Abhängigkeitsverhältnisses. Die Eigenmächtigkeit der Klientin verschwindet fast vollständig hinter der Aktivität von Figdor, und was sie denkt und von sich aus tun will oder könnte, wird nicht in den Vordergrund gestellt. Ihre Persönlichkeit als Ganzes tritt hinter den Anspruch zurück, sie wieder in die Lage zu versetzen, eine „gute" Mutter zu sein. In die Beratung werden insofern konventionalisierte Vorstellungen von Weiblichkeit und Mutterschaft hineingetragen, die keiner intersubjektiven Kontrolle und Reflexion mehr unterliegen. Damit werden entscheidende Potentiale im Hinblick auf die persönliche Autonomie der Klientin als Frau und Mutter „verschenkt", die auch im Entwicklungsinteresse des Kindes liegen, insofern z. B. dadurch Triangulierungsprozesse begünstigt werden (vgl. S. 85 in diesem Band).

Diese Zweigleisigkeit des Fall-Zugangs untergräbt teilweise die emanzipatorischen Intentionen des Figdorschen Konzeptes. Seine immanenten Widersprüche sind meiner Ansicht nach nur lösbar, wenn Beratung durchgängig auf ein dialogisches Fundament gestellt wird, das Handlung und Bedeutungsbildung als die zwei Seiten einer Medaille begreift.

Literatur:

Argelander, H. (1983): Das Erstinterview in der Psychotherapie. Wissenschaftliche Buchgesellschaft: Darmstadt

Bernfeld, S. (1929): Der soziale Ort und seine Bedeutung für Neurose, Verwahrlosung und Pädagogik. In: Bernfeld, S. (1974): Antiautoritäre Erziehung und Psychoanalyse, hrsg. v. R. Wolff und L. v. Werder, Bd.II. Ullstein: Frankfurt/M, 209-224

Buchholz, M. B. (1983): Psychoanalytische Familientherapie. In: Schneider, K. (Hrsg.): Familientherapie in der Sicht psychotherapeutischer Schulen. Junfermann: Paderborn, 188-209

Buchholz, M. B. (1988): Macht im Team - intim. In: Praxis der Kinderpsychologie und Kinderpsychiatrie, 8, 281-290

Buchholz, M. B. (1990): Geschichte in der Geschichte. Die unbewußte Weitergabe zwischen den Generationen. In: Massing, A. (Hrsg.): Psychoanalytische Wege der Familientherapie. Springer: Berlin, 7-28

Bundesministerium für Jugend, Familie, Frauen und Gesundheit (Hrsg.) (1990): Achter Jugendbericht. Eigenverlag: Bonn

Datler, W., Finger-Trescher, U., Büttner, Ch. (Hrsg.) (1998): Jahrbuch für Psychoanalytische Pädagogik. Bd. 9. Psychosozial-Verlag: Gießen

Eckes-Lapp, R., Körner, J. (Hrsg.) (1998): Psychoanalyse im sozialen Feld. Prävention - Supervision. Psychosozial-Verlag: Gießen

Fertsch-Röver-Berger, C. (1991): Psychoanalytisch orientierte Familientherapie. In: Möhring, P., Neraal. T. (Hrsg.): Psychoanalytisch orientierte Familien- und Sozialtherapie. Westdeutscher Verlag: Opladen, 58-82

Figdor, H. (1994/95): Ausschreibung für den 2. dreijährigen Ausbildungslehrgang zum Psychoanalytisch-Pädagogischen Erziehungsberater, hrsg. v. Sigmund Freud Gesellschaft. Selbstverlag: Wien

Figdor, H. (1995): Psychoanalytisch-pädagogische Erziehungsberatung. Die Renaissance einer „klassischen" Idee. In: Sigmund Freud House Bulletin, Vol. 19/2/B, 21-87

Figdor, H. (1998): Scheidungskinder - Wege der Hilfe. Psychosozial: Gießen

Finger-Trescher, U. (1991): Wirkfaktoren der Einzel- und Gruppenanalyse. Frommann-Holzboog: Stuttgart, Bad-Cannstatt

Fischer, G. (1993): Arbeit und Liebe - zu Phänomenologie und Dialektik des psychoanalytischen Arbeitsbündnisses. In: Tress, W., Nagel, S. (Hrsg.): Psychoanalyse und Philosophie: eine Begegnung. Asanger: Heidelberg, 119-139

Goffman, E. (1974): Rahmenanalyse. Ein Versuch über die Organisation von Alltagserfahrungen. Suhrkamp: Frankfurt/M, 1996, 4. Aufl.

Hundsalz, A. (1995): Die Erziehungsberatung. Grundlagen, Organisation, Konzepte und Methoden. Juventa: Weinheim, Basel

Bundesministerium für Familie, Senioren, Frauen und Jugend (Hrsg.) (1995): Kinder- und Jugendhilfegesetz (Achtes Buch Sozialgesetzbuch). Eigenverlag: Bonn

Körner, J. (1995): Der Rahmen der psychoanalytischen Situation. In: Forum der Psychoanalyse, 11, 15-26

Körner, J. (1996): Zum Verhältnis pädagogischen und therapeutischen Handelns. In: Combe, A., Helsper, W. (Hrsg.): Pädagogische Professionalität. Untersuchungen zum Typus pädagogischen Handelns. Suhrkamp: Frankfurt/M, 780-809

Körner, J., Ludwig-Körner, Ch. (1997): Psychoanalytische Sozialpädagogik. Eine Einführung in vier Fallgeschichten. Lambertus: Freiburg i. Breisgau

Krebs, H. (1991): Zur Zusammenarbeit von Erziehungsberatungsstelle und Schule. Kritische Reflexion eines schwierigen Verhältnisses. In: Büttner, Ch., Finger-Trescher, U. (Hrsg.): Psychoanalyse und schulische Konflikte. Grünewald: Mainz, 155-171

Krebs, H., Müller, B. K. (1998): Der psychoanalytisch-pädagogische Begriff des Settings und seine Rahmenbedingungen im Kontext der Jugendhilfe. In: Müller u.a., a.a.O., 1998

Lichtenberg, J. (1983): Psychoanalyse und Säuglingsforschung. Springer: Berlin 1991

Lindorfer, M., Weiss, Th. (1994): Aspekte der psychoanalytisch-pädagogischen Erziehungsberatung. In: Störfaktor, 7, 63-71

Lorenzer, A. (1986): Tiefenhermeneutische Kulturanalyse. In: König, H. D., Lorenzer, A., Lüdde, H. u.a. (Hrsg.): Kultur-Analysen. Fischer: Frankfurt/M, 1988, 11-98

Mattner, D. (1997): Wissenschaftstheoretische Grundlegung einer heilpädagogischen Theorie. In: Mattner, D., Gerspach, M.: Heilpädagogische Anthropologie. Kohlhammer: Stuttgart, 13-117

Mentzos, S. (1976): Interpersonale und institutionalisierte Abwehr. Suhrkamp: Frankfurt/M, 1986, erweiterte Neuausgabe

Müller, B. K. (1985): Die Last der großen Hoffnungen: methodisches Handeln und Selbstkontrolle in sozialen Berufen. Juventa: Weinheim, überarb. Neuausgabe 1991

Müller, B. K. (1993): Sozialpädagogisches Können. Ein Lehrbuch zur multiperspektivischen Fallarbeit. Lambertus: Freiburg i. Breisgau, 1994, 2. Aufl.

Müller, B. K. (1996): Qualitätsprodukt Jugendhilfe. Kritische Thesen und praktische Vorschläge. Lambertus: Freiburg i. Breisgau

Müller, B. K. (1996a): Erziehungsberatung und die Beratungsaufgaben der Jugendhilfe. In: Ders., 1996, 64-82

Müller, B. K., Finger-Trescher, U., Krebs, H. (Hrsg.) (1998): Themenschwerpunkt: Kinder- und Jugendhilfe. In: Datler u.a., a.a.O.

Müller, B. K. (1998a): Authentizität als sozialpädagogische Aufgabe. Das Beispiel der Schuldnerberatung. In: Müller u.a., a.a.O., 1998

Pühl, H. (Hrsg.) (1996): Supervision in Institutionen. Fischer: Frankfurt/M, 1997, 2. Aufl.

Richter, H. E. (1970): Patient Familie. Entstehung, Struktur und Therapie von Konflikten in Ehe und Familie. Rowohlt Taschenbuch: Reinbeck b. Hamburg, 1983

Schülein, J. A. (1996): Der Institutionsbegriff und seine praktische Relevanz. In: Pühl 1996, 151-172

Stern, D. (1986): Die Lebenserfahrung des Säuglings. Klett: Stuttgart, 1992

Stone, L. (1961): Die psychoanalytische Situation. Entwicklung und Bedeutung. Fischer: Frankfurt/M, 1993

Streeck, U. (1998): Inszenierungen, Handlungsdialoge und die interaktive Herstellung von sozialen Situationen. In: Eckes-Lapp/Körner, a.a.O., 53-71

Thiersch, H. (1993): Strukturierte Offenheit. Zur Methodenfrage einer lebensweltorientierten sozialen Arbeit. In: Rauschenbach, Th., Ortmann, F., Karsten, M. E. (Hrsg.): Der sozialpädagogische Blick. Juventa: Weinheim, 11-28

Thomä, H., Kächele, H. (1985): Lehrbuch der psychoanalytischen Therapie. Bd. 1. Springer: Berlin, 1989, 2. Aufl.

Trescher, H. G. (1993): Handlungstheoretische Aspekte der Psychoanalytischen Pädagogik. In: Muck, M., Trescher, H. G. (Hrsg.): Grundlagen der Psychoanalytischen Pädagogik. Grünewald: Mainz, 167-204

Wellendorf, F. (1995): Lernen durch Erfahrung und die Erfahrung des Lernens. Überlegungen zur psychoanalytischen Ausbildung. In: Forum der Psychoanalyse, 11, 250-265

Wellendorf, F. (1996): Überlegungen zum „Unbewußten" in Institutionen. In: Pühl, a.a.O., 173-186

Wellendorf, F. (1998): Der Psychoanalytiker als Grenzgänger - Oder: Was heißt psychoanalytische Arbeit im sozialen Feld? In: Eckes-Lapp/Körner, a.a.O., 13-32

Spezielle Praxisprobleme psychoanalytisch-pädagogischer Erziehungsberatung

Gertrude Bogyi

Wenn Kinder mit Todeserlebnissen konfrontiert sind

Grundzüge einer begleitenden Arbeit mit Eltern

Im Rahmen meiner Tätigkeit als Psychologin und Psychotherapeutin an der Universitätsklinik für Neuropsychiatrie des Kindes- und Jugendalters in Wien beschäftige ich mich seit nunmehr über 20 Jahren mit der Thematik „Kind, Sterben und Tod".

Tod und Sterben sind Themen, die nach wie vor gerne von Kindern ferngehalten werden, obwohl wir ihnen tagtäglich, sei es im eigenen Umfeld, sei es in den Medien, in vielfältiger Weise begegnen. Wenn jemand aus der Familie schwerst erkrankt ist oder stirbt, sind die Erwachsenen oft sehr verunsichert, wie sie Kindern gegenüber reagieren sollen. Immer wieder wird versucht, Tatsachen zu verschleiern bzw. zu beschönigen, um den Kindern die bittere Wahrheit zu ersparen. Der Umgang mit Tod und Sterben macht Erwachsene im Zusammenhang mit Kindern überaus hilflos, wodurch auch die Kinder hilflos gemacht werden. Das „Totschweigen des Todes" ist mit Sicherheit ein Problem der Erwachsenen und nicht der Kinder. Meiner Erfahrung zufolge möchten Kinder am Geschehen teilhaben, möchten die Wahrheit wissen.

In diesem Artikel soll anhand von Fallbeispielen aufgezeigt werden, welche Aspekte in der Arbeit mit Eltern zu berücksichtigen sind, wenn ein Kind, das mit einem Todeserlebnis konfrontiert ist, vorgestellt wird. Reaktionen von Eltern und Kindern, die immer als Wechselwirkung zu betrachten sind, sollen anschaulich gemacht werden. Es soll klar gemacht werden, wie sehr die kindliche Verarbeitung vom Verhalten der Eltern abhängig ist. Vor allem soll dargestellt werden, daß es in solch akuten Krisensituationen nicht selten weitaus zielführender ist, mit den Eltern bzw. verbleibenden Bezugspersonen zu arbeiten, als mit dem Kind alleine. Sehr sinnvoll ist es auch, gemeinsam mit Erwachsenen und Kind konfrontierende, klärende Gespräche zu führen. Die Indikation zur Einzeltherapie mit dem Kind scheint nur dann angezeigt, wenn das akute Todesereignis zwar als Anlaß zur Vorstellung dient, die Persönlichkeitsstruktur des Kindes aber schon vorher pathologisch war. Das Ereignis des Todes alleine stellt niemals die Begründung zur psychotherapeutischen Behandlung dar. Dies sei vor allem deshalb betont, da viele Erwachsene - auch Fachleute -

angesichts eines Todesfalles das Kind als therapiebedürftig bezeichnen. Oft ist dies ein Zeichen von eigener Hilflosigkeit und Betroffenheit, nimmt aber nicht selten dem Kind das Vertrauen in sich selbst und läßt vor allem den Tod, der ja eigentlich ein sehr natürliches Ereignis ist, als per se pathogen erscheinen.

Aus diesem Grund ist es dringend angezeigt, die Motivation, warum ein Kind vorgestellt wird, genau zu erkunden, um dann entsprechende Betreuungsmaßnahmen zu setzen.

Dies führt unmittelbar zum Themenkreis der Elternarbeit.

Was sind nun die Gründe, warum Eltern oder verbleibende Elternteile und andere Bezugspersonen psychologisch-psychotherapeutische Hilfe aufsuchen?

- Eltern wenden sich um Hilfe, weil die Tatsache des Todes für sie selbst so überwältigend ist, daß sie Angst haben, etwas falsch zu machen. Sie stellen viele Fragen, etwa, wie sie dem Kind den Tod erklären sollen, ob das Kind zum Begräbnis mitkommen soll, ob im Kindergarten bzw. in der Schule davon gesprochen werden soll etc. Sie suchen Hilfe im ersten Schock.

- Eltern kommen und stellen das Kind vor, weil es ihnen vom Umfeld empfohlen wurde.

- Eltern stellen ihr Kind vor, weil sie wissen wollen, ob sie richtig reagiert haben, da sie von ihrem Umfeld verunsichert wurden. So etwa, wenn Eltern überzeugt sind, daß es gut ist, das Kind zum Begräbnis mitzunehmen, andere Menschen ihrer Umgebung jedoch meinten, man solle dies dem Kind doch ersparen.

- Eltern wenden sich an uns, weil die Reaktionen des Kindes für sie besorgniserregend sind, und der Tod als Ursache dieser Reaktionen gesehen wird. Hierbei handelt es sich oft um ein Nicht-Verstehen des kindlichen Trauerprozesses, worauf später noch näher eingegangen werden soll.

- Eltern stellen ihr Kind vor, da sie eigentlich für sich selbst Hilfe wollen, selbst Schwierigkeiten haben, das schwerwiegende Ereignis zu verarbeiten.

- Sehr häufig kommt es aber vor, daß Kinder mehr oder weniger lange nach dem Todesereignis mit verschiedensten Symptomen oder Verhaltensauffälligkeiten vorgestellt wurden, wo der Zusammenhang mit dem Ereignis nicht immer unmittelbar einsichtig erscheint.

Nun sollen Fallbeispiele das bisher Gesagte näher erläutern.

Erstes Fallbeispiel: Tod der Mutter

Ein Arzt der Notfallstation rief an und ersuchte mich, so bald wie möglich einem fünfjährigen Buben einen Termin zu geben, dessen Mutter im Endstadium eines Magenkarzinoms akut eingeliefert wurde. Die begleitende Tante mache sich große Sorgen um das Kind, da ja die Mutter bald sterben werde. Zwei Tage später erschienen zum vereinbarten Termin zwei Schwestern der Mutter und der Stiefvater des Kindes. Sie teilten mir mit, daß tags zuvor die Mutter des Kindes plötzlich verstorben sei. Nun wüßten sie nicht, wie sie dem Kind gegenüber reagieren sollten, da es ja noch so klein sei. Sie hätten sich überlegt, dem Kind zu sagen, daß die Mutter nun auf einer langen Reise sei. Die Erwachsenen meinten außerdem, sie wollten mit der Mitteilung warten, bis sie sich selbst ein bißchen besser fühlten und beruhigt hätten. Behutsam aber bestimmt sagte ich, daß dem Kind gesagt werden müsse, daß die Mutter verstorben sei, und dies sogleich. Ich bemerkte, welch große Angst ich damit auslöste. Es wurde mir eindringlichst versichert, daß Dominik doch sicherlich nicht in der Lage sei, mit seinen fünf Jahren zu begreifen, was Totsein bedeutet. Als ich fragte, ob das Kind schon Verlusterlebnisse erlitten habe, stellte sich heraus, daß sowohl ein Großvater als auch eine Großmutter bereits verstorben seien. Damals war Dominik zweieinhalb bzw. vier Jahre alt. Sie hätten ihm damals gesagt, die beiden seien im Himmel. Im weiteren Gespräch stellte sich heraus, daß Dominik immer noch warte, daß sie zurückkommen. Dies führte mich dazu zu erklären, daß der Himmel nicht irgendein vorübergehender Aufenthaltsort sei, wie etwa ein Supermarkt oder ein Restaurant, sodaß dem Kind klar gemacht werden müsse, daß wir die Toten hier auf dieser Welt nie wieder sehen werden. Der Himmel sei für uns etwas sehr Tröstliches, gleichzeitig stellt er aber für das Kind auch eine große Verunsicherung dar, wenn nicht klargemacht wird, daß man von dort nicht wieder auf die Erde zurückkommt. Eine Tante meinte, sie möchte dem Kind sagen, die Mutter sei nun ein Engel und schaue ihm ständig zu bzw. beschütze es. Ich versuchte zu erklären, daß es für kein Kind angenehm sein könne, wenn es immerzu von jemandem beobachtet werde. Dies konnten die Erwachsenen lächelnd annehmen. Nach und nach fiel ihnen auch ein, daß Dominik immer wieder Fragen nach Tod, Sterben, Himmel und Friedhof stellte, die sie nur sehr ausweichend beantworteten.

Das Begräbnis wollten sie ihm übrigens auch ersparen, denn dies müsse doch ein Schock sein. Außerdem wüßten sie nicht, was sie ihm erklären sollten, da sie doch sagen würden, die Mutter sei im Himmel. Nun erklärte ich, daß es auch sehr wichtig sei, den Kindern zu sagen, daß der tote Körper in einen Sarg gelegt werde, und das, was wir Seele oder Gefühle nennen, wie aus einem alten, verfallenen Haus ausgezogen sei. Hierauf bemerkte der Stiefvater, daß Dominik immer frage, warum sie eigentlich auf den Friedhof gingen. Einer Tante fiel auch ein, daß Dominik vor kurzem lange und interessiert einen toten Vogel betrachtete, sie ihn jedoch abzulenken versuchte und meinte, der Vogel schlafe. Nach und nach gelang es mir, den Betroffenen nahezubringen, wie wichtig es sei, Kindern die Wahrheit zu sagen und sie am Geschehen teilhaben zu lassen. Ich erzählte, daß mir immer wieder Kinder betrübt erklären, daß sie den Erwachsenen niemals mehr glauben würden, weil man sie angesichts des Todes angelogen habe.

Große Verunsicherung bestand auch, ob Dominik nochmals in die gemeinsame Wohnung zurückkehren solle. Ich empfahl dringend, daß er bei der Übersiedlung mithelfen dürfe.

Eine Tante meinte auch, es wäre doch besser, den Kindergarten zu wechseln, damit Dominik nicht nach seiner Mutter gefragt werde. Hier empfahl ich, den Kindergarten nach Möglichkeit nicht zu wechseln, da es für ein Kind auch sehr wichtig sei, daß Vertrautes erhalten bleibt. Außerdem solle Dominik dabei sein, wenn die Kindergärtnerin vom Tod der Mutter erfährt. Wir sprachen außerdem noch über mögliche Reaktionen, mögliche Fragen und Antworten. Zunehmend löste sich die große Angst und Spannung. Ich bot an, jederzeit bei weiteren Fragen, gerne auch telefonisch, zur Verfügung zu stehen und ermutigte sie nochmals, dem Kind die Wahrheit zu sagen.

Bereits am nächsten Tag rief mich der Stiefvater an und erzählte mir, wie berührend das Gespräch mit Dominik gewesen war, wie froh sie alle waren, sich bei mir Rat geholt zu haben. Er meinte auch, er habe mir nicht ganz geglaubt, daß man wirklich so mit Kindern sprechen könne. Er wolle sich auch noch im Namen der beiden Tanten bedanken. Nach dem Begräbnis, zu dem sie Dominik natürlich mitnehmen werden, werden sie sich wieder melden, um mir zu berichten.

Einige Wochen später meldeten sie sich wieder, baten um einen Termin, denn sie wollten mir Dominik vorstellen, damit ich feststelle, ob alles in Ordnung ist. Bei diesem Termin erzählte mir Dominik, daß seine Mutter gestorben sei, daß er jetzt bei der Tante wohne, daß er im Kindergarten den Kindern vom Begräbnis berichtet habe, daß er jetzt wisse, daß die tote Oma und Mama am Friedhof seien, aber „der Teil der lebt" beim lieben Gott. Er erzählte mir auch, was er gerne spiele, was er einmal werden möchte etc. Ich gewann den Eindruck, daß Dominik sich im adäquaten Verarbeitungsprozeß befindet und daß er von seiner Umgebung dabei gut unterstützt wird.

Dieses Fallbeispiel zeigt deutlich, welch große Ängste und Unsicherheiten das Thema Tod bei Erwachsenen auslöst, wenn sie mit einem Kind darüber sprechen sollen. Es zeigt aber auch deutlich, wie wichtig und weichenstellend klärende Gespräche sein können, wenn es gelingt, das Vertrauen der Erwachsenen in sich selbst und zu den Kindern zu stärken, sodaß wir uns als Berater auch wieder überflüssig machen können. Wichtig ist, daß die Betroffenen miteinander sprechen können und Gefühle voreinander nicht verbergen.

Zweites Fallbeispiel: Tod des Vaters

Der Erstkontakt mit Frau H. und ihrer Tochter Martina

Martina H., 11 Jahre alt, wird von ihrer Mutter in die Ambulanz unserer Klinik gebracht, da sie seit einigen Wochen nicht mehr in die Schule geht. Alle Versuche, ihr gut zuzureden, schlugen fehl. Martina versprach allabendlich, daß sie am nächsten Tag in die Schule gehen werde, schaffte es jedoch dann wieder nicht. Schulkolleginnen versuchten, Martina abzuholen, selbst der Klassenvorstand besuchte Martina und versprach, besonders auf sie einzugehen. Als Begründung für die Schulverweigerung gab Martina an, daß sie sich sehr über eine Freundin gekränkt habe, die sich einem anderen Mädchen zuwandte; sonst könne sie keine Gründe für ihr Fernbleiben von der Schule angeben. Martina wurde auch schon mehreren Psychologen vorgestellt, aber keinerlei Intervention führte zum Erfolg.
Laut Angaben der Mutter sei Martina immer schon ein sehr schüchternes, zurückgezogenes Kind gewesen. Der Eintritt in die Schule fiel ihr sehr schwer, auch im Kindergartenalter zeigte sie immer wieder Trennungsängste.
Nunmehr besuche Martina die erste Klasse einer Allgemeinbildenden höheren Schule (AHS), im Lernen zeige sie keinerlei Schwierigkeiten, selbst jetzt nicht, denn sie lerne den

Unterrichtsstoff alleine zu Hause. Den Tod des Vaters vor einem halben Jahr habe Martina - laut Mutter - sehr gut verkraftet, sie zeigte wenig Reaktion, war „sehr tapfer und vernünftig". Der Vater, der sich intensiv um Martina gekümmert und mit ihr Hausaufgaben gemacht hatte, sei plötzlich an einem Herzinfarkt verstorben. Mit dem Tod könne es - laut Aussage der Mutter - sicherlich nicht zusammenhängen, im Gegenteil: Martina habe dem Vater am Grab versprochen, immer brav zu lernen, habe dies auch getan und, trotz Umstieg in die AHS, bessere Noten als in der Volksschule erreicht. Die Mutter selbst freue sich sehr darüber, wie gut es beide ohne Vater schafften. Martina hat keine Geschwister. Sie lebt mit der Mutter alleine und sehr isoliert, da es auch kaum Verwandte und Bekannte gibt.

Die Darstellung der Mutter erweckte bei mir das Gefühl, daß sie Angst hat, den Tod ihres Mannes näher zu beleuchten. „Das Leben muß eben weiter gehen" - dies ließ auf eine starke Abwehrhaltung schließen und den Wunsch, „Wunden" nicht anzutasten. Sie und ihre Tochter gehen wöchentlich auf den Friedhof, das „gehört dazu", ansonsten werde kaum über den Vater gesprochen.

Martina zeigte sich im Erstgespräch sehr still und angepaßt, meinte selbst auch, wie sehr sich die Mutter freue, daß sie so stark sei. Sie versprach auch mir, am nächsten Tag den Weg in die Schule zu schaffen, da sie einsehe, daß es ja sein muß. Auf den Vater angesprochen meinte sie, daß es ihm jetzt sicherlich sehr gut ginge, besser, als wenn er schwer krank wäre. Sie wäre schon sehr traurig gewesen, aber das sei vorbei, sie freue sich, daß er im Himmel sei. Jetzt sei sie darüber nicht mehr traurig, traurig sei sie nun vielmehr darüber, daß ihre Freundin sie verlassen habe, obwohl diese sich schon entschuldigt habe und sie nun auch regelmäßig besuche.

Im Zuge der Aufzählung meiner Möglichkeiten zur Hilfestellung bot ich nebenbei einen stationären Aufenthalt an, worauf Martina sofort dableiben wollte. Ich zeigte ihr zunächst die Station.

Es sei angemerkt, daß es bei Trennungserlebnissen gut überlegt sein muß, eine weitere Trennung vorzuschlagen. Dennoch bot ich in diesem Fall den stationären Aufenthalt als eine Möglichkeit an, denn es schien mit wichtig, die angespannte Situation zu durchbrechen. Sowohl die Mutter als auch Martina schienen über meinen Vorschlag sehr erleichtert zu sein, wobei Martina sich trotzdem für den nächsten Tag vornahm, alleine in die Schule zu gehen. Somit vereinbarten wir, zunächst abzuwarten, und machten für die nächste Woche einen Termin zu einem weiteren Gespräch aus. Martina bestand noch darauf, daß ich sie auf die Warteliste für den stationären Aufenthalt schreibe.

Der zweite Ambulanzbesuch

Beim nächsten Ambulanzbesuch nach einer Woche berichtete Martina, daß sie es zwar an einem Tag geschafft habe, die Schule zu besuchen, am übernächsten Tag jedoch Fieber bekam und deshalb wieder zu Hause bleiben mußte. Ich schlug daraufhin vor, daß Martina auf alle Fälle stationär zu uns kommen solle, egal, ob sie den Schulbesuch schaffe oder nicht. Ich begründete dies damit, daß ich der Ansicht sei, sie habe eine sehr schwierige Situation zu meistern: Ich würde ihre Stärke und Bemühung schon sehen, wäre jedoch der Überzeugung, man dürfe sich auch helfen lassen, denn der Tod des Vaters sei doch ein sehr schwerer Verlust. Ich fügte hinzu, daß ich von Kindern viel gelernt habe und glaube, auch ihr helfen zu können.

Martina fragte nun sogleich, wann wir ein Bett frei hätten. Zugleich versuchte die Mutter mir wieder zu signalisieren, daß es sicher nicht der Tod des Vaters sei, der Martina zu schaffen mache, sondern die Unfreundlichkeit der Freundin. Martina blickte mich mit hilfesuchenden Augen an, woraufhin ich noch einmal betonte, daß ich glaube, Martina wäre doch noch sehr traurig darüber, daß der Vater nicht mehr lebte.

Leider dauert es meist einige Zeit, bis ein Bett an der Klinik frei ist. Deshalb gab ich auch dazwischen wieder Ambulanztermine. Noch vor dem nächsten Termin rief mich die Mutter an und fragte, ob Martina schon stationär aufgenommen werden könne: Seit sie wüßte, daß sie bei uns aufgenommen wird, versuche sie erst gar nicht mehr, in die Schule zu gehen, außerdem sei sie sehr verändert und meine, daß die Mutter sie nicht verstehe.

Wut und Enttäuschung der Mutter, aber auch Drängen waren für mich spürbar, und so bot ich ihr für den nächsten Tag einen Gesprächstermin an, da ich befürchtete, daß die Situation für die beiden zu Hause nun sehr schwierig geworden war.

Am nächsten Tag kamen Mutter und Kind eine halbe Stunde nach dem vereinbarten Termin (obwohl ich die Mutter alleine zu einem Gespräch gebeten hatte). Die Mutter wirkte sehr abgehetzt und angespannt und meinte, sie könne sich wegen des Kindes nicht ständig von ihrer Arbeit frei nehmen, da sie ja Geld verdienen müsse. Sie habe Martina mitgebracht, weil es ja schließlich um das Kind und nicht um sie gehe.

Martina sagte, daß sie sich auf den stationären Aufenthalt schon sehr freue; sie habe sich auch schon überlegt, was sie alles auf die Station mitnehmen werde. Die Belastung und die Enttäuschung der Mutter waren spürbar. Ich äußerte meinen Eindruck, daß es für sie nicht leicht sei, daß Martina nun so gerne zu uns kommt; vielleicht habe sie auch das Gefühl, etwas falsch gemacht zu haben. Mit Tränen in den Augen herrschte sie mich an, ich solle mich um Martina kümmern und nicht um ihre Gefühle. Ich sprach dann die Situation an und fragte, wie sich Martina jetzt fühle, wenn sie spürt, wie sehr Frau H. als Mutter unter der Situation leidet, daß sich ihre Tochter so sehr auf uns freut. Vermutlich habe Martina deshalb Schuldgefühle, da sie ihre Mutter nicht kränken möchte. Ich versuchte, weiter darüber zu sprechen, was es nun wohl für beide bedeutet, die Situation - wie sie meinten - nicht so gut zu schaffen. Die Mutter meinte verzweifelt, ich solle doch ihren Mann tot sein lassen.

Wieder bot ich der Mutter einen Gesprächstermin an und erklärte Martina, daß ich glaube, daß es auch ihrer Mutter nicht gut gehe und daß ich deshalb mit ihr alleine sprechen möchte. Auch Martina werde Gelegenheit haben, mit mir alleine zu reden (bis zu diesem Zeitpunkt führte ich die Gespräche jeweils mit beiden gemeinsam). Daraufhin meinte die Mutter, ich solle lieber länger mit Martina sprechen, sie stelle ihre Zeit dem Kind zur Verfügung, und betonte nochmals, „daß Martina auffällig ist und nicht sie". Außerdem solle ich sie in Ruhe lassen, sie habe derzeit genug um die Ohren. Sie meinte, sie habe in den nächsten Tagen sicherlich nicht Zeit, um mit mir ein Gespräch zu führen.

Aufgrund der zugespitzten Lage bemühte ich mich sehr, bald ein freies Bett für Martina zu bekommen, da sich die Situation für mich zusehends als eine Krisensituation darstellte. Als ich am nächsten Tag die Mutter anrief und der Mutter mitteilte, Martina könne in zwei Tagen aufgenommen werden, war die Mutter spürbar erleichtert, sagte aber gleich zu mir, daß sie wenig Zeit habe. Deshalb werde sie Martina mit dem Taxi in die Klinik schicken. Ich beharrte darauf, daß sie Martina bringen müsse, und verschob die Aufnahmezeit auf den späten Nachmittag. Spürbar widerwillig nahm die Mutter den Vorschlag an.

Die Aufnahme

Martina erschien fast freudestrahlend und lief sogleich auf die Station. Die Mutter bat ich zu einem Aufnahmegespräch in mein Zimmer. Die Belastung der Mutter war deutlich sichtbar. Ich sprach die schwierige Situation an, in der sie sich befand, ich erwähnte, wie schmerzhaft es sein müsse, wenn das Kind so gerne auf die Station komme. Dann sagte ich ihr, daß mir auffiel, wie sehr sie es vermeide, ihre eigenen Gefühle zuzulassen; wahrscheinlich glaube sie, „stark" sein zu müssen. Ich sprach sie auf ihre eigene Trauer anläßlich des Todes ihres Mannes an und meinte, daß ich es sehr wohl verstehen könne, daß sie, wie sie auch sagte, sehr stark sein müsse, da sie seit dem Tod des Mannes viel um die Ohren hat und meint, sich deshalb keinerlei „Schwächen", die sie mit Traurigkeit verbindet, leisten zu können. Sogleich antwortete die Mutter, wie sehr sie sich vor dem heutigen Tag und diesem Gespräch gefürchtet habe, denn sie wisse ohnehin selbst, daß sie Schuld daran sei, daß Martina so viele Schwierigkeiten hat. Als ich ihr erklärte, daß es hier in keiner Weise um Schuldzuweisungen gehe, sondern nur um Erklärungen und ein Verstehen, brach sie in Tränen aus, und beteuerte, daß sie es seit dem Tod ihres Mannes sehr schwer habe, denn sie habe niemanden der sie unterstütze, doch fügte sie hinzu, daß sie auch niemanden brauche. Ihre eigenen Eltern seien schon längst tot, ebenso der Schwiegervater, und mit der Schwiegermutter habe sie sich nie verstanden; außerdem gäbe die Schwiegermutter ihr die Schuld am Tod ihres Sohnes. Ihr Bruder wohne in Deutschland und ihre Freundin habe auch kaum Zeit. Außerdem gehöre der Tod zum Leben und sie habe die Hilfe ihrer Freundin abgelehnt. Sie habe gelernt, alles alleine schaffen zu müssen, der Tod sei ihr sehr vertraut. Ich warf ein, daß sie das wohl meine, weil ihre Eltern auch schon tot seien. Sie bejahte und erzählte, daß sie sich auch damals keiner Trauer hingeben konnte, denn sie, damals 17 Jahre alt als ihre Eltern verunglückten, mußte sich um den um fünf Jahre jüngeren Bruder kümmern. Ich meinte, wie schwer dies für sie damals gewesen sein mußte. Sie wies mich ab und sagte, daß sie auch damals keine Hilfe brauchte und stolz sei, es so geschafft zu haben. Als ich hinzufügte, daß es wohl angenehmer wäre, wenn ihr Bruder in Wien leben würde, verhärteten sich ihre Gesichtszüge wieder sehr und sie stellte lakonisch fest, daß es ihm gut gehe. Er sei glücklich verheiratet, habe drei Kinder, sei beruflich sehr erfolgreich und habe sicherlich schon vergessen, daß er eine Schwester habe. Ihre Verbitterung, daß der „Bruder sie verlassen hat" stand deutlich im Raum, aber es war mir zu diesem Zeitpunkt zu früh, sie direkt auch mit diesem Verlust und dieser Enttäuschung zu konfrontieren. Das Ziel meines Gespräches war es, die Mutter, die mir unaufhörlich signalisierte, keine Zeit mehr zu haben, doch noch so weit zu entlasten, daß einerseits sie sich und andererseits auch Martina sich nicht schuldig zu fühlen braucht, da Martina nun auch ihre Mutter „verlassen" hat. Ich fühlte die Gratwanderung, auf der ich mich befand, sehr deutlich. Es schien mir wichtig, das Verabschieden an diesem Tag so zu gestalten, daß es symbolisch für die anderen Verlustsituationen steht. Ich rief Martina zu uns ins Zimmer. Sie kam sehr zögernd und blickte ängstlich auf die Mutter. Ich sagte, daß wir drei noch sehr viel miteinander sprechen müßten; doch für heute, so fuhr ich fort, möchte ich nur sagen, daß sie beide es derzeit sehr schwer haben und daß beide traurig und vielleicht auch wütend und enttäuscht seien, aber nicht darüber sprechen könnten. Martina fragte mich, ob auch die Mama traurig sei, und ich meinte dazu, daß ich es glaube, aber sie solle sie selbst fragen. Martina stand auf, ging zur Mutter und fragte sie, ob sie traurig sei. Die Mutter schaute mich mit großen Augen fragend an, ich nickte nur, dann nahm Frau H. Martina in die Arme und begann bitterlich zu weinen. Nun schien mir wichtig, Martina die Gefühle der Mutter zu erklären, da sie mich verstört anblickte. Ich sprach vom Tod des Vaters, von Traurigkeit, Wut und Verzweiflung, vom Gefühl schuld zu sein, versagt zu haben, und auch davon, daß es sehr wichtig sei, weinen zu können. Hierauf begann - es klingt vielleicht ungewöhnlich, wenn ich sage Gott sei Dank - auch Martina zu weinen. Es war, als ob sich ein fester Knoten zu lösen beginnt. Nach einiger Zeit regte ich an, nun darüber zu sprechen, wie es den beiden nach dem Tod des Vaters ergangen war und wie sehr sie ihn beide vermissen. Wir sprachen über seine guten und auch seine schlechten Eigenschaften. Abschließend fragte ich beide, ob sie nicht heute abend weiterreden möchten, wobei ich die Mutter sehr ermutigte, sich wegen ihrer Gefühle nicht zu schämen. Ich spürte, daß dies für die beiden das Richtige wäre, und schlug vor, sie sollten jetzt gemeinsam nach Hause gehen und Martina solle am nächsten Tag wieder an die Klinik gebracht werden, worauf Martina plötzlich fragte: „Ich darf heute Abend nach Hause?" Es waren dies ganz andere Worte als beim letzten Ambulanzbesuch, wo sie noch sagte: „Muß ich wieder nach Hause oder kann ich dableiben?"

In der Folge vereinbarte ich mit der Mutter und Martina, daß Martina eine Woche lang täglich bei uns in die Schule geht und am Nachmittag auch hier bleibt, abends jedoch nach Hause darf. Ich bat die Mutter, Martina täglich abzuholen.

Am nächsten Tag bezweifelte die Mutter, ob es wirklich das Richtige gewesen sei, mit dem Kind bis lange nach Mitternacht noch gesprochen zu haben. Als ich dies bejahte, meinte sie, sie habe nicht erwartet, daß ich etwas anderes sagen würde, dennoch müsse sie sich erst an den „Zustand" gewöhnen, mit dem Kind so viel zu reden.

In weiterer Folge führte ich noch einige Gespräche mit Mutter und Kind, vor allem aber mit der Mutter. Die Mutter konnte nach und nach ihre Trauer sowohl über den Tod ihrer Eltern als auch den Tod ihres Mannes zulassen. Auch die Enttäuschung, daß ihr Bruder nach Deutschland zog und die Freundin sich zurückzog, konnte thematisiert werden. Die Mutter äußerte dann die Vermutung, daß Martina vielleicht auch diese Enttäuschung gespürt hat und schließlich für sie die Enttäuschung über ihre Freundin unbewußt zum Auslöser für die gesamte Verlustthematik wurde.

Frau H. konnte auch erkennen, wie sehr sie Martina in letzter Zeit an sich gebunden hatte, ihr verbot, bei einer Freundin zu schlafen, damit sie selber nicht alleine ist, weil sie die leere Wohnung nicht aushält. Vielleicht sei dies auch eine Begründung dafür, daß Martina die Wohnung nicht verlassen konnte? Es fiel der Mutter auf, wie sehr sie sich in die Arbeit stürzte, um nicht nachdenken zu müssen, und wie sehr eigentlich die wöchentlichen Friedhofsbesuche zum pflichtgemäßen Ritual wurden. Es konnte der Mutter gut aufgezeigt werden, wie sehr sie sich mit Martina in einer fast symbiotischen Verflechtung befand, in der „stark sein" das wichtigste war. Weder Mutter noch Tochter durften Schwäche zeigen. Es wurde deutlich, wie sehr sich Martina veranlaßt fühlte, sich aus dieser Lage zu befreien - vielleicht wollte sie deshalb unbedingt zu uns auf die Station, obwohl sie deswegen auch Schuldgefühle hatte. Der Mutter wurde klar, wie sehr sie selbst mich ablehnen mußte, weil sie mir die Rolle des Vaters zuschrieb, der immer wußte, „wo es lang ging". Sie konnte nach und nach ihre Wut formulieren, daß er immer alles besser wußte, vor allem, wenn es um die Erziehung des Kindes ging.

Der Mutter wurde klar, wie wenig sie Martina ermöglichte, Gefühle zu zeigen, da sie selbst dies als Schwäche ansah. Sie habe gleich nach dem Tod ihres Mannes zu Martina gesagt: „Wir schaffen es." Nach und nach konnte Frau H. auch formulieren, welche Wut sie eigentlich schon auf Martina hatte, weil diese es nicht schaffte, in die Schule zu gehen. Sie habe außerdem noch nie jemanden um Hilfe gebeten und wäre selbst nie auf die Idee gekommen, zu einem Psychologen zu gehen, aber die Schule habe es so gewollt.

Für Martina selbst war der Schulbesuch kein Problem - sowohl bei uns auf der Station, als auch nach der Entlassung. Gemeinsam besprachen wir, wie sich die Mutter ihre Zeit besser einteilen könnte, um einiges mit Martina unternehmen zu können. Auch kamen wir gemeinsam zu dem Entschluß, daß es eigentlich nicht so wichtig sei, wöchentlich auf den eine Stunde von Wien entfernten Friedhof zu fahren, sondern daß man in dieser Zeit auch etwas tun dürfe, das Spaß macht, etwa Schwimmen oder ins Kino gehen, Freundinnen besuchen etc. Martina zählte sofort auf, was sie gerne mit ihrer Mutter tun würde.

Nach und nach verlängerte ich die Abstände zwischen den ambulanten Terminen, denn ich konnte mich nunmehr zurückziehen, da Mutter und Kind gelernt hatten, miteinander zu sein und nicht mehr „nebeneinander" stark sein mußten.

Diese Fallgeschichte zeigt deutlich, wie sehr sich Erwachsene oft bemühen, angesichts des Todes eines geliebten Menschen ihre eigenen Gefühle vor Kindern zu verbergen. Durch Geschäftigkeit und Arbeitsbelastung wird versucht, Gefühle zu verdrängen.

Weiters wird deutlich, wie sehr es zu Fehleinschätzungen kindlichen Verhaltens kommen kann. Die Mutter war überzeugt, Martina habe den Tod des Vaters gut verkraftet, weil das Mädchen nach außen hin keine Reaktion zeigte. Der Trost, dem Toten gehe es nachher gut, ist kein wirklicher Trost, da er viele Gefühle, die mit dem Verlassenwerden zusammenhängen, nicht zuläßt. Die Vorstellung des Gutgehens kann sicherlich auch tröstlich sein, doch kann sie nur einen kleinen Teilbereich des Trauerns darstellen. Kinder möchten nicht selten auch dorthin, wo es „nur schön" ist. Somit ist, wie bei jeder Idealisierung, Vorsicht geboten; vor allem darf die Idealisierung nicht zur alleinigen Erklärung im Zusammenhang mit dem Tod geliebter Personen werden.

Rituale, wie z.B. Friedhofsbesuche, sind ein wichtiger Bestandteil jeder Trauerarbeit. In dieser Fallgeschichte wird der Friedhofsbesuch jedoch zur starren Verpflichtung, weil anderes Trauern nicht möglich ist; damit wird das Ritual eigentlich zu einer Belastung.

Diese Fallgeschichte führt uns vor Augen, wie sehr wir als Berater Hilfe zur Selbsthilfe geben können, wenn wir imstande sind, massive Abwehr- und Verleugnungstendenzen behutsam zu durchbrechen, Aggressionen im Zuge des Übertragungsprozesses durchhalten, um Verstehen bemüht sind, aber gleichzeitig den hilfesuchenden Personen manchmal Entscheidungen auch abnehmen. Das Ansprechen der Situation und der Gefühle ist unbedingt nötig! Es geht um das Miteinander-Tragen schmerzhafter Gefühle, es geht darum, Trauerprozesse sensibel zur Einsicht zu bringen, so daß sich Einstellungen verändern können. Gleichzeitig dürfen wir Berater die Betroffenen nicht entmündigen. Es ist darauf zu achten, daß auch die Bezugspersonen schwer belastet sind und sich in einem Trauerprozeß befinden. Der Berater muß sich also darum bemühen, die Reaktionen der Betroffenen zu verstehen und sie den beteiligten Personen behutsam verständlich zu machen. In diesem Sinne kann dem Berater in solchen Situation auch eine Brückenfunktion zukommen.

Drittes Fallbeispiel: Tod eines Geschwisters

Der Tod eines Geschwisters ist manchmal unmittelbarer Vorstellungsgrund. Die Eltern selbst sind nach dem Tod eines Kindes schwer belastet; auch Geschwisterkinder reagieren darauf. In der allgemeinen Belastungssituation ist es für Eltern oft schwer, auf die Bedürfnisse der Geschwisterkinder einzugehen. Häufiger kommt es aber vor, daß nicht der Tod eines Geschwisters der unmittelbare Vorstellungsgrund ist, sondern daß Kinder erst viel später vorgestellt werden, wenn irgendwelche Auffälligkeiten auftreten, die dann dem Tod des Geschwisters zugeschrieben werden.

Familie B. kommt mit dem achtjährigen Thomas in die Ambulanz, der in der Schule sehr oberflächliche Leistungen erbringe und zudem sehr aggressiv zu seinen Mitschülern sei. Die Lehrerin habe angeraten, psychologische Hilfe aufzusuchen.

Beim Erstkontakt erschienen beide Eltern mit Thomas, dessen Probleme den Anlaß für das Aufsuchen der Ambulanz bildeten. Doch brachten die Eltern auch den zehnjährigen Martin mit, da er ebenso auffällig sei. Martin sei sehr still geworden, ziehe sich vermehrt zurück, streite aber auch sehr mit seinem Bruder, so daß zu Hause oft die Hölle los sei. Außerdem falle der Mutter auf, daß beide Buben sehr eifersüchtig auf die nunmehr vier Monate alte Schwester Sabine seien.

Erwähnt wird, daß vor eineinhalb Jahren Nina, damals viereinhalb Jahre alt, verstorben sei. Nina litt an einer Stoffwechselstörung und war geistig und körperlich schwerst behindert. Die Eltern geben an, daß sie sich wunderten, warum die Buben nun so eifersüchtig seien, denn zu Nina seien sie überaus lieb und fürsorglich gewesen. Sie erzählten, daß die beiden Buben nicht darunter litten, daß Nina behindert war. Thomas und Martin seien nach Ninas Tod sehr traurig gewesen. Auch jetzt sprächen sie noch sehr viel von Nina. Um Sabine dagegen kümmerten sie sich nicht; im Gegenteil: sie gehe ihnen auf die Nerven, wenn sie weine.

Beide Eltern meinen, daß die Verhaltensauffälligkeiten ihrer Söhne auf den Tod von Nina zurückzuführen seien, den die ganze Familie noch nicht verkraftet habe. Das Bettchen von Nina stehe auch noch im Kinderzimmer, da man sie ja nicht vergessen wolle.

Im Erstgespräch war deutlich spürbar, wie sehr Nina im Mittelpunkt der Familie stand, wie sehr alles auf sie bezogen war.

Alle meine Fragen bezüglich Schwierigkeiten und Problemen mit Nina wurden vehement abgewehrt, die Situation mit ihr nur idealisiert.

Thomas meinte sehr bald, daß er nur so schlecht in der Schule sei, weil seine Eltern keine Zeit für ihn hätten. Außerdem habe die Mama nie Zeit für ihn. Um Sabine kümmere sie sich dauernd, um ihn nicht. Auf meinen Hinweis, daß die Mama wahrscheinlich auch mit Nina viel zu tun hatte, erklärte mir Thomas, dies sei etwas anderes gewesen, denn Nina wäre ja behindert gewesen. Die Mama sei sehr viel mit ihr unterwegs zur Therapie gewesen, dann waren sie – die Buben – immer bei der Oma. Nun sei die Mama zu Hause und kümmere sich nur um Sabine; es wäre besser, er käme wieder zur Oma. Martin meinte auf mein Befragen, was er über den Tod von Nina denke, er wünsche sich, er wäre gestorben und Nina lebte noch, dies wäre sicherlich auch den Eltern lieber. Thomas warf ein, daß er Sabine nicht mag, weil sie nicht die Nina ist.

Beide Eltern reagierten sehr erschrocken auf die Aussagen der Kinder. Als ich dann noch fragte, ob sie sich schuldig am Tod von Nina fühlten und beide Buben dies bejahten, waren die Eltern fassungslos. Thomas und Martin meinten beide, daß sie oftmals auf Nina eifersüchtig gewesen seien, aber sie tat ihnen auch sehr leid. Unterstützt von mir konnten beide Buben auch ihre negativen Gefühle bis hin zu Todeswünschen formulieren. Als Nina dann wirklich starb, meinten beide, daran schuld zu sein, allerdings hatten sie dies niemandem gesagt. Sie hatten sich ja auch oft gewünscht, auf Urlaub zu fahren, so wie andere Kinder auch, aber dies war ja wegen Nina nicht möglich. Nun könnten sie auf Urlaub fahren, jetzt sei aber Sabine hier.

Thomas und Martin sprachen plötzlich beide sehr viel von der Vergangenheit und all den Schwierigkeiten mit Nina, aber auch davon, wie sehr sie ihnen abgehe. Auf den Friedhof wollten sie schon lange nicht mehr mitgehen. Schließlich konnte Thomas formulieren, daß die Mama dann zu ihm komme, um ihn zu trösten, wenn er sage, er sei so traurig wegen Nina. Der Vater arbeite sehr viel und habe sowieso nie Zeit.

Beide Eltern waren über die Aussagen ihrer Kinder sehr betroffen. Vor allem die Mutter wollte immerzu die Situation mit der behinderten Schwester beschönigen und beschwichtigen, und war zutiefst betroffen, als auch der Vater sagte, sie habe sich ja wirklich ausschließlich um Nina gekümmert. Er selbst habe dies auch als störend empfunden, aber nie gedacht, daß den beiden Buben dies auch so auffallen würde, geschweige denn, daß sie darunter litten. Da er ja Alleinverdiener sei, mußte er sich sehr um seine Arbeit kümmern. Außerdem war ja die Frau zu Hause und hatte auch noch Unterstützung durch die Großmutter. Während dieser Aussagen wurde die Mutter zunehmend stiller und trauriger, legte schließlich Sabine zum Stillen an, da die Kleine unentwegt quengelte. Die angespannte Situation mochte wohl die subtil aggressive Art und Weise, wie sie dies tat, noch verstärken, dennoch war diese Geste zusätzlich ausschlaggebend für mich, den nächsten Termin mit der Mutter alleine zu vereinbaren. Da ich dabei der Mutter aber nicht das Gefühl geben wollte, es liege alles an ihr, teilte ich beide Buben gleichzeitig zur psychodynamischen Testung ein. Doch verfolgte ich mit der Testung auch die Absicht, bei Thomas eine etwaige Teilleistungsschwäche auszuschließen; weiters lag mir daran, einen genaueren psychodynamischen Befund zu erstellen, obwohl mir klar war, daß auch hier die Elternarbeit wohl das wichtigste sein würde.

Im Gespräch mit der Mutter wurde bald deutlich, wie überlastet diese Frau in den letzten Jahren war, wie sehr sie sich dem behinderten Kind gegenüber schuldig fühlte, wie sehr sie dessen Tod auch als Erleichterung empfand, obwohl sie dies nicht auszusprechen wagte. Im Gegenteil, innerlich war sie böse auf Thomas, als er einmal sagte, daß er froh sei, daß die Schwester gestorben ist. Es wurde auch deutlich, wie sehr die abgewehrten Aggressionen auf Nina die Idealisierung des Kindes samt seiner Behinderung beförderten. Deshalb wohl mußte Nina symbolisch in Gestalt des nicht weggeräumten Kinderbettchens präsent bleiben, da sich die Mutter so nicht von ihr lösen mußte. Sabine sollte nun alle Probleme lösen, sollte zum Vergessen dienen, sollte Ersatzkind sein, sollte die Lücke, die Nina hinterlassen hatte, füllen. Sabine war der ausdrückliche Wunsch der Mutter, ihr Mann hätte kein Kind mehr gewollt. Die Mutter erzählt auch, daß ihr nach dem Tod von Nina außerdem viele Bekannten geraten hätten, doch noch ein Kind zu bekommen.

Thomas lebte nun auch ihre Gedanken aus, die sie sich verboten hatte, weshalb sie ihm böse war. Martin symbolisierte die Traurigkeit, die sie eigentlich so gerne weggewischt hätte. Am meisten traf sie, daß Thomas unlängst sagte, er wünsche sich behindert zu sein, um auch die volle Aufmerksamkeit der Mutter zu bekommen. Frau B. fühlte sich allen Familienmitgliedern gegenüber schuldig, hatte den Eindruck, daß sie, was immer sie auch tat, es niemandem recht machen konnte. Klar wurde Frau B. auch, wie sehr sie sich von ihrem Mann im Stich gelassen und sich selbst als unzulänglich und als Versagerin fühlte.

In solchen Situation geht es vor allem darum, die Mutter in ihren Schuldgefühlen zu entlasten und es ihr zu ermöglichen, ihre eigenen Gefühle zuzulassen. Es konnte der Mutter bewußt gemacht werden, wie sehr ihre drei Kinder ihre eigenen Gefühle übernommen hatten - Thomas die Wut und Aggression, Martin die Depression, und Sabine sorgte dafür, daß die Mutter nicht zur Ruhe kam, denn sie war ein sehr „anstrengendes" Baby. Das Verstehen der Verhaltensweisen ihrer Kinder brachte die Mutter dazu, ihre Einstellung zu ändern. Sehr wichtig war in dieser Fallgeschichte, auch den Vater einzubeziehen, um es ihm zu ermöglichen, einerseits die Gefühlssituation seiner Frau und seiner Kinder besser zu verstehen, und um ihn andererseits zu ermutigen, wieder mehr ins Familiengeschehen einzutreten. Ich beteuerte ihm meine Überzeugung, wie wichtig er nun für seine beiden Söhne sei. Mit den Kindern wurde keinerlei psychotherapeutische Betreuung durchgeführt, die Elternarbeit trug zum Verschwinden der Auffälligkeiten bei, da die Eltern imstande waren, zu verstehen und sich zu ändern. Das Kinderbettchen konnte nun weggegeben werden, und die Buben wollten nun auch wieder zu Ninas Grab gehen. Das verstorbene Kind durfte somit wirklich sterben, die lebenden Kinder ihre eigene Lebendigkeit leben.

In diesem Fallbeispiel wird klar, wie wenig sich die Familie im Zuge eines Trauerprozesses von dem behinderten Kind verabschieden konnte. Es zeigte sich einerseits die mangelnde Verarbeitung der Behinderung des Kindes, andererseits wurde deutlich, wie sehr durch Idealisierung und Lebendig-halten-Wollen des toten Kindes der Ablösungsprozeß blockiert wurde.

Nicht selten leben in Familien, wo ein Kind gestorben ist, die toten Kinder intensiver weiter als die lebenden. Auch hier steht der Helfer vor der schwierigen Aufgabe, den Eltern, die angesichts des Todes eines Kindes extrem belastet sind, behutsam die eigenen Reaktionen und die Reaktionen der Geschwisterkinder verstehbar zu machen. Immer wieder konnte ich sehen, wie sehr das Ermöglichen des Miteinander-sprechen-Könnens über das Tabuthema zu einer allgemeinen Erleichterung führte und den Prozeß der Verarbeitung einleitete.

Elternarbeit

Im folgenden sollen nun nochmals wesentliche Punkte der begleitenden Elternarbeit erläutert werden. Zunächst ist es, wie im ersten Fallbeispiel gezeigt, wichtig, auf die vielen Fragen der Eltern einzugehen.

Fragen der Eltern

Die Fragen der Eltern beziehen sich oftmals auf Informationen über Sterben und Tod bzw. über das Teilhaben-Lassen der Kinder an den belastenden Ereignissen. Eltern sind verunsichert, wenn ein Familienmitglied schwer erkrankt ist, und sie vor der Aufgabe stehen, den Kindern Fragen nach Krankheit und Tod zu beantworten. Immer wieder werden Fragen gestellt, ob Kinder ans Krankenbett gelassen werden sollen bzw. ob Kinder jemanden auf der Intensivstation besuchen können. Die Frage bezüglich der Teilnahme von Kindern am Begräbnis stellt immer noch für viele Eltern eine deutliche Verunsicherung dar. Ebenso verunsichert sind Eltern bei Fragen der Kinder darüber, was nach dem Tod ist.
Bei diesen und ähnlichen Fragen ist selbstverständlich immer zu empfehlen, daß dem Kind klare und wahre Informationen gegeben werden sollten. Gleichzeitig ist aber auch darauf zu achten, daß Eltern nicht überfordert werden dürfen, und es ist zu bedenken, daß auch sie sich in einer schwierigen Situation befinden. Dies erfordert hohes Einfühlungsvermögen und Behutsamkeit. Es ist sinnlos, die Bezugsperson zu etwas zu nötigen, was sie selbst nicht imstande ist zu tun. Deshalb ist oftmals so etwas wie eine motivierende Elternarbeit dringend angezeigt.
Die Ängste der Eltern beziehen sich durchgehend auf die Angst, die Wahrheit zu sagen, und die Angst, eigene Gefühle zu zeigen.
Wichtig ist, daß den Eltern die Reaktionen der Kinder verstehbar gemacht werden.

Reaktionen der Kinder

Wichtig ist, daß Eltern sich selbst und ihre Kinder in der Trauerreaktion verstehen lernen. Mit Kindern über den Tod zu sprechen, setzt voraus, daß man sich selbst mit Sterben und Tod auseinandersetzt. Wie können Erwachsene ihre Kinder durch ihre Trauer begleiten, wenn sie selbst vor Schmerz und Trauer nicht weiterwissen? Auch deshalb ist Elternarbeit wichtig, um nämlich den Eltern zu helfen, ihren Trauerprozeß anzunehmen. Verlust oder Trauer haben kein bestimmtes Bild und sind individuell äußerst verschieden. Wichtig ist es, den Eltern klar zu machen, daß Kinder anders trauern als Erwachsene.

Wie sich ein Kind nach dem Tod einer Bezugsperson weiterentwickelt, hängt einerseits von der Gesamtpersönlichkeit des Kindes ab, ist aber andererseits auch von der das Kind umgebenden Gesamtsituation bestimmt. Zu berücksichtigen sind Alter, Entwicklungsstufe, Persönlichkeitsstruktur des Kindes, vorhandene Abwehrmechanismen, die Entwicklung des Todesbegriffs und vor allem auch die Frage, wie das Kind informiert wird. Ebenso bedeutend sind Fragen wie die, ob das Kind beim Tod der Bezugsperson an- bzw. abwesend ist, welche Rolle die verlorene Person im Gesamtleben des Kindes einnahm, wie die Beziehung zwischen Verstorbenem und Kind sich gestaltete, wieviele schwerwiegenden Verluste das Kind hinnehmen mußte, die das Kind nun zu bewältigen hat, wie sich die Begleitumstände des Todes gestalteten und welcher Art der Tod war, in welches soziale Umfeld das Kind eingebettet ist und welche Ressourcen insgesamt zur Verfügung stehen (vgl. Bogyi 1987).

Kinder trauern viel punktueller, was bedeutet, daß Gefühlsschwankungen weitaus intensiver zu sein scheinen und in schnellerer Abfolge auftreten als bei Erwachsenen. Sind sie in dem einen Moment tieftraurig und weinen, so suchen sie im nächsten Moment wieder Ausgleich und möchten spielen und lachen. Dies birgt die Gefahr in sich, daß Erwachsene oft der Meinung sind, das Kind traure nicht. Manchmal verhalten sich trauernde Kinder auch übertrieben ausgelassen, übermäßig aktiv, oder aber sehr aggressiv, wobei letzteres meist zu großem Unverständnis führt, da Aggressionen selten als Trauerreaktion erkannt werden.

Oft tritt eine vermehrte Angstbereitschaft auf: Dunkelängste, Verlassenheitsängste, Angstträume und Trennungsängste sind zu beobachten. Die Angst vor einem weiteren Verlust steht meist im Vordergrund. Fast immer tritt beim Tod eines Elternteils die Angst auf, auch der zweite Elternteil könnte verloren gehen. Diese Angst verschlimmert sich, wenn ein weiterer Todesfall eintritt oder aber wenn ein Elternteil erkrankt. Es tritt auch meist die Angst auf, das Kind selbst müsse vielleicht sogar an derselben Krankheit sterben. Wenn das Todeserlebnis mit einem Unfall bzw. einer Katastrophe verknüpft ist, kommt es in Situationen, wo das Kind mit ähnlichen Umständen konfrontiert ist, zu massiven Angstreaktionen. Auch Schuldgefühle sind ein wesentlicher Bestandteil kindlicher Verlustreaktionen und dürfen nicht unterschätzt werden. Die Tendenz, den Verstorbenen zu idealisieren, tritt besonders dann verstärkt auf, wenn dem Kind neue Schwierigkeiten in seinem Alltag begegnen. Dann meinen Kinder nicht selten, daß, wenn die Mutter noch leben würde, alles anders wäre, oder daß die Mutter dieses und jenes erlaubt hätte. Nicht selten unterstreichen Kinder ihre Ähnlichkeit mit dem Verstorbenen, oder sie versuchen ihn nachzumachen. Teilweise zeigen Kinder Schwierigkeiten, sich an Ersatzbezugspersonen zu binden, sei es aus Angst vor einem erneuten Verlust oder aber aufgrund von Schuldgefühlen dem verstorbenen Elternteil gegenüber. Immer wieder wird von den Kindern aber auch Trauer massiv abgewehrt, indem z.B. der Tod verleugnet wird. Kinder versuchen dann, die Realität zu ignorieren und möchten auch, daß alles „normal" weitergehen soll. Dann kann das Kind sich im Sinne der Affektisolation manchmal so verhalten, als ob nichts geschehen wäre. Es kann aber auch zu einer Umkehr der Affekte kommen, indem mit gespielter Sorglosigkeit und Unbeschwertheit die Verzweiflung übertönt wird. Solche Aktivitäten helfen dem Ich, über die erste Zeit des Schmerzes hinwegzukommen. Freilich sind bei Kindern in solchen Situationen auch regressive Momente zu beobachten, also ein Zurückfallen auf frühere Entwicklungsstufen. Es kann aber auch zur kognitiven Blockierung kommen, ebenso zu körperlichen Symptombildungen, zu psychosomatischen Beschwerden, Eßstörungen, Schlafstörungen und ähnlichem mehr (vgl. Bogyi 1998).

Den idealen Verlauf der Trauerarbeit gibt es nicht. Die Gleichzeitigkeit widerstreitender Gefühle ist charakteristisch und zeigt sich bei Kindern wesentlich deutlicher als bei Erwachsenen.

Interventionsformen

Da die Reaktionen des Umfeldes für ein Kind mit einem Todeserlebnis von eminenter Bedeutung sind, ist es wichtig, die verbleibenden Bezugspersonen von Beginn an in den Trauerprozeß miteinzubeziehen.

Nicht selten kann sich der Berater nach einigen konfrontierenden, offenen Gesprächen wieder zurückziehen, wenn es ihm gelungen ist, daß die Bezugsperson offen mit dem Kind spricht bzw. die Fragen des Kindes beantwortet werden und sein Verhalten verstanden wird.

Beim Tod eines Elternteils scheint es wichtig, mit dem Kind auch darüber zu sprechen, wer nun für die faktischen Bedürfnisse des Kindes sorgen wird. So machen sich viele Kinder nach dem Tod der Mutter etwa Gedanken, wer nun für sie kochen wird, bzw. nach dem Tod des Vaters, wer nun Geld verdienen wird. Diese Fragen scheinen in einer schwerst belasteten Situation den Angehörigen oftmals unbedeutend, stellen aber für das Sicherheitsbedürfnis des Kindes einen wesentlichen Faktor dar.

Oft ist es wichtig, die Erwachsenen zu ermutigen, selbst ihre Trauer zu zeigen, ihre Gefühle auch dem Kind mitzuteilen. Wesentlich ist, darauf hinzuweisen, daß der Trauerprozeß eine Vielzahl von scheinbar einander widerstrebenden Gefühlen beinhaltet, und daß sich Angst, Sehnsucht, Verzweiflung, aber auch Wut und Schuld in verschiedensten Verhaltensweisen oder Gedanken äußern können. Wichtig scheint es zu sein, den Toten nicht zu idealisieren, sondern in der Erinnerungsarbeit immer wieder auch belastende oder konfliktbesetzte Situationen aufzuzeigen. Es ist zu bedenken, daß manchmal der Tod auch eine Erleichterung darstellen kann. Auch diese Gedanken dürfen geäußert werden.

Die Therapieindikation für das Kind ist sehr gut zu überlegen. So manches Mal würden Eltern uns diese Arbeit auch gerne „delegieren". Therapie wird dann nötig sein, wenn es sich um eine Extremtraumatisierung handelt, das heißt, wenn die Umstände des Todes gewaltsam waren, wenn es sich etwa um Mord oder Selbstmord handelt, vor allem aber dann, wenn die Beziehung zum Verstorbenen vorher sehr konfliktreich und belastet war.

Freilich ist eine Therapieindikation auch dann gegeben, wenn die Persönlichkeitsstruktur des Kindes auffällig ist bzw. das Todesereignis auf ein schon bestehendes, etwa latentes,

Krankheitsbild trifft. Oftmals sind Kinder auch schon vor dem Todesereignis auffällig. Das Todesereignis selbst wird dann gerne als Auslöser gesehen. Hier ist es wichtig, darauf hinzuweisen, daß nicht alle Auffälligkeiten auf das Todesereignis selbst zurückgeführt werden können. Andererseits ist es manchmal aber auch wichtig, bei auftretenden Symptomen den Zusammenhang zwischen dem Ereignis und den Reaktionen herzustellen bzw. aufzuzeigen, was nicht immer leicht ist. Wir wissen, daß viele Verhaltensauffälligkeiten in nicht bearbeiteten Verlusterlebnissen begründet sind. Oft geht es dann um das Aufdecken von Verschwiegenheiten, um das Lösen von Blockaden, um Trauerarbeit zu ermöglichen.

Zu bedenken ist, daß jede Familie im Laufe der Jahre ein „Familienparadigma" entwickelt, das immer dann als stabile Disposition oder Orientierung herangezogen wird, wenn die Familie gezwungen ist, eine neue, streßinduzierende Situation zu bewältigen. Familien lassen sich nach Reiss und Oliveri (1980) in drei verschiedenen Dimensionen beschreiben: Konfiguration, Koordination und Verschlossenheit. Unter Konfiguration wird die Fähigkeit verstanden, Probleme auf effiziente Weise zu lösen. Koordination bezieht sich auf die Bedeutung, die eine Familie dem Zusammenhalt und der Kooperation zumißt, wenn sie als Ganzes einem Problem gegenübersteht. Verschlossenheit bezieht sich auf das Ausmaß, in dem eine Familie in der Auseinandersetzung mit dem Umfeld flexibel und offen ist.

Die Bewältigung von Krankheit und Tod werden vom Familienparadigma beeinflußt (vgl. Bogyi 1996). Meines Erachtens ist es wichtig, dieses Familenparadigma zu erkennen, zu achten und, wenn nötig, behutsam zu verändern. Wesentlich ist, daß sich trauernde Eltern nicht von ihrer Umwelt zurückziehen. Dies ist um so schwerer, da die Umgebung selbst oft nicht mit Todeserlebnissen umzugehen weiß, noch dazu dann, wenn ein Kind einen Elternverlust erleidet. Dann zeigt sich die Hilflosigkeit noch deutlicher, wenn aus Angst, etwas falsch zu machen, Kontakte vermieden werden. Ein Zugehen des Betroffenen auf die anderen erscheint schwierig, wäre jedoch für die Bewältigung sehr wichtig.

Die Wertschätzung, die der Berater trauernden Eltern entgegen bringt, ermöglicht es den Eltern, sich auf das Gespräch einzulassen und auch unakzeptable Gefühle zu äußern. In seiner üblichen Alltagserfahrung hat der Trauernde aufgrund seines Verhaltens seinerseits oft genug Ablehnung und Aggression erlebt, was in der Regel zu einem verstärkt ablehnenden Verhalten beim Trauernden selbst und zur zunehmenden Isolation führt (vgl. Jerneizig 1991).

Auch der Berater muß manchmal damit rechnen, Ablehnung und Aggression zu erfahren, wie das zweite Fallbeispiel deutlich zeigt. Wichtig für den Berater ist es dann, diese vom trauernden Elternteil gezeigte Abwehr von der eigenen Person zu trennen und durch ein Verständnis für den Trauerprozeß und die Bedürfnisse des Trauernden zu ersetzen.

Es geht darum, den Eltern zu helfen, Zugang zu ihrem eigenen Erleben zu finden und ihnen zu helfen, ihre Kinder zu verstehen. Dies erfordert ein Höchstmaß an Sensibilität, Behutsamkeit und Flexibilität des Beraters, der sich einerseits selbst mit der Todesproblematik auseinandergesetzt haben muß, der aber andererseits niemals seine eigenen Überzeugungen den anderen aufdrängen darf. Dies ist vor allem bei religiösen Überzeugungen wichtig.

Ebenso muß sich der Berater bewußt sein, daß auch noch so ungeschickt erscheinende Reaktionen von Bezugspersonen meist gut gemeint sind und deshalb nicht verurteilt werden dürfen, sondern korrigiert werden sollen. Vor allem muß er sich bewußt sein, daß auch Bezugspersonen schwerst belastet sind und im Trauerprozeß stehen.

Ermutigend in dieser Arbeit ist es jedoch, daß sich oft relativ schnell Blockaden deutlich lösen, daß es immer wieder nur kleiner Hilfestellungen bedarf, damit die Trauernden immer angemessener mit ihrer Situation umzugehen lernen und ihren eigenen, persönlichen Weg finden, mit ihrer Trauer und der Trauer der Kinder zu leben. Das Gelingen oder Mißlingen der therapeutischen Bemühung ist abhängig vom Gelingen oder Mißlingen der Beziehung zum Berater und zu den verbleibenden Familienmitglieder. Das Unaussprechliche auszusprechen und damit Hilfe zur Selbsthilfe zu leisten, ist oberste Maxime.

Adler (1975, 51) meint, daß es „vielleicht die größte Kunst des Therapeuten sei, daß er den seelisch verkrampften Menschen überhaupt zum Reden bringt. Das tiefste Leid ist stets das schweigende Leid. Wer Tränen findet oder sich ausspricht, der kann das Leid überwinden. Aber wer das Leid stets schweigend in sich trägt, den verzehrt es schließlich. Und dennoch möchte er reden, er möchte gehört werden – vielmehr - er möchte verstanden sein."

Literatur:

Adler, A. (1933c): Religion und Individualpsychologie. In: Adler, A., Jahn, E.: Religion und Individualpsychologie. Eine prinzipielle Auseinandersetzung über Menschenführung. Fischer TB: Frankfurt, 1975, 68-98

Bogyi, G. (1987): Individualpsychologische Interventionen bei Kindern und Jugendlichen mit extremen Schock- und Todeserlebnissen. In: Z. f. Individualpsychologie 12, 292-301

Bogyi, G. (1996): Trauerarbeit in Familien mit einem chronisch kranken oder behinderten Kind. In: Lehmkuhl, G. (Hrsg): Chronisch kranke Kinder und ihre Familien. Quintessenz: München, 256-274

Bogyi, G. (1998): Kind und Tod. In: Unsere Kinder - Fachzeitschrift für Kindergarten und Kleinkindpädagogik, Heft 2, 25-29

Jerneizig, R. et al. (1991): Leitfaden zur Trauertherapie und Trauerberatung. Vandenhoeck & Ruprecht

Reiss, D., Oliveri, M. (1980): Family paradigm and family coping. In: Family Relations, 29, 431-444

Dilys Daws

Beratung bei Schlafproblemen von Kindern[1]

Psychoanalytisch orientierte Kurzbehandlung

Schlafprobleme von Kindern erleben viele heutige Eltern als ein bedrohliches Phänomen. Sie stellen diese Probleme als sehr dringlich und überwältigend dar. Familien suchen eine Behandlung oft in der Stimmung auf, daß sie sich am Ende ihrer Kräfte fühlen. Ich arbeite pro Woche einen halben Tag lang in der Babyklinik einer allgemeinmedizinischen Praxis und sehe Familien wegen Problemen, welche die Baby- oder Kleinkindentwicklung betreffen. Die dringlichsten Schwierigkeiten stellen dabei meist Schlafprobleme dar, die dann auch sehr rasch behandelt werden müssen. Ich konnte beobachten, daß schon eine oder zwei Konsultationen eine Änderung des Umgangs der Eltern mit dem Baby herbeiführen können, wodurch ein toter Punkt in der Eltern-Kind-Beziehung überwunden wird. Für mich als psychoanalytisch geschulte Kinderpsychotherapeutin ist diese Art von Arbeit eine Abkehr von einer langandauernden, intensiven Behandlungsweise. Ich beginne nun, die Grundlagen dieser Arbeit darzustellen.

Die Technik, die ich in dieser Arbeit benutze, beruht auf der Kombination einer strukturierten Befragung der Eltern über die Einzelheiten des Tagesablaufes des Babys mit einer offen gehaltenen Untersuchung der elterlichen Erinnerungen zu Schwangerschaft und Geburt, der elterlichen Beziehung untereinander und der Beziehungen zu deren eigenen Eltern. Den Eltern, die ich sehe, wurden normalerweise bereits viele Ratschläge erteilt, und sie fühlen sich so, daß sie bereits „alles probiert" haben. Was ich ihnen zunächst bieten kann, ist schlicht meine *frei flottierende Aufmerksamkeit*. Wenn sie ihre Geschichte erzählen, knüpfen sich *unbewußte Fäden* aneinander und Verbindungen werden deutlich. Da ich nicht sofort Lösungen anbiete, neigen sie weniger oft dazu, ablehnend zu reagieren. Sie können weiterhin frei assoziieren und mich als interessierten und aufnehmenden Menschen wahrnehmen, der imstande ist, eine Menge von Informationen zu behalten. Es ist bemerkenswert, wie Eltern in diesem Setting sehr dichte Informationen in sparsamer Weise übermitteln können. Es scheint so, als ob alle normalen Eltern eine „Geschichte" über ihr Baby zu erzählen haben, die so dramatisch und bewegend ist, wie man es in literarischen Werken dargestellt findet. Was dabei auch übermittelt und durch mein Interesse herausgestrichen wird, ist der Umstand, daß die Familie und ihr Baby einzigartig sind.

---

[1] Dieser Beitrag entstammt dem Buch „Through the night" (Daws 1989) und wurde als selbständiger Artikel erstmals 1991 publiziert (Daws 1991). Die vorliegende Übersetzung ins Deutsche verfaßte Johannes Gstach.

Wenn diese Geschichte ausgebreitet wird, treten Themen zum Wesen ihrer Beziehungen an die Oberfläche. Beispielsweise kann sich die Bedeutung des Nichtschlafens mit dem Alter des Kindes ändern. Aber in jeder Altersstufe scheint diesem Problem bis zu einem gewissen Ausmaß ein Problem von *Loslösung und Individuation* zwischen Mutter und Kind zugrundezuliegen, das mit Fütterungs- und Entwöhnungsproblemen stark verknüpft ist.

Loslösungsprobleme

Einfach gesprochen fällt das Problem einer Mutter, wenn sie das Baby zum Schlafen bringt, mit der grundlegenden Absicht zusammen, das Baby niederzulegen - das heißt: mit der Loslösung der Mutter von ihrem Baby und der Loslösung des Babys von ihr.

Joyce McDougall (1974) beschreibt, wie ein Baby in Phasen eintreten muß, in denen es seine „Brust-Mutter" (breast-mother) verliert „und psychische Objekte kreiert, um diesen Verlust zu kompensieren". Seine Fähigkeit, dies zu tun, wird begrenzt durch die unbewußten Befürchtungen und Wünsche seiner Eltern. Überidentifizierte Eltern neigen dazu, ihren Kindern die „unvermeidliche Konfrontation mit der Realität zu ersparen. Die Befürchtungen, zu denen diese früheste Loslösung Anlaß gibt, werden normalerweise mit Ausdrücken wie Vernichtung und Auflösung bestimmt".

Dieses Zitat beschwört kraftvolle Bilder von psychischen Prozessen herauf. Die Beratungen, in denen Eltern von den Details des Aufwachens und Fütterns ihrer ruhelosen Nächte berichten, sind eine lebendige Illustration der Auflösung, von der Joyce McDougall spricht. Die fragmentierte Erfahrung der Familie beginnt sich zunächst in meinem eigenen Geist zusammenzufügen, während ich diese Details höre und ich mir eine stärker gegliederte Vorstellung bilde.

Ein extremes Beispiel veranschaulichte dies: Die Mutter des vierjährigen *Barnaby* und der sechs Monate alten *Clare* hatte viele Ärzte, Homöopathen usw. wegen vieler verschiedener eigener Beschwerden und Beschwerden ihrer Kinder aufgesucht. Sie kam in großer Verzweiflung wegen der Schlafprobleme beider Kinder zu mir. Sie sprach ohne Pause über ihre zahreichen Versuche, Hilfe wegen ihrer vielen Sorgen zu bekommen, und über ihre Verwirrtheit bezüglich der Frage, worum sie sich zuerst kümmern sollte. Es gab kein Gespräch zwischen uns, weshalb ich sie zehn Minuten vor dem Ende der Sitzung unterbrach, um ihr deutlich zu machen, daß sie mir keine Gelegenheit zum Sprechen gab.

Ich sagte dann, daß ich zwei Gedanken hatte, während sie sprach. Der eine besagte, daß es sehr schwierig ist, Kinder zu erziehen. Der zweite bezog sich darauf, daß sie viele Fachleute aufgesucht hatte, die aber alles für sie falsch machten. Die Mutter war davon sehr überrascht. Da ich ihr keinen Rat anbot, lief ich nicht Gefahr, alles falsch zu machen! Nüchterner gesprochen - ich hatte bemerkt, daß sie mit vielen einander widersprechenden Ängsten beschäftigt war und im Moment keinen Raum hatte, um eine andere Meinung aufnehmen zu können. In der folgenden Woche brachte sie ihren Ehemann mit, und beide erzählten mir voll Schmerz über ihre eigene schwierige Kindheit. Ich stellte neben ihrer Unsicherheit über ihre individuellen elterlichen Fähigkeiten fest, daß ihre unterschiedlichen Kindheitserfahrungen zu widersprüchlichen Vorstellungen über das Elternsein geführt hatten; diese Vorstellungen hatten sie mit den widersprechenden Ansichten untermauert, nach denen sie suchten und die sie den vielen Fachleuten entlockten, die sie konsultierten.

Das Nachdenken über diese Dinge befähigte sie beide, erfolgreicher mit ihrem älteren Kind umzugehen. Barnabys alarmierende Wutausbrüche gaben sich während der folgenden Woche und seine Schlafprobleme verbesserten sich ein wenig. Ihre Aufmerksamkeit wendeten sie nun Clare, dem Baby, zu, das häufig während der Nacht munter wurde und von der Mutter an die Brust genommen werden mußte. Wiederholt fragten sie: „Sollen wir sie weinen lassen?"

Ich wies darauf hin, daß es da keine Vorstellung von einem Mittelweg zwischen der sofortigen Zuwendung und dem völligen Verlassen zu geben scheine. Sie fragten dann, ob es Clare verunsichern würde und ob es für sie schädlich wäre, wenn sie für eine Weile alleingelassen würde. Ich sagte, daß wir die Frage vielleicht umdrehen und darüber nachdenken könnten, wie unsicher es Clare machen würde, wenn sie denke, daß die Eltern sich ihr jedesmal zuwenden müssen, wenn sie aufschreit - daß die Eltern ihr also nicht zutrauten, es eine Zeitlang selbst zu schaffen, und daß die Eltern nicht darauf vertrauen, daß ihre Liebe und Sorge im Anschluß an die letzte Fütterung für einen längeren Zeitraum ausreicht. Die Eltern wußten, daß diese Umkehrung von mir nicht oberflächlich und unernst gemeint war, sondern daß ich von ihren Erzählungen über ihre eigene unsichere Kindheit bewegt war und daß ich wußte, daß sie sich dadurch geschädigt fühlten. Während ich mir die Gefahren der Unsicherheit in meinen Gedanken bewußt hielt, konnte ich der Mutter verdeutlichen, daß Clares Lage nicht dieselbe war wie die ihrer Eltern - mit zwei liebenden und ihr sicher zur Verfügung stehenden Eltern war es Clares Bedürfnis, sich von ihnen getrennt zu erfahren.

Das Problem für diese wie für viele andere Eltern besteht darin, spüren zu können, daß das, was sie dem Baby gegeben haben, gut genug ist. Angehörige von Krankenpflegeberufen (health visitors) und Ärzte kennen alle die Mütter, die sich nicht darin sicher sind, ob ihre Milch „gut" ist. Für so eine Mutter kann es schwer sein, davon überzeugt zu sein und dies dem Baby auch mitzuteilen, daß es genug Nahrung und Pflege bekommen hat und daß es selbst die Nacht überstehen kann.

Manchmal haben schwere Geburtserfahrungen Einfluß darauf, welches Bild die Mutter von sich selbst und dem Baby hat. *Matt* war fast zwei Jahre alt und noch nicht entwöhnt; seine Mutter genierte sich deswegen, konnte ihn aber nicht loslassen. In der ersten Sitzung weinte sie, als sie mir von seiner Geburt erzählte. Sie hatte sich selbst gut vorbereitet, aber als die Zeit der Geburt gekommen war, verlief für sie alles unerwartet, geschwind, heftig. Sie blieb zehn Tage lang im Spital und erholte sich. Am letzten Abend hatte ihr das Spital eine Möglichkeit angeboten, das Baby zu sitten, und sie ging mit ihrem Ehemann zu einem Abendessen aus. Als sie zurückkam, fand sie ihr Baby allem Anschein nach vernachlässigt vor: Es weinte, war hungrig und brauchte eine neue Windel. Sie hatte das Gefühl, daß sie Matt niemals hätte alleine lassen sollen und daß diese Erfahrung ihm dauerhaften Schaden zugefügt hatte. Seit damals hatte er Probleme beim Einschlafen, die nur dann nicht gegeben waren, wenn er satt an der Brust lag und es ihm gestattet war, hier einzuschlafen. Er war niemals imstande, in seinem Kinderbett zu liegen und selbst einzuschlafen.

Wir sprachen darüber, was beim ersten „Loslassen", bei Matts Geburt, so falsch gelaufen war, so daß die Mutter nicht darauf vertrauen konnte, ihn loszulassen, ohne ihm damit Schaden zuzufügen. Matts Mutter schien anzunehmen, daß nur schlechte Erfahrungen bedeutungsvoll sind, so, als hätte sie das Gefühl, daß all die guten Erfahrungen, die sich nach der Befriedigung von Matts Bedürfnissen einstellten, zwangsläufig durch irgendeine schlechte Erfahrung ausgelöscht würden. Matts Mutter schien weiters zu befürchten, daß jedes Loslassen oder jede Trennung eine schlechte Erfahrung darstellen würde. Wir sprachen darüber, wie es Matt gelingen könnte, das Füttern zu genießen, wie er und sie voneinander loslassen könnten, und wie es ihm dann möglich sein könnte, in seinem Kinderbett zu liegen, die Erinnerung an die Fütterung auszukosten und die gesamte Erfahrung, die mit dem Erhalten der Milch verbunden war, in sich zu behalten. Wir hielten fest, daß emotionales ebenso wie körperliches Wachstum auf solchen Erfahrungen beruht. Beim Zubettgehen hatte Matt immer Vergnügen am Vater gefunden, doch hatte dieser dann immer Matt an die Mutter weitergegeben. Matts Mutter betraute nun manchmal den Vater mit der Aufgabe, Matt in sein Kinderbett zu bringen.

Sie stellte eine Milchflasche und Kekse in Matts Reichweite und gab ihm in der Nacht nicht so rasch die Brust – das Stillen ließ bald nach und Matt hörte auf, in der Nacht aufzuwachen. Die Mutter hielt dann die Milch und die Kekse für einen zu direkten Ersatz für die Brust - sie dachte, daß Matt jemand werden könnte, der sich immer mit Nahrung tröstet. Sie ersetzte daher die Milchflasche durch ein musikspielendes Spielzeug, das Matt liebte und das er sich selbst vorspielte, wenn er im Kinderbett einschlief und morgens erwachte. Sie selbst machte einen Sprung in ihrer Entwicklung und ihrem Sohn war es vermutlich deshalb möglich, dasselbe zu tun - er konnte auf einen direkten Mutterersatz verzichten und statt dessen ein Symbol erschaffen.

Im Verlauf der folgenden Wochen verbesserte sich die Beziehung der Mutter zu ihrem Mann - Matts Schlaflosigkeit, die zwei Jahre lang andauerte, hatte wenig Zeit für den ehelichen Verkehr gelassen. Ihr Verlangen ließ nach, den Vater von weiten Bereichen der Fürsorge aufgrund der Vorstellung auszuschließen, daß nur die Brust das Baby zum Einschlafen bringen könnte. Beim Abstillen war es ihr möglich geworden, sich vom Vater unterstützen zu lassen, und als Matthew entwöhnt war, konnte sie den Vater als einen gleichwertigen Partner in der Erziehung und Pflege von Matt begreifen.

Das Musikspielzeug diente Matt etwas später als ein „psychisches Objekt" (im Sinne von McDougall) oder als ein „Übergangsobjekt" (im Sinne von Winnicott 1971). Oftmals schaut es so aus, als ob das, was ich für Mütter tue, dem Anbieten eines temporären Übergangsobjektes im Medium der Worte nahekommt. Das zusammenfügende (synthetisierende) Denken über ihre Situation mit dem Kind und das Benennen dessen, was ich empfinde, daß da geschieht, ermöglicht es ihnen, sich an diese Worte zu halten, wenn sie zu ihrem Baby zurückgehen und wenn sie ihre Beziehung in den folgenden Nächten wieder miteinander aushandeln. Die Worte enthalten die miteinander verknüpften Gedanken von mir und der Mutter über den Übergang von einem Zustand zu einem anderen.

McDougall zitiert die Arbeiten von Fain und Kreisler (1970) über Babys, die in den ersten Lebensmonaten an schwerwiegenden psychosomatischen Störungen leiden. Einer wichtigen Gruppe dieser Babys gehören jene Kinder an, die nur schlafen können, wenn sie fortgesetzt in den Armen ihrer Mutter gewiegt werden, und sonst unter beinahe völliger Schlaflosigkeit leiden.

In diesen Studien vermutet Fain, daß diese Mütter in ihrer Aufgabe, das Kind weitgehend vor erregenden Stimuli zu schützen, versagt haben, weil sie diese Aufgabe übererfüllten. Da es diesen Babys nicht gelingt, eine dem Träumen ähnliche grundlegende Form der psychischen Aktivität zu entwickeln, die es den meisten Babys ermöglicht, nach dem Füttern friedlich zu schlafen, benötigen diese Babys die Mutter selbst als Wächterin des Schlafes. Der Autor verknüpft diesen Zusammenbruch der Fähigkeit, einen angenehmen inneren Seinszustand in symbolischer Form herzustellen, mit der dazugehörigen Unfähigkeit, autoerotische Aktivitäten zu entwickeln. Fains Beobachtungen führen ihn zu dem Schluß, daß diese nicht eine befriedigende Mutter („mère satisfaisante"), sondern eine beruhigende Mutter („mère calmante") haben. Die Mutter kann aufgrund ihrer eigenen Probleme dem Baby nicht erlauben, eine primäre Identifikation auszubilden, wodurch es ihm möglich wird, ohne ununterbrochenen Kontakt mit ihr zu schlafen.

Mc Dougall vermutet zudem, daß die Mütter in Fains Beobachtungen „eine abhängigmachende Funktion (addictive function) ausüben. Das Baby braucht die Mutter schließlich so wie ein Süchtiger die Droge, d.h. daß es vollkommen abhängig ist von einem äußeren Objekt, um mit Situationen fertigwerden zu können, die mithilfe selbstregulierender psychologischer Mittel bewältigt werden sollten."

Träume und Träumen

Es ist angebracht, dann, wenn man im Anschluß an Fain Schlafprobleme als Bestandteil von Trennungsproblemen versteht, Träumen als Teil der Errungenschaft der psychischen Individualität zu begreifen. Frances Tustin (1972) schreibt auch über den Zustand, in dem „die Identifikation mit einer Mutter, welche die Schmerzen der körperlichen Getrenntheit ertragen kann, allmählich einsetzt ... Auf diese Weise entwickelt sich die Fähigkeit zur Vorstellungsbildung und zum Gebrauch von Fertigkeiten. Träume treten allmählich an die Stelle von absichtslosen Entladungen und Körperbewegungen. Angeborene Muster werden in Gedanken und Phantasien umgeformt. Die Psyche, wie wir sie kennen, entsteht. Das Kind wird psychologisch lebensfähig und beherrscht."

Palombos (1978) Arbeit über Träume ist dabei anregend. In „Träumen und Erinnern" (Dreaming and Memory) stellt er fest, daß „der Traum selbst, und nicht bloß die Interpretation des Traums, eine positive, integrierende Rolle innerhalb der normalen emotionalen Entwicklung spielt". Palombo erläutert, was beim Träumen an Entscheidendem passieren kann. Er weist in überzeugender Weise darauf hin, daß das Träumen eine zentrale Aufgabe bei der Aufnahme von Tageserinnerungen in das dauerhafte Langzeitgedächtnis spielt. Aus diesem Grund sind die Folgen, die dann eintreten, wenn das Träumen unzureichend ist oder unterbrochen wird, für das Kind wie den Erwachsenen in gleicher Weise sehr schwerwiegend – Kinder wie Erwachsene bleiben mit einem Durcheinander von nicht-assimilierten Erfahrungen zurück.

Möglicherweise ähnelt das, was in meinen Sitzungen mit den Eltern geschieht, ein wenig dieser Traumarbeit. Eltern kommen fast immer in einem besorgten Zustand mit einer Unmenge von Informationen über das Verhalten des Babys während des Tages und der Nacht. All dies ist eingespannt in ein Geflecht von Beziehungen und Gefühlen. Ich denke, daß ein Integrationsprozeß, der dem des Traumes vergleichbar ist, durch mein Zuhören sowie dadurch in Gang gesetzt wird, *daß dies alles in meinem Denken und Verstehen seinen Platz findet.* Ich denke, daß dies der Mutter hilft, ebenfalls damit zu beginnen, über all das „zu träumen", wodurch das Baby dann freier wird, seinem eigenen Träumen zu folgen.

Bei dem sechs Monate alten *Luke* und seiner Mutter zeigte sich das deutlich. Lukes Mutter kam mit der panischen Angst, ihn innerhalb von zwei Monaten entwöhnen zu müssen, da sie wieder zu arbeiten begann. Sie fütterte ihn fortwährend, Tag und Nacht. Diese Trennung erlebte sie als eine ihr aufgezwungene; und wir schauten uns näher an, wie es ihr angesichts des Kummers darüber unmöglich wurde zu unterscheiden, wann Luke sie und die Brust brauchte und wann er es benötigte, von ihr weg zu sein. Er wurde oft gefüttert und war oft krank. Sie murmelte, daß ihre Milch ihn vergiftete. Ich fragte sie nach ihrer eigenen Erziehung, und sie erzählte mir, wie unsicher ihre Mutter in ihrer Ehe sowie in ihrem Empfinden des Mutterseins war. Ihr Gefühl, daß sie und ihre Milch für Luke tatsächlich „schlecht" sein könnten, und ihre Befürchtung in Bezug auf die Trennung beeinträchtigten ihre Fähigkeit wahrzunehmen, wie Luke tatsächlich mit ihr umging. Luke spielte währenddessen in meinem Raum, wobei er Spielsachen zu seinem Mund führte, Seifenblasen erzeugte und so etwas wie „Sprech"-Geräusche hervorbrachte. Ich zeigte der Mutter, wie sich der Gebrauch seines Mundes und die Wohlgefühle, die er dadurch erhielt, entwickelten und daß der Spracherwerb die Benutzung des Mundes miteinschloß, damit er mit ihr auf Distanz kommunizieren kann, ohne an ihre Brust gedrückt zu werden.

In der folgenden Woche kam sie, um mir zu erzählen, daß Luke die ganze vergangene Nacht durchgeschlafen hatte. Zuerst konnte sie sich nicht daran erinnern, ob an diesem Tag etwas Besonderes geschehen war, dann fiel ihr ein, daß sie mit ihm in seinem Kinderwagen so lange wie möglich draußen gewesen und dauernd in Bewegung war. Sie hatte ihn einmal in der Früh und einmal am Abend gefüttert. Als sie erzählte, richtete sich Luke selbst auf und biß auf die Lederriemen seines Kinderwagens. Seine Mutter sagte, daß sie erst erkannte, daß er einen Zahn hatte, als er sie in die Brust biß. Wir dachten darüber nach, daß Luke dadurch, daß es ihm nicht erlaubt war, tagaus tagein an der Brust zu liegen, von einem andauernden Zustand der aufgeregten Anspannung wegkam. Er war nun frei, seine Spielsachen zu benutzen und mit seinen aggressiven Gefühlen zu experimentieren, ohne befürchten zu müssen, dabei seine Mutter zu verletzen. Seine Selbstwahrnehmung konnte sich sowohl emotional als auch kognitiv entwickeln. Zugleich konnte sich die Mutter nun mehr von ihren Gefühlen gegenüber ihrem Baby zugestehen - so kam es ihr in den Sinn, daß die kommende Trennung das eigentliche Gefühl verdeckt hatte, *nicht* die ganze Zeit über mit ihrem Baby zusammen sein zu wollen. Ich fragte die Mutter, ob sie zu all dem etwas geträumt hatte. Sie lachte und sagte: „Ich schlafe nicht lange genug, um zu träumen." Dann erinnerte sie sich daran, was sie in der letzten Woche, nach Lukes Taufe, geträumt hatte. Im

Traum trug sie ein weißes Kleid mit Knöpfen auf der Vorderseite. Ein Knopf war geöffnet und der Taufpate des Babys machte ihn für sie zu. Die Sparsamkeit dieses Traumes ist äußerst überraschend: Die Anspielung, daß diese Mutter beginnt, dem Stillen gegenüber zusehends „zugeknöpft" zu sein, und die Gedankenverbindungen mit sexuellen Gefühlen und einer Hochzeit führen die Themen unserer Arbeit zusammen. Sie hatte begonnen darüber nachzudenken, daß die extreme Nähe zu Luke der Grund dafür war, daß sie sich ihrem Mann gegenüber distanzierter fühlte. Ansatzweise überlegte sie, ob ein angemessener Raum zwischen ihr und Luke die Ehe wieder beleben könnte. Das weiße Kleid spielte vielleicht auf eine neue „Hochzeit" mit ihrem Mann an. Die Taufe, eine Zeremonie, in der Luke als Individuum anerkannt wird, kam für diese Familie zur rechten Zeit.

Dieser Traum war wie ein gedanklicher Übergang, ein Kommentar zu all diesen Geschehnissen. Dies schien sie für den schrittweisen Abstillprozeß im weiteren Verlauf der Woche freier gemacht zu haben. Umgekehrt konnte Luke befreit schlafen und seine eigenen Träume haben.

Palombo (1978) vermutet auch, daß „Eltern in der Realität die ursprünglichen ‚Interpreten' von Träumen sind. Die wiederholt beruhigende Anwesenheit der Mutter oder eines Ersatzes nach der Erfahrung eines Aufwachtraums ist für jedes Kleinkind ein entscheidender Faktor, der dem Kind hilft, um zwischen seiner inneren und äußeren Welt unterscheiden zu lernen ... Das Kind, das zu sprechen beginnt, bringt seine Aufwachträume seinen Eltern, um sich einerseits zu beruhigen und um andererseits aus ihrer Fähigkeit, seltsame Erfahrungen in Worte zu bringen, Nutzen zu ziehen ... Das Unvermögen der Eltern, das, was an dieser Stelle benötigt wird, zur Verfügung zu stellen, kann für die spätere Möglichkeit des Kindes, zu seinen frühen Erinnerungen und zur Phantasie überhaupt Zugang zu finden, schwerwiegende Folgen haben."

Joannas Mutter (Daws 1985) zeigte mir, wie schwer es in der Realität sein kann, ein Interpret für einen Kindertraum zu sein. Die zwölf Monate alte Joanna schrie während eines Alptraums auf; als ihre Mutter hereinkam, wurde sie zurückgewiesen - d.h., sie wurde als ein Teil des Alptraums behandelt. Joanna schlief schlecht; sie hatte viele Alpträume und häufige Wutausbrüche während des Tages. Joannas Mutter beschrieb lebhaft ihr Gefühl, daß sie in der Nacht von ihrem Baby als „Hexe" angesehen wurde.

Es schien angebracht zu sein, sehr deutlich eine vereinfachte Kleinianische Version der Entwicklung von Kindern durchzugehen und über die Schwierigkeiten von Kindern zu sprechen, mit ihren eigenen aggressiven und destruktiven Impulsen umzugehen, sowie über ihre Bedürfnisse, diese auf ihre Mütter zu projizieren. Joannas Mutter war intellektuell interessiert, aber sie reagierte auch instinktiv. Die Schlafschwierigkeiten hatten mit sechs Wochen begonnen, kurz nachdem der Vater die Familie verlassen hatte müssen. Wir verknüpften die Schlafprobleme mit der panischen Angst der Mutter, die sie dieser Trennung entgegenbrachte, und mit ihrem Ärger über den Vater, der nicht da war, um ihr zu helfen. Nach zehn Monaten schlechter Nächte schlief Joanna zwei Wochen lang durch. Danach gab es einige Nächte, in denen Joanna aufwachte, doch die Beziehung zwischen Mutter und Tochter hatte sich tiefgreifend von einer Beziehung, die von wechselseitiger Wut beherrscht war, zu einer liebevoll-neckenden gewandelt. Dadurch, daß sie das Wesen der Ängste ihres Babys in der Nacht verstand, konnte sie besser auf diese eingehen. Das Baby macht nun die

Erfahrung, verstanden zu werden, und fühlte sich dadurch beruhigt. Sie mußte nicht mehr wiederholt aufwachen, um danach zu suchen.

Die Angst eines Babys aufzunehmen ist schwierig, weil sie sehr leicht mit den eigenen Befürchtungen der Eltern verknüpft wird. Oft gibt es reale, äußerliche Ursachen für Ängste - Geburtsschwierigkeiten (wie bei Lukes Mutter) oder die Furcht, daß das Baby während der Nacht sterben könnte. Diese Art von Angst gründet in realen, grausamen Ereignissen; jeder hat von solch tragischen Ereignissen gehört. Das Durchbesprechen dieser Ängste und Erfahrungen macht sie in höherem Ausmaß handhabbar. Wenn die Mutter in der Nacht der Angst des Babys begegnet, ist sie nicht mehr mit der eigenen unendlichen Furcht verknüpft, und sie kann angemessen darauf reagieren. Es scheint, als ob meine Arbeit unmittelbar das Aufnehmen der Ängste von Müttern miteinschließt (containing), so daß diese zu ihrem Baby zurückgehen können, um dann die Ängste des Babys aufzunehmen.

Ödipale Implikationen von Schlafproblemen

Die meisten Eltern wissen, wie herausfordernd die Kraft sein kann, die von den Ängsten eines Babys ausgeht. In ödipalen Situationen - also jenen, in denen der Grund für die Schlaflosigkeit darin besteht, daß sich das Kind wegen des Zusammenseins der Eltern und seines Ausgeschlossenseins ängstigt - bemerken Eltern oft, daß sie sich auf irgendeine Weise dazu hinreißen haben lassen, ihrem Kind zu gestatten, ihre gemeinsame Zeit zu beherrschen, ohne daß sie jemals die Absicht hatten, daß dies tatsächlich geschieht. Entweder scheint das Kind dann im Bett immer zwischen den Eltern zu sein oder es dringt in ihren gemeinsamen Abend ein, was für eine Ehe ebenso schädlich ist. Den Eltern zu helfen, zu sehen, wie vorteilhaft es für das Kind ist, wenn die eheliche Beziehung blüht, kann ihnen helfen, der Eifersucht des Kindes zu begegnen.

Oft leiden kleine Kinder an Alpträumen, und wir können darüber nachdenken, inwiefern diese durch die Stärke ihrer Gefühle verursacht werden. Das Buch „Wo die wilden Kerle wohnen" von Maurice Sendak (1970) kann bei Kindern einen verblüffenden therapeutischen Einfluß auf das Verstehen dieser Gefühle haben. Max, der Held dieses Buches, erzeugt so viel Unheil, daß seine Mutter ihn einen „wilden Kerl" nennt, woraufhin er zu ihr sagt: „Ich fresse dich auf.", und ohne Essen ins Bett geschickt wird. Im Bett träumt er, daß er dorthin geht, wo die wilden Kerle wohnen, dort die Monster zähmt und ihr König wird. Nach einem Jahr fühlt er sich alleine und geht nach Hause, „wo ihn jemand am allerliebsten hatte".

Was an dieser Geschichte für ein kleines Kind wichtig sein dürfte, ist die Anerkennung der wilden Gefühle in ihm selbst, das Sich-Anfreuden mit ihnen, deren Bewältigung und die Rückkehr zu einer liebevollen Beziehung mit seiner Mutter. Wenn man ihnen dieses Buch vorliest, kann dies Kindern bei der Bewältigung ihre Alpträume ebenso helfen wie das geduldige Zuhören, das sie erfahren, wenn sie den Inhalt ihrer Träume den Eltern erzählen. Die Aufgabe der Eltern besteht darin, den Kindern zu helfen, mit der Macht dieser Träume umzugehen - das Träumen eines Alptraums kann für das Kind eine nützliche Form des Bewußtwerdens der Wildheit der eigenen Gefühle sein.

Die Rolle des Vaters kann die Form der Unterstützung der Mutter annehmen, damit ihre Fürsorglichkeit vom Baby und von kleinen Kindern nicht ausgenützt wird. Er kann der Mutter das Gefühl vermitteln, daß sie dem Baby während des Tages gegeben hat, was angemessen ist, und daß sie dem Baby nicht mehr schuldet. Alleinstehende Eltern sind verwundbar, wenn sie niemanden haben, der sie in dieser Weise unterstützt. Arbeitende Mütter können ähnliche Schwierigkeiten haben. Es kann sein, daß sie und ihre Babys tatsächlich mehr Zeit füreinander benötigen, um sich nach der Trennung während des Tages wieder zu vereinigen, aber dies kann dazu führen, daß ein schuldbeladener Widerwille dagegen entsteht, die Gefühle des Babys beim Niederlegen wahrzunehmen.

Ein zentrales Problem für Eltern ist es, mit der Wut des Babys in der Nacht fertigzuwerden, während sie selbst wütend darüber sind, daß ihnen nicht gestattet wird, sich auszuruhen und zu schlafen. Viele Eltern fürchten sich zurecht davor, das Kind in der Nacht zu schlagen. Die Furcht, zu weit zu gehen, scheint sie davon abzuhalten, in vernünftigen Grenzen bestimmt aufzutreten. Den Ärger maßvoll auszudrücken, kann sowohl für das Baby als auch für die Eltern eine Erleichterung sein. Babys, die damit fortfahren, in der Nacht zu schreien, erschüttern die elterliche Überzeugung, fähige Eltern zu sein, und untergraben ihr Urteilsvermögen.

Betrachtet man solche Schlafprobleme, dann wird deutlich, daß mit dem Elternsein eine Vielfalt von Gefühlen verbunden sind. Wir sehen die Details der Prozesse, in denen sich Mütter und Babys aus ihrer ursprünglichen Nähe entfernen und sich als zwei voneinander getrennte Wesen begreifen. Schlafschwierigkeiten markieren Unsicherheiten in jeder Phase der Entwicklung. Wir sehen, wie die Fähigkeit, die Bedürfnisse des Babys aufzunehmen, ihre Ängste zu verstehen und spontan Trost anzubieten, mit einem allmählichen Setzen von Grenzen gemischt sein muß. Das Verständnis für die Ängste des Babys befähigt Eltern, solche Ängste aufzunehmen, zu „containen", wodurch das Baby lernt, diese allmählich selbst zu bewältigen. Eltern müssen sich der Ängste des Babys dann nicht so annehmen, als ob sie ihre eigenen wären.

In meiner Arbeit sind die Zusammenhänge, die ich zwischen den Beziehungen und den frühen Erfahrungen der Eltern selbst ziehe, direkt mit Überlegungen darüber verbunden, wie gegebene Probleme praktisch gelöst werden können. Ich neige dazu, Lösungen in geringerem Ausmaß vorzuschlagen als mancher meiner Kollegen (z.B. Douglas & Richman 1984), obwohl mir die vielen Kunstgriffe und Praktiken immer gewärtig sind, die einem Kind helfen, besser zu schlafen; zudem stehen mir zahlreiche Berichte von Eltern darüber zur Verfügung, was bei ihnen jeweils geholfen hat. Selbstverständlich gibt es viele reale Schwierigkeiten in den Lebenssituationen von Familien und auch charakterliche Unterschiede, die zu Schlafproblemen bei Kindern führen können, und es gibt verschiedene Wege, auf denen Eltern sich diesen Problemen nähern (Daws 1985). Lösungen gehören sowohl zu meinem als auch zum Aufgabenbereich der Eltern: Meine Aufgabe ist es, ihre Fähigkeit wieder herzustellen, erfolgreich darüber nachzudenken, welche Lösung sie ihrem Kind anbieten können.

Diese Arbeit mit Eltern gründet in psychoanalytischen Überlegungen, obwohl die Arbeit selbst normalerweise sehr kurz ist. Ich verstehe darunter eine Vorgehensweise des Aufnehmens und Reflektierens von dem, was mir die Eltern erzählen, so daß ein Verstehen und ein Integrationsprozeß, der in meinen Gedanken beginnt, von ihnen weitergeführt wird. Viele dieser Eltern hatten schwierige Beziehungen mit ihren eigenen Eltern oder mußten diese bis zu einem gewissen Grad entbehren. In verschiedenen Fällen starb ihre Mutter, bevor das eigene Baby geboren war. Sie wurden in ihrem Muttersein von ihren eigenen Müttern nicht bestätigt. Diese kurze Arbeit kann solche Erfahrungen nur streifen, aber das Herstellen von Verbindungen scheint Eltern zu befähigen, sich selbst besser von ihren Kindern zu unterscheiden. Gerade so, wie es bei jungen Kindern einen Drang in Richtung Entwicklung und Integration zu geben scheint, so scheint es bei vielen Menschen einen ähnlichen integrativen Druck zu geben, elterliche Fähigkeiten selbst dann zu entwickeln, wenn sie mit persönlichen, inneren Schwierigkeiten zu kämpfen haben. Meistens sage ich den Eltern nicht viel darüber, wie sie mich gebrauchen. Im Gegenteil, ich neige der Ansicht zu, daß ich für sie dieselbe elterliche Funktion ausübe, wie sie Palombo beschreibt, wenn er davon spricht, wie Eltern die Träume ihrer Kinder „interpretieren". Diese elterliche Funktion ist eine Kombination von sowohl mütterlich-aufnehmenden als auch väterlich-grenzsetzenden Aspekten. Ich betrachte zusammen mit den Eltern ihr Baby, wobei ich die Einzigartigkeit des Babys anerkenne und ihnen dann helfe, sich von fixierten Weisen des Denkens und Reagierens zu befreien. Obwohl ein Gutteil des Erfolges dieser Arbeit von Erfahrungen herrührt, die ich durch die Beobachtung von vielen Familien mit Schlafproblemen gewonnen habe, kann diese Arbeit nicht routinemäßig verrichtet werden - der Einfluß, der von der Belastung und Verwirrung jeder Familie ausgeht, muß jedesmal aufs neue erfahren werden. Bevor ich begann, über Schlafprobleme zu schreiben, träumte ich in der Nacht, daß *ich* ein Baby hatte, das wiederholt in der Nacht aufwachte und gefüttert wurde. Ich war verwirrt und darüber verzweifelt, wie ich damit zurecht kommen sollte. Offensichtlich repräsentierte dieses Baby ein Stück weit die schlaflosen Londoner Babys, über die ich nachgedacht hatte. Außerdem wird dadurch auch der im *Traum* vollzogene Integrationsprozeß illustriert (zusammen mit der verdeckten Wunscherfüllung!), der es mir erlaubte, meine vermischten Gedanken und Erfahrungen bis zu einem gewissen Maß in den Aufbau meiner geschriebenen Darlegungen zu diesem Thema einfließen zu lassen. Wie ein dankbarer Elternteil sich ausdrückte: „Es ging wie im Traum."

Literatur:

Daws. D. (1985): Sleep problems in babies and young children. In: Journal of Child Psychotherapy 11, (2), 87-95

Daws, D. (1989): Through the Night. Helping Parents and Sleepless Infants. London: Free Association Books

Daws, D. (1991): Infants' sleep problems. In: Szur, R., Miller, S. (Ed.): Extending Horizons. Psychoanalytic Psychotherapy with Children, Adolescents and Families. London, New York: Karnac Books, 107-119

Douglas, J., Richman, N. (1984): My Child Won't Sleep. Harmondsworth, Middx.: Penguin Books

Fain, M., Kreisler, L. (1970): Discussions sur la genèse des fonctions representatives. In: Revue Française de la Psychoanalyse, 34

McDougall, J. (1974): The psychosoma and the psychoanalytic process. In: International Review of Psychoanalysis, 1 (Part IV)

Palombo, S. (1978): Dreaming and Memory. New York: Basic Books

Sendak, M. (1970): Where the Wild Things Are. Harmonsdsworth: Puffin Books (Eine deutsche Übersetzung erschien unter dem Titel „Wo die wilden Kerle wohnen" im Diogenes Verlag, Zürich)

Tustin, F. (1972): Autism and Childhood Psychosis. London: Hogarth

Winnicott, D. W. (1971): Playing and Reality. London: Tavistock

Christian Büttner

Psychoanalytisch orientierte Erziehungsberatung in Gruppen

Erziehungsberatung ist zumeist mit dem Bild einer ratsuchenden Mutter, seltener: einem ratsuchenden Vater oder gar einem Elternpaar mit Kind assoziiert, dem eine Beraterin oder ein Berater, meist eine Psychologin oder ein Psychologe, gegenüber sitzt (vgl. Presting 1989). Nicht selten geht der Beratungsanlaß auf ein Problem außerhalb der Familie, z.b. in der Schule, zurück, und die Hoffnungen der Klienten von Erziehungsberatung sind denen vergleichbar, die man beim Gang zum Arzt hat: Man wünscht sich eine klare Diagnose und einen verständlichen Behandlungsplan. Solche Beratungswünsche sind die Folge einer langen historischen Entwicklung des institutionellen Beratungs-Settings, in der die medizinisch-psychologische Sichtweise stets Priorität hatte, in der die therapeutischen Angebote von der medizinischen Perspektive von Beratung und Behandlung ausgehen („Psychagogik" genannt, vgl. Müller 1998, 65). Beratung nach diesem Setting ist - vereinfacht ausgedrückt - in der Regel so organisiert, daß die Ratsuchenden zum Berater oder zur Beraterin wie zu einem Arzt in dessen Praxis kommen.

Diesem Setting der Einzelberatung privater Klienten (zum dem verschiedene neue Handlungsfelder von Erziehungsberatungsstellen hinzugekommen sind, vgl. Müller 1996) gegenüber stehen Beratungsansätze, bei denen professionelle Pädagogen um Rat suchen und sich dazu - oft in den pädagogischen Institutionen - zu Gruppensitzungen zusammenfinden. Diese sind nach den Konzepten analytischer Supervision (vgl. Becker 1995), der Balint-Gruppenarbeit (vgl. Garz 1996) oder anderen gruppalen Beratungsformen (vgl. Pühl 1990) organisiert.

Das wohl älteste Beratungsmodell dieser Art, die *Balint-Gruppe*, ist noch am ehesten mit dem oben beschriebenen klassischen Beratungssetting vergleichbar: Ein einzelner wird in der Gruppe und mit Hilfe der Gruppe beraten. Die Gruppe hilft dem Berater bzw. Balint-Gruppenleiter bei der Reflexion dessen, was der oder die Ratsuchende berichtet und was die Gruppenteilnehmerinnen und -teilnehmer durch ihre subjektiven Reaktionen spiegeln. Im Prinzip aber handelt es sich um einen Dialog zwischen Ratsuchendem und Gruppe (inklusive Gruppenleiter). Davon unterschieden ist das Konzept der *analytischen Gruppensupervision*: Hier stellt die Gruppe das Medium dar, aus dem heraus sich der Beratungsbedarf konkretisiert, wobei die Rolle des Gruppenleiters oder Supervisors - wiederum vereinfacht ausgedrückt - darin besteht, die Interaktionen in der Gruppe zu fördern und die Beziehungen in der Gruppe mit dem Beratungsfall in Verbindung zu bringen.

Einerlei, ob Balint-Gruppe oder gruppenanalytische Supervision, in beiden Fällen stellt das Medium „Gruppe" eine besondere Chance, aber auch eine besondere Anforderung an die Beratung dar. Diese Form von Beratung unterscheidet sich grundsätzlich von der dyadischen Beratungssituation und wird über weite Strecken als Supervisionsarbeit in und mit der Gruppe bezeichnet.

Der Erkenntnisgewinn von Beratung in Gruppen gegenüber einer Einzelberatung liegt darin, daß in der Gruppe erlebt und erfahren werden kann, welche Zusammenhänge zwischen dem Verhalten eines einzelnen und der sozialen Gemeinschaft Gruppe besteht. Dies ist vor allem deshalb von hervorragender Bedeutung, weil die meisten Klienten dieser Form von Beratung selbst in gruppalen Bezügen pädagogischer Institutionen arbeiten.

Welches sind diese Besonderheiten der Beratung in Gruppen, welche Schwierigkeiten verbinden sich damit, und welche Chancen enthält sie? Ich werde zunächst zwei Gruppenkonzepte vorstellen, die die Bedeutung des Mediums Gruppe charakterisieren sollen, und dann der Frage nach den Schwierigkeiten und Chancen der Beratung in Gruppen in unterschiedlichen Arbeitsfeldern und Arbeitsformen im einzelnen nachgehen (vgl. dazu auch Büttner 1995):

- der Beratung von pädagogischem Fachpersonal aus *verschiedenen* Einrichtungen,
- der *Team*beratung und schließlich
- der Beratung durch ein Supervisorenpaar.

In einschlägigen Publikationen werden diese Beratungsformen häufig als „Supervisionsarbeit im Gruppensetting" bezeichnet (zum Verhältnis von Supervision und Erziehungsberatung vgl. den Beitrag von Steinhardt in diesem Band). Abschließend werde ich kurz auf die Institutionsberatung eingehen.

1. Das Medium Gruppe

Was ist das Besondere an Gruppen? Wodurch zeichnen sie sich als ein eigenständiges Beziehungs-Medium neben der Zwei-Personen-Beziehung der klassischen analytischen Situation aus? Dazu werde ich zwei Aspekte exemplarisch vorstellen: die „Gruppe als Netzwerk" (vgl. Foulkes 1974 und 1978; Finger-Trescher 1991, 1993) und die „Gruppe als Ganzes" (vgl. Bion 1971; Sandner 1986).

1.1 Die Gruppe als Netzwerk

Die Beziehungen der Gruppenmitglieder untereinander und zur Leitung kann man als ein Geflecht wechselseitiger emotionaler Erwartungen und Wünsche und schließlich auch wechselseitiger Hoffnungen auf die Erfüllung bestimmter Funktionen für die Gruppe verstehen. Solche emotionalen Anteile in den Gruppenbeziehungen haben selbstverständlich nicht nur positiven Charakter, sie sind genausogut denkbar als Ablehnungen, Hoffnungen auf Auflösung der Beziehung, Ausschluß oder auch die Möglichkeit, die eigenen negativen Impulse innerhalb der Gruppe loswerden zu können. Aus all diesen Erwartungen und Wünschen ergeben sich je nach Aufgabe, vor der die Gruppe steht, ganz unterschiedliche Strebungen in den Beziehungen der Gruppenmitglieder untereinander, die teils offengelegt, teils verdeckt „agiert" werden. Mit letzterem ist gemeint, daß sich das, was sich nicht aussprechen läßt, etwa weil es zu beängstigend ist, weil es tabuisiert ist oder schließlich, weil man sich über die eigenen Gefühle selbst nicht ganz klar ist, in vielfältigen metaphorischen oder symbolischen Aktionen niederschlägt.

Das sich daraus ergebende Netzwerk von Beziehungen mit teils statischen, teils dynamischen Anteilen (länger andauernde Beziehungsmomente, ständig wechselnde Beziehungsmomente) schließt die Gruppenleitung mit ein, und zwar deshalb, weil in den meisten pädagogischen Arbeitsfeldern, in denen es eine offizielle Gruppenleitung gibt, die Existenz der Gruppe zwingend von der Gruppenleitung abhängt. Es ist aber nicht nur eine institutionelle Organisiertheit der Gruppe, die den Leiter mit einschließt, die Leitung ist auch aus der Gruppe heraus (abhängig von ihrem Entwicklungsstadium und abhängig von ihrer aktuellen Situation) eine Position, die die Gruppe reklamiert oder die sie - wenn ein offizieller Gruppenleiter nicht vorhanden ist - aus eigenen Reihen selbst zu besetzen versucht.

Das „Ziehen" an einem „Faden des Netzes" führt zwangsläufig zu Reaktionen in anderen Teilen des Netzes, also bei anderen Gruppenmitgliedern, wobei das Netz unsichtbar ist und aus der Perspektive jedes Gruppenmitgliedes natürlich auch ein bißchen anders aussieht, also eine etwas andere Gestalt der Gruppe ergibt. Gerade weil die Fäden des Netzes unsichtbar sind und gerade weil es keine objektive Gestalt der Gruppe gibt, sondern allenfalls eine gemeinsame Verständigung über die Gruppe als Konzept, ist es auf den ersten Blick oft unklar, wieso eine Reaktion in einer Gruppe zustande gekommen ist, wo man doch gar nicht gesehen hat, „wer die Fäden gezogen hat".

Diese Abhängigkeit einzelner Reaktionen von dem gesamten Netzwerk der Gruppe ist vielleicht eine der bedeutendsten Eigenschaften des Mediums Gruppe überhaupt. Das Verhalten von Gruppenmitgliedern, das Leitungen besonders zu schaffen macht, nämlich Widerspenstigkeit, Revolte oder Aggression, wird ja in der Regel als individueller Widerstand, als individuelle oder gar pathologische Reaktion interpretiert. Aber auch das aggressive und widerspenstige Verhalten einzelner Gruppenmitglieder ist kein von den übrigen Teilen der Gruppe isoliertes Verhalten, sondern kann in ganz unterschiedlicher Qualität in das Netz eingewoben sein,

- sei es, daß ein Gruppenmitglied den Widerstand der Gruppe agiert (der an den übrigen Gruppenmitgliedern nicht sichtbar wird),
- sei es, daß die Gruppe einem Gruppenmitglied den Auftrag zum Widerstand gibt (wiederum ohne daß dies sichtbar wird), oder
- sei es, daß in der Gruppe in Form von zwei sich „bekämpfenden" Gruppenmitgliedern eine Ambivalenz zum Ausdruck kommt, die ein unentschiedenes Problem im Netzwerk der Gesamtgruppe ausdrückt.

Die wechselseitige Abhängigkeit der Gruppenmitglieder und der Gruppenleitung drückt sich in diesem Konzept darin aus, daß im Prinzip das aktive Gruppenmitglied im (unerkannten) Zusammenhang mit den passiven handelt und daß die Gruppenleitung, indem sie das aktive Gruppenmitglied anspricht, immer auch die Gesamtgruppe anspricht. Mit anderen Worten: Alles, was ein Gruppenleiter oder eine Gruppenleiterin im Hinblick auf ein einzelnes Gruppenmitglied tut oder sagt, ist auch von Bedeutung für die übrigen Gruppenmitglieder; und umgekehrt steht alles, was ein einzelnes Gruppenmitglied in der Gruppe sagt oder tut in einem Zusammenhang mit einem Zustand in der Gruppe, der alle Gruppenmitglieder einschließlich der Leitung betrifft. Hier schließt sich das Konzept der Gruppe als Ganzes an.

1.2 Die Gruppe als Ganzes

Die Bedeutung des einzelnen für die Gruppe ist selbstverständlich abhängig vom Thema, etwa einem Beratungsfall, mit dem sich eine Gruppe beschäftigt, und vom Kontext, in dem sie sich befindet. Geht es um Aspekte, mit denen sich ein einzelner überfordert fühlt, oder geht es um Schutz vor übermächtigen Gefahren, die sich aus der Fallschilderung ergeben, etwa wenn es um sexuellen Mißbrauch bei Kindern geht, dann wird der Wunsch nach Bindung ungleich größer sein und damit die Gruppe als Ganzes mehr an Bedeutung gewinnen als in Situationen, in denen die Leistungen des einzelnen im Vordergrund stehen und eine emotional komfortable Situation gewährleistet ist. Gefühle von äußerster Bedrohung können wiederum äußere Ereignisse sein, denen sich eine Gruppe ausgesetzt fühlt, es können aber auch Bedrohungen aus dem Inneren der Gruppe sein, Neid, Eifersucht, Zusammenbrüche einzelner Gruppenmitglieder, generelle Überlastungen der Gruppenenergie oder der plötzliche Verlust der Leitung, sei es durch ein Fehlen wegen Krankheit oder durch Weggang.

Die Gruppe als Ganzes läßt sich aber auch als ein Organismus verstehen, der in den einzelnen Gruppenmitgliedern ganz unterschiedliche Funktionen bereitstellt, mit denen eine Gruppe eine bestimmte Aufgabe bewältigen kann. Dabei geht es nicht nur um die attraktiven Funktionen wie Leistungsfähigkeit, emotionale Stabilität in schwierigen Situationen oder die Fähigkeit des Ausgleichens zwischen Konfliktpartnern, es geht auch und vor allem um die meist als negativ dargestellten Funktionen, etwa die Artikulation von Angst und Widerstand, die Funktion des Warnens vor gefährlichen Situationen sowie die Funktion der Darstellung von Neid, Eifersucht und Mißgunst. Solche Funktionen werden nicht nur von den Gruppenmitgliedern übernommen und stellen einen wichtigen Aspekt des Gruppenganzen dar, sie sind auch ein wichtiger Hinweis für die Gruppenleitung auf die in der Gruppe vorhandenen oder fehlenden Kräfte. Es versteht sich von selbst, daß es die Aufgabe einer gelungenen Gruppenleitung ist, als „Hilfs-Ich" der Gruppe zur Verfügung zu stehen oder in und mit der Gruppe nach Ressourcen zu suchen, die der Gruppe über einen aktuellen oder einen länger andauernden Mangel hinweghelfen. Insofern werden die Funktionen von einzelnen Gruppenmitgliedern in ihrer Bedeutung nicht nur für die Gruppe, sondern letztlich auch für die Leitung wahrgenommen.

Wenn man von der Vorstellung ausgeht, daß sich eine Gruppe von anfänglicher Abhängigkeit von der Leitung zu einer relativen Autonomie hin entwickelt, dann könnte man vermuten, daß die Funktion der Leitung, z.B. besetzt durch die institutionalisierte Gruppenleitung, im Laufe dieses Entwicklungsprozesses immer überflüssiger wird bzw. durch die speziellen leitungsadäquaten Funktionen einzelner Mitglieder (etwa bei besonderen Fähigkeiten im kognitiven Bereich) jeweils übernommen werden könnte (kollegiale Beratung).

Man kann sich leicht vorstellen, daß Gruppen um so besser für vielfältigste Streßsituationen wie besondere Leistungsanforderungen, Bedrohungen von außen oder Belastungen aus gruppeninternen Problemen gerüstet sind, je heterogener sie sind, je mehr Funktionen und Möglichkeiten in der Verschiedenartigkeit ihrer Mitglieder also zur Verfügung stehen. Je unterschiedlicher die Gruppenmitglieder, desto leistungsfähiger kann in diesem Sinne eine Gruppe sein - abhängig davon, ob die Heterogenität der Gruppenmitglieder die notwendigen Bindungen zu einem Gesamtorganismus zuläßt und fördert. Ob dies möglich ist oder nicht, hängt wiederum davon ab, inwieweit heterogene Anteile in Gruppen als isolierte Anteile wahrgenommen werden und damit wechselseitig in Konkurrenz geraten können oder ob sie als wichtige Teilaspekte eines Gesamtganzen gesehen werden.

Dies ist vor allen Dingen bei als negativ wahrgenommenen Funktionen in der Gruppe ein großes Problem: Dort, wo Aggression, Destruktion und Angst als unerwünschte Teile der Gruppe wahrgenommen werden, geraten sie leicht in Konkurrenz zu den unbeschwerten und leistungsfähigen Teilen der Gruppe, und beide Teile verlieren dadurch ihre wechselseitigen Möglichkeiten füreinander. Solche Spaltungen in polare Tendenzen in der Gruppe (die aus einem Organismus mit sich ergänzenden Anteilen einen zweigeteilten Organismus mit sich bekämpfenden Anteilen machen), sind in besonderem Maße abhängig von der Haltung der Leitung gegenüber der Gruppe. Ist diese Haltung integrativ, d.h. versucht sie die guten und die bösen Anteile in ein Gesamtbild von Gruppe zu integrieren, dann gibt es gute Chancen, die jeweiligen Funktionen in den entsprechenden Situationen zur Verfügung zu haben. Ist die Haltung der Gruppenleitung eher desintegrativ, sind dauerhafte Spannungen in der Gruppe unvermeidlich. Vor allem gelingt es weder zu sehen, daß in dem aggressiven Teil des Organismus Gruppe auch die guten Anteile enthalten sind (die unter dem Aspekt der Aggression nur nicht zum Vorschein kommen), noch daß in dem leistungsfähigen Teil auch die (meist ungeliebten) aggressiven Anteile stecken, die ebenfalls nicht sichtbar werden, weil eben der andere Teil der Gruppe sie in seiner Funktion als aggressiver Teil übernimmt.

In dem Konzept der Gruppe als Ganzes ist die Vorstellung enthalten, daß eine Gruppe mit einem menschlichen Organismus zu vergleichen sei, der in der Gesamtheit seiner körperlichen und psychischen Entwicklung wächst und je nach Förderung spezielle und/oder umfassende Fähigkeiten herausbilden kann. Allerdings setzt dies voraus, solche Fähigkeiten nicht bei allen Gruppenmitgliedern in gleicher Weise zu erwarten, sondern den individuellen Anteil als Beitrag zum Gesamtganzen der Gruppe zu sehen.

Das Wachstum einer Gruppe ist in diesem Sinne abhängig von entwicklungsfördernden bzw. -hemmenden Erfahrungen, die sowohl von der Leitung - deren Interventionen - als auch von den Kontextbedingungen der Gruppe bestimmt werden. Wenn die Leitung die Gruppe in einer Situation der Schwäche unterstützen kann (das „Hilfs-Ich" der Gruppe) und wenn sie der Gruppe eigene (Entwicklungs-) Schritte hin zu einer Verselbständigung ermöglicht, dann sind dies Voraussetzungen, die die Entfaltung des einzelnen Gruppenmitgliedes in einen organischen Zusammenhang zur Entwicklung der Gesamtgruppe stellen.

Und wenn die institutionellen Grundlagen die Gruppe nur so weit belasten, wie die Kräfte der Gruppe reichen, oder umgekehrt: Wenn der Beratungskontext der Gruppe den Raum zur Verfügung stellt, in dem sie sich entwickeln kann, sind ebenfalls die Voraussetzungen einer positiven Gruppenentwicklung und der Nutzung der Gruppenenergie für die Probleme des einzelnen und der Gesamtgruppe gegeben.

2. Verschiedene Formen der Beratungsarbeit in Gruppen

2.1 Die Beratung von pädagogischem Fachpersonal aus verschiedenen Einrichtungen

Ich werde mich nun den verschiedenen Formen von Beratung in Gruppen zuwenden und beginne mit einem Beispiel aus der Beratung pädagogischer Fachkräfte, das von Hans-Georg Trescher berichtet wurde:

„Die Teilnehmer/innen treffen sich wöchentlich. Sie sind regelmäßig in verschiedenen pädagogischen Praxisfeldern tätig. Die Gruppe besteht aus zehn Mitgliedern sowie dem Gruppenleiter. Sie arbeiten seit etwa einem Jahr zusammen. ... Zu Beginn der Sitzung kündigt der Gruppenleiter an, daß er möglicherweise zum nächsten oder übernächsten Treffen nicht anwesend sein kann, da seine Frau ein Kind erwartet und der errechnete Geburtstermin in diesem Zeitraum liegt. Die Gruppe nimmt die Information auf. Nach einer kurzen Pause beginnt eine Teilnehmerin, von ihrer Arbeit mit einer Spielgruppe zu berichten." (Trescher 1987, 150f)
Ohne daß die Mitteilung des Leiters kommentiert wird, folgt eine Fallschilderung, ein Konflikt zwischen einem Mädchen und einem Jungen, wobei für das Ratsuchende nicht so sehr der Konflikt der Kinder im Vordergrund steht als vielmehr die Hilflosigkeit, wenn sie sich gedrängt fühlt, Partei ergreifen zu müssen. Nach weiteren Berichten anderer Teilnehmer über Situationen von Hilflosigkeit in vergleichbaren Situationen schildert ein Teilnehmer folgende Phantasie: „Ich möchte es eigentlich gar nicht sagen, aber mir kam ein Bild in den Sinn, wovon ich als Kind gehört habe. Wenn man früher Säuglinge lange allein hat liegen lassen und niemand schaute nach ihnen ..., da hab ich gehört, daß Ratten die Säuglinge angefressen hatten." (Trescher 1987, 151)
In der darauffolgenden Sitzung erfährt die Gruppe, daß das Baby gesund zur Welt gekommen ist. An diese Mitteilung schließt sich eine Fallschilderung von einem dreijährigen Kind an, das ein kleines Schwesterchen bekommen hat. Es wird berichtet, daß das Mädchen zur Zeit ihre Babypuppe quält: „Vom Vater wird berichtet, daß er vor der Geburt seiner jüngsten Tochter immer an einem Tag der Woche zu Hause war und sich dann auch um Anna gekümmert hat. Seit der Geburt der kleinen Schwester jedoch hat die Pädagogin ihn nicht mehr zu Gesicht bekommen." (Trescher 1987, 152)

Die Interpretation dieser beiden Gruppensitzungen liegt auf der Hand: Die Gruppe ist sehr besorgt, ihren Leiter an sein Baby, den Rivalen, zu verlieren, und entwickelt heftige aggressive Gefühle gegen das Baby. Es handelt sich dabei jedoch nicht um eine bewußte Auseinandersetzung mit den Folgen der Mitteilung des Gruppenleiters, sondern vielmehr um eine unbewußte Phantasie, die die Gruppe in ihren Fallschilderungen zum Ausdruck bringt. Mit anderen Worten: Beratung in Gruppen ist nicht nur die Auseinandersetzung mit schwierigen Erziehungs- und Beziehungssituationen außerhalb der Gruppe, sondern sie ist auch die

Auseinandersetzung mit dem affektiven Leben der Gruppe selbst. Zunächst meist unbewußt wird hier mit Hilfe der Fallschilderung ein Praxisproblem von außerhalb der Gruppe und das ähnlich geartete Problem innerhalb der Gruppe zur Deckung gebracht - in der Hoffnung, für beides eine Lösung zu finden.

Man kann bei vielen Fallschilderungen oft sehr schnell erkennen, daß die Gruppe in dem jeweils berichteten Fall und dem Lösungsversuch der Beziehungssituation außerhalb der Gruppe eine Artikulationsmöglichkeit für Probleme innerhalb der Gruppe nutzt. Selbst unter der Bedingung, daß vorher festgelegt wird, welches Gruppenmitglied in der folgenden Sitzung einen Fall schildert, kann es durch die Auswahl des Falles, spontane Umentscheidungen zu einem „passenden Fall" bei der berichtenden Person oder andere Umstrukturierungsprozesse zu dieser Übereinstimmung kommen. Für den Gruppenleiter besteht die Aufgabe nicht nur darin, in dem Fall eine Lösung zu finden, sondern auch auf der Gruppenebene zu erkennen, welches Problem die Gruppe mit der Schilderung eines Mitgliedes - stellvertretend für alle Gruppenmitglieder - zum Ausdruck bringen möchte. Dies ist deshalb notwendig, weil davon die Interaktionsbedingungen innerhalb der Gruppe und zur Gruppenleitung abhängen. Die Förderung der Interaktionen in der Gruppe kann besonders dann gut gelingen, wenn der Gruppenleiter die verdeckten Hilferufe der Gruppe zur Lösung des „Falles" in der Gruppe erkennt.

Hans-Georg Trescher hat das zitierte Beispiel im Zusammenhang mit dem szenischen Auslösereiz dargestellt, also einer äußeren Situation, die auf eine Gruppe einwirkt und mit der sie sich unbewußt auseinandersetzt. Hier vermischen sich Selbsterfahrungsmomente mit der Chance, zu Einsichten über Probleme der pädagogischen Praxis zu kommen, dann nämlich, wenn die selbst erlebten Affekte (Trennungsängste und deren Verarbeitung mit Wutphantasien) mit Trennungsphantasien der Klienten in Beziehung gebracht werden können.

Zu solchen „Notsituationen" zählen auch das Fehlen einzelner Gruppenmitglieder, das Absagen von Sitzungen, unerwartete Ereignisse in der Gruppe - kurz: alles, was den Erwartungen der vertrauten Arbeitssituation Gruppenberatung entgegensteht. Sie müssen nicht immer direkt angesprochen werden, es genügt wahrscheinlich häufig, wenn sie stellvertretend im „Fall" bearbeitet werden - vorausgesetzt, die Gruppe erkennt in ihrer Aufmerksamkeit, die sie auf den Berater richtet, ob und wie er das hinter dem Fall verborgene Gruppenproblem versteht. Für die Fallarbeit sind diese Notsituationen in gleicher Weise hilfreich. Sie eröffnen neue Zugänge für die Beziehungsprobleme der Klienten, sofern es gelingt, im Laufe des Gruppenprozesses quasi auf beiden Ebenen gleichzeitig zu kommunizieren, d. h. die Gruppenebene und die Fallebene nach Bedarf wechseln zu können.

Auch ihren eigenen Entwicklungsprozeß kann eine Gruppe zur Darstellung bringen, dann nämlich, wenn dieser als schwierig erlebt wird. Dies trifft vor allem für Anfangssituationen von Beratungsprozessen, für das Ende von Beratungen sowie für die sich aus den Entwicklungen der Gruppe ergebenden problematischen unbewußten und bewußten Beziehungswünsche der Gruppenmitglieder untereinander zu. Mit anderen Worten: Auch der Gruppenprozeß kann sich in dem Fallangebot spiegeln.

In der Beratung können solche Zusammenhänge außerordentlich fruchtbar sein, etwa dann, wenn die Spiegelung des Falles im Erleben der Gruppe zu Einsichten führt, die mit den unmittelbaren Affekten in der Gruppe verknüpft sind. Die gesamte Facette möglicher Verstehenszugänge kann so für das Beratungsproblem genutzt werden. Umgekehrt kann die Behandlung eines Falles auch stellvertretend als Behandlung eines Problems in der Gruppe wirken, so daß nicht nur ein Fall reflektiert (und möglicherweise gelöst) wird, sondern auch der Gruppenprozeß einer Beratungsgruppe zu zunehmender Autonomie und wachsender Fähigkeit der einzelnen Gruppenteilnehmer führt, das Medium „Gruppe" als Beratungsinstrument zu nutzen - mehr oder weniger unabhängig vom Gruppenleiter bzw. Berater.

All dies setzt eine Gruppenstruktur voraus, in der es vorab keine oder nur schwache äußere Bindungen der Gruppenmitglieder untereinander gibt, keine oder nur schwache äußere Beziehungen einzelner zum Gruppenleiter und mehr oder weniger ähnliche Arbeitsfelder bei den Gruppenmitgliedern. Je minimaler die Interventionen der Gruppenleitung strukturiert sind, desto mehr Entfaltungsspielraum für die Gruppenentwicklung ergibt sich. Allerdings steht dem die Erwartung der Gruppe entgegen, von der Gruppenleitung „Rat" zu erhalten. Hier decken sich die Anfangsprobleme von Gruppenentwicklung (fehlende Autonomie/Abhängigkeit von Gruppenleitung) mit der Erwartungshaltung gegenüber dem traditionellen Setting von Beratung (im medizinischen Sinne). In solchen minimal strukturierten Gruppenkonstellationen ist der Gruppenprozeß, was die Beratung und die Entwicklung der Gruppe selbst betrifft, weitgehend unbelastet und entfaltet sich in Abhängigkeit der Gruppe von der Beziehung zum Gruppenleiter.

2.2 Beratungsarbeit mit Teams

Weitaus häufiger als Beratungsgruppen mit Mitgliedern aus unterschiedlichen Institutionen sind Beratungen und Supervisionen in Teams oder Arbeitsgruppen pädagogischer Einrichtungen. Wenn hier von einem Kind bzw. einem Fall gesprochen wird, dann in dem Sinne, daß nahezu jedes Gruppenmitglied eine spezielle Beziehung zu diesem Fall bzw. dem Kind hat und dies möglicherweise in zahlreichen Fallbesprechungen bereits zu bewußten, vor allem aber unbewußten Arrangements in der Gruppe geführt hat. Beratung in der Gruppe ist dann häufig eine Beratung in einer Dreiecksstruktur zwischen Supervisor, Gruppe und Kind. Diese Sichtweise ist deshalb von Bedeutung, weil in dieser Struktur Triangulierungsmuster wiederbelebt werden, die für die Gruppe und den Berater eine ständig neue Verführung bedeuten. Wer koaliert mit wem gegen wen? Ist überhaupt eine Koalition notwendig? Welchen Stellenwert hat das (nicht anwesende) Kind?

Für den Berater ergibt sich deshalb häufig das Problem, in Empathie mit dem im Fall geschilderten Kind leicht in eine Position gegen die gesamte Gruppe zu geraten und zugleich mit einem starken Widerstand gegen Veränderungsprozesse im Team, also einem Widerstand gegen Beratung rechnen zu müssen. Beide Ebenen mitgedacht, die Ebene der Fallbesprechung und die Ebene der Gruppenentwicklung, kommt es hier darauf an, die bisherige Balance der Gruppe in der Art und Weise, wie sie mit den jeweils erwähnten Kindern in den Fallbeispielen zurecht kommt, zu respektieren und nach neuen Möglichkeiten des Balancierens zwischen der Abwehr der durch die Kinder induzierten Probleme und der Hoffnung auf Entspannung zu suchen.

Der Spielraum für freie Assoziationen bzw. Phantasien im Beratungsprozeß ist in Teams vor allem deshalb begrenzter, weil vorab aufgrund der Abhängigkeitsverhältnisse der Gruppenmitglieder so etwas wie ein Loyalitätszwang des Teams gegen den Gruppenleiter besteht, abgesehen von Team-Beratungen, die die Beziehungen innerhalb der Teams zum Gegenstand haben. Gerade deshalb ist es in solchen Beratungssituationen notwendig, die Gruppe als Ganzes anzusprechen, selbst dann, wenn ein Gruppenmitglied exklusiv vorträgt und beraten werden möchte.

Insofern der Fall auch etwas über die Gruppe aussagt, läßt sich unter Umständen das Problem des Teams am Fall erkennen, und es lassen sich Interventionen daraus ableiten, die sich auf die Gruppenbeziehungen richten. Gleichwohl kann dies für Beratung ein kritischer Punkt werden, wenn Teamberatung als Fallbesprechung organisiert ist und den Teamprozeß ausdrücklich ausschließt. Aber selbst wenn in der Vorbesprechung und der Beratungsvereinbarung genau festgelegt wird, ob es um Fallsupervision oder um Teamsupervision gehen soll, so ist doch nicht ausgeschlossen, daß sowohl der Berater als auch die Gruppe an den Schnittstellen der Übereinstimmung des Falls mit dem Thema der Gruppe zu einem Wechsel vom Fall zur Gruppe tendiert.

Ein weiterer wichtiger Punkt in der Teamberatung (aber auch in der Beratungsarbeit mit unabhängigen Gruppenmitgliedern) ist die Grenze zwischen Beratung und Selbsterfahrung. Das Arrangement eines Teams im Hinblick auf bestimmte Interaktionsformen enthält entweder in der Arbeitsvereinbarung oder im Gruppenprozeß den Ausschluß von Themen etwa privater Natur, auf die sich ein Team bewußt oder unbewußt geeinigt hat. Letzteres ist immer dann wahrscheinlich, wenn es um Persönlichkeitsaspekte geht, über die man sich informell beklagt, die aber formell zur Konsequenz eines Ausschlusses zu führen drohen oder Eigenschaften haben, einzelne bzw. die Gesamtgruppe in ein folie à deux einzubinden (z.B. Alkoholismus). Die Fallbesprechung kann dann die Person eines Gruppenmitglieds latent oder offen so sehr in den Mittelpunkt rücken, daß hieran die Grenze von Beratungsmöglichkeit in Gruppen sichtbar wird. Letztlich kann dies darauf hinauslaufen, daß in der Beratung an das einzelne Gruppenmitglied die Frage gestellt wird, inwieweit eine persönliche Entscheidung für einen Veränderungsprozeß etwa durch Selbsterfahrung oder Therapie außerhalb der Gruppe für sinnvoll gehalten wird.

Der individuellen Grenze von Beratung in Gruppen steht die institutionelle gegenüber, die Grenze, die durch die Strukturen und Kontextbedingungen der jeweiligen Institution bestimmt sind. Diese Grenze erscheint mir weniger dramatisch als sie im allgemeinen dargestellt wird, weil in den meisten Fällen sehr viel mehr Flexibilität innerhalb einer Institution möglich ist als die Mitarbeiter gemeinhin glauben. Es sind sie selbst mit ihren verinnerlichten institutionellen Identifikationen, die in einer gemeinsamen Angstabwehr diese Grenze errichten.

2.3 Beratungsarbeit mit Teams und deren Leitung

Teamberatung schließt oft die Teamleitung mit ein. Dies ist eine noch einmal schwierigere Bedingung als die Teamberatung ohne Leitung. Die institutionellen Abhängigkeitsverhält-

nisse der Gruppenmitglieder zur Leitung bedeuten nämlich, daß es mehrere Bereiche gibt, die nicht zum Thema der Beratung werden „dürfen":
- die Bereiche, die die Leitung vor der Gruppe, und
- die Bereiche, die die Gruppe vor der Leitung „geheimhalten" müssen, um ein Mindestmaß an Autonomie aufrechterhalten zu können.

Dies bringt den Berater in die Lage,
- Bereiche vor der Gruppe und
- Bereiche vor der Leitung „geheim zu halten".

Denn auch der Berater ist an der Weiterentwicklung der Autonomie des Teams und der Leitung interessiert, wenngleich dies ein schwieriger Prozeß ist. Er bewegt sich zwischen den Wünschen des Teams nach Abhängigkeit von der fachlich „kompetenten" Leitung des Beraters und der Loyalität gegenüber der formellen Leitung. Und auch die formelle Leitung tendiert häufig dazu, den Berater dazu zu „benutzen", um das im Team zu erreichen, was sie mit den vorhandenen Möglichkeiten nicht erreichen konnte, also in Abhängigkeit vom Berater zu bleiben.

Auch der Berater muß also seine Autonomie gegenüber Gruppe und Leitung aufrechterhalten. Dies ist nötig, damit er nicht mit der Gruppe gegen die Leitung und nicht mit der Leitung gegen die Gruppe „verschmilzt". Dieser strukturelle Zusammenhang kann auch unter den Gesichtspunkten von Triangulation verstanden werden. Hierbei geht es um die Wünsche der Gruppe und der Leitung, sich jeweils mit dem Supervisor gegen den anderen Teil zu verbinden. Ich halte diese Interpretation allerdings für zweitrangig, weil gruppen- bzw. teamintern der erste Gesichtspunkt, die Notwendigkeit, sich einer Kontrolle auch entziehen zu können, weitaus wichtiger ist, was die Hoffnung auf autonomes professionelles Handeln anbelangt.

Im Verlauf des Beratungsprozesses wird es dennoch von seiten der Gruppe und von seiten der Leitung immer wieder Versuche geben, solche Verschmelzungen herzustellen. Da von der Hierarchiestruktur her die Leitung dem Supervisor näher steht als die Gruppe (am entferntesten ist der Fall bzw. das Kind), liegen hier besondere Spannungspotentiale, die zu vielfältigen Irritationen führen können. Vor allem wenn es um Teamsupervision geht, in der z.B. heftige Spannungen zwischen Teilen der Gruppe und der Leitung bestehen, ist dieses Problem besonders gravierend. Ich möchte dies an dem Beispiel einer Supervision mit einem Supervisorenpaar verdeutlichen.

2.4 Teamsupervision mit Supervisorenpaar

Eine besondere Dynamik entfaltet ein Gruppenprozeß mit einer Mehr-Personen-Leitung, insbesondere mit einer zweigeschlechtlichen Leitung. Diese stellt zwar für die meisten ratsuchenden pädagogischen Fachkräfte einen unerschwinglichen Luxus dar, enthält aber verschiedene Elemente, die - wenn man sich eine optimal strukturierte Beratungssituation vorstellt - den Beratungsprozeß optimieren helfen. Da in den meisten pädagogischen Arbeitsfeldern weibliche und männliche Klienten gemeinsam betreut werden, eröffnet eine Beratungsarbeit, die von einem Mann und einer Frau geleitet wird, zweierlei: Zum einen

kann sich die im Arbeitsfeld entfaltende Dynamik der Geschlechterverhältnisse im Beratungsprozeß pointiert abbilden und bearbeitet werden; und zum anderen bildet dieses Arbeitsetting besondere Möglichkeiten des Arbeitens mit Übertragungen und Gegenübertragungen aus frühen Eltern-Kind-Beziehungen bis hin zur Triangulation.
Dies möchte ich wieder an einem Beispiel erläutern:

In der vorangegangenen Beratungssitzung einer vorschulischen Einrichtung, deren Team erst seit ca. einem dreiviertel Jahr zusammenarbeitete, hatte sich eine Teilnehmerin, Frau B., beschwert, daß das Beratungsprotokoll der letzten Sitzung nicht ihre Meinung enthalte, es drücke sich darin eher die Meinung der Leiterin aus (die dann auch einräumte, sich mit ihrer Sichtweise bei der Protokollantin durchgesetzt zu haben). Es sah also alles nach einem heftigen Konflikt zwischen Teilen des Teams und der Leiterin der Einrichtung aus.

Zu Beginn der Beratungssitzung, die nun geschildert werden soll, gab es eine Irritation wegen der Sitzordnung: Neben der Leiterin waren rechts und links je zwei Stühle frei geblieben, Beraterin und Berater, die den Raum betraten, als das Team bereits vollzählig anwesend war, wählten beide Stühle links von der Leiterin, der Berater zunächst in der Mitte zwischen seiner Kollegin und der Leiterin, er entschloß sich jedoch in letzter Sekunde um, so daß letztlich Beraterin und Leiterin zusammensaßen.

Gegenüber den beiden „Leiterinnen" (den weiblichen Autoritäten) begann die Fallschilderung: Frau B., die gegen die Darstellung der Leiterin im Protokoll protestiert hatte, berichtete von heftigen Auseinandersetzungen mit der Mutter eines der Mädchen aus der Einrichtung: Dessen Mutter versuche, ihr und den anderen Kolleginnen Vorwürfe und Schuldgefühle zu machen, daß sie ihre Tochter Anna vernachlässigten.

Frau B. wurde zu der Fallschilderung allerdings von einer anderen Kollegin aufgefordert, obwohl es eine wiederum andere Kollegin war, die eigentlich hätte berichten müssen, weil Anna zu deren Gruppe gehörte. Frau B. also berichtete weiter: Anna habe mit einer Feile an einem Stuhlbein gefeilt, sie habe Anna daraufhin von dem Stuhl zurückgezogen, was Annas Mutter als „schlagen" interpretiert habe, und nachdem die Mutter nicht mit Schimpfen aufgehört habe („Ich bleibe bis halb fünf in der Gruppe sitzen!"), sei Frau B. zum Büro der Leiterin gelaufen, die Mutter hinterher. Die Leiterin habe die Mutter an der Türe abgefangen, ganz gegen ihre Gewohnheit habe sie sie nicht in das Büro hineinlassen wollen. Frau B. sei dann entlastet gewesen.

Verschiedene Erlebnisse mit der Mutter wurden von anderen Kolleginnen berichtet, die alle den gleichen Tenor hatten: Die Mutter gehe einem mit ihren Anschuldigungen auf die Nerven. Man müsse sich ständig durch Rückfragen bei den Kolleginnen versichern, daß an diesen Anschuldigungen nichts dran sei, werde die Mutter aber dennoch nicht los. Mit Hilfe der Berater wird herausgearbeitet, daß es im Team noch keine Sicherheit, kein wechselseitiges Vertrauen gäbe und man solchen Müttern, wie der beschriebenen, damit eine verwundbare Stelle zeige (es könnte ja an den Vorwürfen der „Unprofessionalität" etwas dran sein). Dies wird von den Gruppenmitgliedern einschließlich der Leiterin bestätigt.

Die Interpretation des Beraters, daß es um die Wiederholung der Auseinandersetzung mit der „inneren Mutter" gehe, gegen deren Vorwürfe man sich zu behaupten versuche, und daß dies auch im Setting der aktuellen Beratung abzulesen sei (Leiterin und Supervisorin als „geballte weibliche Autorität" gegenüber der Protagonistin der Gruppe), wurde teils mit erkennendem Gelächter, teils mit lachendem Protest quittiert, der sich offensichtlich gegen die Aufdeckung der „heimlichen" Teamstrukturen richtete.

In den die Beratung abschließenden Wünschen der Teilnehmerinnen tauchte einerseits die Hoffnung auf Sicherheit gegenüber den Kolleginnen auf, mit denen man sich gemeinsam gegen Annas

Mutter abgrenzen könne, andererseits der Wunsch, von der Leiterin stärker geschützt zu werden (die Mutter nicht in die Einrichtung zu lassen, sie also vor der Tür der Einrichtung abzufangen).

Das Setting der Paarleitung hatte verschiedene Vorteile: Da sich der Berater auf seiten der Gruppe sitzend fühlte, konnte er die Leiterinnen/Mütter-Phalanx gegenüber der Gruppe sehr deutlich wahrnehmen. Hinzu kam, daß an den jeweiligen Außenrändern der Gruppe, den Leiterinnen zugewandt, weniger Probleme mit der Mutter berichtet wurden als von jenen Gruppenmitgliedern, die in der Opposition, also gegenüber Beraterin und Leiterin saßen. Die Fallschilderung spiegelte die Teamsituation, das Sägen am Stuhl der Macht charakterisierte den Teamkonflikt, die Aggression gegenüber der Leiterin der Einrichtung.

Solche deutlichen Übereinstimmungen sind allerdings eher selten. Auch daß eine Gruppe die Interpretation eines Fallproblems als eine Schilderung der Gruppenprobleme annimmt, kann man nicht immer voraussetzen. Dem geschilderten Fall war eine Reflexion der Teamsituation unter den Beratern vorausgegangen, in der klar geworden war, daß die Leiterin die Beratung zur Stärkung ihrer Position gegen eine Teilgruppe des Teams zu nutzen versuchte. Die dieser Reflexion folgende Haltung ließ bereits in der Sitzordnung diese Verführung erkennen und damit in den Dienst der Beratung stellen. Es wurde nicht nur der interne Teamkonflikt deutlich, es konnte auch die Notwendigkeit herausgearbeitet werden, der Mutter (aus der Fallschilderung) gegenüber eine klarere Haltung aus einem Gefühl der Sicherheit im professionellen Handeln heraus einzunehmen.

Beratung in Gruppen ist nicht nur institutionell aufwendig, sie ist auch teuer, und in den Trägerbudgets pädagogischer Einrichtungen sind nur selten Etats für regelmäßige Beratungen vorgesehen. Vergleichsweise „unbezahlbar" ist für die meisten Einrichtungen eine Beratung mit zwei Beratern, idealerweise ein Mann und eine Frau (weil es in pädagogischen Gruppen immer auch um Probleme des Geschlechterverhältnisses und der Geschlechtsidentität geht). Diese Form der Beratung ist allerdings auch besonders anspruchsvoll, da in ihr die Probleme von Ko-Leitung zum Tragen kommen.

2.5 Sonderformen von Beratungen im sozialen Feld

Abschließend seien einige Sonderformen der Beratung von Institutionen bzw. sozialen Organisationen angeschnitten (vgl. Weigand 1998). Hier geht es nicht mehr um den einzelnen Fall als ein pädagogisch brisantes Problem, sondern hier geht es um den Fall als Ausdruck des Themas der Institution selbst. „Institution" meint dabei alle in Abhängigkeit voneinander stehenden Mitarbeiterinnen und Mitarbeiter, seien es Einzelpersonen, seien es Mitarbeitergruppierungen, seien es formelle oder informelle Gruppen. Auch in diesen institutionellen Beziehungen kann sich die Psychodynamik des Klientels abbilden und zu unerkannten Spannungen, Spaltungen, Polarisierungen und heftigen Kämpfen bis hin zu Mobbing und Ausschluß führen (vgl. Schuchardt/Büttner 1990).

In der Institutionsberatung geht es darum, alle Teile einer Institution als ein komplexes System zu begreifen, das - jedes auf seine Weise - den Berater in die gemeinsame Abwehrstrategie des Problems einzubinden versucht. So ist z.B. ein geschilderter Konflikt in einer ersten Beratungssitzung häufig nur eine Tarnung. Der eigentliche Konflikt spielt sich meist weit entfernt in ganz anderen Zusammenhängen und Bereichen der Institution ab, und es gehört viel Interpretationsarbeit dazu, hinter dem manifesten Material den latenten Konflikt der Institution zu erkennen und mit geeigneten Interventionen zu bearbeiten (vgl. Wellendorf 1985).

Während für Beratung in Gruppen und Teams Aus- und/oder Weiterbildungen angeboten werden, gibt es solche für Institutionen lediglich in gruppendynamischen Organisationen und wird dort als Organisationsentwicklung bezeichnet. Die Aus- bzw. Weiterbildung zum Berater in Gruppen bzw. Institutionen kann man dann als professionell bezeichnen, wenn sie entweder von einer einschlägigen Ausbildungsstätte angeboten wird oder wenn Berater bzw. Beraterinnen einschlägige Gruppenselbsterfahrung nachweisen können. Da die Bedeutung von Gruppen und Organisationen als Medium pädagogischer Prozesse und von Beratung bisher nur marginal erkannt worden ist, muß man davon ausgehen, daß es bisher nur wenig qualifizierte Berater in diesem Feld gibt. Man muß daher zumeist damit rechnen, daß Berater in Gruppen Einzelberatung in Gruppen machen, wobei wesentliche Kräfte des Mediums „Gruppe" ungenutzt bleiben. Vor allem aber geht der Kontext eines Beratungsfalles verloren; denn dieser ist bei den meisten Gruppen- und Teamberatungen ein pädagogischer Gruppenzusammenhang.

Die Institutionsberatung hat sich nach einer Phase der Hoffnung auf eine neue Methode als weitgehend zu komplex erwiesen. Besonders am Beispiel der Institution Schule konnte Franz Wellendorf aufzeigen, daß Beratung sehr stark mit z.T. hochgradig widersprüchlichen, aber grundlegenden Strukturen der Institution kollidiert: „Schule und Psychoanalyse sind zwei sehr verschiedene Institutionen - nach ihrer historischen Herkunft, ihrer gesellschaftlichen Verortung und Funktion, nach ihrem Selbstverständnis und den Prinzipien und Regeln, die das Tun und Lassen in ihnen leiten, nach der Rekrutierung ihrer Mitglieder. Jeder, der sich beiden verbunden und zugehörig fühlt, ist ein Grenzgänger zwischen zwei Welten. Er ist einem doppelten Risiko ausgesetzt: dem Risiko, Fremdling und Störenfried zu sein, der auf Widerstand und Feindseligkeit stößt, und dem Risiko, vereinnahmt und integriert zu werden, ohne es recht zu merken - kurz: am Ende in der anderen Kultur mitzuspielen" (Wellendorf 1991, 14). Man kann davon ausgehen, daß die meisten pädagogischen Institutionen solche Vereinnahmungs- bzw. Ausgrenzungstendenzen haben - wenn auch zu unterschiedlichen Zwecken - und Beratung entsprechend erschweren bzw. vereiteln.

Noch weitergehend ist die Beratung im „sozialen Feld", also jenseits von festen institutionellen Strukturen oder geregelten Beziehungsabläufen. Wellendorf beschreibt den Unterschied zur klassischen Psychoanalyse folgendermaßen: „Sich als Psychoanalytikerin oder Psychoanalytiker im komplexen und vielfältig bewegten 'sozialen Feld' zu bewegen, ohne auf die Sicherheiten des analytischen Settings, der psychoanalytischen Theorie und der vertrauten Technik zurückgreifen zu können, erfordert ein hohes Maß an 'negativ capability', d. h. die Fähigkeit, im Ungewissen, Mysteriösen und Zweifel zu sein, ohne irritiert nach Fakten und Erklärungen zu greifen" (Wellendorf 1998, 24). Professionelle Beratung ist hier meist weniger anzutreffen als vielmehr ein Angebot an äußerst verschiedenen Methoden, die weit über die traditionellen grundlegenden Ansätze von Beratung hinausgehen und ökologische, ökonomische, esoterische und medizinische Aspekte zum Teil miteinander verbinden. Mit solchen Ansätzen ist dann allerdings auch die Grenze der seriösen Überprüfbarkeit von Beratungsprozessen überschritten.

Literatur:

Becker, H. (Hrsg.) (1995): Psychoanalytische Teamsupervision. Vandenhoeck & Ruprecht: Göttingen

Bion, W. R. (1971): Erfahrungen in Gruppen. Klett: Stuttgart

Büttner, C. (1995): Gruppenarbeit. Eine psychoanalytisch-pädagogische Einführung. Grünewald: Mainz

Finger-Trescher, U. (1991): Wirkfaktoren der Einzel- und Gruppenanalyse. Frommann-Holzboog: Stuttgart

Finger-Trescher, U. (1993): Grundlagen der Arbeit mit Gruppen - Methodisches Arbeiten im Netzwerk der Gruppe. In: Muck, M./Trescher, H.-G. (Hrsg.): Grundlagen der Psychoanalytischen Pädagogik. Grünewald: Mainz, 205 – 236

Foulkes, S. H. (1974): Gruppenanalytische Psychotherapie. Reinhardt: München

Foulkes, S. H. (1978): Praxis der gruppenanalytischen Therapie. Reinhardt: München

Garz, H.-G. (1996): Wege zum schwierigen Kind. Die Balint-Gruppe im Schulalltag. Grünewald: Mainz

Müller, B. (1996): Postmoderne Beratung oder: Anything goes? Über die Notwendigkeit und die Konsequenzen einer Integration von Erziehungsberatung in die Jugendhilfe. In: Dillig, P./Schilling, H. (Hrsg.): Erziehungsberatung in der Postmoderne. Grünewald: Mainz, 247-262

Müller, B. (1998): Qualitätsprodukt Jugendhilfe. Kritische Thesen und praktische Vorschläge. Lambertus: Freiburg

Presting, G. (1991): Zur Geschichte institutioneller Erziehungsberatung nach dem Zweiten Weltkrieg. Entwicklung struktureller Bedingungen und Arbeitsweisen. In: Presting, G. (Hrsg.): Erziehungs- und Familienberatung. Untersuchungen zu Entwicklung, Inanspruchnahme und Perspektiven. Juventa: Weinheim, 9-48

Pühl, H. (1990): Handbuch der Supervision. Ed. Marhold: Berlin

Sandner, D. (1985): Analyse der Gruppe als Ganzes - eine umstrittene Perspektive. In: Kutter, P. (Hrsg.): Methoden und Theorien der Gruppenpsychotherapie. Psychoanalytische und tiefenpsychologische Perspektiven. Frommann-Holzboog: Stuttgart, 69-92

Schuchardt, C./Büttner, C. (1990): Institutionsanalytische Annäherungsversuche an sozialpsychiatrische Arbeitsbedingungen. In: Büttner, C./Finger-Trescher, U./Scherpner, M. (Hrsg.): Psychoanalyse und soziale Arbeit. Grünewald: Mainz, 129-143

Trescher, H.-G. (1987): Bedeutung und Wirkung szenischer Auslösereize in Gruppen. In: Büttner, C./Trescher, H.-G. (Hrsg.): Chancen der Gruppe. Grünewald: Mainz, 150-161

Weigand, W. (1998): Zur Korrespondenz zwischen Supervision und Organisationsberatung. In: psychosozial 7, 15-24

Wellendorf, F. (1985): Zur Bedeutung der Gruppe im Konfliktfeld sozialer Institutionen. In: Trescher, H.-G./Leber, A./Büttner, C. (Hrsg.): Die Bedeutung der Gruppe für die Sozialisation. Beruf und Gesellschaft. Vandenhoeck & Ruprecht: Göttingen, 78-93

Wellendorf, F. (1991): Die Macht der Institution Schule und die Psychoanalyse. In: Büttner, C./Finger-Trescher, U. (Hrsg.): Psychoanalyse und schulische Konflikte. Grünewald: Mainz, 10-23

Wellendorf, F. (1998): Der Psychoanalytiker als Grenzgänger - Oder: Was heißt psychoanalytische Arbeit im sozialen Feld? In: Eckes-Lapp, R./Körner, J. (Hrsg.): Psychoanalyse im sozialen Feld. Prävention – Supervision. Psychosozial Verlag: Gießen, 13-32

Institutionelle Verankerung von Erziehungsberatung

Burkhard Müller

Erziehungsberatung als Teil von Jugendhilfe und als „Produkt"

Die Diskussion über Erziehungberatung wird in diesem Band unter konzeptionellen Gesichtspunkten geführt: Sie handelt von Chancen psychoanalytisch-pädagogischer Arbeit in Beratungs-Settings. In diesem Beitrag geht es um den institutionellen Rahmen. Dies ist ein Thema, das häufig nur am Rande angeschlagen wird, als fachlich zwar unqualifiziertes, aber - „leider, leider" - doch wichtiges Thema, zu singen nach der Melodie: „Es könnte sich alles so gut entwickeln, wenn man uns ließe. Aber, leider, leider: die Bürokratie, die Gesetze, der Papierkrieg, und vor allem - das Geld!"

Ich möchte hier keinen „Leider-leider-Beitrag" liefern. Auch glaube ich nicht, daß die psychoanalytisch orientierte Erziehungsberatung es sich leisten sollte, Fragen nach ihren institutionellen Rahmenbedingungen - die etwas anderes sind als Fragen nach geeigneten Settings für ihre Arbeit (Krebs, Müller 1998) - aus ihrem fachlichen Nachdenken auszuschließen. Allerdings kann die Frage, wie eine psychoanalytisch orientierte (oder überhaupt eine fachlich qualifizierte) Erziehungsberatung ihre eigene Einbettung in ein allgemeineres System der Erziehung und psychosozialen Unterstützung von Kindern, Jugendlichen und ihren Familien zu reflektieren hätte, hier nicht diskutiert werden (vgl. Finger-Trescher, in diesem Band). Ich beschränke mich darauf, ein Beispiel solcher Einbettung kurz vorzustellen und einige Aspekte einer dazu geführten, praktisch höchst folgenreichen Debatte anzureißen. Es handelt sich um das deutsche System der sogenannten „Jugendhilfe", in deren gesetzlich-administrativem Rahmen Erziehungsberatung seit je ihren Platz hat, wenn auch herkömmlicherweise in eher lockerer Anbindung.

Jugendhilfe hat sich seit ihren Anfängen in den 20er Jahren in der für Deutschland typischen Gemengelage entwickelt. Kennzeichnend für sie sind fürsorgliche Kontrolle *und* klientenorientierte Hilfeleistung, erbracht als Aufgabe staatlich/kommunaler „Daseinsvorsorge" durch Jugendämter mit vielfältigen Diensten und Einrichtungen *und* durch sogenannte „freie Träger", d.h. vor allem kirchliche - aber staatlich alimentierte - Erziehungs-, Beratungs- Unterstützungs- Versorgungs- und Überwachungsangebote. Jugendhilfe hat sich seit

ihren Anfängen einerseits immer als eine professionellen Ansprüchen verpflichtete sozialpädagogische Tätigkeit verstanden, die andererseits aber solche Ansprüche jenen Rahmenbedingungen gegenüber immer nur begrenzt behaupten konnte.

Die Stellung der Erziehungsberatung in der Jugendhilfe

Erziehungberatung (EB) gibt es in diesem Kontext in Deutschland in größerem Umfang seit
den 60er Jahren. Sie bildete in der Jugendhilfe bis Ende der 80er Jahre eine mehr oder weniger unbestrittene Art von professioneller Enklave, die sich von anderen Diensten und vom
Jugendamt im ganzen in ihrem Selbstverständnis, Erscheinungsbild und auch räumlich
sorgfältig abgrenzte. Für Erziehungsberatungsstellen gab es keine klaren gesetzlichen Auf-
träge und Funktionsbestimmungen, was eine große Beliebigkeit der Ausstattung durch die
Träger (Städte, Landkreise, Wohlfahrtsverbände) bedeutete, aber andererseits das Privileg
brachte, daß das Fachpersonal weitgehend autonom über den Auftrag und die institutionelle
Gestaltung der Arbeit entscheiden konnte und sich vom Geruch der Eingriffsbehörde, als
die das Jugendamt bis heute bei vielen gilt, freihalten konnte.
Die Zahlen schwanken zwischen 800 und 1200 Einrichtungen (Bundesregierung 1990, 136)
mit ca. 5000 Mitarbeitern. Sie sind vor allem als Psychologen oder Psychagogen ausgebildet (vgl. ebd.), und wenn sie als Sozial- oder Heilpädagogen beschäftigt werden, dann mit
therapeutischer Zusatzqualifikation (vgl. Cremer 1995). Eine umgekehrte sozialarbeiteri-
sche Zusatzqualifikation für Psychologen bzw. Therapeuten war und ist bis heute dagegen
nicht üblich. Gewöhnlich verstanden sich Erziehungsberatungsstellen dementsprechend als
„therapeutisch" handelnde Einrichtungen unterschiedlicher, manchmal auch gemischter
Schulrichtungen, meist mit starker Affinität zu entweder „gesprächs-" oder „familienthera-
peutischen", seltener zu „analytischen" Konzepten. Sie arbeiteten in der Regel „fokal", d.h.
mit Angeboten unterhalb der Schwelle „großer" Therapien, aber auch jenseits der Bearbeitung sozialer und lebenspraktischer Probleme, die an andere Instanzen, z.B. den „Allgemeinen Sozialen Dienst" (ASD) des Jugendamtes verwiesen blieben.
Dieses „psychagogische" Modell von Erziehungsberatung steht spätestens seit 1990 unter
massivem Druck, der seitdem schon zu erheblichen Veränderungen im Selbstverständnis
und in der Praxis der Erziehungsberatungsstellen geführt hat (vgl. bes. Cremer u.a. 1994;
Eggemann-Dann 1998). Dieser Druck hatte und hat im wesentlichen drei Quellen:
- eine selbstbewußter gewordene *sozialpädagogische* Fachlichkeit der Jugendhilfe, die
  den Erziehungsberatungsstellen eine einseitig therapeutische Ausrichtung vorwarf, die
  auf Mittelschichtklienten ausgelegt sei und die eigentliche Jugendhilfeklientel kaum bediene;
- eine neue Gesetzeslage mit dem 1990/91 in Kraft getretenen Kinder- und Jugendhilfegesetz (KJHG), das einerseits Beratung im allgemeinen und Erziehungsberatung im besonderen als integrale Aufgabe von Jugendhilfe verbindlich festschreibt, andererseits
  eben damit aber auch in die Jugendhilfe einbindet und einzuebnen droht;

und der seit Beginn der 90er Jahre immer stärker werdende finanzielle Druck auf die kommunalen und freien Träger, der überall im Sozial- und Gesundheitsbereich zu sehr offensiv eingeforderten ökonomischen Rationalisierungsstrategien geführt hat, wodurch auch Erziehungsberatung mehr denn je gezwungen wird, die Effizienz und Effektivität ihrer „Produkte" zu legitimieren. Wortführerin in der deutschen Debatte ist eine Einrichtung des deutschen Städte- und Gemeindetages, die sogenannte Kommunale Gemeinschaftsstelle für Verwaltungsvereinfachung (KGSt) in Köln, die seit einigen Jahren die Einführung privatwirtschaftlicher Managementmodelle in den Kommunalverwaltungen unter dem Schlagwort der sogenannten „outputorientierten Steuerung" vorantreibt (Müller 1996), wovon auch die Erziehungsberatung nicht verschont bleibt.

Ich will im folgenden zu allen drei Quellen des Drucks etwas sagen und zumindest andeuten, wie sie ineinandergreifen und sich gegenseitig verstärken, obwohl sie in ihren Intentionen keineswegs deckungsgleich sind.

Die sozialpädagogische Kritik

Die massivste und zugleich prominenteste Kritik hat 1990 der 8. Jugendbericht der Bundesregierung formuliert, den man immer noch als allgemeine Plattform für das herrschende sozialpädagogische Verständnis von Jugendhilfe lesen kann. Die Sonderstellung insbesondere der jugendamtseigenen Erziehungsberatungsstellen wurde hier als Versuch gelesen, „Erwartungen von außen weitgehend abzuschirmen". Gemeint sind gerade auch Erwartungen unangenehmer Sorten von Klienten. Die Vorwürfe im einzelnen:

- „Viele Famlien finden den Weg zur Beratung nicht. Die Berater ihrerseits gehen wiederum nicht dorthin, wo diese leben."
- Für Unterschichtfamilien, für Menschen in Langzeitarbeitslosigkeit und anderen sozioökonomischen Problemlagen, für Menschen in eskalierten Krisensituationen seien der Allgemeine Sozialdienst oder Anlaufstellen der Wohlfahrtsverbände eher erreichbar als Erziehungsberatungsstellen.
- Familien mit behinderten und chronisch kranken Kindern würden eher an Gesundheitsdienste verwiesen.
- Mitarbeiter in den „Grunddiensten" oder der offenen Jugendarbeit hätten keinen „heißen Draht" zu den Beratungsdiensten, wenn sie ihn in eskalierten Situationen der Aggressivität oder bei Suizidgefahr bräuchten.
- Ethnische Minderheiten würden unzureichend bedient (vgl. ebd., 137).

Diese Mängelliste ist seitens der Erziehungsberatungsstellen ihrerseits kritisiert und zurückgewiesen worden (Cremer u.a. 1994; zuletzt Eggemann-Dann 1998). Die interessante Frage scheint mir aber nicht zu sein, ob die Vorwürfe auf die Praxis der einzelnen Beratungsstellen zutreffen oder nicht, sondern ob die Bewertungsmaßstäbe einer „alltagsorientierten", auf flexible, offene, niedrigschwellige Hilfeformen setzenden Sozialpädagogik auch von Erziehungsberatungsstellen als maßgebliches Rahmenkonzept akzeptiert werden kann (empirsch dazu Kurz-Adam, Post 1995) oder aus sachlichen Gründen bekämpft werden muß. Ersteres scheint in Deutschland inzwischen weitgehend der Fall zu sein, wobei nicht ganz klar ist, ob dies aus Überzeugung geschieht oder deshalb, weil der Spielraum für eine davon unabhängige Selbstdefinition enger wird.

Die neuen gesetzlichen Vorgaben

Die engeren Spielräume für die traditionelle „splendid isolation" haben vor allem mit dem neuen gesetzlichen Rahmen zu tun, den ich kurz erläutern will. Es gibt im Kinder- und Jugendhilfegesetz (KJHG) einen §28, der sich speziell mit Erziehungsberatung befaßt und besagt:

„Erziehungsberatungsstellen und andere Beratungsdienste und -einrichtungen sollen Kinder, Jugendliche, Eltern und andere Erziehungsberechtigte bei der Klärung und Bewältigung individueller und familienbezogener Probleme und der zugrundeliegenden Faktoren, bei der Lösung von Erziehungsfragen sowie bei Trennung und Scheidung unterstützen. Dabei sollen Fachkräfte verschiedener Fachrichtungen zusammenwirken, die mit unterschiedlichen methodischen Ansätzen vertraut sind."

Man kann fragen: Wo ist das Problem? Das Problem liegt in der Tat nicht in dieser Formulierung, die ja sehr offen und auslegungsfähig ist. Das Problem liegt im Kontext, in dem dieser Paragraph steht. Dabei geht es um zweierlei:

Einerseits geht es darum, daß Erziehungsberatung hier unter die sogenannten „Hilfen zur Erziehung" eingereiht ist als eine Maßnahmenvariante neben z.B. „sozialpädagogischer Familienhilfe", „Erziehungsbeistand/Betreuungshilfe", „Vollzeitpflege" oder „Heimerziehung". Auf solche Hilfen besteht ein je am Einzelfall zu konkretisierender „Anspruch", „wenn eine dem Wohl des Kindes oder des Jugendlichen entsprechende Erziehung nicht gewährleistet ist und die Hilfe für seine Entwicklung geeignet und notwendig ist" (§27,1). Nur wenn der Anspruch festgestellt ist, kann die Hilfe gewährt werden. Welche Hilfe geeignet und notwendig ist, muß vom Jugendamt entschieden werden; vor allem bei längerfristigen Maßnahmen ist dafür auch ein von mehreren Fachkräften gemeinsam mit den Betroffenen zu erstellender Hilfeplan vorgesehen, der regelmäßig fortzuschreiben ist (§36). Der eine Punkt besagt also, daß über die Eignung und Notwendigkeit von Erziehungsberatung nicht mehr die Erziehungsberatung, sondern die Hilfeplankonferenz entscheidet, an der die Erziehungsberatung nur in Form einer möglichen Fachperspektive bzw. in Gestalt eines Maßnahmeträgers von mehreren denkbaren Maßnahmeträgern beteiligt ist.

Andererseits aber, und das ist der zweite Punkt, tauchen die inhaltlichen Beratungsaufgaben, die in §28 genannt sind, auch an vielen anderen Stellen des Gesetzes auf, insbesondere im Abschnitt zur „Förderung der Erziehung in der Familie" (§16ff). Und hier hebt das Gesetz keineswegs auf ein formal geregeltes Anspruchsverfahren ab, sondern formuliert sehr offene und generelle Beratungsansprüche, für deren niedrigschwellige Erfüllbarkeit zu sorgen ist: z.B. für Beratungswünsche von Kindern und Jugendlichen grundsätzlich in allen Angelegenheiten, die mit Erziehung und Entwicklung zu tun haben (§8,2); für Eltern, die Kinder in Einrichtungen plaziert (§37) oder die überhaupt Fragen zur Erziehung und Entwicklung ihrer Kinder haben (§16); für Eltern, die in Trennung oder Scheidung leben, Probleme mit dem Geltendmachen von Unterhaltsansprüchen haben oder alleinerziehend sind (§17); bei Problemen, bei denen es um Unterbringungsfragen zur Erfüllung der Schulpflicht geht (§21); oder für Personen, die Tagespflegepersonen sind oder einer selbstorganisierten Elterninitiative angehören (§§ 23, 25). Im ganzen und nicht nur als Spezialdienst fordert das KJHG eine in vielerlei Hinsicht beratungskompetente Jugendhilfe. Mit all dem hätte die Erziehungsberatung mehr als genug zu tun - und genau das ist das Problem. Denn sie kann sich all diese Beratungsaufgaben nicht an den Hals ziehen, ohne darin zu ertrinken. Sie muß darauf verweisen, daß es sich um allgemeine Beratungsaufgaben handelt, für die *alle* Instanzen und Fachkräfte der Jugendhilfe Verantwortung tragen. Wo aber solche Beratungskompetenz - zurecht - für die Jugendhilfe insgesamt gefordert oder ihr einfach unterstellt wird, ergibt sich natürlich auch die Frage, wozu es eine besondere Erziehungsberatung mit besser bezahlten Psychologenstellen, mit Zusatzqualifikationen, mit Sonderausstattung für Supervision etc. überhaupt noch geben müsse. Jedenfalls stellen die Anstellungsträger und ihre Administratoren solche Fragen und machen entsprechenden Druck.

Das hier angedeutete Dilemma kann nur gelöst werden, wenn die Aufgabe der Erziehungsberatung als ein Spannungsverhältnis begriffen wird: Es geht, anders gesagt, darum, Erziehungsberatung einerseits als ein *besonderes*, von anderen Jugendhilfeleistungen unterscheidbares Beratungsangebot zu organisieren; andererseits aber ist dies im Kontext einer insgesamt als „beratend" zu qualifizierenden Jugendhilfe zu tun, wobei die Institution Erziehungsberatung für die Fähigkeit der Jugendhilfe zu solcher Beratung besondere Verantwortung trägt (vgl. Müller 1996, 64ff.). Ohne diese Annahme müßten aus diesem Auftrag organisatorisch gesehen absurde Konsequenzen gezogen werden: entweder, daß Erziehungsberatung den größten Teil der Jugendhilfeaufgabe im Alleingang zu bewältigen hätte, oder aber, daß sich ihr Aufgabenprofil von den meisten anderen Fachaufgaben der Jugendhilfe überhaupt nicht mehr unterscheiden läßt. Beides wäre das Ende der Erziehungsberatung als Institution.

Im Blick auf die organisatorischen Konsequenzen aus dieser Auftragslage scheint mir zwingend zu sein, daß Erziehungsberatung ihre Leistungen in zweierlei Weise definieren muß:

-   als Mitorganisation einer beratenden und beratungsfähigen Jugendhilfe, die in ihren unterschiedlichen Arbeitsformen hinreichend vernetzt ist, sodaß sie trotz ihrer arbeitsteiligen Struktur die je nach Einzelfall notwendigen Beratungskompetenzen auch tatsächlich zur Verfügung stellen kann;
-   und als Erziehungsberatungsangebot mit dem Charakter einer „Hilfe zur Erziehung" im Sinne des §28 KJHG, wozu, bei längerfristigem Bedarf, die Mitwirkung bei der fachgerechten Erstellung und Durchführung von Hilfeplänen zählt; wobei die Erziehungsberatung bei letzterem vor allem gefragt ist, wenn es um die Durchführung von längerfristigen Beratungskontrakten mit tendenziell therapeutischem Charakter geht. Ich formuliere dies in einer These:

Erziehungsberatung hat die Aufgabe, ihr Beratungssetting in einem erweiterten Sinne zu verstehen und zu organisieren. Sie muß dabei die fachliche Verantwortung eines „Rahmenangebotes" vom Anbieten eines fallspezifisch geeigneten Beratungssettings unterscheiden.

Unter „setting" wird gewöhnlich eine für eine spezifische Beratungs- oder Behandlungsart arrangierte raumzeitliche Situation verstanden, die das erwünschte Ergebnis ermöglichen oder wenigstens begünstigen soll (die analytische „Couch", die „Selbsterfahrungsgruppe", das spieltherapeutisch ausgestattete Beratungszimmer). Nimmt man die beschriebenen Aufgaben von Erziehungsberatung ernst, so wird man sich mit einem so definierten Begriff von Setting nicht begnügen können. Auf der anderen Seite scheint mir wenig damit gewonnen zu sein, wenn man hier anstelle eines klaren Settingbegriffs mit vagen Absichtserklärungen wie „lebensweltorientiert" oder „Geh-Struktur statt Komm-Struktur" operiert. Besser scheint es mir, mit einer Unterscheidung zwischen „Rahmenangeboten" und „einzelfallspezifischen Beratungsarrangements" oder „settings" zu arbeiten. Dabei meint „fallspezifisches Arrangement" mehr als die Selbstverständlichkeit, daß es keine „Beratung von der Stange" gibt und jede qualifizierte Beratung vom Einzelfall ausgeht. Denn es macht einen Unterschied, ob es dabei nur um die Auswahl und Anwendung jeweils vorgehaltener Beratungsarrangements geht, oder ob Erziehungsberatung durch ihr Rahmenangebot instand gesetzt ist, gleichsam das für jeden Fall geeignete Angebot jeweils neu zu erfinden (wie das in anderen Bereichen der Jugendhilfe etwa der Idee einer „flexiblen Erziehungshilfe" im Sinne von Klatetzki, 1994, entspricht und wie es für die Erziehungsberatung der Beitrag von Finger-Trescher, in diesem Band, ansatzweise beschreibt).

Die Rede vom „Rahmenangebot" als einem erweiterten Verständnis von „Setting" meint also nicht nur die - triviale - Notwendigkeit, daß alle Beratungssettings eines organisatorischen Rahmens bedürfen. Vielmehr sind Fragen, die den „äußeren Rahmen" der Erziehungsberatung betreffen (also z.B. Räumlichkeiten, Sprechzeiten, Beratungsorte, Vernetzung mit anderen Diensten, Aufbau informeller Kontakte, Öffentlichkeitsarbeit) selbst als *Fachfragen* der Beratungskultur zu behandeln und nicht als Äußerlichkeiten, die man Geschäftsführern oder der Verwaltungsabteilung des Jugendamtes überlassen könnte. Darüber hinaus *ist* die Jugendhilfe aus den genannten Gründen im ganzen das „Rahmenangebot" für Erziehungsberatung, „for better or worse" und ob diese das haben will oder nicht. Sofern dieses Rahmenangebot selbst fachlich verantwortet und gestaltet ist, kann man es auch als Beratungssetting zweiter Ordnung bezeichnen. Ich schlage in diesem Fall vor, zwischen Settings *von* Erziehungsberatung und Settings *für* die Optimierung von Beratungsfähigkeit zu unterscheiden. Das folgende Aufgabenschema illustriert diese Unterscheidung:

Institutionelle Rahmenbedingungen der Settings von Erziehungberatung

- Beteiligung an Hilfeplanung nach § 36 KJHG;
- Beratungsarrangements als „Hilfen zur Erziehung" im Rahmen von Hilfsplänen nach § 28 KJHG;
- kollegiale Fach- und Fallberatung bei „Hilfen zur Erziehung und anderen Anlässen;
- Beiträge zu familienbezogenen niedrigschwelligen Angeboten nach § 16ff KJHG.

- Mitgestaltung der Organisationsformen von Fallkonferenzen (§§ 28, 36 u. 78 KJHG;
- Beteiligung der EB an kleinräumiger Jugendhilfeplanung nach den Kriterien von § 80,2 KJHG;
- Beteiligung an Netzwerkarbeit zur Sicherung von Querschnittsaufgaben z.B. nach den §§ 1,3.4; 9,3; 16 KJHG;
- Beteiligung an Fortbildung und Organisationsentwicklung gemäß §§ 72 und 74,6 KJHG.

Erziehungsberatung als „Produkt"

Zum Schluß nur in aller Kürze einige Bemerkungen zum letzten Stichwort meines Titels „Beratung als ‚Produkt'‚", obwohl dazu sehr viel gesagt werden müßte. Gemeint sind die Konsequenzen, welche die sogenannten „Neuen Steuerungsmodelle" der Kommunalverwaltung für Erziehungsberatung haben: Diese der Privatwirtschaft entlehnten Modelle der Verwaltungsreform haben als Kern die Idee der Zusammenführung von „Fach- und Ressourcenverantwortung" oder, wie ein anderes Schlagwort heißt, die Steuerung der Ausgaben vom „output" her (KGSt 1993). Das heißt, daß an die Stelle politisch gesetzter, kameralistisch verwalteter und letztlich willkürlicher Haushaltsansätze die Mittel für definierte, beschriebene und in ihren Kosten kalkulierte Aufgaben treten sollen, die als „Produkte" zu beschreiben sind. Ähnlich wie das im medizinischen Bereich längst üblich ist und im Pflegebereich durch die Einführung der sog. „Pflegeversicherung" neu gesetzlich verankert wurde, soll auch der Jugendhilfebereich auf der Grundlage je zu definierender „Produktpaletten" gesteuert oder, wie auch gesagt wird, aufgrund von „Leistungsvereinbarungen" finanziert werden. In einer Novelle des KJHG von 1998 hat dieses Verfahren inzwischen auch in der Jugendhilfe Gesetzeskraft erlangt (§§ 78a ff KJHG), wenn auch zunächst nur für der Bereich der stationären Hilfen.

Eben deshalb wird derzeit in deutschen Jugendämtern und auch in der Erziehungsberatung, bei Trägerorganisationen wie in Fachverbänden überall an „Produktbeschreibungen" gebastelt (vgl. Menne 1995). Wer hier zu spät kommt, so befürchtet man, den bestrafen das Leben bzw. die neuen Haushaltsregeln (kritisch dazu Olk 1993, Merchel 1995, Kühn 1995, Merchel/Schrapper 1996, Müller 1996). Wenn z.B. umgesetzt wird, was die KGSt in ihrem Bericht 3/95 immerhin als Alternative diskutiert, nämlich die Eingliederung von Erziehungsberatung in die „sozialen Dienste" dezentralisierter Außenstellen des Jugendamtes, dann ist nicht mehr selbstverständlich, sondern muß legitimiert werden, was die Aufgaben der Erziehungsberatung von den Aufgaben z.B. des Allgemeinen Sozialen Dienstes überhaupt noch unterscheidet, sonst sind die Stellen demnächst weg. Erziehungsberatungsstellen in freier Trägerschaft kann das noch schneller und härter treffen.

Es wird in dieser Diskussion so getan, als sei eines ganz klar: nämlich daß es hier um das Produkt „Beratung" gehe. So wie ein Restaurant Abendessen in angenehmer Atmosphäre als sein Produkt verkauft, so wie das Ausleihen von Büchern Produkt der kommunalen Dienstleistungseinheit Stadtbücherei genannt wird oder wie das Einwohneramt An- und Abmeldungen oder das Ausstellen von Steuerkarten als „Dienstleistung für Bürger" statt als hoheitlichen Akt vollzieht, so soll es auch die Dienstleistungseinheit Beratungsstelle mit ihrem Produkt „Beratung" halten. Die Bürgerinnen und Bürger mit einschlägigen Problemen sind dann die potentiellen Kunden, die das Produkt abnehmen. Die Grundfigur ist immer die einer Transaktion zwischen eher aktiven Leistungserstellern und eher passiven Leistungsabnehmern (unabhängig davon, ob letztere dafür unmittelbar Gegenleistungen - z.B. Gebühren - erbringen oder nicht).

Für Beratung paßt diese Figur deshalb nicht so recht, weil hier eigentlich keine Transaktion zwischen Leistungserstellern und Leistungsabnehmern stattfindet, sondern eine *Ko-Produktion*. Ratsuchende sind - und das gilt für andere vergleichbare Bereiche wie Therapien oder Erziehungsprozesse ebenso - *im Beratungsprozeß selbst keine Kunden* (vgl. Müller 1996, 83ff.). Wenn man schon aus der Ökonomie kommende Bilder verwenden will, sind Klienten eher MitunternehmerInnen in einem „joint venture". Denn ihre eigene Selbstveränderung, ihr Aktiv-Werden entscheidet letztlich darüber, ob Beratung effektiv war, während das, was Berater tun, allenfalls Anstoß und Unterstützung dafür sein kann. „Kunden" sind Ratsuchende allerdings sinnvollerweise zu nennen, *ehe* die Beratung beginnt, solange sie nämlich prüfen und entscheiden können oder müssen, welche Beratung sie in Anspruch nehmen wollen; und sie sind es *danach* - sofern sie gefragt werden oder sich selbst fragen, was die Beratung „gebracht hat". Aber sie sind es nicht während der Beratung selbst.

Die gesamte Diskussion läßt meistens unklar, daß „Produktbeschreibungen" in diesem Feld nie den Kern des fachlichen (z.B. beratenden) Handelns betreffen können, sondern immer nur dessen organisatorische Rahmenbedingungen und die daraus resultierenden Settings beschreibbar und in Grenzen steuerbar machen können. „Produkt" - wenn der Begriff in diesem Zusammenhang überhaupt sinnvoll verwendet werden kann - ist also nie die Beratung selbst und auch nicht ihr „Erfolg", der letztlich dem Klienten überlassen bleiben muß, sondern das Beratungs*angebot*, seine Zugänglichkeit, seine Rahmenbedingungen und ihre zeitliche und räumliche Gestaltung. Hier könnte der Zwang zur Legitimation vor „Kunden"-Wünschen und Nützlichkeitskriterien heilsam sein. Freilich wird diese Unterscheidung eben deshalb selten gemacht, weil der „Geist" dieser Ökonomisierungsdebatte dahin strebt, gerade die Effekte der Beratung selbst zur finanziell steuerbaren Größe zu machen. Das Beispiel des kommerzialisierten „Care Managements" in den USA läßt hier Schlimmes befürchten.

Unterm Strich ist zu sagen: Natürlich handelt es sich bei dieser „Out-put-Orientierung" um eine für Erziehungsberatung gefährliche Entwicklung, die dahin führen kann, daß sich Angebotsformen durchsetzen, die standardisierbar und meßbar sind, unabhängig davon, ob sie wirklich hilfreich sind, während die Effektivität der individuellen Lösung, der situativen Chancen, der an die Lebenswelt der Klienten angepassten Angebote unerkannt bleibt. Nur wird solche Kritik wenig nützen. Es bleibt dabei, daß Erziehungsberatung in Deutschland - und, wenn ich die Trends richtig deute, auch anderswo - mit dem Legitimationsdruck, der von ökonomischen Effizienzmodellen herrührt, wird leben müssen. Zukunft wird sie nicht dann haben, wenn sie vor diesem Druck in die Nischen privat finanzierter und charismatisch geführter Modelle zurückweicht, sondern nur dann, wenn sie ihre Qualitätsansprüche und die Bedingungen, die sie für die Erfüllung dieser Qualitätsansprüche braucht, auf den Prüfstand öffentlicher Finanzierung stellen läßt und dort vertritt. Chancen für eine öffentliche Finanzierung hat sie aber nur auf der beschriebenen Grundlage des KJHG und im Kontext der Jugendhilfe. Auch deshalb ist die Erziehungsberatung darauf angewiesen, den Kampf um Bedingungen einer insgesamt beratungsfähigen Jugendhilfe mitzuführen und mitzugewinnen. Als Alternative bleibt ihr nur die radikale Kommerzialisierung oder die caritative Nischenexistenz.

Was die psychoanalytisch orientierte Erziehungsberatung beitragen kann, um jenen Kampf offensiv und erfolgreich zu führen, steht auf einem anderen Blatt. Ich zweifle, ob sie darüber schon genauer nachgedacht hat.

Literatur:

Bundesregierung (Bundesministerium für Jugend, Frauen, Familie und Gesundheit) (Hrsg.) (1990): Achter Jugendbericht. Bundestagsdrucksache: Bonn

Cremer, H. (1995): Zur Situation der Erziehungsberatung in der BRD. In: Zentralblatt für Jugendrecht 82, 170-177

Cremer, H., Hundsalz, A., Menne, K. (1994): Jahrbuch für Erziehungsberatung I. Juventa: Weinheim und München

Eggemann-Dann, H.W. (1998): Was zählt, kann man (er)zählen. Die Bedeutung der institutionellen Erziehungsberatung für die Kinder- und Jugendhilfe. In: Datler, W. u.a. (Hrsg.): Jahrbuch für Psychoanalytische Pädagogik 9. Psychosozial-Verlag: Giessen, 41-57

Eichmann, R. (1995): Definition und Beschreibung von Produkten. Vortrag auf einer Tagung der Bundeskonferenz Erziehungsberatung am 14.10.1995 in Münster. Manuskript

Klatetzki, Th. (Hrsg.) (1994): Flexible Erziehungshilfen. Ein Organisationskonzept in der Diskussion. Münster

Kommunale Gemeinschaftsstelle für Verwaltungsvereinfachung (KGSt) (Hrsg.) (1993): Das Neue Steuerungsmodell: Begründung, Konturen, Umsetzung. Bericht Nr. 5/93. Köln

KGSt (Hrsg.) (1995): Aufbauorganisation in der Jugendhilfe. Bericht Nr. 3/95, Köln

Krebs, H., Müller, B. (1998): Der psychoanalytisch-pädagogische Begriff des Settings und seine Rahmenbedingungen im Kontext der Jugendhilfe. In: Datler, W., u.a. (Hrsg.): Jahrbuch für Psychoanalytische Pädagogik 9. Psychosozial-Verlag: Giessen, 15-40

Kühn, D. (1995): Neue Steuerungsmodelle der Sozialverwaltung - Chancen und Gefahren. In: Neue Praxis 25, 340-348

Kurz-Adam, M., Post, I. (1995): Erziehungsberatung und Wandel der Familie. Leske und Budrich: Opladen

Menne, K. (1995): Outputorientierte Steuerung. In: Bundeskonferenz für Erziehungsberatung e.V. (Hrsg.): Informationen für Erziehungsberatungsstellen H.2/95, 30f

Merchel, J. (1995): Sozialverwaltung oder Wohlfahrtsverband als „kundenorientiertes Unternehmen": ein tragfähiges, zukunftsorientiertes Leitbild? In: Neue Praxis 25, 325-340

Merchel, J., Schrapper, Ch. (Hrsg.) (1996): „Neue Steuerung": Tendenzen der Organisationsentwicklung in der Sozialverwaltung. Votumverlag: Münster

Müller, B. (1996): Qualitätsprodukt Jugendhilfe. Kritische Thesen und praktische Vorschläge. Lambertus: Freiburg i. B.

Olk, Th. (1994): Jugendhilfe als Dienstleistung - Vom öffentlichen Gewährleistungsauftrag zur Marktorientierung? In: Widersprüche (Heft 53), 11-34

Urte Finger-Trescher

Psychoanalytisch-pädagogische Strukturmerkmale von Erziehungsberatung in der Institution

Zur Konzeption der Beratungsstelle für Eltern, Kinder und Jugendliche der Stadt Offenbach/M.

Erziehungsberatung in der BRD ist eine im Kinder- und Jugendhilfegesetz (KJHG) festgelegte präventive Jugendhilfeleistung. Bürgerinnen und Bürger haben einen Rechtsanspruch auf diese Leistung. Insofern gehört die Vorhaltung von Erziehungsberatungsstellen zu den Pflichtaufgaben der Jugendhilfeträger. Die Angebote von Erziehungsberatungsstellen richten sich gemäß KJHG und den Richtlinien der Länder an Eltern, Kinder, Jugendliche und junge Erwachsene bis zum 27. Lebensjahr. Erziehungsberatung ist die am meisten beanspruchte und gleichzeitig eine der kostengünstigsten und kostensparendsten ambulanten „Hilfen zur Erziehung", die im §27 KJHG folgendermaßen definiert sind:

„Ein Personensorgeberechtigter hat bei der Erziehung eines Kindes oder eines Jugendlichen Anspruch auf Hilfe (Hilfe zur Erziehung), wenn eine dem Wohl des Kindes oder des Jugendlichen entsprechende Erziehung nicht gewährleistet ist und die Hilfe für seine Entwicklung geeignet und notwendig ist. ...
Hilfe zur Erziehung wird insbesondere nach Maßgabe der §§ 28 bis 35 gewährt. Art und Umfang der Hilfe richten sich nach dem erzieherischen Bedarf im Einzelfall; dabei soll das engere soziale Umfeld des Kindes oder des Jugendlichen einbezogen werden. ...
Hilfe zur Erziehung umfaßt insbesondere die Gewährung pädagogischer und damit verbundener therapeutischer Leistungen" (§27 KJHG).
Erziehungsberatung soll „Kinder, Jugendliche, Eltern und andere Erziehungsberechtigte bei der Klärung und Bewältigung individueller und familienbezogener Probleme und der zugrundeliegenden Faktoren, bei der Lösung von Erziehungsfragen sowie bei Trennung und Scheidung unterstützen" (KJHG § 28).

Anspruchsberechtigte der Hilfen zur Erziehung sind also Eltern und andere Erziehungsberechtigte, Kinder, Jugendliche und junge Erwachsene bis zum 27. Lebensjahr. Jede in Anspruch genommene Beratung unterliegt den Grundsätzen der Freiwilligkeit, Verschwiegenheit und Kostenfreiheit. Beratung kann von Kindern und Jugendlichen auch ohne Wissen ihrer Eltern in Anspruch genommen werden. Sie kann grundsätzlich auch anonym erfolgen. Unter den gesetzlichen und institutionellen Vorgaben für Erziehungsberatungsstellen in der BRD ist die Frage, ob psychoanalytisch-pädagogische Beratungsarbeit möglich und sinnvoll ist und wo ihre Grenzen liegen, nicht einfach zu beantworten.

Obwohl es vielleicht naheliegend wäre, spezifisch psychoanalytisch-pädagogische Qualitätsmerkmale an einzelnen Beratungsfällen zu untersuchen, werde ich mich in meinen Ausführungen nicht auf diese Ebene konzentrieren, sondern auf die Frage, ob und wie Erkenntnisse und Methode der Psychoanalytischen Pädagogik in der Erziehungsberatungsstelle als Institution verankert bzw. institutionalisiert werden können. Erziehungsberatung im Rahmen der Jugendhilfe und ihrer Institutionen ist von Erziehungsberatung im Rahmen freier Praxen zu unterscheiden, insofern sie einem gesetzlichen Auftrag unterliegt, ihre Leistungen für Klienten kostenfrei erbringt und sich diese auch nicht aussuchen kann. Sie ist vor allem auch durch politisch gesteuerte institutionelle Bedingungen, Anforderungen und Veränderungen geprägt. Diese äußeren Rahmenbedingungen wirken in die eigentlichen Beratungsprozesse hinein, auch wenn die Verpflichtung zur Verschwiegenheit seitens der BeraterInnen sowie das Recht, Beratung anonym in Anspruch zu nehmen, seitens der Ratsuchenden als conditio sine qua non gesetzlich verankert und strikt eingehalten werden.

Über die gesetzlichen Vorgaben, neuen Steuerungsmodelle, Verwaltungsreformen und aktuellen Diskussionen in der BRD berichtet Burkhard Müller in diesem Band (vgl. auch Müller 1996). Dennoch möchte ich, bevor ich auf das „Offenbacher Modell" institutionalisierter Erziehungsberatung näher eingehe, doch noch einmal kurz einige wesentliche Rahmenbedingungen erörtern.

Neben den Vorgaben des KJHG gibt es in den einzelnen Bundesländern gesonderte Richtlinien für die Arbeit der Erziehungsberatungsstellen und zumindest in Hessen auch Empfehlungen (Landesjugendamt Hessen 1997), die insofern verbindlichen Charakter haben, als die Gewährung von Zuschüssen durch das Land potentiell an die Einhaltung dieser Empfehlungen gebunden ist.

Das KJHG, aber auch die Richtlinien und fachlichen Empfehlungen schreiben vor, daß die Teams der Beratungsstellen multidisziplinär zusammengesetzt sein sollen, was in der Regel bedeutet, daß die MitarbeiterInnen einer Beratungsstelle über unterschiedliche Grund- und Zusatzqualifikationen verfügen. Die Besoldung der einzelnen in Erziehungsberatungsstellen tätigen MitarbeiterInnen ist ebenfalls unterschiedlich und richtet sich vornehmlich nach den Grundqualifikationen (in der Regel: DiplompsychologInnen, Diplom-SozialarbeiterInnen, DiplompädagogInnen, aber auch HeilpädagogInnen und ÄrztInnen) und der entsprechenden Stellenbeschreibung. Ungeachtet dieser fachlichen Spezialisierungen richten sich aber in den wohl meisten Beratungsstellen Verteilung und Bearbeitung der einzelnen Fälle nicht nach Indikation und entsprechender fachlicher Zuordnung, sondern eher nach ganz formalen Kriterien, z.B. nach den Terminkalendern der einzelnen MitarbeiterInnen. Konkret kann dies bedeuten, daß die Erstkontakte und die „Zuordnung" der angemeldeten Fälle zu den einzelnen MitarbeiterInnen durch die Sekretärin erfolgt, die sich nach freien Terminen in den jeweiligen Terminkalendern richtet. Viele Fälle geraten hierdurch „unbesehen" in eine Warteschleife, unabhängig davon, ob es sich um akute Lebenskrisen, um schwerwiegende psychoneurotische Symptome, die schnelle Intervention erfordern, oder um eher „harmlosen" Beratungsbedarf handelt. In den multiprofessionellen Teams herrscht meines Wissens eine Tendenz vor, daß „alle alles machen" (vgl. Buchholz 1988). Die Diskussion inhaltlicher Qualitätsmerkmale unterliegt vielerorts einem Tabu, dem Tabu nämlich, Unterschiede in Qualifikation und tatsächlichem beraterischen und therapeutischen Können in den multiprofessionellen Teams differenziert zu betrachten und fallspezifisch einzusetzen. Buchholz spricht in diesem Zusammenhang vom „Mythos von der Gleichheit aller" (Buchholz 1988, 285). Durch diesen Mythos laufen Beratungsstellen Gefahr, ihr wertvolles fachliches Potential, das in der Zusammenarbeit unterschiedlicher SpezialistInnen liegt, zugunsten einer generellen Entspezialisierung und Entdifferenzierung zu verlieren.

Durch die neuen Maßstäbe, die das KJHG für die gesamte Jugendhilfe gesetzt hat und im Zuge der allerorts diskutierten outputorientierten Vewaltungsreformen sind Erziehungsberatungsstellen ins Gerede gekommen und stehen unter Legitimierungsdruck. Man warf und wirft ihnen vor, sich nur an Mittelschichtklientel zu wenden und das eigentliche Klientel der Jugendhilfe, nämlich soziale Randgruppen und sog. Multiproblemfamilien durch ihre Angebotsstruktur nicht zu erreichen. Man wirft ihnen darüber hinaus luxuriöse Arbeitsweise und Arbeitsbedingungen vor, lange Wartezeiten, die mangelnde Bereitschaft, mit anderen sozialen Diensten der Jugendämter zu kooperieren sowie mangelnde Transparenz ihrer Arbeitsweisen (vgl. Bundesminister für Jugend, Familie, Frauen und Gesundheit 1990). Diese Vorwürfe waren und sind teilweise auch noch berechtigt. Allerdings haben sich die Beratungsstellen, zumindest in den Großstädten und Ballungsräumen, weitgehend gewandelt und sich den veränderten Anforderungen angepaßt.

Dies gilt auch für die Beratungsstelle der Stadt Offenbach, deren Konzept ich hier vorstellen möchte.

Die *Beratungsstelle für Eltern, Kinder und Jugendliche der Stadt Offenbach* ist eine Abteilung des Jugendamtes (vgl. Gumbinger, Dorenburg, Mann 1990). Ihre nicht nur formale, sondern „alltagspraktische" Anbindung an das Jugendamt ist dadurch gewährleistet, daß der/die Leiter/in der Beratungsstelle gleichzeitig Abteilungsleiter/in des Jugendamtes ist und insofern mitverantwortlich für das Gesamtmanagement des Jugendamtes mit seinen unterschiedlichen sozialen Diensten und Einrichtungen. Dies bindet auf Leitungsebene einen nicht unerheblichen Teil der Zeitressourcen und des fachlichen Engagements.

Die Beratungsstelle ist ausgestattet mit 8,7 Planstellen, die sich auf folgende Bereiche aufteilen:

Personelle Ausstattung:

Leitung	1,0 Planstelle
Verwaltung	1,0 Planstelle
Beratung von Institutionen	1,0 Planstelle
Kindertagesstättenfachberatung	1,0 Planstelle
Erziehungsberatung	4,7 Planstellen

Man sieht hier eine Besonderheit des „Offenbacher Modells": Der rein präventive Bereich, nämlich die Beratung von Kindertagesstätten, Jugendeinrichtungen und Schulen nimmt einen vergleichsweise großen Raum ein.

Die Angebote und Leistungen richten sich nach dem Bedarf der KlientInnen, aber auch nach den zur Verfügung stehenden Qualifikationen, wobei eine wissenschaftlich abgesicherte Erhebung des „Bedarfs", z.b. im Rahmen der Jugendhilfeplanung, zur Zeit noch fehlt.

Das Leistungsspektrum

Ein wesentlicher konzeptioneller Schwerpunkt der Beratungsstelle liegt auf dem möglichst niedrigschwelligen und unbürokratischen Zugang auch für schwererreichbare Familien sowie für Kinder und Jugendliche. Im Zuge dessen wurde 1994 als wesentliche konzeptionelle Neuerung ein *ambulanter Bereitschaftsdienst* und eine *offene Sprechstunde speziell für Jugendliche und junge Erwachsene* eingerichtet sowie 1997 eine *Stadtteilsprechstunde in einem sozialen Brennpunkt.*

Diese Angebote ermöglichen es Klienten, während der Bürozeiten - wöchentlich sind das insgesamt 33 Stunden - sofort und ohne Voranmeldung ein persönliches Gespräch mit einem Berater/einer Beraterin zu führen. Dies ist in Krisenfällen natürlich von besonderer Relevanz. Darüber hinaus werden aber auch alle Neuanmeldungen nicht mehr vom Sekretariat, sondern von den dienstbereiten KollegInnen entgegengenommen. Hierdurch entfällt die Wartezeit für *fachliche Erstkontakte*, und die spätere „Verteilung" der Fälle im Team orientiert sich durch die gewonnenen Daten aus den Erstkontakten, die stets auch schriftlich dokumentiert werden, wesentlich stärker an fachlich-inhaltlichen als an formalen Kriterien.

Die Erfahrung zeigt, daß Klienten sich meist erst dann entschließen, eine Beratungsstelle aufzusuchen, wenn sie bereits unter erheblichem emotionalem Druck stehen. Der Entschluß, *jetzt* bei der Beratungsstelle anzurufen oder auch persönlich vorstellig zu werden, ist meistens von akuten Konflikten und massiven Affekten begleitet bzw. wird hierdurch *angetrieben*. Gerade für weniger motivierte, ängstliche oder mißtrauische Klienten, sowie für Kinder und Jugendliche ist die Möglichkeit, ein sofortiges Gespräch mit einem Berater oder einer Beraterin zu führen, von nicht zu unterschätzender Bedeutung. In dem Moment, in dem der emotionale Druck so quälend ist, daß sie den ersten Schritt in eine Beratung wagen, steht eine Person zur Verfügung, die zuhört, die die Not ernstnimmt, die Ab-hilfe und Unterstützung anbietet. Diese Erfahrung wirkt für viele Klienten im Sinne einer „holding und containing function" (vgl. Bion 1962, Trescher, Finger-Trescher 1992) entlastend und bietet als solche eine strukturierende Grundlage weiterer Beratungs- oder Therapieprozesse.

Beispiel[1]:

Ein Vater ruft während meines Bereitschaftsdienstes an, er sorgt sich um seinen zwölfjährigen Jungen und bittet um einen Termin. Seiner zögernden, zitternden Stimme entnehme ich, daß er sehr aufgeregt, aber auch ängstlich-mißtrauisch ist. Er erwartet offenbar nichts weiter, als einen Termin genannt zu bekommen, und betont, daß es dringlich sei, denn die Schule habe ihn an uns verwiesen. Meine Frage, weswegen er sich solche Sorgen um den Sohn mache, greift er sofort auf und erzählt,

---

[1] Alle Fallbeispiele sind durch Anonymisierung unkenntlich gemacht.

was ihm auf dem Herzen liegt: Der Junge schwänzt die Schule, er belügt die Eltern, er stiehlt kleinere Geldbeträge und ist nicht mehr ansprechbar. Der Vater kann sich das alles nicht erklären, der Junge hat doch alles. Der Vater hat das alleinige Sorgerecht, er lebt mit dem Sohn und seiner jetzigen Frau seit fünf Jahren in harmonischer Gemeinschaft. Sohn und Vater wünschen zur leiblichen Mutter, die die Familie vor acht Jahren verlassen hat, keinen Kontakt. Die jetzige Frau des Vaters ist die „richtige" Mutter. Die Schule hat den Eltern einen Bußgeldbescheid angedroht, falls der Junge weiterhin schwänze. Bis dahin war für sie „die Welt in Ordnung". Das Verhalten des Sohnes bringt erhebliche Unordnung in die Familie, die Zukunft scheint plötzlich nicht mehr planbar und geradlinig gestaltbar. Ich höre dem Bericht des Vaters ca. eine halbe Stunde zu, stelle dann ein paar Fragen nach dem Beginn des Schuleschwänzens, nach besonderen Ereignissen in diesem Zeitraum, nach der leiblichen Mutter, Geschwistern und Freunden des Sohnes, nach der Vorgeschichte etc. und erhalte eine Fülle von Informationen, die in mir das Bild einer „heiligen Familie" und gleichzeitig ein bedrohliches Gefühl, das ich loswerden möchte, hervorrufen. Dieses Bild und das bedrohliche Gefühl entstehen natürlich nicht nur durch die faktischen Informationen, sondern vor allem auch durch die Art und Weise, in der der Vater erzählt, durch seine Fassungslosigkeit angesichts der „Untaten" seines Sohnes, durch die „naive" Weltsicht, die er auch mir abnötigen möchte. Auffallend ist, daß der Vater im Laufe des fünfundvierzigminütigen Gesprächs immer ruhiger und gefaßter wird. Meine Fragen machen ihn nachdenklich: Kann es tatsächlich verstehbare Motive, Hintergründe für das Verhalten des Jungen geben? Kann es tatsächlich sein, daß es sich nicht um bloße „Ordnungswidrigkeiten" des Kindes, um „schlechtes Benehmen" handelt? Am Ende des Gespräches bringt er seine Erleichterung darüber zum Ausdruck, daß er seine Sorgen erzählen durfte, daß er gar nicht warten mußte und betont, daß ihm jetzt „leichter" sei. Es ist zu vermuten, daß er zum ersten persönlichen Gespräch weniger ängstlich, dafür aber neugierig und mit einer eigenen Motivation kommen wird.

Die Einrichtung des ambulanten Bereitschaftsdienstes bzw. der offenen Sprechstunden halte ich für eine wirkliche konzeptionelle Errungenschaft im Laufe der letzten Jahre. Die Akzeptanz dieser Angebote in der Bevölkerung zeigt sich eindeutig in den Klientenzahlen:

Anzahl der beratenen Fälle[2]:

1993	1994	1995	1996	1997
234	347	393	390	471

Ein weiterer Schwerpunkt liegt, wie bereits erwähnt, auf dem Bereich *Prävention*, für den immerhin zwei Planstellen zur Verfügung stehen. Zielgedanke hierbei ist, die MitarbeiterInnen in Kindertagesstätten, Jugendhäusern, Schulen und anderen Kinder-und Jugendeinrichtungen in schwierigen pädagogischen Fragen nicht nur zu beraten, sondern sie soweit zu qualifizieren, daß sie nach Möglichkeit pädagogische Probleme in ihrer Einrichtung selbst lösen können. Darüber hinaus zielen die präventiven Angebote aber auch darauf ab, einen Rahmen anzubieten, innerhalb dessen die Fachkräfte dieser Einrichtungen die Probleme, die in dieser selbst „mitproduziert" werden, reflektieren und ihre Konzepte überdenken können. Häufig nämlich stellen wir fest, daß diese Einrichtungen bei pädagogischen Pro-

---

[2] Als „Fall" zählt immer das Kind oder der/die Jugendliche, derentwegen Beratung in Anspruch genommen wird oder der/die selbst Beratung in Anspruch nimmt.

blemen mit einem Kind die Ursachen derselben allzu schnell nicht bei sich selbst, sondern in den familiären Verhältnissen sehen und daher die Eltern zur Erziehungsberatungsstelle „schicken".

Zu den wichtigen präventiven Angeboten gehört neben der gruppenanalytischen Supervision und der psychoanalytisch-pädagogischen Fachberatung für ErzieherInnen auch ein umfangreiches Fort- und Weiterbildungsprogramm, das jährlich erstellt und umgesetzt wird. Darüber hinaus konzipieren wir einmal pro Jahr eine Fachtagung für die städtischen ErzieherInnen, an deren Organisation und Vorbereitung sie intensiv beteiligt sind.

Ein weiterer Schwerpunkt der präventiven Angebote liegt bei der Integration behinderter Kinder in Regeleinrichtungen. Hier werden den teilnehmenden Fachkräften in kontinuierlichen Fallbesprechungen Erkenntnisse der psychoanalytischen Heilpädagogik vermittelt mit dem Ziel, die Integration behinderter Kinder zu ermöglichen, zu erleichtern und fachlich zu begleiten.

Außerdem möchte ich noch die gruppenanalytisch orientierten Organisations- und Konzeptentwicklungen hervorheben, die wir Kinder- und Jugendeinrichtungen anbieten.

Überblick über das Leistungsspektrum:

Ambulanter Bereitschaftsdienst	Psychologische Diagnostik
Jugendsprechstunde	Heilpädagogische Diagnostik und Betreuung
Stadtteilsprechstunde	Beratung von Institutionen:
Beratung oder Therapie für	- Beratung f. Kinder- u. Jugendeinrichtungen und Schulen
- Eltern,	- Supervision
- Kinder,	- Fortbildung
- Jugendliche,	
- junge Erwachsene,	Kindertagesstättenfachberatung:
- Familien.	- Beratung
	- Sprechstunde für ErzieherInnen, Konzept-
Therapeutische Gruppen für	entwicklung
- Kinder, deren Eltern in Trennung leben,	- Fort-und Weiterbildung
- Vorschulkinder,	
- Kinder in der Vorpubertät,	Öffentlichkeitsarbeit:
- Väter.	- Informationsveranstaltungen
	- Vorträge
Beratung	- Wissenschaftliche Fachforen
- in akuten Krisensituationen,	- Elternabende
- bei sexuellem Mißbrauch,	
- zur Schulreife und Schuleignung,	
- für homosexuelle junge Menschen und deren Eltern.	

Das hier skizzierte Leistungsspektrum sagt noch nichts aus über die fachliche Ausgestaltung und Qualität desselben bzw. seiner Umsetzung. Diese hängt einerseits natürlich entscheidend ab von der Qualifikation und der beruflichen Erfahrung der einzelnen MitarbeiterInnen, andererseits aber auch wesentlich von der Organisationsstruktur der Beratungsstelle.

Organisationsstruktur und Konzept

Psychoanalytisch-pädagogische Erziehungsberatung im Rahmen der Jugendhilfe kann als fachlicher Beratungsansatz unter den gegebenen gesetzlichen und institutionellen Bedingungen repräsentiert sein
- in entsprechender *Qualifikation* einiger MitarbeiterInnen als *Teilen des multiprofessionellen Teams,*
- in der kontinuierlichen psychoanalytisch orientierten *Fallsupervision* des Teams und
- in der *Organisationsstruktur* der Beratungsstelle.

Die Punkte *Qualifikation* und *Supervision* sind sicherlich nicht erläuterungsbedürftig. Ich konzentriere mich daher auf die *Organisationsstruktur.*

Die Organisationsstrukturen der Erziehungsberatungsstellen in der BRD sind sehr unterschiedlich. Sie determinieren aber, wie ich zu zeigen versuche, in entscheidender Weise die fachliche Qualität der Beratungsarbeit.

Als ich Ende 1993 die Leitung der Beratungsstelle übernahm, fand ich zwei Teams vor: Das Team der ErziehungsberaterInnen und das Team der Institutionen- und Fachberaterinnen. Beide hatten scheinbar nichts miteinander zu tun, was möglicherweise durch unterschiedliche oder auch unklare Arbeitsaufträge und Auftragsverständnis zu erklären war. Darüber hinaus war durch besonders unglückliche institutionelle Bedingungen der Vorjahre das Team in einer äußerst schwierigen Situation, wodurch fachliche und strukturelle Innovationen und Kommunikation erheblich beeinträchtigt waren.

Zu den wesentlichen konzeptionellen und strukturellen Neuerungen, die damals notwendig erschienen, gehörten:
1. die Zusammenführung aller MitarbeiterInnen zu einem Team;
2. die Einführung wöchentlicher gemeinsamer Fallverteilung im Gesamtteam;
3. die Einführung gemeinsamer Fallbesprechungen im Gesamtteam;
4. die Einführung kontinuierlicher Fallsupervision als verbindlicher Bestandteil der Arbeit;
5. der gemeinsame Organisations- und Konzeptentwicklungsprozeß.

Im Zuge dieses Organisationsentwicklungsprozesses wurde das Angebots- und Leistungsspektrum verändert, vor allem wurde es um den bereits beschriebenen *ambulanten Bereitschaftsdienst, die Jugendsprechstunde, die Stadtteilsprechstunde und um längere Öffnungszeiten (z.B. zwei Abendsprechstunden, Sprechstunde freitags nachmittags)* erweitert. Diese Innovationen waren möglich durch eine von der Jugendamtsleitung unterstützte Flexibilisierung der Arbeitszeiten aller MitarbeiterInnen. Dieser Prozeß der gemeinsamen Organisationsentwicklung hat aus meiner Sicht nicht unerheblich zu einer Konsolidierung des Teams beigetragen und zu einem gemeinsamen Selbstverständnis als einer Einrichtung der

Jugendhilfe, die sich am Anspruch hochqualifizierter reflexiver Professionalität messen lassen und Transparenz schaffen muß.

Die Kolleginnen und Kollegen, die über andere als psychoanalytisch orientierte Qualifikationen verfügten, standen (und stehen vielleicht noch immer) diesem Ansatz skeptisch gegenüber, vor allem wurde verständlicherweise befürchtet, eine bestimmte Fachrichtung gleichsam von oben „übergestülpt" zu bekommen.

Dennoch ist es im Laufe von ca. zwei Jahren gelungen, eine „gemeinsame Sprache" zu entwickeln, ein grundlegendes gemeinsames Arbeitsverständnis, in dem auch, aber nicht nur, wesentliche Erkenntnisse der Psychoanalytischen Pädagogik sowie der Gruppenanalyse verankert sind. Inwieweit eingefleischte „Schulen-Streitereien" und entsprechende Vorurteile hierdurch überwunden werden konnten, ob der „Mythos von der Gleichheit aller" (Buchholz 1988, 285), der Erziehungsberatungs-Teams eigen zu sein scheint, aufgehoben werden konnte, ist schwerlich zu beantworten. Diese für die fachliche Qualität einer Beratungsstelle durchaus wichtigen Fragen werden indes nur dann relevant, wenn Arbeitsauftrag und Arbeitsziel nicht mehr konsensfähig sind oder gar nicht mehr im Vordergrund stehen.

Was mir in der Anfangszeit - im Nachhinein betrachtet - bei der Einführung von Innovationen zugute kam, war *möglicherweise* meine mangelnde Kenntnis der Strukturen öffentlicher Verwaltung. In meiner Unkenntnis war ich unbeschadet vieler institutionalisierter und internalisierter Widerstände davon überzeugt, daß meine Vorstellung von der Institutionalisierung einer tatsächlich bedarfsgerechten und hochqualifizierten Erziehungsberatung und Prävention gemeinsam mit dem Team realisierbar sei. Was mir dabei *zweifelsohne* zugute kam, war die fachliche Akzeptanz und volle Unterstützung durch den Jugendamtsleiter und das Leitungsteam sowie die Motivation und Kooperation der Kolleginnen und Kollegen der Beratungsstelle.

Fachliche Qualitätssicherung in der Team-Gruppe

Die Zusammenarbeit im Team stellt tatsächlich das Herzstück der, wie ich es nennen möchte, psychoanalytisch-pädagogischen Rahmenkonzeption dar, in der wesentlich auch Erkenntnisse der Gruppenanalyse repräsentiert sind. Aus gruppenanalytischer Perspektive kann das Team als eine Gruppe definiert werden, in der die unterschiedlichen Denk- und Handlungsansätze der einzelnen Teile (MitarbeiterInnen) als *Facetten eines Ganzen*, eines gemeinsamen Prozesses zu verstehen und nach Möglichkeit zu integrieren sind und konsequent fachbezogen auf dem Hintergrund des gemeinsamen Prozesses, des institutionellen Rahmens und des fachlichen Auftrags betrachtet und gehandhabt werden. Diese Perspektive der Zusammenarbeit im Team ist ein wesentliches Element der strukturellen und fachlichen Qualitätssicherung.

So werden in den regelmäßigen Teamsitzungen sämtliche Fälle, die im Laufe einer Woche neu in die Beratungsstelle kommen, gemeinsam besprochen[3]. D.h.: Alle KollegInnen, die während ihres Bereitschaftsdienstes ein erstes Gespräch (Erstkontakt) mit Ratsuchenden hatten, berichten hierüber im Team und bringen auch ihre schriftliche Dokumentation des Gesprächs mit. Im Laufe des sich entwickelnden Teamgesprächs wird, soweit möglich, eine erste Indikation erstellt und die Fälle werden dann entsprechend „verteilt", d.h. von den einzelnen Fachkräften übernommen. Die Anfragen von Kindertagesstätten und anderen Institutionen bzw. die Erstkontakte mit ErzieherInnen, LehrerInnen, sozialen Diensten etc. werden ebenfalls im Team vorgestellt und gemeinsam besprochen. Auch laufende Fälle, die besonders kritisch oder problematisch erscheinen, werden im Team gemeinsam reflektiert.

Zur Konstruktion von Bedeutungszusammenhängen in der Team-Gruppe

Die Besprechung aller Erstkontakte im Team schafft nicht nur Transparenz über den tatsächlichen Arbeitsanfall, sie ist zudem ein wesentliches Element der fachlichen Qualitätssicherung. Als produktiv hat sich dabei die Zusammenfassung der beiden Teams der ErziehungsberaterInnen und der InstitutionenberaterInnen erwiesen, weil die unterschiedlichen Kompetenzen und fachspezifischen Erfahrungen der Kolleginnen und Kollegen zum Verständnis des einzelnen Falles fruchtbar beitragen. So verfügen die KollegInnen aus der Kindertagesstätten- und Institutionenberatung oftmals über einen verschärften Blick für die institutionellen Zusammenhänge und Verstrickungen im jeweiligen Fall. Sie tragen dazu bei, den Fall nicht nur unter Bedingungen eines „reinen" Beratungssettings, sondern auch unter Berücksichtigung des sozialen Feldes zu reflektieren.

Der Klärungs- und Verstehensprozeß in der Team-Gruppe ist besonders bei schwierigen, komplizierten Fällen von nicht zu unterschätzender Bedeutung. Ich spreche ausdrücklich von der Team-Gruppe, weil für die Reflexion der Fälle letztendlich der sich entwickelnde Gruppenprozeß ausschlaggebende Bedeutung hat.

Jede Gruppe ist ja ein komplexes soziales Gefüge von Kommunikations- und Interaktionsstrukturen. Sie ist nicht nur „mehr" als die Summe ihrer Teile, „sondern die Gruppe ist etwas anderes, sie ist verschieden von der Summe der Teile" (v. Ritter-Röhr 1988, 29). Eine Gruppe ist eine besondere Art sozialer Gebilde, die sich zwischen der Exklusivität der dyadischen Konstellation und der Diffusität größerer sozialer Gebilde orten läßt. Wir definieren sie nicht primär von den Individuen her, die Teile dieser Gruppe sind, sondern von den Interaktionen her, die ihre Besonderheit ausmachen und die die einzelnen Teile verändern. Spezifisch für Gruppen ist das Phänomen der „Valenz" (vgl. Bion 1948, 84), d.h. eine spontan sich herstellende gemeinsame unbewußte Phantasie und identifikatorische Resonanz (vgl. Moeller 1975, Ohlmeier 1976), in der multiple projektive und Übertragungsidentifizierungen (vgl. Finger-Trescher 1987; 1991a) gleichsam zusammenschmelzen zu

---

[3] Das Einverständnis der Klienten mit dieser Verfahrensweise muß aus Datenschutzgründen vorab eingeholt werden.

dem „spezifisch Neuen", das die Gruppe ausmacht. Dieses Potential „sui generis" der (Team-)Gruppe kann für den fallbezogenen Verstehensprozeß genutzt werden.

Aus gruppenanalytischer Perspektive geht es bei den Fallbesprechungen, besonders natürlich bei schwierigen Fällen, also nicht nur darum, diagnostische und prognostische Hypothesen der verschiedenen KollegInnen auf dem Hintergrund ihrer jeweiligen unterschiedlichen Fachkompetenz zu sammeln (obwohl diese Fachkompetenzen und die berufliche Erfahrung der MitarbeiterInnen natürlich unverzichtbar sind), um dann zu einer Entscheidung für die eine oder andere zu kommen. Vielmehr entwickelt sich im Team als Gruppe ein Interaktionsprozeß, der wesentliche intrapsychische, interpersonelle und institutionelle Konfliktverarbeitungsmuster der Klienten spiegelt.

Dabei erzeugt das Gruppenthema, der Fall, in jedem einzelnen Gruppenmitglied eine Resonanz. „Es ist, als ob durch das Anschlagen einer Saite oder eines ganz bestimmten Tones eine spezifische Resonanz im aufnehmenden Individuum, dem Rezipienten, ausgelöst würde" (Foulkes 1964, 31). Es handelt sich um eine Form „induzierter szenischer Spontandarstellung" (König 1974) in der Gruppe, um Spiegelprozesse, die ganz unterschiedliche Facetten der intrapsychischen und interpersonellen Dynamik des Falles zusammenfügen. Das Gruppengeschehen ist insofern real und irreal, Phantasie und Realität zur gleichen Zeit. Es existiert nicht per se. Es ist eine Repräsentanz von Realität. Die Reflexion der Resonanz, die der „Fall" in der Team-Gruppe erzeugt, und der szenischen Spiegelung stellt eine Form der Symbolisierung des bislang Nicht-Symbolisierten (vgl. Lorenzer 1970) dar. Sie stellt im Sinne einer „szenischen Konstruktion" (Datler 1997, 195 f) Bedeutungszusammenhänge her, einen „abwesenden Sinn" (Green 1975, 521), der zum Verständnis des Falles, zur Indikationsstellung und zur Konstruktion eines Beratungssettings genutzt wird.

Ich möchte das an einem Beispiel erörtern:

Kollegin A. berichtet vom Gespräch mit einem Vater und dem betreuenden Sozialarbeiter. Anlaß ist der Wunsch des Vaters und eines sozialen Dienstes, den Kontakt zwischen Vater und der fünfjährigen Tochter, die seit der Scheidung der Eltern bei der Mutter lebt, wiederherzustellen.
Die Mutter wird als eine zänkische Person geschildert, die schon mehrere Sozialarbeiter zerschlissen hat. Sie verweigert den Kontakt zwischen Tochter und Vater mit den Argumenten,
- dieser wolle das Kind in sein afrikanisches Heimatland entführen und
- sie wisse, daß er homosexuell sei.
Die Familie wird wegen der strittigen Umgangsregelung seit längerem im Jugendamt betreut. An die Beratungsstelle respektive an mich wurde bereits vor dem Gespräch mit Frau A. die Bitte gestellt, dem Vater sozusagen „unter Aufsicht" den Kontakt mit dem Kind zu ermöglichen, dies sei der ausdrückliche Wunsch, die Bedingung der Mutter.
Frau A. schildert den Vater als einen etwas hilflos wirkenden Mann, der sehr an seinem Kind hänge. Er arbeitet als Kellner und spricht recht gut Deutsch. Im Erstgespräch habe er seine Sehnsucht nach dem Kind mit den Worten ausgedrückt, das Kind schaue ihm täglich bei der Arbeit „aus der Pfanne entgegen". Unklar ist Frau A., welches Setting man hier anbieten solle, ob man den Erwartungen des Jugendamtes entsprechen solle, was der Vater eigentlich wolle. Gestört habe sie, daß der Sozialarbeiter beim ersten Gespräch dabei war, allerdings habe der Vater dies ausdrücklich gewünscht.
Es folgt eine Diskussion im Team über die Mutter, die Ehe der Eltern, eine mögliche Beratung des Sozialarbeiters, die Erwartungen des Sozialen Dienstes und des Familiengerichts, den unsicheren

Vater. Deutlich wird eine abwehrende, ja aggressive und entwertende Haltung der Mutter gegenüber und eine Weigerung, den Erwartungen des sozialen Dienstes zu entsprechen und quasi Erfüllungsgehilfe zu sein. Das Jugendamt wird als eine Bedrohung der Autonomie der Beratungsstelle wahrgenommen. Plötzlich scheint es so, als ob wir selbst als Beratungsstelle von diesem „in die Pfanne gehauen" werden sollen.

Frau A. sagt, sie könne sich zwar gut vorstellen, mit dem Vater weiterzuarbeiten, aber sie wolle keine Aufsichtsperson sein.

Welche Anhaltspunkte bietet diese anscheinend unergiebige Diskussion zum Verständnis und zur Indikationsstellung?

Auffallend in dem ganzen, teilweise kontroversen Gespräch ist ja, daß das Kind, um das es ja eigentlich geht, nicht ein einziges Mal erwähnt wird, es ist gleichsam verschwunden. In der aggressiven verweigernden Dynamik im Team spiegelt sich das strittige Ehepaar, das seine Beziehung in Wahrheit keineswegs gelöst hat. So wie die Mutter den Kontakt zwischen Vater und Tochter verweigert, verweigert das Team dem sozialen Dienst gegenüber die Kooperation. Dieser wird von der Gruppe als ähnlich bedrohlich erlebt, wie der Vater von der Mutter erlebt wird. In der abwertenden Haltung der Mutter gegenüber ist das Team jedoch mit dem Vater identifiziert. Letztlich bleibt als gemeinsamer Nenner die Befürchtung, „in die Pfanne gehauen" zu werden, so wie das Kind im Streit der Eltern bildlich gesprochen schon längst „in die Pfanne gehauen" wurde.

Das Kind spielt eigentlich keine Rolle bzw. lediglich die Rolle eines Erfüllungsgehilfen. Den Eltern geht es nicht in erster Linie um das Wohl ihres Kindes, sondern um die Fortsetzung ihrer Beziehungskämpfe.

Zur Konstruktion des Beratungssettings

Soweit also die ersten Schritte zum Verständnis des Falles, das aus der Dynamik in der Teamgruppe erkennbar wird. Es geht um Eltern, die ihre eigenen Konflikte in erheblichem Ausmaß agieren und dabei ihr Kind - bildlich gesprochen - „in die Pfanne hauen".

Was kann Erziehungsberatung hier anbieten?

Selbst wenn wir uns auf das vorgeschlagene Arrangement einließen und dem Vater den Kontakt zu seiner Tochter „unter Aufsicht" ermöglichten, ist vorauszusehen, daß dies keine Lösung ist. Die Mutter wird dennoch das Kind systematisch gegen den Vater „aufbringen" und umgekehrt. Außerdem gerieten wir in Gefahr, ein weiteres Glied in der langen Kette verschlissener Helfer zu werden, die nichts bewirken können. Das, was die Eltern aus dem Blick verloren haben, nämlich ihr Kind, muß für uns und von uns als einer Einrichtung der Kinder- und Jugendhilfe wieder in den Vordergrund gerückt werden. Das kann natürlich nicht funktionieren durch mahnende Appelle und gute Ratschläge, durch Überich- Beratung, wie Figdor (vgl. Figdor 1994, 1998) dies nennen würde. Diese haben die Eltern in unterschiedlicher Form schon zur Genüge erhalten. Wir müssen zunächst akzeptieren, daß sie gegenwärtig nicht in der Lage sind, ihr Problem zu lösen, und eine andere Form der Beratung benötigen.

Welche Indikation ist nun die angemessene, bzw. welches Angebot können wir machen?

Wir vereinbaren, daß Frau A., die den Vater bereits kennt und einen guten Kontakt zu ihm hat, zunächst mit diesem alleine weiterarbeitet und zwar fokussiert zu der Frage: Warum er sein Kind so dringend zu sehen wünscht. D.h. sein Anliegen, das Kind sehen zu wollen, wird nicht mehr als eine Selbstverständlichkeit und als sein gutes Recht behandelt, sondern gezielt in Frage gestellt. Wir bieten ihm an, über seine unbewußten Motive für die Sehnsucht nach dem Kind nachzudenken. Wir sehen hierin eine Chance, dem Vater zunächst einmal den *inneren* Kontakt zu seinem Kind zu ermöglichen, bevor wir uns auf ein Arrangement zur Regelung des *äußeren* Kontaktes einlassen.

Parallel dazu versuchen wir, den Sozialarbeiter, der den Kontakt zur Mutter hat, darin zu unterstützen, seine Wut und Ablehnung der Mutter gegenüber ein Stück weit zu überwinden und eine professionelle Distanz wiederherzustellen, die er dringend benötigt, um mit ihr weiterarbeiten zu können. Außerdem bieten wir an, daß die Mutter sich selbst an uns wenden und eine Beratung für sich in Anspruch nehmen kann.

Die kollegiale Beratung des Sozialarbeiters, die auch im Dienste der Kooperation zu sehen ist, erfolgte durch eine Kollegin. Er erzählte dieser über die schwierige Arbeit mit dieser Familie, insbesondere mit der Mutter, die sich auf die Vorgaben des sozialen Dienstes nicht einließe, die Besuchsregelung und auch die Auflagen des Familiengerichts mißachte, die statt dessen die SozialarbeiterInnen als unfähig beschimpfe und sich ständig über sie beschwere. Er betonte mehrfach, daß aus Sicht des sozialen Dienstes die Homosexualität des Vaters kein Grund sein könne, diesem den Umgang mit dem Kind zu verweigern. Das habe man der Mutter deutlich gesagt.

Die Beratung konzentrierte sich auf die Frage, woher wohl die ungeheure Wut der Mutter auf den Vater und auf die SozialarbeiterInnen rühren möge. Ob es nicht sein könnte, daß die Mutter sich als Frau, als Geliebte durch das „Outen" ihres Mannes bzw. durch ihre Annahme, er sei homosexuell, zurückgestoßen, gekränkt und entwertet fühle und deshalb an ihm Rache üben wolle, indem sie ihm sein einziges Kind, den lebendigen Beweis seiner Männlichkeit, verweigere.

Durch das ständige Ringen um die Einhaltung der Umgangsregelung war die Mutter als Person, als Frau, die selbst einen großen Leidensdruck hat, ganz aus dem Blick verschwunden. Die Beratung des Sozialarbeiters zielte darauf ab, ihm

- einen Rahmen zu bieten, in dem er seine negative Gegenübertragung und das eigene - oft ja unvermeidliche - Mitagieren erkennen und reflektieren kann, und
- einen verstehenden Zugang zur Mutter zu ermöglichen anstelle administrativer Abwehr.

Eine Chance für das Kind, von beiden Eltern wieder wahrgenommen zu werden und zu beiden eine vertrauensvolle Beziehung herstellen zu können, ist ja in einem solchen Fall erst dann gegeben, wenn zunächst die Eltern selbst in ihrer Verletztheit verstanden werden und Hilfe bei der Bewältigung ihrer Konflikte erhalten. Soweit zu diesem Fall.

„Nicht-Wissen" als Voraussetzung für Beratungsarbeit

Nicht nur die Erstgespräche, sondern auch weitere Verläufe von Beratungsprozessen werden im Team in der Fallbesprechung erörtert und reflektiert. Auch hierbei wird die im Team sich herstellende Interaktionsdynamik im Sinne der „induzierten szenischen Spontandarstellung" (König 1974) zum Verständnis genutzt. Der Fall wirkt gleichsam als „szenischer Auslösereiz" (Trescher 1987).[4]

Die Fallbesprechungen im Team haben aber nicht nur sinn-herstellenden Charakter, sondern auch den eines reflexiven Aufklärungsprozesses. Sie fungieren wie ein Filter, durch den die für den jeweiligen Fall verstehensrelevanten psychodynamischen Prozesse fließen und bearbeitet werden. Wesentlich dabei ist das Verstehen des Symptoms des Klienten. Unser Klient ist natürlich immer das Kind oder der/die Jugendliche. Selbst wenn wir uns entscheiden, ausschließlich mit den Eltern oder einem Elternteil zu arbeiten, was häufig der Fall ist, geschieht dies im Hinblick auf das Kind, dessentwegen die Eltern Beratung in Anspruch nehmen. Bei der Indikationsstellung nimmt das Verstehen der individuellen Genese, der familiären Beziehungsdynamik sowie der sozialen und kulturellen Einbindung einen zentralen Raum ein. In vielen Fällen genügt eine Arbeit mit den Eltern an deren Konflikten, um das Symptom des Kindes zum Verschwinden zu bringen. In anderen Fällen ist eine zusätzliche therapeutische Arbeit mit dem Kind unerläßlich, die auch in der Beratungsstelle durchgeführt werden kann. Häufig muß aber auch das soziale Umfeld in die Indikationsstellung und in die Beratung einbezogen werden. An der Sozialisation von Kindern sind heute ja bei weitem nicht nur die Familien, sondern auch Institutionen von der Krabbelstube bis zur Schule wesentlich beteiligt. Darüber hinaus gilt es auch und in sehr weitem Maße, das soziale Milieu und die Kulturzugehörigkeit des Kindes mitzubedenken. In den modernen wertepluralistischen und multikulturellen Industriegesellschaften hat der Einzelne, und zwar jedweder ethnischen und kulturellen Zugehörigkeit, ein außerordentlich hohes Maß an psychischer Integration, Synthetisierung und Konsolidierung zu leisten; Kinder und Jugendliche benötigen hierbei besondere Unterstützung, um nicht daran zu scheitern (vgl. Finger-Trescher 1997). Gerade im für Kinder und Jugendliche so wesentlichen Prozeß der Identitätsfindung müssen die sicht- und erfahrbaren Schnittstellen und Unterschiede zwischen den vielfältig präsenten Kulturen und auch zwischen den unterschiedlichen sozialen Schichten in diesen immer wieder ausgelotet werden. Multiple Identifizierungen mit widersprüchlichen kulturellen und sozialen Normen, die vor allem - aber nicht nur - bei Migrantenfamilien die Folge sind, erzeugen Identitätskonflikte, für deren Lösung keine familiären oder gesellschaftlichen Modelle zur Verfügung stehen (vgl. Büttner, Finger-Trescher, Krebs u. a. 1998). Hier stoßen wir nicht selten an Grenzen des Verstehens und des Wissens.

---

[4] Darüberhinaus nimmt das Team regelmäßig an einer kinderanalytischen Fallsupervision teil.

Beispiel:

Eine indische Familie, bestehend aus Mutter, vier Kindern im Alter von sieben, acht, zehn und dreizehn Jahren und dem Onkel, kommt in unsere Sprechstunde, weil der zehnjährige Sohn drei Tage lang verschwunden war. Die Mutter spricht kein Deutsch. Der Onkel möchte anonym bleiben. Gefragt nach den möglichen Hintergründen des Verschwindens, erfahre ich, daß der Junge in einem Kaufhaus beim Stehlen erwischt wurde und anschließend vom Onkel eine Tracht Prügel bezogen hat. Dies erscheint ihm und der Mutter als eine absolut korrekte erzieherische Maßnahme; in seiner Kultur ist es das wohl auch. Ich erfahre aber noch mehr: Der Junge lebt erst seit einem Jahr bei der Mutter, er ist nämlich im Alter von drei Jahren vom Vater entführt worden und hat mit diesem, der alkoholabhängig ist, eine mehrjährige Odyssee durch verschiedene Länder hinter sich. Zuletzt lebte er bei Verwandten in einem anderen europäischen Land, wo er von der Polizei aufgespürt und zur Mutter zurückgebracht wurde. Der Vater lebt ebenfalls wieder in der Nähe und sucht wieder Kontakt zu seinen Kindern. Außerdem erfahre ich, daß alle vier Kinder mit der Mutter „selbstverständlich" in einem Bett schlafen, obwohl die Familie eine Dreizimmerwohnung hat. Für die Familie ist dies völlig normal.
Ich reagierte in diesem Gespräch mit einer Fülle recht heftiger Gegenübertragungsreaktionen. Dem Onkel mißtraute ich. Auf die Mutter verspürte ich Ärger, weil sie, seit zwölf Jahren in Deutschland lebend, kein Wort Deutsch sprach und ich mich mit ihr nicht verständigen konnte. Der Junge, dessen Lebensgeschichte in sein Gesicht eingemeißelt schien, erregte mein Mitleid. Insgesamt ertappte ich mich dabei, daß ich an der dargestellten Geschichte zweifelte, äußerst skeptisch wurde und das Gefühl hatte, diesem Jungen nicht helfen zu können. Nichtsdestotrotz galt es, professionellen Abstand zu gewinnen und alle Ressourcen der Einrichtung und des Teams zu nutzen, um diesem Kind, dieser Familie soweit wie möglich Hilfestellung zu bieten.

Dieses Beispiel veranschaulicht Schwierigkeiten, die indes nicht nur in der Arbeit mit Familien aus fremden Kulturen auftreten können. Es verdeutlicht die grundsätzliche Begrenztheit unseres Wissens und Verstehens. Unsere Beratungen haben hier noch deutlicher als sonst den Charakter einer „licenced stupidity" (Obholzer 1994, 210, zit. nach Wellendorf 1994, 24), was ja als bewußte, professionelle, methodengeleitete Haltung der psychoanalytisch-pädagogischen Beratungsarbeit wesentlich ist. *Nicht-Wissen* als professionelle Grundhaltung im Beratungsprozeß ist letztendlich nichts anderes als die An-Erkennung des Anderen, es ist nicht mehr als die methodische Umsetzung des Wissens um das Unbewußte (des eigenen und des „anderen"). Das Unbewußte ist ja per definitionem „nicht bewußt", es ist etwas, was wir nicht wissen, was wir in einem gemeinsamen „Forschungsprozeß" zu entschlüsseln, dessen Sinn wir als „Lernende" herzustellen suchen (vgl. Freud 1927, Trescher 1991, Datler 1997).
Auch deshalb ist die sorgfältige Exploration im Team, ist das Zusammenwirken der unterschiedlichen Kompetenzen und das Zusammenfügen von Wissen ebenso unerläßlich, wie die sich herstellenden spontanen Interaktionsszenen ein unverzichtbarer Katalysator sind, der häufig auch notwendig ist, um Gegenübertragungsreaktionen, die sich im Erstkontakt einstellen und schwer kontrollierbar sind, zu reflektieren, um dann ein angemessenes Angebot entwickeln zu können. Handlungsleitend ist dabei immer der Auftrag der Jugendhilfe, der uns verpflichtet, auch in Fällen mit schlechter Prognose, auch mit wenig motivierten Klienten, die oft seit Jahren verschiedene soziale Hilfesysteme gleichzeitig oder abwech-

selnd in Anspruch nehmen, Beratungsangebote zu machen, Beratungssettings auszuloten und zu konstruieren, die dem jeweiligen Fall soweit wie möglich „angemessen" werden müssen (vgl. Finger-Trescher 1998). Hier gilt es auch, die institutionellen Verstrickungen und Verzweigungen bei der Erstellung der Indikation und der Konstruktion des Settings zu berücksichtigen, evtl. mit den noch beteiligten Institutionen zu kooperieren und dabei den Vertrauensschutz für die Klienten zu wahren.

Psychoanalytisch-pädagogische und gruppenanalytische Elemente in der Erziehungsberatung als Institution der Jugendhilfe. Abschließende Überlegungen

In der Institution Erziehungsberatungsstelle kommen theoretische Erkenntnisse und die Methode der Psychoanalytischen Pädagogik wie auch der Gruppenanalyse nicht nur auf der Einzelfallebene, sondern insbesondere auf der Ebene der Organisationsstruktur zum Tragen, wo sie als wesentliche Elemente der Qualitätssicherung von besonderer Relevanz sind. Psychoanalytisch-pädagogische Erziehungsberatung in einer Institution muß sich mehr noch als in einer freien Praxis mit dem Rahmen, mit ihren äußeren und inneren Rahmenbedingungen auseinandersetzen. Sie kann dort nur sinnvoll funktionieren, wenn sie sich als „ein komplexes Grenzmanagement" begreift (Wellendorf 1998, 27), wenn sie die fundamentale Differenz zwischen der Arbeit in einem psychoanalytischen Setting und der Arbeit in einem „sozialen Feld" (ebd.) nicht negiert, sondern diese Differenz aufgreift im Sinne einer „Optimalstrukturierung" der Institution (vgl. Finger-Trescher, Trescher 1992). Bliebe psychoanalytisch-pädagogische Erziehungsberatung als Methode beschränkt auf die Einzelfallebene - indem beispielsweise einige einschlägig ausgebildete MitarbeiterInnen „ihre" Fälle mit Methode und Techniken der Psychoanalytischen Pädagogik beraten oder behandeln, während anders ausgebildete MitarbeiterInnen ihre Fälle dementsprechend nach ihren Methoden behandeln - könnte Erziehungsberatung als Institution den Charakter einer öffentlich finanzierten privaten Gemeinschaftspraxis haben. Erziehungsberatung als Institution der Jugendhilfe hat aber einen spezifischen Auftrag zu erfüllen, hat Hilfe zur Erziehung zu leisten auch und gerade in den Fällen, die durch die Maschen anderer Versorgungsnetze fallen und die mit dem zwar vielfältigen aber doch eher beliebigen Angebot des freien Marktes nicht zu erreichen sind, die an den vergleichsweise hohen bürokratischen Schwellen (Finanzierungsanträge bei Krankenkassen oder Jugendämtern, Gutachten, lange Wartezeiten) scheitern und die Kosten nicht tragen können, wovon insbesondere sozial schwache, oft ausländische Familien, aber natürlich auch Kinder und Jugendliche betroffen sind. Von daher gilt es im Rahmen der Jugendhilfe, Erziehungsberatung nicht nur auf die Füße der Einzelqualifikationen, sondern diese wiederum auf ein gemeinsames solides Fundament zu stellen. Dabei spielt vor dem Hintergrund des gesetzlichen Auftrags und übergreifender institutioneller Bedingungen die Organisationsstruktur eine entscheidende Rolle. Die Organisationsstruktur ist also keineswegs nur verwaltungstechnische Regulationsinstanz, sie ist nicht nur der Rahmen, der die formalen Arbeitsabläufe regelt. Vielmehr bildet sie im Sinne einer Optimalstrukturierung der Institution (vgl. Finger-Trescher, Trescher 1992) das Fundament für die Gestaltung eines institutionellen Settings, das fachlich qualifizierte, dem Bedarf der Klienten angemessene und flexible Beratungsangebote zu entwickeln, durchzuführen und zu reflektieren ermöglicht. Hierbei sind, wie ich zu zeigen versucht habe, Erkenntnisse der Psychoanalytischen Pädagogik und der Gruppenanalyse von nicht zu unterschätzendem Wert.

Die Zusammenarbeit im Team, und hier wiederum das gruppenanalytische Verstehen und Nutzen des Team-Gruppenprozesses für die Arbeit am Fall - das selbstverständlich keineswegs zum Selbsterfahrungsprozeß entarten darf -, sowie der gemeinsame Organisations- und Konzeptentwicklungsprozeß, der kontinuierlich fortzuschreiben ist, sind m.E. auch hilfreich, um die in Institutionen (und ganz sicher nicht nur in Erziehungsberatungsstellen) sich stets herstellenden formellen und informellen Machtauseinandersetzungen, die oft dem Widerstand gegen die qualifizierte Arbeit dienen, nicht vorrangig werden zu lassen. Teams, die sich, wie von Buchholz beschrieben, durch ihre spezifischen institutionellen Bedingungen auf den „Mythos von der Gleichheit aller" und damit auf ein unausgesprochenes „Kompetenzverbot für alle" (vgl. Buchholz 1988) geeinigt haben, könnten durch diese Perspektive produktiver und effizienter werden, wenn sie sich gleichzeitig ihrer institutionellen Bedingungen, Einbindung und Strukturierung bewußt sind. Institutionen folgen keiner Psycho-Logik, sondern eigenen Sozio-Logiken. Sie unter der Folie familialer Beziehungsmuster zu betrachten und in ihnen Nischen pseudofamilialer Bedürfnisbefriedigung zu suchen, ist nicht nur kontraproduktiv im Sinne des Arbeitsauftrags. Es führt langfristig auch zwangsläufig zu einer institutionellen Abwehrhaltung, die die Neugier auf das Unbekannte und die Freude am Nicht-Wissen im Sinne der „licenced stupidity" (Obholzer 1994, 210) - beides Voraussetzungen für konstruktive Beratungs-Arbeit - nachhaltig beeinträchtigt.

Abschließend möchte ich es nicht versäumen, mich bei allen Kolleginnen und Kollegen des Teams für nunmehr fünf Jahre fruchtbarer Zusammenarbeit zu bedanken[5]:
Wolf Cramer, Christel Fontaine, Regina Guderian, Mathias Hebebrand*, Ruth Hörtrich*, Brunhilde Kanthak, Robert Koch, Dr. Heinz Krebs, Christiane Megerle, Helene Messer, Gudrun Nagel sowie im Sekretariat Renate Feichtmayr*, Karin Zmudzinski und Brunhilde Tetschner. Ihre Motivation und Kooperation, ihre Bereitschaft, Neues zu erproben und ihr fachliches Engagement waren und sind für die konzeptionelle Entwicklung der Beratungsstelle und für ihr fachliches Niveau unverzichtbar. Bedanken möchte ich mich auch für die Unterstützung, fachliche Auseinandersetzung und Anerkennung des Leiters der Verwaltung des Jugendamtes, Hermann Dorenburg, ohne den die Umsetzung unserer Konzeption an so manchen institutionellen Klippen möglicherweise zerschellt wäre.

---

[5] Mit * gekennzeichnete KollegInnen sind zwischenzeitlich aus dem Team ausgeschieden.

Literatur:

Bion, R. W. (1948): Erfahrungen in Gruppen. Klett: Stuttgart, 1971

Bion, R. W. (1962): Learning From Experience. Heinemann: London

Buchholz, M. (1988): Macht im Team - intim. In: Prax. Kinderpsychol. Kinderpsychiat. 37, 281-290

Büttner, Ch. (Hrsg.) (1997): Erziehung für Europa. Beltz: Weinheim, Basel

Büttner, Ch., Finger-Trescher, U., Krebs, H. u. a. (Hrsg.) (1998): Brücken und Zäune. Interkulturelle Pädagogik zwischen Fremdem und Eigenem. Psychosozial-Verlag: Gießen

Büttner, Ch., Finger-Trescher, U., Scherpner, M. (Hrsg.) (1990): Psychoanalyse und soziale Arbeit. Matthias Grünewald: Mainz

Büttner, Ch., Trescher, H.-G. (Hrsg.) (1987): Chancen der Gruppe. Matthias-Grünewald: Mainz

Bundesminister für Jugend, Familie, Frauen und Gesundheit (1990): Achter Jugendbericht. Bundesdrucksache 11/6576: Bonn

Datler, W. (1997): Bilden und Heilen. Matthias-Grünewald: Mainz

Figdor, H. (1994): Zwischen Aufklärung und Deutung. Zur Methode und Technik psychoanalytisch-pädagogischer Beratung von Scheidungskindern. In: Eggert-Schmid Noerr, A. et al. (Hrsg.): Das Ende der Beziehung? Matthias Grünewald: Mainz, 133-167

Figdor, H. (1998): Scheidungskinder. Wege der Hilfe. Psychosozial-Verlag: Gießen

Finger-Trescher, U. (1987): Trauma, Wiederholungszwang und Projektive Identifizierung. Was wirkt heilend in der Psychoanalytischen Pädagogik? In: Reiser, H., Trescher, H.-G. (Hrsg.): Wer braucht Erziehung? Matthias-Grünewald: Mainz, 130-145

Finger-Trescher, U. (1991 a): Wirkfaktoren der Einzel-und Gruppenanalyse. Frommann-Holzboog: Stuttgart

Finger-Trescher, U. (1991 b): Wirkfaktoren der Gruppenanalyse. In: Gruppenpsychother. Gruppendynamik 26, 307-328

Finger-Trescher, U. (1998): Psychoanalytische Sozialarbeit. In: Thiersch, H. u.a. (Hrsg.): Handbuch zur Sozialarbeit/Sozialpädagogik. Luchterhand: Neuwied, Darmstadt (im Druck)

Finger-Trescher, U. (1997): Zur Dynamik von Identitätsbildung und -veränderung. In: Büttner, Ch. (Hrsg.) (1997), 75-83

Finger-Trescher, U., Trescher, H.-G. (Hrsg.) (1992): Aggression und Wachstum. Theorie, Konzepte und Erfahrungen aus der Arbeit mit Kindern, Jugendlichen und jungen Erwachsenen. Matthias-Grünewald: Mainz

Foulkes, S. H. (1964): Gruppenanalytische Psychotherapie. Kindler: München, 1974

Freud, S. (1927): Nachwort zu „Die Frage der Laienanalyse". In: GW XIV. Fischer: Frankfurt, 1972, 287-296

Green, A. (1975): Analytiker, Symbolisierung und Abwesenheit im Rahmen der psychoanalytischen Situation. In: Psyche 29, 503-541

Gumbinger, W., Dorenburg, H., Mann, B. (1990): Psychoanalyse und Sozialarbeit. Ein Fallbeispiel zum institutionellen Aspekt. In: Büttner, Ch., Finger-Trescher, U., Scherpner, M. (Hrsg.) 1990, 144-172

Landesjugendamt Hessen (1997): Fachliche Empfehlungen zur Arbeit der Erziehungsberatungsstellen. Kassel

Lorenzer, A. (1970): Sprachzerstörung und Rekonstruktion. Suhrkamp: Frankfurt

Moeller, M. L. (1975): Selbsthilfegruppen in der Psychotherapie. In: Praxis d. Psychotherapie 4, 181-193

Müller, B. (1996): Qualitätsprodukt Jugendhilfe. Kritische Thesen und praktische Vorschläge. Lambertus: Freiburg/Brsg.

Obholzer, A. (1994): Afterword. In: Obholzer, A., Zagier, R. (Hrsg.): The Unconscious at Work. Routledge: New York, 206-210

Ohlmeier, D. (1976): Gruppeneigenschaften des psychischen Apparats. In: Psychologie des 20. Jahrhunderts II. Kindler: München, 1133-1144

Ritter-Röhr, v., D. (1988): Einführung zum Thema Gruppenphänomene. In: Ritter-Röhr, v., D. (Hrsg.) (1988): Gruppenanalytische Exkurse. Springer-Verlag: Berlin, Heidelberg, 24-35

Trescher, H.-G. (1987): Bedeutung und Wirkung szenischer Auslösereize in der Gruppe. In: Büttner, Ch., Trescher, H.-G. (Hrsg.) 1987, 150-161

Trescher, H.-G. (1991): Ungleichheit für alle. Aspekte des Gegenstandsbereichs, der Methode und der Lehre psychoanalytischer Heilpädagogik. In: Z.f. Hochschuldidaktik 15, 324-346

Trescher, H.-G., Finger-Trescher, U. (1992): Setting und Holding Function. Über den Zusammenhang von äußerer Struktur und innerer Strukturbildung. In: Finger-Trescher, U., Trescher, H.-G. (Hrsg.) 1992, 90-116

Wellendorf, F. (1998): Der Psychoanalytiker als Grenzgänger. In: Eckes-Lapp, R., Körner, J. (Hrsg.): Psychoanalyse im sozialen Feld. Psychosozial-Verlag: Gießen, 13-32

Renate Doppel

„Und willst Du nicht mein Bruder sein, so schlag ich Dir den Schädel ein."

Über Konflikte zwischen Professionisten in der Arbeit mit Multiproblemfamilien und die Institutionalisierung fachlicher Kooperation

1. Einleitung

Im Laufe der letzten Jahre läßt sich eine Fokusverschiebung in der pädagogischen bzw. psychologischen Arbeit mit „schwierigen" Kindern bemerken: Nicht mehr die Symptomatik des einzelnen Kindes und die damit verbundenen Indikationen wie Kinderpsychotherapie und funktionelle Therapie, im Extremfall auch Fremdplazierung wie z.b. Heimunterbringung stehen im Mittelpunkt professioneller Überlegungen. Man richtet das pädagogische Augenmerk mehr als je zuvor auf eine Stärkung der Erziehungskompetenzen der Eltern und die Aktivierung von Ressourcen des sozialen Umfelds. So entstand z.b. in Wien das Konzept der psychoanalytisch-pädagogischen Erziehungsberatungsstellen (vgl. Figdor 1995, 21ff). In der Arbeit mit sogenannten Multiproblemfamilien setzt sich immer mehr die Idee der „Sozialpädagogischen Familienhilfe"[1] durch. Bei drohender Fremdplazierung von einem oder mehreren Kindern in der Familie versucht die zuständige Jugendabteilung Hilfe in nachgehender Form anzubieten, das heißt, daß die mit dem „Fall" betrauten Professionisten ins Haus kommen. Nicht mehr die Herausnahme des Kindes und sein Schutz (vor den Eltern?), seine Verwahrung, Förderung, die „Reparatur" von sogenannten Verhaltensauffälligkeiten bzw. dissozialem Verhalten ist der Stein der Weisen, sondern die Änderung der Rahmenbedingungen, in denen es lebt. Das bedeutet in der Regel das Herbeiführen oder Unterstützen eines psychischen Gesundungs- und Reifungsprozesses seiner Eltern. Dabei richtet sich dieser Dienst an Familien, deren Situation mit herkömmlichen Beratungsange-

---

[1] In der Literatur sowie in der Praxis finden sich verschiedene Begriffe für vergleichbare Tätigkeiten. Es scheint sich „Sozialpädagogische Familienhilfe" (SPFH) als eine Art Oberbegriff durchzusetzen, zumal in der Bundesrepublik Deutschland diese Bezeichnung für eine bestimmte Form von Hilfeleistung steht, die durch das Kinder- und Jugendhilfegesetz als eine besondere „Hilfe zur Erziehung" ausgewiesen wird (vgl. Szypkowski 1998; Bundesministerium für Familie, Senioren, Frauen und Jugend 1997, 5ff). In Österreich finden sich unterschiedliche Begriffe wie Ambulante Familienbetreuung (Vorarlberg) oder Mobile Familienbetreuung (Niederösterreich). Damit wird eine konzeptionelle Abgrenzung von der Idee der SPFH ausgedrückt, da in Österreich diese Dienste in der Regel eines von mehreren Angeboten von Trägerorganisationen darstellen. In diesem Beitrag wird in weiterer Folge der Begriff „mobile Erziehungsberatung" bzw. „mobile Erziehungsberaterin" verwendet.

boten in der Regel nicht verbessert werden kann (vgl. Bundesministerium für Familie, Senioren, Frauen und Jugend 1997, 37).

In Deutschland existiert das Bewußtsein über die Notwendigkeit eines solchen Hilfsangebotes seit über zwanzig Jahren, 1991 wurde es als Pflichtaufgabe der öffentlichen Jugendhilfe *gesetzlich* sanktioniert. Dabei divergieren die rechtlichen Grundlagen beziehungsweise die jeweilige Philosophie der Kinder- und Jugendhilfegesetze von Deutschland und Österreich beträchtlich: Im Gegensatz zu Österreich hat in Deutschland die Jugendhilfe nicht mehr die beste oder optimale Erziehung für das Kind zu gewährleisten, sondern das Kind vor Schaden zu bewahren (vgl. Bundesministerium für Familie, Senioren, Frauen und Jugend 1997, 21). Sozialpädagogische Familienhilfe versteht sich als ein Angebot an Eltern, ihre Erziehungsaufgabe besser wahrnehmen zu können. „Sozialpädagogische Familienhilfe soll durch intensive Betreuung und Begleitung Familien in ihren Erziehungsaufgaben, bei der Bewältigung von Alltagsproblemen, der Lösung von Konflikten und Krisen, sowie im Kontakt mit Ämtern und Institutionen unterstützen und Hilfe zur Selbsthilfe geben. Sie ist in der Regel auf längere Dauer angelegt und erfordert die Mitarbeit der Familie" (Bundesministerium für Familie, Senioren, Frauen und Jugend 1997, 5).

In Österreich gibt es vergleichbare Hilfsformen seit rund zehn Jahren, wobei zwischen den Bundesländern bezüglich Vielfalt und Flächendeckung der Angebote allerdings beträchtliche Unterschiede bestehen. Während in Vorarlberg unter dem Begriff „ambulante Familienbetreuung" mobile Beratungs- und Hilfsangebote von privaten Trägern standardmäßig zum Repertoire der Jugendwohlfahrt gehören, ist Niederösterreich diesbezüglich über weite Gebiete unterversorgt[2]. Diese Unterversorgung und ein gleichzeitiger Mangel an niederschwelligen pädagogischen, psychologischen sowie therapeutischen Hilfen führten 1997 dazu, daß eine Gruppe von Fachleuten ein „maßgeschneidertes" Paket von psychosozialen Diensten für einen niederösterreichischen Bezirk konzipierte. In weiterer Folge wurde der Verein *Ananas* gegründet, der als privater Träger unter anderem auch nachgehende Dienste für Multiproblemfamilien anbietet. Neu an diesem Konzept war, daß man von vornherein in theoretischer Hinsicht einen psychoanalytisch-pädagogischen Bezugsrahmen wählte[3] und für die Arbeit mit den Eltern das Erziehungsberatungskonzept von Figdor adaptierte. Durch diese „neue Betrachtung einer alten Sache" ergibt sich eine Fülle von praktischen und theoretischen Fragestellungen und Sichtweisen, wodurch sowohl die psychoanalytische Pädagogik als auch die Sozialpädagogik ihrem Ruf, „entfremdete Schwestern" (Müller 1989, 120) zu sein, entgegenwirken könnten. Ein Aspekt von vielen soll im folgenden näher beleuchtet und erste Ansätze einer Problemanalyse sowie mögliche Lösungen aufgezeigt werden: das Problem der *Kooperation der Professionisten* in der Arbeit mit Multiproblemfamilien. Dieser Problemaufriß beinhaltet gleich mehrere Themenbereiche, die nicht gerade als Lieblingskinder psychoanalytischer Theorien bezeichnet werden können. Sowohl bezüglich des Klientels als auch im Themenbereich der sogenannten interdisziplinären Zusammenarbeit

---

[2] Genaue Daten über die gesetzlichen Grundlagen in Österreich und eine Analyse des Angebots von sozialpädagogischen Familienhilfen findet man im Forschungsbericht der Karl-Franzens-Universität Graz (1995).
[3] Ähnliche Ansätze hatte 1972 Selma Fraiberg mit ihrem Konzept „Infant Mental Health Program" entwickelt (vgl. Fraiberg 1980, 5ff).

auf Team- und Institutionenebene mangelt es sowohl an theoretischen Überlegungen als auch an konzeptionellen Ansätzen. Im folgenden wird auf die Besonderheit der *Klienten* nur insofern eingegangen, als dies notwendig ist, um die scheinbar alles beherrschende Heftigkeit und Emotionalität in der Zusammenarbeit der Fachleute näher zu erläutern. Je „schwieriger" ein Fall ist, das heißt je größer die Betroffenheit der Professionisten angesichts des Leides der Kinder oder anderer Familienmitglieder ist, und je mehr Problemfelder ineinander fließen, desto weniger scheint sich die Zusammenarbeit an Vernunft und sogar Fachwissen zu orientieren. Es wird agiert statt reflektiert, und statt gemeinsam verantworteter Hilfsmaßnahmen beginnt ein emotionales Gegeneinander, das in der Regel in allgemeiner Hilflosigkeit gipfelt. Dabei spiegelt sich in der Kooperation der Professionisten im Bereich der sozialpädagogischen Familienhilfe nur wider, was in vergleichbaren Praxisbereichen (wie Heilpädagogischen Stationen, in Einrichtungen der Psychiatrie, des Strafvollzugs oder in Behinderteninstitutionen, d.h. Institutionen, die mit Problemkonstellationen konfrontiert sind, die entwicklungs- oder sogar lebensgefährdend sein können), zum täglichen Brot gehört.

Interessant ist, daß eine Problematik, die so präsent ist, so wenig thematisiert wird.

2. Beschreibung des Klientels

2.1 Der Begriff Multiproblemfamilie

In der Literatur scheint sich der Begriff Multiproblemfamilie – synonym gebraucht mit Begriffen wie Problemfamilie, sozial deprivierte Familie, unterprivilegierte Familie, Unterschichtfamilie und sozial auffällige Familie (vgl. Goldbrunner 1996, 41) – immer mehr durchzusetzen. Dabei stellt der Begriff weder eine soziologische Kategorie, noch ein medizinisches Krankheitsbild dar, sondern entstammt dem Vokabular der praktischen Sozialarbeit (vgl. Goldbrunner 1996, 40).

Ausgangspunkt der Einrichtung des Dienstes der sozialpädagogischen Familienhilfe war das Bemühen, Heimunterbringungen zu vermeiden (vgl. Klicpera, Gasteiger-Klicpera 1997, 63): Quasi nachträglich wurde ein Name für die Familien gefunden, die durch diesen Dienst betreut werden. Geprägt durch Erfahrungen in der Praxis und unterschiedliche theoretische Grundlagen ergeben sich engere oder weitergreifende Definitionen des Klientels. Generell gilt, daß es sich um Familien handelt, die angemessene Betreuung und Erziehung der Kinder nicht mehr gewährleisten können (vgl. Klicpera, Gasteiger-Klicpera 1997, 63).

Der Fokus in der Literatur richtet sich entweder auf die Defizite der Eltern, für ihre Kinder angemessen zu sorgen, oder sieht die Problematik in einem weiterreichenden sozialen Kontext. So schreibt Zenz (1995, 102): „Kennzeichnend für Multiproblem- und Gewaltfamilien ist, daß Eltern nur bedingt in der Lage sind, Verantwortung für ihre Kinder zu übernehmen bzw. das Wohlergehen dieser Kinder im Blick zu haben. Denn aufgrund eigener frühkindlicher Defizite und einer entbehrungs- und konfliktreichen Sozialisation haben sich Beziehungs- und Wahrnehmungsstörungen ausgebildet; daher sind solche Eltern nicht oder nur in geringem Maße fähig, ihre Kinder angemessen psychosozial und emotional zu versorgen."

Goldbrunner (1996, 40) legt das Augenmerk bei der Beschreibung von Multiproblemfamilien mehr auf die lange Abhängigkeit der Familie von sozialer Unterstützung: „Es handelt sich dabei um eine Klientel, die meist über einen langen Zeitraum von sozialer Unterstützung abhängig ist und eine Anhäufung von sozialen Problemen aufweist, von der nicht nur ein einzelnes Individuum, sondern die gesamte Familie betroffen ist. Als typisch ... kann gelten, daß von Anfang an eine Verschränkung ökonomischer und sozialer Probleme mit innerfamiliären Verhaltensweisen und Beziehungen angenommen wurde, und daß Problemlösungen nicht nur durch die Beseitigung der materiellen Deprivation angestrebt wurden, sondern vor allem durch die Unterstützung der familiären Funktionsfähigkeit."

Die „Beziehung ohne Ende" zu Helfern und Professionisten, häufig über mehrere Generationen hinweg, steht bei Imber-Black (1994, 56) im Vordergrund: „Manche Familien leben in scheinbar nie endenden Beziehungen zu größeren Systemen. Bestimmte Familien sind oft in einem Beziehungsnetz der größeren Systeme wohlbekannt, und weder die Familie noch die Helfer können sich eine Zukunft ohne einander vorstellen – auch dann nicht, wenn diese Beziehung negativ und unangenehm verläuft ... (Es) werden, sobald ein bestimmtes Problem gelöst ist, neue Probleme identifiziert, die die weitere Anwesenheit von größeren Systemen in der Familiensphäre erforderlich machen."

Nun schließen diese Beschreibungen des Klientels einander nicht aus und können als sinnvolle gegenseitige Ergänzung betrachtet werden. Trotzdem implizieren sie jeweils andere Möglichkeiten der Identifikation von Multiproblemfamilien für die Helfer und haben letztendlich auch praktische Konsequenzen: Zenz (1995, 106) empfiehlt den Einsatz eines Beraters, der „parentale Funktionen" bei den Eltern übernimmt und die Fallverantwortung trägt, Imber-Black ein regelmäßiges moderiertes Treffen aller beteiligten Helfer, die dadurch zu gemeinsamen Hilfsmaßnahmen gelangen.

Bereits dieser kleine Unterschied in der Konzeption von Hilfsangeboten für Multiproblemfamilien – kraß formuliert: ein Helfer mit Alleinverantwortung und Beschlußfähigkeit *versus* ein Heer von Helfern mit geteilter Verantwortung und gemeinsamer Beschlußfähigkeit – kann in der Praxis zu massiven Diskrepanzen führen.

2.2 Belastungen von Multiproblemfamilien

Multiproblemfamilien sind in der Regel einer Vielzahl von sozioökonomischen Belastungen ausgesetzt: Finanzielle Probleme, Arbeitslosigkeit, desolate Wohnverhältnisse und – besonders im ländlichen Bereich – geringe Mobilität mangels öffentlicher Verkehrsmittel sowie unzureichende Angebote zur Versorgung der Kinder bei Berufstätigkeit der Eltern (Kindergärten, Horte) bestimmen in der Regel die Situation der Multiproblemfamilien. Niedriges Intelligenz- und Bildungsniveau sowie zerrüttete Familienverhältnisse und soziale Isolation (besonders im ländlichen Bereich haben diese Familien oft über Generationen hinweg Sündenbockfunktion) ergeben einen Kreislauf, der nur schwer zu durchbrechen ist. Die im folgenden kurz skizzierte Lebenssituation einer jungen Mutter zeigt, welche

Auswirkungen die oben genannten Belastungen im Alltag haben können und wie schwer es ist, auch mit Hilfe von Erziehungsberatung unter diesen Umständen mütterliche Kompetenzen zu entwickeln[4].

Frau A., 21 Jahre alt, ist alleinerziehende Mutter des zweijährigen Christoph. Sie bewohnt mit ihrem Sohn ein kleines, baufälliges Haus in einem abgelegenen Dorf in Niederösterreich. Ihre Eltern und ihre Schwester leben im gleichen Ortsverband. Nachdem der Vater von Frau A., ein pensionierter Gemeindebediensteter, die Jugendabteilung mehrfach darüber informiert hat, daß seine Tochter den Buben mißhandle, wird die zuständige Sozialarbeiterin aktiv. Die Mutter soll das Kind nicht nur geschlagen, sondern auch im Winter mit einem Pyjama bekleidet strafweise vor die Türe gestellt haben. Da Christoph für eine Fremdunterbringung zu jung erscheint und die Angaben des Vaters von Frau A. nicht ganz zuverlässig sind – er ist mit seiner Tochter zerstritten – , man aber andererseits Angst hat, es könnte „etwas Wahres dran sein", empfiehlt man Frau A. mobile Erziehungsberatung. Diese wird von Christophs Mutter mit großer Erleichterung angenommen. Die ins Haus kommende Erziehungsberaterin steht vor folgender Situation: Frau A. ist mit ihrer Familie zerstritten. Die Solidarität der Ortschaft liegt eher auf der Seite ihres Vaters, Frau A. wird als die mißratene Tochter (sie besuchte die Allgemeine Sonderschule) gesehen, die ein uneheliches Kind hat. Seit kurzem muß sie aufgrund ihrer massiven finanziellen Probleme wieder arbeiten gehen. Ohne Berufsausbildung gibt es für sie nur einen schlecht bezahlten Arbeitsplatz als Fließbandarbeiterin in einer weit entfernten Fabrik. Da sie keinen Führerschein besitzt, bedeutet das, daß sie das Haus morgens um 5 Uhr 30 verlassen muß und erst gegen 19 Uhr nach Hause kommt. Christoph ist währenddessen häufig über längere Zeiträume bei unterschiedlichen Personen untergebracht, die, je nachdem, ob sich der Ortsverband gerade mehr mit dem Vater oder aber mehr mit der Mutter solidarisiert, häufig wechseln. Die Reaktion von Christoph auf diese Situation – unruhige Nächte, häufiges Weinen und ausgeprägtes Trotzverhalten – überfordern Frau A. Christoph wird von seiner Mutter immer mehr als Belastung erlebt: Er ist nicht nur an ihrer aller Freiheit beraubten Situation schuld, sondern auch an der schlechten Beziehung zum Vater. Die vermehrte Ablehnung der Mutter führen zu einer sich steigernden Symptomatik beim Kind, Frau A. verliert immer häufiger die Geduld und schlägt zu.

Verständnis und Geduld sowie Zeit füreinander scheinen für Christoph und seine Mutter ein nicht leistbarer Luxus zu sein. Das Kind muß immer öfter funktionieren und tut es immer weniger. Sozioökonomische Mißstände begünstigen ein Milieu, in dem Vernachlässigung, Mißhandlung, Mißbrauch und Behinderung entstehen können (vgl. Stöhr 1993, 31). Das führt dazu, daß Professionisten in ihrer Arbeit mit Multiproblemfamilien häufig mit dem „Verdacht auf ..." konfrontiert sind, wobei die Realitätsbezogenheit der Verdachtsmomente in der Regel unklar ist und die Gewaltphantasien aller Beteiligten eine wesentliche Rolle spielen.

---

[4] Zur Illustration der Thesen wurden Fallbeispiele aus vergleichbaren Konzepten aus ganz Österreich gesammelt.

2.3 Probleme, die sich aus der Persönlichkeitsstruktur der Klienten ergeben

In der Beratung und Betreuung von Multiproblemfamilien kommt es in der Regel sehr schnell zu einer starken Identifizierung des Betreuers mit der Mutter und/oder dem Vater. Besonders wenn es durch die Bildung einer Vertrauensbasis gelingt, die ungestillten Bedürfnisse und Traumata sowie die meist triste ökonomische Situation der Klienten zu erkennen, entsteht die - fachlich legitimierbare - Schlußfolgerung, daß eigentlich *hier* anzusetzen sei.

Zudem beginnt die Betreuung erfahrungsgemäß zu einem Zeitpunkt, an dem die Eltern erfahren haben, daß ihre Fähigkeit, für ihre Kinder ausreichend sorgen zu können, zumindest zeitweilig in Zweifel gezogen wird. Diese „Aberkennung des Erwachsenenstatus" kann zu einem weiteren Absinken in regressive Verhaltensweisen führen. Zenz spricht von der „Verlockung des Betreuers, nachzugeben und vernachlässigende Eltern quasi als Kinder zu adoptieren und sie über therapeutisches Nähren ganz langsam heranwachsen zu sehen" (Zenz, 1995, 105). Aber: *den Kindern* dieser Eltern läuft inzwischen die Zeit davon. Sie brauchen *jetzt* Erwachsene, die sich ihnen gegenüber verantwortlich verhalten.

Im konkreten Fall bedeutet das für den Betreuer, daß er bezüglich Kind(er) und Eltern großen Ambivalenzen ausgesetzt ist. Gefühle wie Fürsorge, Mitleid, das Bedürfnis zu trösten, tauchen im Identifizierungsprozeß mit einer Person genauso auf wie Ungeduld, Mutlosigkeit, Angst und Haß. Zudem ergibt sich für die Betreuerin die Notwendigkeit, aber auch die damit verbundene Problematik, einer Doppel- bzw. Mehrfachidentifizierung. Um Chancen, Ressourcen und Gefährdungen einer Familie abwägen zu können, muß eine Identifizierung mit dem jeweiligen Kind und den Eltern möglich sein.

Dazu kommt, daß die meisten Eltern nie zuvor in ihrem Leben eine stabile Vertrauensbasis erfahren haben; d.h. sie sehnen sie zwar herbei, haben aber gleichzeitig Angst, daß diese Vertrauensbasis nicht hält. Das führt in der Regel zum Testen der Tragfähigkeit der Beziehung zum Betreuer. Das bedeutet, daß starke positive Gefühle der Eltern gegenüber ihrer Betreuerin schnell kippen können und sich ins Gegenteil kehren. Es kommt zu Spaltungsprozessen: Der/die BetreuerIn wird einmal als „gut" und versorgend erlebt, kurz darauf als „böse" und versagend. Die Schwierigkeit des Betreuers besteht also darin, eine Atmosphäre des Vertrauens in der Arbeit mit den Eltern zu schaffen, andererseits aber gleichzeitig das Wohl des Kindes im Auge zu behalten. Erschwerend für den Betreuer kommt hinzu, daß die Familien meist sehr starre Muster im Umgang mit Konflikten zeigen und dies häufig - wie bereits erwähnt - über mehrere Generationen hinweg. Das bedeutet, daß in der Regel der Wille zur Veränderung fehlt, weil der Faktor der Problemeinsicht, die jenem vorauseilt, nicht vorhanden ist. Die Schuld an der „Misere" wird dabei nach außen geschoben; und von dort wird auch gleichzeitig Hilfe erwartet (z.B. in Form finanzieller Unterstützung). „Feind" und „Helfer" sind dadurch quasi „eine Person" (die Regierung, das Jugendamt, etc.). Hilfe wird so gefordert und gleichzeitig auch abgelehnt nach dem Motto: „Wasch mich, aber mach mir um Himmels willen den Pelz nicht naß" (Zenz, 1995, 105).

3. Schwierigkeiten der mobilen Erziehungsberaterin im Hinblick auf die Kooperation

3.1 Probleme, die sich aus den besonderen Rahmenbedingungen ergeben

Ausgangspunkt für die Überlegungen der zuständigen Sozialarbeiterin, die mobile Erziehungsberatung könnte die geeignete Form der Betreuung für eine Familie sein, sind in der Regel Auffälligkeiten des Kindes, die sie oder ein Dritter bemerkt hat. Wird eine „Gefährdung des Kindeswohls" befürchtet, so kann mobile Erziehungsberatung als „Maßnahme der Erziehung" eingesetzt werden. Das bedeutet, daß den Eltern eine letzte Chance gegeben wird, bevor die Jugendabteilung eine Fremdplazierung des Kindes befürwortet. Diese beobachteten Auffälligkeiten sowie ihre tatsächlichen oder phantasierten Ursachen unterliegen dabei den subjektiven Normen des Betrachters und sind durch die Vorgeschichte einer Familie stark beeinflußt. Die Entscheidung, ob die Entwicklung eines Kindes innerhalb seines Familienverbandes gefährdet ist, obliegt dabei der Einschätzung und Verantwortung der zuständigen Jugendabteilung bzw. den zuständigen diplomierten Sozialarbeitern. Diese entwerfen ein Bild von der Situation des Kindes, das auf der – in der Regel sehr subjektiven und wenig reflektierten – Wahrnehmung weiterer Personen, wie Kindergärtnerinnen, Tagesmütter, Lehrer, Nachbarn usf. basiert. Für eingehende professionelle Problemanalysen gibt es kaum zeitliche und personelle Ressourcen. Die Einschätzung von Dritten, ob ein bestimmtes Verhalten der Kinder oder Eltern als auffällig bzw. entwicklungsgefährdend empfunden wird, wird durch die subjektiven Werte des Betrachters sowie durch den Ruf, den die Familie im Ortsverband hat, stark beeinflußt.

Die mobile Erziehungsberaterin muß also nicht nur mit - im Vergleich zu niederschwelligen, anonymen Beratungsformen - völlig anderen Rahmenbedingungen (Setting und Frequenz) umgehen können, sondern auch mit einer Unmenge von Informationsquellen. Während in einer Erziehungsberatungsstelle die Eltern freiwillig und anonym ein Bild ihrer Probleme darstellen, setzt sich die Darstellung der Situation bei Multiproblemfamilien aus vielen mehr oder weniger professionell beigesteuerten Puzzlesteinen zusammen: vom Gutachten der Psychologin im Ort, Aussagen des Hausarztes, der Sozialarbeiterin und so fort bis zu Beobachtungen von besorgten Nachbarn, die wiederum Professionisten informieren. Für die Beraterin entsteht dadurch ein nahezu unlösbarer Konflikt: Verwehrt sie sich gegen Informationen unklaren Wahrheitsgehalts, fehlen ihr oft die Grundlagen dafür, die Übernahme oder Entwicklung eines Falles einschätzen zu können. Außerdem wird von den beteiligten Fachleuten die Abweisung einer Übernahme durch die Erziehungsberaterin in der Regel als tiefe narzißtische Kränkung erlebt und kann Fallverläufe über längere Zeit negativ beeinflussen oder sogar zum Scheitern bringen. Nimmt die Beraterin die Informationen an, ist sie, selbst wenn sich Anschuldigungen als haltlos erweisen, davon nicht unbeeinflußt. Es besteht die Gefahr, daß Ambivalenzen den Eltern gegenüber noch verstärkt werden.

Beratung im Haus des Klienten nimmt den Eltern wesentliche Teile ihrer Anonymität und der Beraterin die Sicherheit ihres professionell gestalteten Arbeitszimmers. Sie ist „zu Gast" (Glatzl, Klingan, Dolzer u.a. 1997, 147). Schwierigkeiten des Alltags und Probleme der Beziehungsgestaltung werden nicht, nach mehr oder weniger sorgfältiger Überlegung und Wertung, berichtet, sondern von der Professionistin unmittelbar miterlebt, und das wesentlich zeitintensiver als in jedem anderen Kontext. Das bedeutet, daß es selten die Möglichkeit gibt, durch räumliche und zeitliche Distanz in Ruhe mit den Eltern zu reflektieren. Statt dessen ist die Beraterin immer wieder gefordert, auf konflikthafte Situationen spontan zu reagieren. Diese erlebt sie auf mehreren Ebenen gleichzeitig: beobachtend, rückblickend diagnostisch interpretierend und analysierend, sowie vorausschauend in der Überlegung, welche Intervention auf welche Zielsetzung hin sinnvoll sein könnte. Zusätzlich müssen diese Prozesse noch durch Identifizierung mit den verschiedenen beteiligten Personen aus deren „emotionalem Blickwinkel" gesehen werden. Das bedeutet, daß die Reaktion der Beraterin die verschiedenen Bündnisse, die sie eingegangen ist (mit Vater, Mutter, Kind, Geschwister ...), nicht gefährden darf. Zusätzlich besteht die Gefahr, daß Gegenübertragungsmechanismen die Wahrnehmung des konflikthaften Geschehens verzerren. Diese Schwierigkeit, im jeweiligen Moment die richtige „geistige Basis" zu finden, wird in der Literatur häufig als Rollenkonfusion beschrieben (vgl. Glatzl, Klingan, Dolzer u.a. 1997, 163).

Die mobile Erziehungsberatung von Multiproblemfamilien ist stets auch dadurch gekennzeichnet, daß die Beraterin weder in der Geschichte der Familie noch in der Gegenwart die einzige Hilfe ist bzw. war. Das bedeutet in der Praxis, daß es eine große *Konkurrenz* um das Wohlergehen einer Familie gegeben hat und in der Regel noch immer gibt. Die Fragen: „Wer ist/war der bessere Helfer, wer hat (nach wie vor) mehr Einfluß?" tauchen auf. Damit verbunden ist auch die Frage nach dem Scheitern von Hilfsmaßnahmen. Entwicklungsschritte in Richtung größerer Autonomie, Reife und Verantwortung bedeuten für die Familien immer eine Verringerung ihrer Hilflosigkeit. Diese Aufgabe einer Position, in der man in erster Linie versorgt wird, kann massive Ängste auslösen und führt nicht selten zur Kontaktaufnahme mit früheren Helfern, mit denen eine Reinszenierung der Versorgungssituation angestrebt wird. Für die mobile Erziehungsberaterin kann das bedeuten, daß im Laufe der Betreuung immer wieder mütterlich bzw. väterlich wohlwollende oder auch strafende Figuren aus der Vergangenheit einer Familie auftauchen, um auf die „wahre Problematik" aufmerksam zu machen. Sowohl für ehemalige Helfer als auch für die im Moment engagierten müssen also Formen der Zusammenarbeit gefunden werden, ohne die Loyalität der mobilen Erziehungsberaterin zur Familie zu gefährden.

Besonders deutlich wird dieser Konflikt zwischen Loyalität und Vertrauen gegenüber der Familie einerseits und Formen der Kooperation mit anderen Helfern andererseits an der Art und Weise, wie die *Zusammenarbeit zwischen mobiler Erziehungsberatung und Jugendabteilung* definiert wird. In der Praxis finden sich zwei verschiedene Modelle. Leube (1995, 73) beschreibt das erste Modell als „verlängerter Arm": „Nach diesem Modell bleibt die Verantwortung für die Fallbearbeitung (Familienhilfe) auch nach der Auftragsvergabe beim Amt. Das Amt kontrolliert den fachlichen Verlauf (Helferin, Methoden, Ergebnisse) mittels mündlicher und schriftlicher Berichte auch inhaltlicher Art (Berichtspflicht) und nimmt Einfluß auf den fachlichen Ablauf der Hilfe." Im zweiten Modell wird nach medizinischem Vorbild die Familie von der Jugendabteilung an eine andere Fachkraft überwiesen. Das Amt kontrolliert nur die Fachlichkeit des freien Trägers insgesamt und sorgt eventuell für die Schaffung noch fehlender Dienste. Die Fallverantwortung trägt die zuständige mobile

Erziehungsberaterin. Das Amt wird nur hinzugezogen, wenn seine amtlichen Dienste gefragt sind, z.B. Hilfen finanziert werden müssen. Berichtet wird der Fortgang der Arbeit, der Verlauf des Verfahrens, aber keine Inhalte aus der Beratung. Die Vorstellung dieser beiden Modelle erfolgte bei einem Vortrag am Symposium „Und bist du nicht willig – Familienarbeit zwischen Zwang und Angebot" (Mai 1995 in Lochau, Österreich). Zur anschließenden Diskussion wird im Symposiumsbericht vermerkt: „In der Diskussion werden auf dem je persönlichen Erfahrungshintergrund unterschiedliche Mischformen der beiden Modelle sichtbar. Die ... anwesenden BH-Vertreter[5] ... berichten vom jahrelangen Diskussions- und Lernprozeß, in dessen Verlauf das Modell 1 allmählich verlassen und das Modell 2 gestaltet wurde – das heute gut funktioniert" (Leube 1995, 73). So euphorisch wie 1995 ist man allerdings zwei Jahre später nicht mehr. Auf der Tagung „Jugendwohlfahrt in Bewegung" am 17. 9. 1997 in St. Pölten verweist Christoph Hackspiel in seinem Referat „Wenn Zusammenarbeit funktionieren soll ..." auf die besondere Notwendigkeit einer tragfähigen Vertrauensbasis zwischen öffentlichen und privaten Trägern der Jugendwohlfahrt bzw. zwischen Sozialarbeitern und mobilen Erziehungsberatern. Deshalb sei auf „folgende Faktoren besonders zu achten: Transparentes Berichtswesen, Erteilen von Auskunft, grundsätzliches institutionelles und persönliches Wohlwollen, Achtsamkeit, genügend Gleichmut bei Problemen, etc.". In der anschließenden Diskussion stellt sich heraus, daß man offenbar dazu übergegangen ist, vermehrtes Augenmerk auf vertrauensbildende Maßnahmen zwischen Amt und Berater zu setzen, aus diesem Grund Modell 2 wieder verlassen hat und eine stärkere Einbindung des Sozialarbeiters in die Arbeit mit der Familie favorisiert. Die Frage nach dem Warum soll an dem folgenden Fallbeispiel illustriert werden:

Um die Verhaltensauffälligkeiten der vierjährigen Veronika abzuklären, war diese sechs Monate lang auf einer heilpädagogischen Station aufgenommen worden (Diagnose: Hyperaktivität). Da die Mutter nach der Rückkehr Veronikas mit der Erziehung der insgesamt fünf Kinder überlastet erscheint, wird den Eltern mobile Erziehungsberatung zur Seite gestellt. Der Vater scheint sowohl mit den Kindern als auch mit der Überlastung seiner Frau gut zurechtzukommen, er nimmt die Situation gelassen. Im Zuge der Beratung stellt sich alsbald ein möglicher Grund für die sogenannten Verhaltensauffälligkeiten Veronikas heraus: Die Mutter ist seit mehreren Jahren medikamentenabhängig, nimmt regelmäßig Tranquilizer und ist dadurch für ihre Kinder emotional nicht erreichbar. Mit Hilfe der mobilen Erziehungsberaterin gelingt es der Mutter, sich dieser Sucht zu stellen und aktiver mit ihren Schwierigkeiten umzugehen. Die Inhalte der Gespräche zwischen Mutter und Betreuerin werden von letzterer vertraulich behandelt und nicht weitergegeben.
Etwa zur gleichen Zeit kommen bei der für den Fall zuständigen Sozialarbeiterin von Schulen und Kindergärten vermehrt Hinweise, daß Veronikas Vater „kleine Mädchen sexuell belästige". Es wird der Verdacht des sexuellen Mißbrauchs ausgesprochen. Diese Verdachtsmomente reichen nicht für eine Anklage aus, die Sozialarbeiterin beurteilt sie aufgrund ihrer langjährigen Erfahrung aber als „eher zutreffend". Aufgrund dieser Erfahrungen vermutet sie auch sexuelle Übergriffe des Vaters gegenüber seiner Tochter Veronika; damit wäre auch eine plausible Erklärung für deren auffälliges Verhalten gewonnen. Diese Vermutungen werden von der Sozialarbeiterin aber nicht an die Betreuerin weitergegeben.

---

[5] Damit sind die Vertreter der zuständigen Bezirkshauptmannschaft in Österreich gemeint.

Ohne Austausch zwischen Jugendamt und Betreuerin können nun zwei völlig verschiedene Bilder von einer Familie entstehen. Während im vorliegenden Fall die zuständige diplomierte Sozialarbeiterin bereits vorsorglich Informationen einholt, in welcher Institution die Kinder fremduntergebracht werden könnten, ist die Betreuerin mit der Kindesmutter gemeinsam auf der Suche nach einer Psychotherapeutin wegen der Medikamentenabhängigkeit. Die zuständige Sozialarbeiterin entwickelt zunehmend Mißtrauen in die Arbeit der Betreuerin, die allem Anschein nach entweder die „Zustände" in der Familie bzw. „die Gefährdung" der Kinder nicht richtig einschätzen kann oder diese Informationen zurückhält. Die Betreuerin schwankt zwischen Verärgerung und Verunsicherung, weil sie die ablehnende Haltung der Jugendabteilung bezüglich ihrer Arbeit und der betreuten Familie merkt. Wenn sowohl das Vertrauen der Jugendabteilung in die Arbeit der mobilen Erziehungsberaterin fehlt, als auch die fachliche Kompetenz sowie zeitliche und strukturelle Ressourcen, um Einschätzungen zu überprüfen, kann es zu einem gegenseitigen tiefen Mißtrauen in die Kompetenz des anderen kommen bzw. zu Phantasien über Koalitionen und Bündnisse zwischen Familie und Helfer.

3.2 Probleme in der Zusammenarbeit mit anderen Professionisten

Wie schon erwähnt sind in der Regel an der Arbeit mit Multiproblemfamilien eine Vielzahl von Helfersystemen beteiligt. So finden sich neben der zuständigen Sozialarbeiterin und der mobilen Erziehungsberaterin eine Reihe anderer Helfer wie z.B. Ärzte und Therapeuten (besonders bei Behinderung oder chronischer Erkrankung eines Familienmitglieds), Juristen bzw. Anwälte (bei hoher Verschuldung und Scheidungsverfahren), Lehrer bzw. Beratungs- und Stützlehrer, Schulpsychologen, Kindergärtnerinnen und Sonderkindergärtnerinnen sowie Frühförderinnen. Ist ein oder sind mehrere Kinder einer Familie fremdplaziert, kommen noch Erzieherinnen, Heimpsychologen, unter Umständen Therapeuten hinzu, bei Delinquenz eines Familienmitglieds Bewährungshelfer, bei Drogenabhängigkeit der zuständige Betreuer und so fort. Extra sei auch noch auf die große Anzahl der beteiligten freipraktizierenden und hinzugezogenen Professionisten hingewiesen wie Psychologen, Psychotherapeuten und Berater. Die am jeweiligen Fall beteiligten Helfer haben sich nicht nur innerhalb unterschiedlich strukturierter und mit verschiedenen Aufgaben versehener Institutionen dem jeweiligen Vorgesetzten gegenüber zu verantworten, sondern haben in der Regel auch noch eine eigene inhaltliche Kontrollinstanz, von der sie sich beraten lassen. Das bedeutet, daß es quasi „hinter der Bühne", oft unsichtbar für die unmittelbar Beteiligten, eine große Anzahl von Helfern für die Helfer gibt. So sucht z.B. der zuständige Leiter einer Jugendabteilung Rat beim Psychologen des kinder- und jugendpsychologischen Beratungsdienstes, die Lehrerin beim Bezirksschulinspektor, die Erzieherin bei der Heimpsychologin, die Berater bei ihrem Supervisor und ähnliches mehr. Dadurch kommt es besonders im ländlichen Bereich häufig zu Doppelfunktionen der beteiligten Helfer. So stellt sich z.B. bei einer Helferkonferenz heraus, daß die Heimpsychologin nicht nur beratende Funktion für Erzieherinnen und Heimleiter hat, sondern auch die Psychotherapeutin eines der betroffenen Kinder ist. An der Helferkonferenz schließlich nimmt sie teil, weil sie für die Konzeption und Gestaltung der Elternarbeit im Heim zuständig ist. Die unterschiedlichen Aufgaben und Rollen der Psychologin verlangen jeweils eine andere Identifizierung mit den Personen, deren Situation und Problematik sie zu verstehen versucht. Sie wird „Ankläger und Verteidiger" in einer Person und erlebt eine zunehmende Rollen- und Aufgabenkonfusion.

Auch wenn es nicht zu diesen Doppelfunktionen kommt, ergibt sich eine Vermischung der verschiedenen Ebenen und Zuständigkeitsbereiche. Instanzen, die von Rechts wegen befugt sind, Weisungen zu erteilen und die Verantwortung für Entscheidungen tragen, fühlen sich dafür häufig nicht kompetent genug. Wird zum Beispiel einer Familie die Obsorge entzogen und die Kinder werden fremdplaziert, so ist von Rechts wegen die Jugendabteilung für die Erziehung der Kinder verantwortlich. Um festzustellen, welche Maßnahmen für die Entwicklung eines Kindes sinnvoll und notwendig sind, fehlt es der zuständigen Sozialarbeiterin aber häufig an Zeit, Einblick, fachlicher Kompetenz und auch an „gelebtem Alltag" mit ihm. Dadurch tragen in der Praxis Jugendabteilungen immer wieder die Verantwortung für Entscheidungen, die sie nicht gefällt haben und über deren Auswirkungen sie häufig gar nicht genau Bescheid wissen, wie der folgende Fall zeigt:

Bei der Übernahme eines Falles durch die mobile Erziehungsberaterin wird der zuständige Sozialarbeiter gefragt, warum die drei Kinder (4, 6 und 9 Jahre alt) seit eineinhalb Jahren die Großfamilie (Großeltern, Tanten und Onkel) nicht besuchen dürfen. Er weist darauf hin, das sei irgendwann Entscheidung des Heimes gewesen, er verstehe das auch nicht. Auf den Hinweis, das Ausmaß und die Häufigkeit der Kontakte der Kinder mit ihren Familien könnten nur durch die Jugendabteilung festgelegt werden, stellt sich heraus, daß er die Anweisungen des Heimes ohne zu hinterfragen befolgt hatte, weil er weder die fachliche Kompetenz noch die nötigen Rahmenbedingungen und Strukturen innerhalb seiner Institution hatte, um eine solche Entscheidung fällen zu können und deshalb auf die Hinweise der Heimerzieher angewiesen war. Die Regelung sei dann anscheinend aufrecht geblieben, weil sie nur durch die Jugendabteilung geändert werden könne, und eben das habe nicht stattgefunden.

Eine der häufigsten Vermischungen, der auch in der Literatur viel Platz eingeräumt wird, ist die zwischen Kontrolle, Beratung und Begutachtung. Besonders groß werden die Spannungen, wenn diese einander widersprechenden Aufgaben die Rolle der Institution definieren, wie das z.B. bei der Jugendabteilung und dem kinder- und jugendpsychologischen Beratungsdienst der Fall ist (vgl. Lemme 1996, 123; Klicpera, Gasteiger-Klicpera 1997, 289). Da diese double-bind-Situation ein zentrales Merkmal in der Arbeit dieser Institutionen ist, fließt es immer wieder in die Kooperation mit anderen Professionisten ein. Selbst wenn durch aufklärende Gespräche Einstimmigkeit darüber herrscht, daß Beratung ein Vertrauensverhältnis voraussetzt und Kontrollaufgaben dieses Vertrauensverhältnis gefährden, wird diese Zweigleisigkeit von Institutionen, die sich durch diesen Doppelauftrag definieren, immer wieder gefordert[6].

---

[6] Dieser Standpunkt ist allerdings nicht unumstritten. So weist Müller (1989, 127) darauf hin, daß gerade die Psychoanalyse zur Überwindung des „Null-Summen-Spiels von Hilfe und Kontrolle" beitragen könnte, indem sie „gegen eindeutige Lösungen mißtrauisch macht". Die Balance zwischen Hilfe und Kontrolle spiegelt die Ambivalenz der Lebenspraxis der Klienten, der Berater muß damit leben können.

Im konkreten Fall erfährt diese Konfusion in der Regel noch eine Verstärkung: Kontrollierende Maßnahmen werden in der Praxis als aggressive Akte gegenüber dem Klienten gesehen, denn sie sind in der Regel auch mit Sanktionen versehen. Spätestens seit Schmidbauer (1996) wissen wir, daß sich offene Aggression nicht mit dem Selbstbild verträgt, das viele Angehörige von helfenden Berufen von sich haben. Das bedeutet, daß in der Arbeit mit Multiproblemfamilien die Frage, wer Kontrollfunktion hat bzw. haben muß und wie sie ausgeübt wird, zwar stets ganz brisant im Raum steht, aber wie der Schwarze Peter im Kartenspiel von niemandem angenommen werden will. Niemand will schließlich die Rolle des Bösen, Strafenden einnehmen (vgl. Rotthaus 1997, 16).

Diese Vielzahl der Helfer bedingt natürlich auch *unterschiedliche Einschätzungen eines Falles*. Dabei spielen nicht nur fachliche und institutionelle Zugänge, sondern auch persönliche Normen eine wesentliche Rolle. Diese divergieren in der Regel sowohl zwischen Klienten und Helfern als auch unter den Professionisten. Besonders betroffen davon sind Bereiche wie Ordnung und Hygiene bezüglich Wohnstätte und Bekleidung, aber auch „riskante Lebensmuster" (Herriger 1997, 204) sowie ungewöhnliche Problemlösungsstrategien. Wenn Klienten Lösungen finden, die abseits bürgerlicher Normen liegen, kann es von den beteiligten Fachleuten, wie der folgende Fall zeigt, zu ganz unterschiedlichen Einschätzungen kommen.

Bei einer Helferkonferenz stellt sich heraus, daß Frau O., wenn ihr Mann nachts betrunken nach Hause kommt, ihre Kinder ins Auto legt, wegfährt, und mit ihnen in einem Waldstück im Wagen übernachtet. Von den Professionisten gibt es dazu Stellungnahmen, die von „kreativer Lösung" bis „höchst gefährlich, möglichst baldige Fremdplazierung der Kinder" reichen.

Herriger (1997, 204f) spricht von „einschränkender Normativität", die der Autonomie der Klienten enge Grenzen setzt.

Die unterschiedlichen Einschätzungen eines Falles und in weiterer Folge auch die verschiedenen Vorstellungen bezüglich weiterer Maßnahmen sind dabei in der Regel durch drei Merkmale gekennzeichnet:

1. Die eigene Position wird heftig mit hoher emotionaler Beteiligung verteidigt. Das führt in der Regel zu einer Abwertung der anderen Positionen, deren Vertreter offiziell oder „hinter vorgehaltener Hand" die fachliche Kompetenz abgesprochen wird.
2. Werden Standpunkte bezüglich Einschätzung und weiterführender Maßnahmen mit hoher affektiver Beteiligung geführt, läßt sich stets ein mangelnder Realitätsbezug der Aussagen bemerken. Vernunft, Fachwissen, auch simple Erkenntnisse aus dem Bereich der Entwicklungspsychologie sowie real gegebene Rahmenbedingungen werden negiert.
3. Die Reaktionen der Fachleute im konkreten Fall erscheinen dem außenstehenden Beobachter häufig zunächst durch fachliche Inkompetenz geprägt: Es scheint die theoretische Legitimation der Vorgangsweisen völlig zu fehlen.

Drei Fallbeispiele sollen diese Punkte illustrieren.

Der 15-jährige Robert besucht die achte Klasse der Allgemeinen Sonderschule, nach Beendigung dieser Klasse hat er die allgemeine Schulpflicht (9 Jahre) erfüllt. Er war mehrere Jahre wegen „Verhaltensauffälligkeiten und Schulschwierigkeiten" (laut Akt) in einem Heim untergebracht, seit drei Jahren ist er wieder in seine Familie, seine Heimatgemeinde und die örtliche Schule reintegriert, wobei den Eltern eine mobile Erziehungsberaterin zur Seite gestellt wurde. Die Reintegration in die Familie gelang gut. Robert erlebt seine Eltern wieder als haltgebend und versorgend, es konnte eine stabile Beziehung aufgebaut werden. Die Reintegration in den Schulbereich verlief „stürmischer", aber trotz gelegentlicher Eskalationen wird von den Lehrern generell eine wesentliche Besserung im Verhalten des Knaben festgestellt. Zwei Monate vor Schulschluß kommt es – wieder einmal – zu einer Auseinandersetzung zwischen Robert und einer Lehrerin, im Zuge derer der Knabe die Pädagogin beschimpft (blöde Kuh, Hure). Diesmal reicht es der Schule. Der leitende Schulbeamte wird hinzugezogen, um dem Knaben mit Schuldispens zu drohen. Dieser hat ein Gespräch mit Robert, der Inhalt dieses Gesprächs wird den Eltern schriftlich zugestellt. In dem Brief heißt es unter anderem: „Wenn Robert seine Noten nicht ausbessert, muß er das Jahr wiederholen. Das darf er dann aber nicht mehr in seiner Stammschule, sondern er muß wieder ins Heim und dort die Schule besuchen." Im Gespräch wird der Beamte von der Erziehungsberaterin darauf aufmerksam gemacht, daß seine Androhungen nicht nur zweifelhaften pädagogischen Ursprungs seien (angesichts der Vorgeschichte des Knaben), es fielen diese Entscheidungen auch gar nicht in seine Kompetenz. Robert *muß* nicht wiederholen, er hat die Schulpflicht abgeschlossen. Die Entscheidung über eine Heimunterbringung obliegt *den Eltern*, gemeinsam mit der Jugendabteilung, nicht der Schule. Der Beamte gibt zu, im Zorn möglichst bedrohliche Strafsanktionen gewählt zu haben, eine mögliche Wirksamkeit war ihm wichtiger als der Realitätsanspruch: Denn nur so lasse sich etwas erreichen, allen anderen (Lehrerinnen, mobile Erziehungsberaterin) tanze der Bub auf der Nase herum, die könnten mit solchen Situationen nicht umgehen, und außerdem würde ein Jahr im Heim das Verhalten des Buben schon ändern. Er wird wieder darauf aufmerksam gemacht, daß Heimunterbringung fernab aller Realität liegt.

Die Androhung von Strafe, die wie bei Robert ausschließlich angstmachende Funktion hat, kann durch keine wie auch immer ausgerichtete Theorie begründet werden. Trotzdem kann man davon ausgehen, daß der Pädagoge im Zuge seiner pädagogischen Aus- und Weiterbildung unterschiedliche Erklärungsansätze für menschliches Verhalten und Fehlverhalten gelernt hat. Zwischen dem konkreten „schwierigen" Kind und dem Fachwissen kann aber offensichtlich kein Bogen gespannt werden. Ebenso fehlt die Verbindung zwischen den realen Gegebenheiten und dem gewünschten Handlungsbedarf: Robert kann gar nicht durch Heimunterbringung bestraft werden.

Die Diskrepanz zwischen den real gegebenen Möglichkeiten und den Forderungen von Fachleuten zeigt auch der folgende Fall:

Die drei Kinder einer alleinerziehenden Mutter werden durch Druck der Jugendabteilung einer frei praktizierenden klinischen Psychologin vorgestellt. Die Jugendabteilung will wissen, „wie es den Kindern geht" bzw. welche Defizite und daraus resultierenden besonderen Bedürfnisse die Kinder haben. Es soll festgestellt werden, ob eine Fremdplazierung der Kinder eine sinnvolle Lösung der vielfachen Probleme sein kann. Die von der Psychologin *dringend* empfohlenen Maßnahmen, um die weitere Entwicklung der Kinder zu sichern, lauten: Erziehungsberatung für die Mutter, Ergotherapie und Spieltherapie für das älteste Kind, Spieltherapie mit einem männlichen Psychotherapeuten und heilpädagogische Förderung für das mittlere Kind, genaue Beobachtungen beim Jüngsten. Laut ihrer Diagnose sollte Fremdplazierung nur dann vorgenommen werden, wenn es eine gemeinsame Unterbringung für die drei Kinder gibt. Sie wird darauf aufmerksam gemacht, daß

- es keine Institution oder Pflegeplätze gibt, die die Kinder gemeinsam aufnehmen könnten,
- die Mutter ohne Auto in einem abgeschiedenen Dorf lebt und die Nahversorgung keine Psychotherapeuten anbietet,

- es sich um eine Mutter handelt, die nicht imstande ist, die älteste Tochter regelmäßig in der Früh in die Schule zu schicken und daher kaum fünf zusätzliche Termine verläßlich einhalten kann und
- das Geld gerade für Miete und Nahrung reicht, aber nicht für fünf (!) zusätzliche teure Hilfen.
Die Psychologin sieht ein, daß ihre Forderungen illusorisch sind. Aber fünf Minuten später kehrt sie im Gespräch wieder zu diesen Forderungen zurück und „besteht" darauf.

Die Psychologin erkennt durchaus, daß ihre Vorschläge nicht realisierbar sind. Sie „vergißt" bloß darauf. Wie beim Fall Robert fehlt auch hier der Bezug zwischen Theorie und Praxis: Entweder die Kinder sind durch die Beziehung zu den Eltern gefährdet – dann müßte auf jeden Fall eine Fremdplazierung vorgenommen werden – oder sie sind es nicht. Dann erscheint die Wegnahme auch dann nicht sinnvoll, wenn die Therapien nicht stattfinden können.

Das eigentümliche Abhandenkommen von entwicklungspsychologischem Basiswissen zeigt auch der folgende Fall:

Die Mutter der drei Monate alten Natascha feiert Silvester außer Haus, der Vater mit Freunden daheim. Der Säugling im Kinderzimmer beginnt hoch zu fiebern, dem Vater fällt dies aufgrund der Feier und seiner Alkoholisierung nicht auf. Am nächsten Tag muß Natascha ins Spital gebracht werden, denn wegen Flüssigkeitsmangels besteht Lebensgefahr. Die behandelnden Ärzte sehen in dem Vorfall eine lebensbedrohliche Vernachlässigung des Kindes. Die zuständige Jugendabteilung – vom Spital informiert – reagiert mit einer „vorübergehenden" (sechs Monate dauernden!) Pflegeplatzunterbringung von Natascha, damit „sich das Kind beruhigen kann und seinen Bedürfnissen gemäß versorgt wird".

In allen drei Fällen gab es schließlich auch noch andere Professionisten, die sowohl bezüglich der Einschätzung des Falles als auch in der Frage weiterführender Maßnahmen gänzlich andere Positionen einnahmen. Wird aber bereits beim „Erstkontakt" mit einem Fall so eklatant wie in den geschilderten Fällen die Realität „vergewaltigt", bleiben auch in der weiteren Diskussion Argumente und fachliche Aufklärung fruchtlos. Außerdem orientieren sich auch Gegenpositionen in der Regel nicht über einen längeren Zeitraum an Sachlichkeit und professioneller Distanz. Die persönliche Betroffenheit angesichts der Geschehnisse ist so groß, daß Empörung, das Nachempfinden der Hilflosigkeit und des Ausgeliefertseins der Klienten, das Bedürfnis, sie zu schützen, Zorn über die Aggressionen der anderen „sogenannten Helfer" hochkommen und nun wiederum zu Aggression, Abwertung und schließlich auch Realitätsverzerrung führen. Wobei allein schon die Vermutung, daß jemand eine andere Sichtweise einnehmen könnte, eine massive Bedrohung darstellt gemäß dem Motto: „Und willst Du nicht mein Bruder sein, so schlag ich Dir den Schädel ein."
Diese Merkmale, nämlich hohe affektive Beteiligung, der (damit zusammenhängende) scheinbare Verlust von Fachkompetenz und Realitätsbezug, lassen oft den Verdacht aufkommen, daß Diskussionen über Hilfsmaßnahmen für Multiproblemfamilien gar nicht mehr von diesen Familien handeln. Vielmehr scheinen sie eine ideale Plattform für Projektionen aller Art, für Reinszenierungen von Konflikten, die aus verschiedenen Ebenen stammen, abzugeben.

Im folgenden soll versucht werden, mittels psychoanalytischer Theorien etwas Licht ins Dunkel solcher Konflikte zu bringen, die in der sogenannten interdisziplinären Zusammenarbeit zwischen Professionisten und der Arbeit mit Multiproblemfamilien oft auszumachen sind.

4. Erklärungsansätze

Daß die Kooperation von Professionisten verschiedener Berufsfelder nicht unproblematisch verläuft, wurde besonders im Bereich der Sonder- und Heilpädagogik thematisiert. Die Ursachen für Diskrepanzen in der Arbeit am konkreten Fall werden dabei in erster Linie im Bereich struktureller Merkmale oder inhaltlich-theoretischer Positionen lokalisiert. So spricht z.b. Speck (1988, 416ff) von „vordergründigen und hintergründigen Verständigungshindernissen", die zu „destruktiven Interaktionen" führen können. Vordergründig, das heißt „an der Oberfläche täglicher Erfahrungen" liegend, sind dabei Barrieren wie Arbeitszeitprobleme, Statusprobleme, persönlichkeitspsychologische Barrieren, Abgrenzungsbedürfnisse, falsche gegenseitige Erwartungen, Barrieren der Fachsprache und ähnliches mehr. Das dahinterstehende „tieferliegende zentrale" Problem sieht er im unterschiedlichen Menschenbild der Disziplinen, das bedeutet letztendlich in der Auseinandersetzung zwischen Natur- und Geisteswissenschaften, die sich in einem „Dominanzanspruch der naturwissenschaftlich-kausalen Methode gegenüber einem mehr intuitiven, menschlich-verstehenden Denkansatz in Sinn-Kategorien" äußert.

Spiel und Spiel (1987, 327f) weisen in ihrem Kompendium ausdrücklich auf die Spannungen in der Teamarbeit hin, wenn es sich um Jugendwohlfahrtsprobleme handelt. Die Ursachen dafür sind einerseits in unklaren strukturellen Bedingungen zu suchen (Wer hat Entscheidungsbefugnis?), im Problem der professionellen Dominanz (Welche Disziplin hat mehr Bedeutung?), und in der Belastung, „daß Berufe immer weniger ihre eigene *Kompetenz* erfüllen, sondern sich in die Kompetenz der anderen hineindrängen". Andererseits sehen sie „Teamarbeit als eine ununterbrochene gruppendynamisch orientierte Kommunikationsform". Nur wenn die kooperierenden Professionisten über diese Prozesse Bescheid wissen, kann fruchtbringende Zusammenarbeit stattfinden.

So wesentlich die dargestellten Aspekte bezüglich der Probleme in der Zusammenarbeit verschiedener Professionisten sind, erhellen sie doch nicht, warum die Diskussion um eine konkrete Familie derart affektiv besetzt ist und weshalb es zu dem oben beschriebenen Defizit von Fachkompetenz und Realitätsbezug kommt. In vielen Fällen entsteht der Eindruck, daß es sich gar nicht um differente theoretische Ansätze, Kompetenzen oder Defizite handelt, sondern um einen Verlust an Sach- und Realitätsbezug im konkreten Fall. Das zeigt sich daran, daß theoretisch oft Einigung erzielbar ist, aber fünf Minuten später die ursprünglichen Argumente wiederum vorgebracht werden.

Es stellt sich die Frage: Was passiert da?

4.1 Ebene der Institutionen

In der Arbeit mit Multiproblemfamilien kommt es stets zum Zusammentreffen von Vertretern großer und geschichtsträchtiger Institutionen wie Jugendabteilung, Schulen, Heimen usf. „Institutionen sind offensichtlich für das Überleben und eine differenzierte Fortentwicklung des Menschen unerläßlich" (Mentzos 1996, 80). Sie regulieren und automatisieren Handlungs- und Beziehungsabläufe und sichern dadurch die Selbsterhaltung des sozialen Systems. Dabei zeichnen sie sich durch ausgeprägte Rollensysteme aus, und ihr primäres Ziel ist in fest definierten Aufgabenbereichen wie Vermitteln von Kenntnissen oder Festigung und Tradierung bestimmter Wertsysteme festgelegt. Doch Institutionen bieten dem Menschen nicht nur eine Entlastung bezüglich seiner Bedürfnisse biologischen und soziologischen Ursprungs, sie ermöglichen auch eine „Entlastung von neurotischen Spannungen, Ängsten und Konflikten" (Mentzos 1996, 80f). Dem Menschen geht es dabei „auch um die Chance, mit Hilfe von institutionell verankerten Handlungs- und Beziehungsmustern regressive Triebbedürfnisse zu befriedigen, Schutz- bzw. Abwehrverhalten gegen irreale, phantasierte, infantile, insgesamt nicht real begründete Ängste, Depressionen, Scham- und Schuldgefühle zu sichern" (Mentzos 1996, 81). Besonders soziale Einrichtungen sind dafür prädestiniert, Angebote der psychosozialen Abwehr anzubieten: Die den Institutionen innewohnenden Rollensysteme und deren Abwehrfunktion machen einen wesentlichen Bestandteil institutioneller Strukturen aus. „Es geht ja bei solchen Einrichtungen in erster Linie um die kranken, schwierigen, zu versorgenden Anteile im Konflikt mit den autonomen Tendenzen auf seiten der Klienten sozialer Hilfe. In der Auseinandersetzung damit konfrontiert sich der Helfer mit diesen Anteilen in sich selbst und kann dadurch leicht in die Nähe des eigenen kindlichen Konflikts zwischen Autonomie und Abhängigkeit geraten" (Büttner 1995, 196). Das bedeutet, daß soziale Einrichtungen bzw. Institutionen die Möglichkeit einer „kollektiven Abwehr archaischer Ängste" (Büttner 1995, 184) bieten. Abgewehrt wird dabei in erster Linie die Gefahr einer Desintegration der Personen, Aggression, Trennungsangst, Depression, Scham- und Schuldgefühle.

Etwas anders formuliert: Zentrales Merkmal der Klienten ist stets ihre Hilflosigkeit, der Bedarf an Versorgt- und Genährtwerden, den sie signalisieren. Soziale Einrichtungen, die mit besonders „bedürftigen" Klienten arbeiten, können von ihrer Struktur und von ihren Aufgaben her Spaltungstendenzen bei ihren Mitarbeitern wachrufen: Die am Fall beteiligten Professionisten entwickeln etwa als Antwort auf die Hilflosigkeit der Klienten *Omnipotenzphantasien* – z.B. die Phantasie der besseren Mutter –, die sie dann auf die eigene Institution projizieren. So gesehen können Autonomiebestrebungen der „Schützlinge" äußerst bedrohlich und identitätsgefährdend erlebt werden. Nur wenn der andere hilflos bleibt, kann die Institution ihrer Aufgabe gerecht werden. Das Hinzukommen jedes zusätzlichen Professionisten bedeutet schließlich eine weitere Bedrohung, weil die Gefahr besteht, den Klienten an ihn zu verlieren bzw. aus der Rolle der guten Mutter gedrängt zu werden.

Die innerpsychischen Konflikte, deren Abwehr durch Institutionen angeboten wird, sind denen der Klienten nahe: In beiden Fällen handelt es sich um sehr frühe, oral-aggressiv determinierte Muster. Dabei bieten Institutionen auch die ideale Möglichkeit, *Aggression* mit einem Minimum an Schuldgefühlen auszuagieren: Schließlich hat man ja nur seine Pflicht getan. Dabei sind Einrichtungen, die das Interesse des Staates an „seinen" Kindern wahrnehmen und damit auch Kontroll- und Sanktionsfunktion haben, besonders prädestiniert dafür, aggressive Akte gegen Eltern als institutionalisierte Notwendigkeit zu „verpacken": Sie definieren ihre Existenz ja über den Anspruch der besseren Elternschaft (vgl. Friedlmayer, Kumer, Braun 1992, 12f; Niederberger 1997, 170ff).

Aber es geht nicht nur um Omnipotenzwünsche und Aggressionen. Darüberhinaus kann man mit Mentzos (1996, 88) davon ausgehen, daß Institutionen neben ihren sonstigen Funktionen und Bedeutungen innerhalb eines bestimmten gesellschaftlichen Systems auch „Abwehrkonstellationen ermöglichen, die vielfach entweder besondere, neurotische Konfliktbearbeitungen darstellen, oder in anderen Fällen in der Art eines ‚Stützkorsetts' sogar Schwächen der Ich-Struktur kompensieren". Das heißt, man kann *auch* davon ausgehen, daß nicht alle Menschen die Arbeit in Institutionen aus altruistischen Motiven wählen, sondern weil diese quasi als Schutzräume die Möglichkeit bieten, Ich-Schwächen zu kompensieren.

Institutionen stellen mit ihren Hierarchien sehr starre Systeme dar. Gerade deshalb beinhalten politisch-historische bzw. soziale Veränderungen in der Regel die Gefahr des Zerfalls von sozialen Einrichtungen. Dies bedeutet aber auch ein Zusammenbrechen der kollektiven Abwehr; das heißt, wenn Institutionen in Frage gestellt oder kritisiert werden, kann das eine massive innerpsychische Bedrohung beim einzelnen Mitarbeiter darstellen (vgl. Mentzos 1996, 86ff) und deshalb muß die Notwendigkeit einer Einrichtung „um jeden Preis" erhalten bleiben, auch um den Preis einer „Zusatzaufgabe", selbst wenn diese dem ursprünglichen Auftrag widerspricht. Denn im „Auflösen solcher Strukturen wird das Chaos befürchtet, dessen affektiver Zustand abgewehrt und dessen angstmachendes Bild verdrängt werden muß" (Schuchardt, Büttner 1993, 131). So kann es im Laufe der Zeit zu einander widersprechenden Aufgabenbereichen wie das Aufeinandertreffen von Kontrolle und Hilfsmaßnahmen bei der Jugendwohlfahrt kommen.

4.2 Ebene des Teams

Institutionen sind in der Regel durch regionale Teams und Körperschaften präsent. Diese Teams zeigen eine mehr oder weniger große Identifizierung mit ihrem offiziellen Auftrag bzw. haben in der Absage an diesen ihre eigene „Hausphilosophie" entwickelt. Dabei spielt die Beziehung zum Leiter[7] der Abteilung eine wesentliche Rolle.

In der Adoleszenz kommt es – analog zur frühen Kindheit – zu einem zweiten Triangulierungsprozeß. War für das Heraustreten aus der Mutter-Kind-Dyade die Figur des Vaters unerläßlich, so ermöglicht einige Jahre später die Kultur den Ablösungsprozeß aus der Familie (vgl. Büttner 1995, 181). Dieser zweite Triangulierungsprozeß kann genauso schmerzhaft verlaufen wie der erste und ebenso mehr oder weniger gut bewältigt werden. Allerdings

---

[7] In der Praxis findet man wesentlich häufiger Männer in leitenden Positionen. Dabei darf nicht vergessen werden, daß es für Übertragungsprozesse eine wesentliche Rolle spielt, ob eine Vater- oder Mutterfigur die Leitung übernommen hat.

„behalten die in die Kultur entlassenen Mitglieder einer Familie aber auch die Bilder ihrer familiären Vergangenheit als Repräsentanzen ihrer Objektbeziehungen, vor allem dann, wenn weder die Trauerarbeit der Ablösung noch die Annahme einer neuen, kulturellen Identität erfolgt ist. Kulturelle Wahrnehmungen bleiben dann den familialen Beziehungsmustern ebenso verhaftet wie die Lösungsideen für gesellschaftlich-kulturelle (Beziehungs-)Konflikte. Mit anderen Worten: Auf gesellschaftlich-kulturelle oder gar internationale Beziehungen werden Familienanalogien übertragen, die den Verhältnissen wahrscheinlich nicht angemessen sind und zwangsläufig nicht zum Erfolg führen können" (Büttner 1995, 182).

In die jeweiligen regionalen Teams werden demnach familiäre Strukturen übertragen. Je nachdem wie der Leiter / die Leiterin als Vater- bzw. Mutterfigur erlebt wird, formen sich Konflikt- und Abwehrkonstellationen bezüglich Abhängigkeit und Autonomiebestrebungen, Geschwisterrivalität und ödipale Problematik. Der patriarchalische Vorgesetzte mag wegen seiner autoritären Haltung und dem Unterdrücken und Sanktionieren von Autonomiebestrebungen verhaßt sein, auf der anderen Seite übernimmt er (oder auch nicht!) väterlich-schützende Funktionen. „Auf einer tieferen, unbewußten Ebene mag er auch als geeignete Vaterübertragungsfigur wahrgenommen werden, an der die ödipale Problematik weitab von der eigenen Familie heftig agiert werden kann" (Mentzos 1996, 82). Läßt der Leiter Autorität vermissen und/oder nimmt er seine schützende Funktion nicht hinreichend wahr, kann es passieren, daß ein Teil der ödipalen Konflikte auf die „Geschwisterebene" verschoben wird und es auf diese Weise zu massiven Spannungen zwischen den *Team-Mitgliedern* kommt. Oder das Fehlen des väterlichen/mütterlichen Schutzes wird von seinem Team als so bedrohlich erlebt, daß die „Geschwister" näher zusammen rücken, sich einander gegenseitig Halt geben. Das kann in der Praxis bedeuten, daß ein Team einen sehr einfühlsamen, toleranten, amikalen Umgang miteinander hat, die damit in Schach gehaltenen Konflikte aber in Form sogenannter pädagogischer Maßnahmen im Umgang mit den *Klienten* ausagiert werden.

Eine andere Reaktion auf das Fehlen von Schutzfunktionen ist, daß das Bild des guten Vaters – aus welchen Gründen auch immer – um jeden Preis aufrechterhalten werden muß. Dann können, besonders im Umgang mit anderen Institutionen, starke Spaltungstendenzen aktiviert und die negativen Anteile auf die jeweils andere Einrichtung projiziert werden. Deren Leitung verkörpert dann geradezu die „bösen" Teile der Vaterfigur bzw. die „jeweilige andere Institution wird zum Träger der abgespaltenen formellen und informellen Aspekte der eigenen Institution" (Krebs 1993, 169).

Damit die Mitarbeiter also einen reifen, reflektierten Umgang mit ihren Klienten und den Kollegen aus anderen sozialen Einrichtungen entwickeln können, bedarf es laut Trescher und Finger-Trescher (1995, 111) der „Optimalstrukturierung der Institutionen". Gemeint ist damit, daß soziale Einrichtungen die Bedeutung von „Setting und Holding-Function" für ihre Arbeit erkennen und beachten. „Erst die garantierte äußere Sicherheit und Verläßlichkeit von Grenzen kann Raum schaffen für inneres Wachstum. D.h. unter Beachtung der Fähigkeiten und des Entwicklungsstandes der Klienten muß die Institution die materiellen und personellen Ressourcen bereitstellen und sichern, die für eine optimale Strukturierung des Binnenraumes der Institution erforderlich sind. Hierzu gehört auch, daß die Institution für die Mitarbeiterinnen und Mitarbeiter gleichsam eine haltende Umwelt bereitstellt, die es ihnen wiederum ermöglicht, die Reinszenierungen traumatischer Erfahrungen und deren gescheiterte Verarbeitungsversuche im Winnicottschen Sinne zu ‚überleben', also nicht mit Beziehungsabbruch, Vergeltung oder Rückzug zu reagieren".

4.3 Personale Ebene

Neben den beiden dargestellten Ebenen gibt es noch den Bereich der persönlichen Begegnung zwischen Professionist und Klient.

Beim Großteil der Familienmitglieder stellt sich heraus, daß ihnen Schreckliches widerfahren ist: Gewalt-, Ablehnungs-, Weglegungs- und Vernichtungsphantasien, wie sie im Zuge jedes Heranwachsens entstehen, sind hier häufig Realität geworden. Sei es auch „nur" durch die drohende Heimunterbringung. Die Ambivalenz der Kinder ihren Eltern gegenüber ist dadurch in der Regel um einiges größer als es in der Durchschnittsfamilie der Fall ist, ebenso die damit einhergehenden Schuldgefühle. Der übergroße Haß der Kinder auf und die immense Angst vor der Mutter / dem Vater und gleichzeitig die innige Liebe und das Bedürfnis nach Nähe zu den Eltern kann nur selten von den Professionisten gleichzeitig zugelassen und nachvollzogen werden. In der praktischen Arbeit mit einer konkreten Familie kommt es mit steter Regelmäßigkeit zu einer starken Identifizierung mit einem Teilaspekt dieser Ambivalenzen, wobei „störende" Anteile verdrängt bzw. verleugnet werden. Divergieren diese unterschiedlichen Formen der Identifizierung bei den Mitarbeitern sehr stark, und erfolgen sie, ohne reflektiert zu werden, kann die Zusammenarbeit sehr emotional besetzt werden: Denn die vom jeweiligen beteiligten Professionisten wahrgenommene Problematik aktiviert seine eigenen verdrängten innerpsychischen Konflikte und lädt zu Reinszenierungen ein. Nachdem die Persönlichkeitsstruktur der Klienten in der Regel durch frühe, vor allem orale, Versagungen gekennzeichnet ist, und sich in einem „oral-aggressiven Kernkonflikt" (Rauchfleisch 1995, 40) manifestiert, werden die durch Identifizierung hervorgerufenen Angst- und Ohnmachtsgefühle der betroffenen Professionisten von diesen als besonders bedrohlich erlebt. Der „Fall" wird von ihnen dementsprechend affektiv besetzt.

Die Unerträglichkeit von Ambivalenzen und die daraus resultierenden Spaltungstendenzen finden sich auch in der direkten Beziehung zwischen Kind und Professionist wieder. Denn: Das Kind, dem Schlimmes widerfahren ist, verhält sich in der Regel nicht unseren Vorstellungen gemäß. Das mißhandelte Kind ist nicht froh und dankbar, daß es von uns angenommen wird, sondern es schlägt zurück, das sexuell mißbrauchte Kind legt ein sexualisiertes Verhalten an den Tag und bricht gesellschaftliche Tabus. Bei den am Fall beteiligten Professionisten kann dadurch Abscheu, Ekel, Ablehnung, Wut und Unsicherheit ausgelöst werden. Regungen, die angesichts der Schwere des kindlichen Schicksals häufig nicht zulässig sind und abgewehrt werden müssen. Die Folge davon kann sein, daß es nach heftigen Bestürzungs- und Mitleidsreaktionen zu sehr behütenden und schützenden Einstellungen dem Kind gegenüber kommt und an diesen krampfhaft festgehalten wird (vgl. Landsberg 1993, 158). Bietet die Institution dem Professionisten auch noch die Rolle des besseren Vaters/der besseren Mutter an (s.o.), sind Kämpfe um das Kind bereits vorprogrammiert.

5. Plädoyer für die Strukturierung und Institutionalisierung von Kooperation

Sicher ist, daß im konkreten Fall Konflikte aus verschiedenen Ebenen aufeinander treffen und es dadurch zu „Kommunikationsproblemen" kommen kann, wie die stattfindenden Auseinandersetzungen in der Praxis häufig bezeichnet werden. Sicher ist auch, daß die Fallebene mit der Lösung dieser Vielzahl an Problemen hoffnungslos überfordert ist und letztendlich auch der Blick für die eigentliche Problematik der zu helfenden Familie verloren geht.

Es scheint tendenziell so zu sein, daß früh determinierte, oral-aggressive Konflikte wie Neid, Haß, Mißtrauen, Idealisierung und Entwicklung von Omnipotenzgefühlen *eher* ihren Ursprung in der Identifizierung mit dem Klienten haben, sei es auf personeller oder institutioneller Ebene. Konflikte ödipalen Ursprungs wie Eifersucht, Rivalität und Abwertung (im Sinne einer geistigen Kastration, wenn anderen die fachliche Kompetenz abgesprochen wird) entstehen tendenziell *eher* aus den Problemen auf der Teamebene.

Die Spannungen in der Zusammenarbeit brauchen eine Bearbeitung auf jener Ebene, die für ihr Entstehen „zuständig" ist.

5.1 Zur Institutionalisierung der Kooperation

Bei den oben vorgestellten Fallbeispielen zeigt sich, daß in der Arbeit mit Multiproblemfamilien bei den beteiligten Professionisten eine erhöhte affektive Besetzung und ein Verlust an Realitätsbezug im konkreten Fall gehäuft auftreten können. Häufig geschieht das dann, wenn der (mehr oder weniger) schützende Rahmen der eigenen Institution verlassen, und das „freie Feld" der Zusammenarbeit betreten wird. Es gilt daher diesen Zwischenraum zu reglementieren, der Kooperation selbst institutionellen Charakter zu geben, damit diese eine „optimale Strukturierung" durch die „Verknüpfung eines stabilen und gesicherten Settings mit Haltefunktionen im Binnenraum" (Trescher, Finger-Trescher 1995, 111) erfährt. Dabei ist zunächst festzustellen, wo welche Ängste bzw. Abwehr entsteht. Wie bereits erwähnt fördert die direkte Arbeit mit den Klienten in der Regel die Reinszenierung oral-aggressiver Kernkonflikte. Folgende Ängste bzw. damit einhergehende Äußerungen können in diesem Zusammenhang bei Professionisten, die mit Multiproblemfamilien arbeiten, auftreten: Das Gefühl,

- geistig zu „verhungern" („Ich erfahre nichts.");
- alleingelassen/verlassen zu werden („Jetzt helfen andere, und was ist mit mir?");
- ausgesaugt/ausgenützt zu werden („Wir haben ihnen schon soviel geholfen, wann ändert sich endlich etwas?");
- betrogen/getäuscht zu werden („Die Familie tut nur so, in Wirklichkeit wollen die gar nicht.");
- ohnmächtig zu sein („Bei denen hilft alles nichts.") und ähnliche Gefühle mehr.

Die Zusammenarbeit unterschiedlicher Teams fördert dagegen, wie erwähnt, eher die Reinszenierung von ödipalen Konflikten und Geschwisterrivalität. Die Heftigkeit dieser Reinszenierungen hängt dabei von der Beziehung der Mitarbeiter zur Leitung und der Qualität der Beziehung zwischen den jeweiligen Vorgesetzten bzw. der Institutionen schlechthin ab. Die Qualität dieser Beziehungen kann den Ausschlag dafür geben, ob und wie sehr die „fremden Geschwister" als Bedrohung erlebt werden. Wenn Institutionen dem Menschen auch eine „Entlastung von neurotischen Spannungen, Ängsten und Konflikten" (Mentzos 1996, 80f) ermöglichen, müßte es durch strikte Reglementierung der Kooperation möglich sein, quasi institutionalisierte Abwehrformen zur Verfügung zu stellen und szenische Auslösereize zu minimieren (vgl. Trescher, Finger-Trescher 1995, 110f). Dazu bedarf es der Regelung folgender Bereiche:

1. Sowohl im Bereich der generellen Zusammenarbeit als auch auf der Fallebene müssen klar strukturierte Settings installiert werden, die im Sinne eines Hilfs-Ichs den Mitarbeitern zur Verfügung stehen.

2. Um diese Settings zu strukturieren, braucht es vorweg der Klärung von Grundlagen. Dazu zählt das Finden einer gemeinsamen Sprache, definierte Arbeitsteilung, die Reichweite der jeweiligen Verantwortung (und wem gegenüber sie besteht) sowie die theoretische Diskussion um Erfolgs- und Interventionskriterien. Es muß Klarheit darüber geschaffen werden, wer ein fachliches, das heißt theoretisch fundiertes Anrecht auf welche Informationen besitzt.

3. Zuständigkeitsbereiche, Abläufe in der Zusammenarbeit (von der Fallübergabe bis zu Vorgangsweisen bei Krisen) sowie die Art der Informationsweitergabe müssen in schriftlichen Vereinbarungen festgelegt werden. Das bedeutet, daß sowohl gemeinsame „Checklisten" als auch verbindliche Verträge die Formen und Abläufe der Kooperation sichern müssen.

Auf der Grundlage der derzeitigen österreichischen Gesetzeslage wäre für Niederösterreich folgendes Modell denkbar: Einzelne Bereiche der Jugendwohlfahrt, wie z.B. die intensive Betreuung von Multiproblemfamilien, werden an sogenannte „private Träger der Jugendwohlfahrt" abgegeben. Die Jugendwohlfahrt als Auftraggeber bindet die Vergabe und Finanzierung an einen Kriterienkatalog von Maßnahmen der Qualitätssicherung, zu dem auch die Institutionalisierung der Kooperation gehört. Bei einer Eignungsfeststellung wird überprüft, inwiefern der freie Träger eine institutionalisierte Form von Kooperation durch strukturierte Abläufe, qualifiziertes Personal, standardisierte Dokumentation und entsprechende Räumlichkeiten sicherstellen kann. Ist das der Fall, dann übernimmt dieser freie Träger auch die Funktion des sogenannten „Fallcoachs", d.h. er trägt die Verantwortung für Maßnahmen, Vorgangsweisen *und* Zusammenarbeit im konkreten Fall. Andere am Fall mitarbeitende Institutionen und Organisationen werden vom Auftraggeber verpflichtet, die leitende Rolle des „Fallcoachs" anzuerkennen, was zugleich bedeutet, daß sich ihre – immer auch Angst provozierende – Verantwortung auf die ihnen zugewiesene spezielle Rolle reduziert. Um eine möglichst fallbezogene Arbeit zu garantieren, müßte eine *Institutionalisierung von Kooperation* mindestens folgende Aspekte umfassen:

1. Der jeweilige „Fallcoach" hätte die Aufgabe, regelmäßige, moderierte Treffen der leitenden Vertreter der beteiligten Institutionen zu installieren, um prinzipielle Abklärungen über Verantwortungsbereiche, Ressourcen und Erwartungen auf institutioneller

Ebene zu klären. Dazu gehören Klarlegung und Vergleich der jeweiligen Leitbilder, der sozialpolitischen Aufgaben sowie der theoretischen Ausrichtung der besagten Institution. Anhand dieser Grundlagenklärung kann ein Grobraster über die unterschiedlichen Verantwortungs- und Arbeitsbereiche und die notwendigen Informationsflüsse sowie eine Grundstruktur darüber entwickelt werden, wer wem welche Ressourcen zur Verfügung stellen kann; wobei es speziell bei der Arbeit mit Multiproblemfamilien gälte, diese Ressourcen, d.h. den versorgenden und nährenden Anteil der Institutionen, klar zu definieren und unbürokratisch und effizient zugänglich zu machen. Dieses Gremium hätte die zentrale Aufgabe, den jeweiligen, mit dem konkreten Fall beauftragten Teams eine haltende, Sicherheit gebende Grundstruktur zu schaffen.

2. Vom sogenannten „Fallcoach" wird der entworfene Grobraster auf die jeweilige konkrete Teamebene übertragen. Das bedeutet, daß festgelegt wird, wer im konkreten Fall welche Aufgabe hat, wer für wen Ansprechpartner ist, wer welche Informationen braucht, in welcher Form sie gegeben werden und was wie für wen dokumentiert wird. Auf den jeweiligen Fall bezogen müssen Erfolgskriterien erarbeitet werden. Der Fallcoach ist auch Anlaufstelle für Probleme. Wenn diese auf der Ebene der Teams nicht gelöst werden können, muß es zu einer grundsätzlichen Klärung auf der Leitungsebene kommen.

5.2 Theoretischer Konsens als „kognitiv libidinöses" Band

Wie die Falldarstellungen zeigen, kommt es in Krisensituationen häufig zu einer Abkehr von Fachwissen und zur Ausbildung einer scheinbaren fachlichen Inkompetenz. Es scheint das Vertrauen in theoretische Konzepte erschüttert zu sein, beziehungsweise haben diese ihren sicheren „kognitiven Platz", werden aber nicht in Handlungsstrategien angesichts konkreter Problemkonstellationen umgesetzt. Dieser Mangel an Relevanz der Theorie für die Praxis zeigt sich auch im Ausbildungsbereich, in der Fortbildungskultur und bei sozialpolitischen Maßnahmen. Auf diesen Ebenen gilt es vermehrt einen praxisbezogenen theoretischen Diskurs und Austausch zu initiieren und zu finanzieren. Dadurch könnten auf sozialpolitischer Ebene die Aufgaben und Kompetenzen von Staat und Familie neu überdacht und strukturiert werden (siehe Bundesrepublik Deutschland). Die Entwicklung und Finanzierung einer Berufsfelder übergreifenden, praxisorientierten Fortbildungskultur könnte Allmachts- sowie Ohnmachtsphantasien über das eigene Können und das anderer Professionisten auf eine realitätsbezogene Ebene bringen[8]. Aus dem Bewußtsein, daß sozialpolitische Überlegungen und Reglementierungen das Ausmaß und die Art des Konfliktpotentials mitbestimmen, sollte auch auf dieser Ebene Aufklärungsarbeit geleistet werden. Wird diese Ebene vergessen, besteht die Gefahr, gesellschaftliche Starrheit und Widersprüche dem einzelnen aufzuhalsen und „die Probleme dann in subjektivierter Form zu bearbeiten" (Ziegler 1994, 222). Bezüglich der jeweiligen Berufsfelder gälte es, den Aufforderungscharakter be-

---

[8] Vgl. dazu z.B. die Interdisziplinäre Fallbesprechungsgruppe im Weiterbildungsangebot der Arbeitsgemeinschaft Psychoanalytische Pädagogik (1998/99, 23).

züglich Abwehr und Spaltung der jeweiligen Tätigkeitsbereiche genauer zu analysieren und dementsprechende Aufnahme- und Ausbildungskriterien zu erstellen.

5.3 Individuelle Ebene

Um Gegenübertragungsprozesse nicht unbewußt auszuagieren und sie z.b. als pädagogische Maßnahmen zu legitimieren, muß regelmäßige Fallsupervision, in besonders krisenhaften Zeiten auch über das übliche Ausmaß hinaus, zur Verfügung gestellt werden. Wesentlich dabei ist, daß Supervision den Platz bekommt, der ihr zusteht. Sie ist kein Allheilmittel und kann weder institutionell bedingte Mißstände noch einen Mangel an Integration von Fachwissen in der Praxis beheben. Sie kann ihren Zweck nur dann erfüllen, wenn der einzelne das Bewußtsein entwickelt hat, für die Qualität seiner Arbeit selbst verantwortlich zu sein.

Diese Formen der Strukturierung und Institutionalisierung von Kooperation sollen sicherstellen, daß in der gemeinsamen Arbeit mit Multiproblemfamilien das verfolgt werden kann, was Figdor (1995, 60ff) für die beratende Arbeit mit Eltern als wesentlich erachtet: Die Vertreibung von sogenannten Geistern, von angstmachenden Visionen über das, was passieren *könnte,* sollte dazu führen, daß es den Professionisten wieder möglich wird, Freude und Neugier in der Arbeit mit schwierigen Klienten zu entwickeln. Lust am Entdecken menschlicher Vielfalt könnte entstehen.

Literatur:

Arbeitsgemeinschaft Psychoanalytische Pädagogik (1998/99): Weiterbildung, Erziehungsberatung, Angebote für Kinder und Jugendliche. Eigenverlag: Wien

Bundesministerium für Familie, Senioren, Frauen und Jugend (1997): Handbuch Sozialpädagogische Familienhilfe. W. Kohlhammer: Stuttgart

Büttner, C. (1995): Gruppenarbeit. Eine psychoanalytisch-pädagogische Einführung. Matthias-Grünewald: Mainz

Figdor, H. (1995): Psychoanalytisch-pädagogische Erziehungsberatung. Die Renaissance einer ‚klassischen' Idee. In: Sigmund Freud House Bulletin Vol. 19/2/B, 21-87

Fraiberg, S. (1980): Clinical Studies in Infant Mental Health. The First Year of Life. Basic Books: New York

Friedlmayer, S., Kumer, A., Braun, E. (1992): ...das letzte Kind muß überbleiben. Eine Studie zur Lebenssituation junger Erwachsener mit Heimerfahrung. Österreichischer Bundesverlag: Wien

Glatzl, S., Klingan, S., Dolzer, E. u.a. (1997): Einladung ins Schloß. In: Hargens, J. (Hrsg.): Klar helfen wir Ihnen! Wann sollen wir kommen? Systematische Ansätze in der Sozialpädagogischen Familienhilfe. borgmann publishing: Dortmund, 113-234

Goldbrunner, H. (1996): Arbeit mit Problemfamilien. Systemische Perspektiven für Familientherapie und Sozialarbeit. Matthias-Grünewald: Mainz

Herriger, N. (1997): Empowerment in der sozialen Arbeit. Eine Einführung. W. Kohlhammer: Stuttgart

Imber-Black, E. (1994): Familien und größere Systeme. Im Gestrüpp der Institutionen. Carl-Auer-Systeme: Heidelberg, 3.Aufl.

Karl-Franzens-Universität Graz (1995) (Hrsg.): Evaluation eines ausgewählten Bereiches des Jugendwohl-fahrtgesetzes von 1989 – am Beispiel der Sozialpädagogischen Familienhilfe. Selbstverlag: Graz

Klicpera, C., Gasteiger-Klicpera, B. (1993): Soziale Dienste. Anforderungen, Organisationsformen und Perspektiven. WUV-Universitätsverlag: Wien, 3. Aufl.

Krebs, H. (1993): Zur Zusammenarbeit von Erziehungsberatungsstelle und Schule. Kritische Reflexion eines schwierigen Verhältnisses. In: Büttner, C., Finger-Trescher, U. (Hrsg.): Psychoanalyse und schulische Konflikte. Matthias-Grünewald: Mainz, 155-171

Landsberg, W. (1993): Institutionelle Probleme bei der Behandlung des sexuellen Mißbrauchs. In: Martinius, J., Frank, R. (Hrsg.): Vernachlässigung, Mißbrauch und Mißhandlung von Kindern. Erkennen, Bewußtma-chen, Helfen. Hans Huber: Bern, 157-164

Lemme, M. (1996): Arbeitssystem „Heimunterbringung". Gedanken zur Triade: Jugendamt – Familie – Heim. In: Schindler, H. (Hrsg.): Un-heimliches Heim. verlag modernes lernen: Dortmund, 119-134

Leube, K. (1995): Kooperation und Kontrolle im Helfersystem – Beispiel Sozialpädagogische Familienarbeit/-hilfe. In: IfS Familienarbeit (Hrsg.): Symposiumsbericht: „Und bist du nicht willig". Familienarbeit zwi-schen Zwang und ... Angebot. Selbstverlag: Bludenz, 71-73

Mentzos, S. (1996): Interpersonale und institutionalisierte Abwehr. Suhrkamp: Frankfurt am Main, 4. Aufl.

Müller, B. (1989): Psychoanalytische Pädagogik und Sozialpädagogik. In: Trescher, H.G., Büttner, C. (Hrsg.): Jahrbuch für psychoanalytische Pädagogik. Matthias-Grünewald: Mainz, 120-135

Niederberger, J. M. (1997): Kinder in Heimen und Pflegefamilien. Fremdplazierung in Geschichte und Gesell-schaft. Kleine Verlag: Bielefeld.

Rauchfleisch, U. (1995): Psychoanalytische Pädagogik mit aggressiven Jugendlichen und Erwachsenen. In: Büttner, C., Finger-Trescher, U. (Hrsg.): Aggression und Wachstum. Matthias-Grünewald: Mainz, 38-55

Rotthaus, W. (1997): Der hilfebedürftige Mensch im Netz der Institutionen. In: heilpädagogik. Fachzeitschrift der Heilpädagogischen Gesellschaft Österreich 40 (Heft 3), 9-17

Schmidbauer, W. (1996): Hilflose Helfer. Über die seelische Problematik der helfenden Berufe. Rowohlt Verlag GmbH: Reinbek bei Hamburg

Schuchardt, C., Büttner, C. (1993): Institutionsanalytische Annäherungsversuche an sozialpsychiatrische Ar-beitsbedingungen. In: Büttner, C., Finger-Trescher, U., Scherpner, M. (Hrsg.): Psychoanalyse und soziale Arbeit. Matthias-Grünewald: Mainz, 129-143

Speck, O. (1988): System Heilpädagogik. Eine ökologisch-reflexive Grundlegung. E. Reinhardt: München

Spiel, W., Spiel, G. (1987): Kompendium der Kinder- und Jugendneuropsychiatrie. E. Reinhardt: München

Stöhr, R.M. (1993): Mißhandelnde Eltern und ihre psychosoziale Situation. In: Martinius, J., Frank, R. (Hrsg.): Vernachlässigung, Mißbrauch und Mißhandlung von Kindern. Erkennen, Bewußtmachen, Helfen. Hans Huber: Bern, 31-38

Szypkowski, B. (1998): Vor Ort und hautnah – Sozialpädagogische Familienhilfe. In: Datler, W. u.a. (Hrsg.): Jahrbuch für Psychoanalytische Pädagogik 9. Psychosozial-Verlag: Gießen, 81-100

Trescher, G., Finger-Trescher, U. (1995): Setting und Holding-Funktion. Über den Zusammenhang von äuße-rer Struktur und innerer Strukturbildung. In: Büttner, C., Finger-Trescher, U. (Hrsg.): Aggression und Wachstum. Matthias-Grünewald: Mainz, 90-116

Zenz, W. (1995): Zwischen Hilfe und Kontrolle – Möglichkeiten und Grenzen sozialer Dienste bei der Arbeit mit Multi-Problem-Familien und Gewalt-Familien. In: IfS Familienarbeit (Hrsg.): Symposiumsbericht: „Und bist du nicht willig". Familienarbeit zwischen Zwang und ... Angebot. Selbstverlag: Bludenz, 102-107

Ziegler, F. (1994): Kinder als Opfer von Gewalt. Ursachen und Interventionsmöglichkeiten. Universitätsverlag Freiburg: Freiburg

Abstracts

Bogyi, Gertrude
Wenn Kinder mit Todeserlebnissen konfrontiert sind. Grundzüge einer begleitenden Arbeit mit Eltern
Trauerarbeit mit Kindern schließt Trauerarbeit mit Eltern ein. Es ist wichtig, den Eltern die verschiedenen Trauerraktionen der Kinder verstehbar zu machen. Am wichtigsten scheint es jedoch zu sein, Eltern zu ermutigen, offen und ehrlich über Tod und Sterben mit ihren Kindern zu sprechen. Es ist wichtig, Eltern zu helfen, daß sie sich auch selbst in ihrer Trauerarbeit annehmen zu können. Alter, Entwicklungsstufe, Persönlichkeitsstruktur, Begleitumstände des Todes und Reaktion der Umwelt beeinflussen die Trauerarbeit von Kindern. Eltern sind durch kindliche Reaktionen oftmals verunsichert, sind aber auch verunsichert, wie sie selbst reagieren sollen. Es ist wichtig, immer die individuelle Gesamtsituation bei jeglicher Intervention zu beachten. Anhand von drei ausführlich gehaltenen Fallbeispielen wird diese Problematik näher erörtert.

Büttner, Christian
Psychoanalytisch orientierte Erziehungsberatung in Gruppen
Ausgangspunkt dieses Beitrags stellt die Überlegung dar, daß die psychoanalytisch orientierte Beratung in Gruppen gegenüber der Zwei-Personen-Beziehung bestimmte Besonderheiten aufweist, die unter den Stichworten der „Gruppe als Netzwerk" und der „Gruppe als Ganzes" vorgestellt werden. Im Anschluß daran wird den Schwierigkeiten und Chancen der Beratung in Gruppen in unterschiedlichen Arbeitsfeldern und Arbeitsformen nachgegangen. Dabei werden die Beratung von pädagogischem Fachpersonal aus verschiedenen Einrichtungen, die Beratung von Teams ohne deren Leitung, die Beratung von Teams mit deren Leitung und die Beratung durch ein Supervisorenpaar eingehend untersucht und mithilfe von verschiedenen Fallbeispielen illustriert. Abschließend werden zentrale Aspekte der Institutionsberatung und der Beratung im „sozialen Feld" behandelt.

Datler, Wilfried
Erziehungsberatung und die Annahme eines dynamischen Unbewußten. Über zentrale Charakteristika psychoanalytisch-pädagogischer Erziehungsberatung
Einem Fallbeispiel August Aichhorns folgend wird in diesem Beitrag die Annahme eines dynamischen Unbewußten als zentrale Annahme von Psychoanalyse und folglich auch als zentrale Annahme von psychoanalytisch-pädagogischer Erziehungsberatung hervorgehoben. Im Anschluß daran werden fünf Charakteristka psychoanalytisch-pädagogischer Erziehungsberatung umrissen, die schlagwortartig mit dem Bemühen um die Entfaltung einer positiven Übertragungsbeziehung, dem Ringen um tiefenpsychologisches Verstehen, der Arbeit an der Veränderung von Beziehungen im Dienst der Verbesserung von Entwicklungsbedingungen Heranwachsender sowie mit der tiefenpsychologischen Bedachtnahme auf gegebene (oder erst herzustellende) Rahmenbedingungen von Erziehungsberatung umrissen werden können. Überdies werden Bezüge zu den folgenden Beiträgen des vorliegenden Buches hergestellt.

Daws, Dilys
Beratung bei Schlafproblemen von Kindern
In diesem aus dem Englischen übersetzten Beitrag setzt sich die Autorin mit der Möglichkeit der zetilich sehr begrenzten Beratung von Eltern auseinander, die wegen Schlafproblemen ihrer Babys Hilfe suchen. Dabei geht sie davon aus, daß diesen Problemen Schwierigkeiten im Bereich der Loslösung und Individuation zugrundeliegen. Die Hilfe, die sie dabei den Eltern anbietet, beschreibt sie als einen Integrationsprozeß in dem Sinne, daß sie durch ihr Zuhören bei den Eltern einen Prozeß anstößt, bei dem die vielfältigen Erfahrungen und Gefühle, die Eltern mit ihren Babys machen, eine geordnete Form erhalten. Dabei versucht sie den Eltern auch zu helfen, die Bedürfnisse und Gefühle des Babys zu verstehen, was die Voraussetzung dafür bildet, Babys trösten zu können. In mehreren Fallbeispielen zeigt sie, wie sie den Eltern hilft, sich aus starren Formen des Denkens und Reagierens auf das Baby zu lösen.

Diem-Wille, Gertraud
Über den Zusammenhang zwischen Trennungsproblemen einer Mutter und Schlafproblemen eines Kleinkindes. Robin - eine Falldarstellung einer Eltern-Kleinkind-Beratung
In dem Beitrag werden die theoretischen Elemente der Eltern-Kleinkind Beratung, wie sie an der Tavistock Clinic in London entwickelt wurden, dargestellt. Anhand des Fallbeispiels ‚Robin', eines Kleinkindes mit Schlafproblemen, wird die Vorgehensweise der Beratung dargestellt und erläutert. Im letzten Teil werden die beiden Falldarstellungen von Helmuth Figdor und Heinz Krebs, die in dem vorliegenden Band enthalten sind, kurz kommentiert.

Doppel, Renate
„Und willst Du nicht mein Bruder sein, so schlag ich Dir den Schädel ein." Über Konflikte zwischen Professionisten in der Arbeit mit Multiproblemfamilien und die Institutionalisierung fachlicher Kooperation
Um Fremdplazierungen von Kindern und die Trennung von ihren Familien zu verhindern, wird zunehmend sozialpädagogische Familienhilfe eingesetzt. Diese mobile, d.h. nachgehende Betreuungsform von sogenannten Multiproblemfamilien ist aufgrund der Kumulation von psychosozialen und ökonomischen Problemen auf die produktive Zusammenarbeit der beteiligten Professionisten angewiesen. Schwierigkeiten in der interdisziplinären Kooperation zeichnen sich vor allem durch die hohe emotionale Beteiligung der Fachkräfte und einen geringen Realitätsbezug aus. Es hat den Anschein, daß die Klienten eine „ideale Plattform" für Projektionen und Reinszenierungen aus verschiedenen Ebenen (institutionelle, Team- und Fallebene) darstellen. Wird dies nicht erkannt und reflektiert, kommt es zu einer Subjektivierung institutioneller und gesellschaftspolitischer Probleme. Hilfe für die Familien ist dann durch Handlungs- und Kooperationsunfähigkeit der beteiligten Fachkräfte nicht möglich.

Figdor, Helmuth
Aufklärung, verantwortete Schuld und die Wiederentdeckung der Freude am Kind. Grundprinzipien des Wiener Konzeptes psychoanalytisch-pädagogischer Erziehungsberatung
Ausgehend von der Frage nach den Voraussetzungen, unter denen Menschen in der Lage sind, einen Rat zu erteilen bzw. von anderen einen Rat auch annehmen zu können, wird in dieser Arbeit das *Wiener Konzept psychoanalytisch-pädagogischer Erziehungsberatung* vorgestellt und die zentralen theoretischen Bausteine - Herstellung und Sicherung der *positiven Übertragung*; *diagnostisches* und *pädagogisches Arbeitsbündnis*; die *Fähigkeit* von Eltern/Pädagogen, *sich mit den Kin-*

dern zu identifizieren; die *pädagogischen Geister und ihre Aufklärung*; die Haltung der *verantworteten Schuld*; und das *Wiederentdecken der Freude am Kind* - werden in illustrierenden Fallausschnitten erläutert.

Figdor, Helmuth
Toni ist wie verwandelt. Beginn der Erziehungsberatung bei einem 7-jährigen Buben mit aggressiven Auffälligkeiten
Im Zentrum der Arbeit steht die Einleitung und die Gestaltung des Erstkontaktes mit der Mutter eines Achtjährigen, der seit „drei Wochen wie verwandelt" erscheint. Dabei wird versuche, nicht so sehr den Fall als solchen, sondern die Arbeitsmethode in den Vordergrund zu stellen. An die Darstellung des Erstkontaktes schließt sich eine Zusammenfassung über den weiteren Verlauf der Beratung an. Im Schlußabschnitt wird kurz auf besonders auffällige konzeptionelle Unterschiede zum Vorgehen von Gertraud Diem-Wille und Heinz Krebs eingegangen.

Finger-Trescher, Urte
Psychoanalytisch-pädagogische Strukturmerkmale von Erziehungsberatung in der Institution. Zur Konzeption der Beratungsstelle für Eltern, Kinder und Jugendliche der Stadt Offenbach/M.
Auf dem Hintergrund der gesetzlichen und institutionellen Vorgaben für Erziehungsberatungsstellen in der BRD wird die Frage diskutiert, ob und wie Psychoanalytische Pädagogik methodisch in der Erziehungsberatung als Institution der Jugendhilfe verankert werden kann. Dabei werden anhand des Konzepts und der Organisationsstruktur der Beratungsstelle einer kleinen hessischen Großstadt (Offenbach/M.) Elemente fachlicher Qualitätssicherung dargestellt, die sich nicht nur im Leistungsspektrum, sondern auch in der Organisationsstruktur verifizieren muß. Anhand von Fallvignetten werden exemplarische Strukturmerkmale der Konzeption veranschaulicht: der ambulante Bereitschaftsdienst, die Reflexion von Erstgesprächen im Team, die Konstruktion eines Beratungssettings. Die Organisationsstruktur ist also keineswegs nur verwaltungstechnische Regulationsinstanz, sie ist nicht nur der Rahmen, der die formalen Arbeitsabläufe regelt, sondern das Fundament für ein institutionelles Setting, das fachlich qualifizierte, dem Bedarf der Klienten angemessene und flexible Beratungsangebote zu entwickeln, durchzuführen und zu reflektieren ermöglicht.

Krebs, Heinz
Der Erstkontakt in der institutionellen Erziehungsberatung - dargestellt am Beispiel eines von psychosozialer Ausgrenzung bedrohten Jugendlichen und seiner Familie
Im ersten Teil dieses Beitrags wird ein psychoanalytisch-pädagogisches Beratungskonzept als „Arbeit am Rahmen" vorgestellt, das dazu dient, der Komplexität, Offenheit und Unbestimmtheit des sozialen Feldes in der Erziehungsberatung Rechnung zu tragen. Auf diese Weise soll über die Aushandlung eines tragfähigen Rahmens zwischen KlientInnen und BeraterInnen Trennendes und Verbindendes hinsichtlich ihres gemeinsamen Erfahrungsraumes festgelegt werden, wodurch die Analyse und Reflexion von manifesten und latenten Realitätsebenen möglich wird. Den zweiten Teil dieses Beitrags bildet die Darstellung von Problemen des Erstkontakts in der Erziehungsberatung. Im dritten Teil wird die Fallgeschichte der Familie P. vorgestellt und einer Reflexion unterzogen. Im abschließenden vierten Teil werden die Fallbeispiele von G. Diem-Wille und H. Figdor, die in dem vorliegenden Band enthalten sind, vom Autor im Hinblick auf konzeptionelle Unterschiede im Verständnis von Erziehungsberatung diskutiert.

Müller, Burkhard K.
Erziehungsberatung als Teil von Jugendhilfe und als „Produkt"
Der Beitrag stellt die organisatorischen und gesetzlichen Rahmenbedingungen vor, mit denen sich Erziehungsberatung in Deutschland seit dem Inkrafttreten des Kinder- und Jugendhilfegesetzes (KJHG) einerseits und seit der aktuellen Debatten über Effizienz und Bezahlbarkeit von Sozialleistungen andererseits auseinandersetzen muß. Der Beitrag plädiert dafür, diese Auseinandersetzung fachlich offensiv zu führen. Erziehungsberatung sollte (und kann) nicht bedingunglos auf ihrer autonomen Sonderstellung in der Kinder- und Jugendhilfe beharren, sondern sollte Mitverantwortung für eine im Ganzen beratungsfähige Jugendhilfe übernehmen. Nur dann kann sie auch den Fallen einer ökonomistischen Reduktion von Beratung als „Produkt" entkommen..

Steinhardt, Kornelia
Überlegungen zur Unterscheidung zwischen psychoanalytischer Erziehungsberatung und psychoanalytisch orientierter Supervision
Mit Hinweis auf die Falldarstellung des „Kleinen Hans" führen manche Autoren Sigmund Freud als ersten psychoanalytischen Erziehungsberater, andere als ersten psychoanalytisch orientierten Supervisor dar. Dies wird zum Anlaß genommen, eingehend zu untersuchen, ob und inwiefern Erziehungsberatung von Supervision unterschieden werden kann.
Es wird in drei Abgrenzungsschritten aufgezeigt, daß einerseits die jeweilige Klientengruppe und die vorhandenen Formen der institutionellen Verankerung keine ausreichenden Unterscheidungsmerkmale darstellen, daß aber andererseits über die Beschreibung der Kompetenzen, die sich ein psychoanalytischer Erziehungsberater bzw. ein psychoanalytisch orientierter Supervisor in institutionalisierten Ausbildungsgängen aneignet, wichtige Hinweise für die Grenzziehung zwischen den beiden Beratungsformen gegeben werden können.

Die Herausgeber, Autorinnen und Autoren des Bandes

Gertrude Bogyi, Dr., Klinische Psychologin und Therapeutin an der Universitätsklinik für Neuropsychiatrie des Kindes- und Jugendalters, Lehranalytikerin im Österreichischen Verein für Individualpsychologie, Lehrbeauftragte an der Medizinischen und Grund- und Integrativwissenschaftlichen Fakultät der Universität Wien.

Christian Büttner, Dr. phil., Diplom-Psychologe; seit 1973 Projektleiter der Hessischen Stiftung Friedens- und Konfliktforschung (Forschungsgruppe "Politische Psychologie"); Honorarprofessor an der Evangelischen Fachhochschule Darmstadt; freier Mitarbeiter der Hessischen Landeszentrale für politische Bildung (Bereich Lehrerfortbildung); Lehrbeauftragter an der Universität Frankfurt (Erziehungswissenschaften); Gründungs- und Vorstandsmitglied des Frankfurter Arbeitskreises für Psychoanalytische Pädagogik; Arbeitsschwerpunkte: Aggressionsforschung, Medien, Erwachsenenbildung.

Wilfried Datler, Dr. phil., Ao. Univ.-Prof., Leiter der Arbeitsgruppe Sonder- und Heilpädagogik am Institut für Erziehungswissenschaften der Universität Wien; Analytiker im Österreichischen Verein für Individualpsychologie; Stv. Vorsitzender der Arbeitsgemeinschaft Psychoanalytische Pädagogik Wien. Arbeitet zu Fragen im Grenz- und Überschneidungsbereich von Psychoanalyse, Pädagogik, Heilpädagogik und Psychotherapie.

Dilys Daws, Principal Child Psychotherapist, arbeitete zunächst am Child Guidance Training Centre und nun am Tavistock Centre in London. Schlafprobleme bei Kindern, Psychotherapie sowie die fokussierte Beratungsarbeit mit Kindern, Eltern und Familien zählen zu ihren zentralen Arbeitsschwerpunkte.

Gertraud Diem-Wille, Dr. phil., Ao. Univ.-Prof. am IFF in Wien (Institut für interdisziplinäre Forschung und Fortbildung der Universitäten Wien und Klagenfurt); Psychoanalytikerin in freier Praxis (ordentliches Mitglied der Wiener Psychoanalytischen Vereinigung und der IPA). Forschungsschwerpunkte: Psychoanalytische Pädagogik, angewandte Psychoanalyse.

Renate Doppel, Mag. phil., Dipl.-Päd., Heilpädagogin und klinische Psychologin, Lehrbeauftragte der Lehranstalt für Heilpädagogische Berufe (Wien), der Universität Wien und der Hochschule für Musik und Darstellende Kunst (Abt. Rhythmik). Obfrau des Vereins Ananas (Verein zur Förderung der Erziehungskompetenz von Familien), Leiterin der Mobilen Familienbetreuung und Familienberatung in Gänserndorf (NÖ), Tätigkeit in freier Praxis. Arbeitsschwerpunkte: Förderdiagnostik, Reintegration von Heimkindern, Beratung von dissozialen Eltern.

Helmuth Figdor, Dr. phil., Universitäts-Dozent am Institut für Erziehungswissenschaften der Universität Wien. Psychoanalytiker, Kinderpsychotherapeut und Erziehungsberater in privater Praxis. Vorsitzender der Arbeitsgemeinschaft Psychoanalytische Pädagogik, Wien.

Urte Finger-Trescher, Priv.-Doz. Dr. phil., Diplompädagogin, Gruppenanalytikerin; Leiterin der Beratungsstelle für Eltern, Kinder und Jugendliche der Stadt Offenbach/M., Privatdozentin an der Universität/Gesamthochschule Kassel, Vorsitzende und Supervisorin des Frankfurter Arbeitskreis für Psychoanalytische Pädagogik e. V., Gastprofessorin an der Universität Wien (SS 1998). Arbeits- und Forschungsschwerpunkte: Wirkfaktoren von Einzel- und Gruppenanalyse, Trauma- und Aggressionsforschung, psychoanalytisch-pädagogische Erziehungsberatung, Gruppenanalyse, Paarberatung.

Johannes Gstach, Mag. phil., Mitarbeiter der Arbeitsgruppe Sonder- und Heilpädagogik des Instituts für Erziehungswissenschaften der Universität Wien; a.o. Mitglied des Österreichischen Vereins für Individualpsychologie; Arbeitsschwerpunkte: Systemtheorie und Pädagogik, Psychoanalytische Pädagogik, Geschichte der tiefenpsychologischen Erziehungsberatung.

Heinz Krebs, Dr. phil., Dipl.-Päd., Psychoanalytischer Pädagoge. Mitarbeiter einer Beratungsstelle für Eltern, Kinder und Jugendliche und Tätigkeit in freier Praxis mit den Schwerpunkten Eltern- und Familienberatung, psychoanalytisch-pädagogische Arbeit mit Kindern und Jugendlichen, Diagnostik, Supervision, Kindertagesstättenfach- und Institutionenberatung, Fort- und Weiterbildung. Vorstandsmitglied des Frankfurter Arbeitskreises für Psychoanalytische Pädagogik e.V.

Burkhard K. Müller, Prof. Dr. theol., Professor für Sozialpädagogik am Institut für Sozialpädagogik der Universität Hildesheim. Mitglied der Redaktion des Jahrbuchs für Psychoanalytische Pädagogik. Arbeitsschwerpunkte: Psychoanalytische Sozialpädagogik, Theorie und Methodik sozialpädagogischer Interventionen, Jugendarbeit und interkulturelle Pädagogik.

Kornelia Steinhardt, Mag. phil., ist Assistentin an der Arbeitsgruppe für Sonder- und Heilpädagogik und an der Abteilung für Schulpädagogik am Institut für Erziehungswissenschaften der Universität Wien, Supervisorin (ÖVS), Gruppenpsychoanalytikerin und Psychotherapeutin.

Ramazan Salman, Soner Tuna,
Alfred Lessing (Hg.)

Handbuch
Interkulturelle
Suchthilfe

Modelle, Konzepte und Ansätze der
Prävention, Beratung und Therapie

April 1999 · ca. 240 Seiten
DM 36,– · öS 263,– · SFr 33,–
ISBN: 3-932133-72-2

> Ramazan Salman,
> Soner Tuna,
> Alfred Lessing (Hg.)
> ## Handbuch
> ## interkulturelle
> ## Suchthilfe
> Modelle, Konzepte
> und Ansätze der
> Prävention, Beratung
> und Therapie
>
> edition ■psychosozial

Die Suchtproblematik hat sich für Migranten zu einem der schwerwiegendsten gesundheitlichen und sozialen Probleme in den europäischen Ländern entwickelt. Auch in Deutschland werden Mitarbeiterinnen und Mitarbeiter in den Praxisfeldern der Suchthilfe zunehmend mit Hilfesuchenden aus anderen Kulturkreisen konfrontiert. Neben der Situationsanalyse und den Erfahrungen in Europa stellt das Handbuch existierende Modelle, Konzepte und Ansätze, die eine interkulturelle Suchthilfe zu begründen vermögen, vergleichend vor.

Psychosozial-Verlag · Friedrichstraße 35 · 35392 Gießen
Telefon: 06 41/ 7 78 19 · Telefax: 06 41/ 7 77 42

Susanne Zimmermann

Sexualpädagogik in der BRD und in der DDR im Vergleich

April 1999 · ca. 200 Seiten
DM 48,– · öS 350,– · SFr 44,50
ISBN: 3-932133-61-7

Die Autorin diskutiert zunächst die historischen Hintergründe der Sexualerziehung. Die theoretische Seite der Sexualpädagogik wird kompakt in ihrem gesamten Spektrum relevanter Veröffentlichungen erfaßt. Das umfangreichste Kapitel befaßt sich mit der Realisation der Sexualpädagogik, also dem, was die Jugendlichen aufgenommen haben. Anhand von sexuellen Fragestellungen und Problemen von Jugendlichen wird ermittelt, wo die Defizite der Sexualerziehung lagen. Leser/innen/briefe an „Kummerkästen" von Jugendzeitschriften („Junge Welt", „Bravo") dienen dabei als Spiegel der Sexualerziehung.

„Die Verfasserin stellt sich die Aufgabe, die sexualpädagogische Entwicklung in der BRD/DDR vergleichend zu analysieren. In diesem historischen Abschnitt wurde vier Jahrzehnte lang in beiden Teilen Deutschlands – mal weniger mal mehr heftig – über Ziele, Inhalte und Methoden der Sexualerziehung diskutiert und geschrieben. Es ist sehr gut gelungen, eine umfassende Problemstellung bündig und mit großem systematischen Geschick darzustellen."

Prof. Dr. Friedrich Koch, Universität Hamburg

Psychosozial-Verlag · Friedrichstraße 35 · 35392 Gießen
Telefon: 06 41/ 7 78 19 · Telefax: 06 41/ 7 77 42

Karl Abraham
Psychoanalytische
Studien, Bde. 1 und 2

April 1999 · 436 u. 500 Seiten
Format 15,2 x 22,5 cm · Gebunden
DM 122,– · öS 891,– · SFr 109,–
(Subskriptionspreis bis zum 31.3.1999: DM 108,–
Einzelpreis 68,– DM)
ISBN: 3-932133-67-6

Karl Abraham, der erste Psychoanalytiker in Deutschland, gilt heute als einer der bedeutendsten Schüler und Mitarbeiter Sigmund Freuds. Seine Schriften zählen zu den klassischen Grundlagentexten der Psychoanalyse. Seit die National-sozialisten sie 1933 verbrannten, waren sie unzugänglich. Erst 1969 erschien im S. Fischer Verlag der erste der zwei Bände der „Psychoanalytischen Studien". Seit geraumer Zeit sind auch diese vergriffen. Der Psychosozial-Verlag macht sie nun der interessierten Leserschaft wieder zugänglich.

Die von Johannes Cremerius herausgegebenen und eingeleiteten „Psychoanalytischen Studien" entsprechen weitgehend einer Gesamtausgabe der Schriften Karl Abrahams. Beide Bände enthalten mit besonderer Sorgfalt zusammengestellte Register, ferner im Anhang eine systematische Gliederung des Materials beider Bände nach Sinngruppen und schließlich die umfassen-de „Bibliographie der wissenschaftlichen Veröffentlichungen Karl Abrahams".

Psychosozial-Verlag · Friedrichstraße 35 · 35392 Gießen
Telefon: 06 41/7 78 19 · Telefax: 06 41/7 77 42

Susanne Kupper-Heilmann

Getragenwerden und Einflußnehmen

Aus der Praxis
des psychoanalytisch orientierten
heilpädagogischen Reitens

April 1999 · ca. 160 Seiten · 10 Abbildungen
38,– DM · SFr 35,– · öS 277,–
ISBN 3-932133-65-X

Das psychoanalytisch orientierte Reiten bietet Kindern und Jugendlichen den Umgang mit dem Pferd und das Reiten als Medium zur Darstellung ihrer Konflikte. Im umgrenzten Raum der Reithalle, des Reiterhofes und seiner näheren Umgebung können die Probleme von einzelnen und Gruppen dargestellt werden.

Die Autorin stellt theoretisch und praktisch dar, wie mit der Pädagogin langsam eine Beziehung entsteht, in der sich die inneren Themen des Kindes, seine Sorgen, Wünsche, Aggressionen und inneren Konflikte, entfalten können und mit Hilfe der Pädagogin in Worte gefaßt werden. Beide lernen, die in Erscheinung tretenden Gefühle und Vorstellungen in einen Zusammenhang mit den Problemen und Symptomen des Kindes zu bringen und darüber deren Ursachen, die bisher unbewußt waren, zu verstehen.

Psychosozial-Verlag · Friedrichstraße 35 · 35392 Gießen
Telefon: 06 41/ 7 78 19 · Telefax: 06 41/ 7 77 42